中华译学馆之馆字与

以中华为根 译与学并重

弘扬优秀文化 促进中外交流

拓展精神疆域 驱动思想创新

丁酉年冬月许钧撰 罗卫东书

[印：罗卫东]

"十四五"时期国家重点出版物出版专项规划项目

中华译学馆·中华翻译研究文库

许 钧 ◎ 总主编

译艺与译道

翻译名师访谈录

肖维青 卢巧丹 ◎ 主编

ZHEJIANG UNIVERSITY PRESS
浙江大学出版社

上海外国语大学重大科研项目

"我国本科翻译专业教育内涵建设研究"（2017114004）阶段成果

总　序

　　改革开放前后的一个时期,中国译界学人对翻译的思考大多基于对中国历史上出现的数次翻译高潮的考量与探讨。简言之,主要是对佛学译介、西学东渐与文学译介的主体、活动及结果的探索。

　　20世纪80年代兴起的文化转向,让我们不断拓宽视野,对影响译介活动的诸要素及翻译之为有了更加深入的认识。考察一国以往翻译之活动,必与该国的文化语境、民族兴亡和社会发展等诸维度相联系。三十多年来,国内译学界对清末民初的西学东渐与"五四"前后的文学译介的研究已取得相当丰硕的成果。但进入21世纪以来,随着中国国力的增强,中国的影响力不断扩大,中西古今关系发生了变化,其态势从总体上看,可以说与"五四"前后的情形完全相反:中西古今关系之变化在一定意义上,可以说是根本性的变化。在民族复兴的语境中,新世纪的中西关系,出现了以"中国文化走向世界"诉求中的文化自觉与文化输出为特征的新态势;而古今之变,则在民族复兴的语境中对中华民族的五千年文化传统与精华有了新的认识,完全不同于"五四"前后与"旧世界"和文化传统的彻底决裂与革命。于是,就我们译学界而言,对翻译的思考语境发生了根本性的变化,我们对翻译思考的路径和维度也不可能不发生变化。

变化之一,涉及中西,便是由西学东渐转向中国文化"走出去",呈东学西传之趋势。变化之二,涉及古今,便是从与"旧世界"的根本决裂转向对中国传统文化、中华民族价值观的重新认识与发扬。这两个根本性的转变给译学界提出了新的大问题:翻译在此转变中应承担怎样的责任?翻译在此转变中如何定位?翻译研究者应持有怎样的翻译观念?以研究"外译中"翻译历史与活动为基础的中国译学研究是否要与时俱进,把目光投向"中译外"的活动?中国文化"走出去",中国要向世界展示的是什么样的"中国文化"?当中国一改"五四"前后的"革命"与"决裂"态势,将中国传统文化推向世界,在世界各地创建孔子学院、推广中国文化之时,"翻译什么"与"如何翻译"这双重之问也是我们译学界必须思考与回答的。

综观中华文化发展史,翻译发挥了不可忽视的作用,一如季羡林先生所言,"中华文化之所以能永葆青春","翻译之为用大矣哉"。翻译的社会价值、文化价值、语言价值、创造价值和历史价值在中国文化的形成与发展中表现尤为突出。从文化角度来考察翻译,我们可以看到,翻译活动在人类历史上一直存在,其形式与内涵在不断丰富,且与社会、经济、文化发展相联系,这种联系不是被动的联系,而是一种互动的关系、一种建构性的力量。因此,从这个意义上来说,翻译是推动世界文化发展的一种重大力量,我们应站在跨文化交流的高度对翻译活动进行思考,以维护文化多样性为目标来考察翻译活动的丰富性、复杂性与创造性。

　　基于这样的认识,也基于对翻译的重新定位和思考,浙江大学于 2018 年正式设立了"浙江大学中华译学馆",旨在"传承文化之脉,发挥翻译之用,促进中外交流,拓展思想疆域,驱动思想创新"。中华译学馆的任务主要体现在三个层面:在译的层面,推出包括文学、历史、哲学、社会科学的系列译丛,"译入"与"译出"互动,积极参与国家战略性的出版工程;在学的层面,就翻译活动所涉及的重大问题展开思考与探索,出版系列翻译研究丛书,举办翻译学术会议;在中外文化交流层面,举办具有社会影响力的翻译家论坛,思想家、作家与翻译家对话等,以翻译与文学为核心开展系列活动。正是在这样的发展思路下,我们与浙江大学出版社合作,集合全国译学界的力量,推出具有学术性与开拓性的"中华翻译研究文库"。

　　积累与创新是学问之道,也将是本文库坚持的发展路径。本文库为开放性文库,不拘形式,以思想性与学术性为其衡量标准。我们对专著和论文(集)的遴选原则主要有四:一是研究的独创性,要有新意和价值,对整体翻译研究或翻译研究的某个领域有深入的思考,有自己的学术洞见;二是研究的系统性,围绕某一研究话题或领域,有强烈的问题意识、合理的研究方法、有说服力的研究结论以及较大的后续研究空间;三是研究的社会性,鼓励密切关注社会现实的选题与研究,如中国文学与文化"走出去"研究、语言服务行业与译者的职业发展研究、中国典籍对外译介与影响研究、翻译教育改革研究等;四是研究的(跨)学科性,鼓励深入系统地探索翻译学领域的任一分支领域,如元翻译理论研究、翻译史研究、翻译批评研究、翻译教学研究、翻译技术研究等,同时鼓励从跨学科视角探索翻译的规律与奥秘。

青年学者是学科发展的希望,我们特别欢迎青年翻译学者向本文库积极投稿,我们将及时遴选有价值的著作予以出版,集中展现青年学者的学术面貌。在青年学者和资深学者的共同支持下,我们有信心把"中华翻译研究文库"打造成翻译研究领域的精品丛书。

许　钧

2018 年春

序

当肖维青和卢巧丹两位教授决定编写这本《译艺与译道——翻译名师访谈录》时,她们敏锐地意识到,随着"一带一路"倡议的蓬勃布局、"人类命运共同体"理念的深入人心,我国与世界各国之间的经济合作、贸易往来和人文交流日益频繁。在应对国际上越来越激烈的政治斗争中,我国在世界舞台上扮演着越来越重要的角色,发挥着越来越重大的作用。为适应国内形势的发展和国际形势的变化,国家迫切需要各类优秀的翻译人才。我们的翻译教育承载着艰巨的任务,也是"一项意义深远的伟大事业"。

两位教授自然也想到活跃在内地和港、澳地区各大院校里众多从事翻译教育的学者。多年来,他们辛勤耕耘,在翻译教学第一线培养了大批人才。他们一边实践,一边教学,一边做研究,孜孜不倦,筚路蓝缕,在推动我国翻译事业的发展和理论建设上发挥着先锋作用,做出了开拓性的贡献。

学者们多有丰富的人生阅历,对翻译实践有深刻的体验,在理论研究上多有建树,在翻译教学方面也积累了丰富的经验。对于这一蕴藏深厚的宝藏进行挖掘、对于他们的经验进行总结和升华,应该是非常有价值的。

现在呈现在读者面前的《译艺与译道——翻译名师访谈录》就是两位教授耗时两年半完成的对各位学者访谈材料的集结,或者说是结晶。

这本书,对于从事翻译教学的老师们和学习翻译的同学们,颇具可读性和参考价值。访谈者结合受访者的教学实际和学术特色,准备了有针对性的访谈提纲;受访者对这次访谈活动也非常重视,毫无保留,详尽地回答了各种问题,阐明了自己的翻译观。

有趣的是,这次访谈涉及一个共同话题:你是如何与翻译结缘的。从大家的回答来看,学者们都有一个让他们走上翻译道路的机缘和属于自己的成长故事。此类内容在学术著作里很少见,在翻译研讨会上一般也听不到。

访谈比较多地讨论了老师们的翻译实践和翻译教学,以及与之相关联的翻译理论,正如张欣访谈祝朝伟教授之后总结时所说"翻译实践、翻译教学与翻译研究的相互交织"。访谈还涉及广泛的其他问题,如面对新技术时代的挑战如何改革翻译教学,翻译课程体系建设、教材编写、教学方法、翻译能力的界定与培养,智能翻译的前景及其与人工翻译的关系,如何随着形势的发展培养应用型翻译人才,对外话语体系建设,等等。访谈过程中,学者们充分阐明自己的翻译理念;还有一些学者介绍了自己有代表性的学术著作,这部分内容占据了相当大的篇幅,为深入了解和研究学者们的翻译思想提供了重要的素材。

总之,该访谈录多视角展现了一幅比较全面的中国翻译状况的画卷,对提高翻译实践、改进翻译教学和进一步推进理论研究会有促进作用。

访谈中,学者们也谈到了一些关于学好英语(外语)、"讲好中国故事"的问题,顺便多说几句。

一、学好英语(外语),"讲好中国故事"

胡安江教授在访谈中引用黄友义先生的话提到"传播中国声音、讲好中国故事",赵文静教授也提及"讲好中国故事,中国文化走出去"。

"讲好中国故事"是为译者确立的努力方向,也为翻译教学明确了一个艰巨任务。中国要发展,要壮大,为了应对世界百年未有之大变局,规划了一系列具有重大意义的战略目标,如前面提到的"一带一路"倡议、"人类命运共同体"理念,以及反对西方霸权主义行径等。中国有很多故事要对外宣讲,用英语(外语)讲好中国故事,这个任务义不容辞地落在我们译者肩上,这对翻译教学和译者的培养是一个很高的要求。

2005 年 3 月 14 日第十届全国人民代表大会第三次会议通过《反分裂国家法》。

《反分裂国家法》的英语译文是"Anti-Secession Law",这里用了 anti-secession,而没有用 anti-splittism 或 anti-separation,探其究竟,这里有深意。

美国在 1861 年的南北战争(American Civil War)期间颁布过一部《反脱离联邦法》(Anti-Secession Law),这个法律名称就使用了 secession。美国 *Webster's New World Dictionary*(《韦氏新世界词典》)是这样解释 secession 的——"the withdrawal of the Southern States from the Federal Union at the start of the Civil War"。

中国《反分裂国家法》的英语译文参考了美国的翻译,将《反分裂国家法》这个中国故事讲得好,警告、震慑了分裂分子,其译文"Anti-Secession Law"也封堵了美国人的嘴。

这个译文给了我们很多启示:

做国际政治翻译(口译或笔译)要有丰富的历史知识,要有敏感的政治嗅觉,要有很好的语言修养,还要有高超的斗争艺术。

许钧教授在访谈中讲到"以国家精神……为旨归"的问题,在对外讲中国故事时也要体现"国家精神"和民族意志,只有这样,才能建立自己的"话语权"。

二、关于读书——学翻译的学生要读文学经典

当语言用来交际时,它就具有审美属性,因为人们总是选择好的表达方式传递信息、表达思想和感情。不仅文学语言如此,社科文献、科技文章也是如此,甚至应用文章、商业广告的语言也未尝不是这样。

多年前,我在一份巴基斯坦英文报纸上见过一则推介德国奔驰汽车的广告,是这样写的:"Mercedes-Benz is the car by which other cars are judged."

这个广告写得好，不是一味吹捧，而是引导读者自己去比较，从而认可奔驰汽车是一个标准品牌，有说服力；这个广告写得好，还因为这个英语句子写得好，简洁、有力，读起来富有节奏美。

清代史学家章学诚说："夫史所载者事也，史必借文而传，良史莫不工文。""工文"就是长于文字，讲究文笔。好的史学家要文笔好，学翻译的学生就更有理由学好语言。

金圣华教授在访谈中说，"翻译系要致力于提高学生的……语言造诣"。她还语重心长地嘱咐说："希望年轻人多看中英经典文学，提升源语和目的语语言能力，这样才能负起传递信息、交流文化的重任。"

好的语言能力主要是通过读书，特别是阅读文学经典培养起来的。受访者中有学者讨论了这个问题。张思洁教授主张"反复诵读""熟谙于胸"；张保红教授研究诗歌翻译，能"背诵《诗经》《楚辞》、汉魏诗歌、唐诗宋词元曲、明清诗歌、现代革命家的诗歌"中比较有名的作品，唐诗三百首也能读背；许明武教授读了很多书，曾经一个时期"最多的时候是一个学期阅读了 42 本读物，平均每周两本"，"由文学作品到经济、哲学、历史、科技等"都读，这为他后来的翻译打下坚实的基础。

如果我们的学生能坚持读书，不要说每周读两本，即使两三周读一本，一个学期也能读十来本，本科四年里至少能读几十本，加之老师的指导和日常的训练，语言能力会呈现另一番景象。

关于读书，北京大学钱理群教授早在 2003 年写过一篇《用文学经典滋养下一代》的文章。他说："文学作品，从根本上说，是一种语言的艺术。因此，文学阅读的另一个重点，应是对作品语言的感悟。真正的文学大师的语言，是具有生命的灵性的，它有声，有色，有味，有情感，有厚度、力度和质感，是应该细心地去体味、沉吟、把玩，并从中感受到一种语言的趣味的。"[①]

钱教授的这些话，是针对广大青年学生讲的，对于我们学翻译的学生就更有现实意义。

---

① 钱理群. 用文学经典滋养下一代. 中华读书报, 2003-07-23.

当然,对于学翻译的学生而言,除"语言造诣",还有"人文素养"的培养。关于这个问题,金圣华教授说:"翻译活动所涉及的不仅是对两种语言的普遍认知,还是个人对两种文化的了解和理解,所以翻译系要致力于提高学生的人文素养……"

美国散文家 E. B. 怀特(E. B. White)在他的"An Approach to Style"文章里也表达了类似的思想,他说:"English prose composition is not only a necessary skill, but a sensible pursuit as well—a way to spend one's days."他说英语写作不只是关乎技巧,更是把它当作一种生活方式;他所谓的"pursuit",可视为一种广义的追求,不仅在语言上,也在生活、事业、精神等诸方面达到一个境界,否则难免落得平庸。

三、关于基本功

访谈中一些老师强调了加强基本功问题。赵文静教授说:"夯实双语和双文化的基本功,训练学生双语之间转换的基本技能,也就是准确理解原文和地道表达译文的能力。"

周领顺教授也说:"做翻译,文笔是基本功,它关系着翻译'理解—表达'中最重要的一环:表达。"

大家所谈的"基本功"肯定也包括写句子的基本功,即如何写好句子。作为表达意义的基本单位,初学者比较多地关注句法正确与否。翻译作为一种语言艺术,只停留在句法正确远远不够,句法正确的句子仍有优劣之分、雅俗之别,句子写好了能给读者以艺术美感。

1987 年,我在美国堪萨斯大学访学时正值美国大学篮球联赛,堪萨斯大学篮球队获得冠军。消息传出,大学所在小城劳伦斯(Lawrence)沸腾了,倾城出动,游行庆祝。我站在路边看着一支一支游行队伍走过去,发现他们的穿着化妆、行进方式几乎都一样。我对身旁一个美国人说:"Similar performances."美国人说:"You see one, you see them all."他脱口说出的句子只用几个小词,如此简单,又如此顺口。我觉得新鲜,感叹形容词"similar"的意思也可以这样表达。此后做汉英翻译,便时常提醒自己英语里可能还有更好的说法,从此也就养成了修改译文句子的习惯。

句子之重要,还可以从 E. B. 怀特获奖得到启发。

1963 年 7 月 4 日,美国 J. F. 肯尼迪(J. F. Kennedy)总统提名授予 E. B. 怀特 "Presidential Medal of Freedom"(总统自由勋章)。这是和平时期美国授予平民的最高荣誉,奖励那些对提高美国生活品质有重要贡献的人(those "who contribute significantly to the quality of American life")。

同年 11 月,肯尼迪遭枪杀,林登·约翰逊(Lyndon Johnson)继任总统,12 月,他为 E. B. 怀特颁发这个奖项,在颁奖辞中他这样评价怀特: "An essayist whose concise comment on men and places has revealed to yet another age the vigor of the English sentence."

以国家的名义奖励一个作家时特意提到他的 "English sentence",很不寻常。怀特的英语具有超时空的力量,说他的英语展示了 "the vigor of the English sentence",也可以说,他的英语展示了 "the art of the English sentence"。读他的散文,能感受英语之美。

以上便是阅读《译艺与译道——翻译名师访谈录》之后的认识和感想,权作序言。

刘士聪

2021 年 8 月

于天津南开园

前　言

先从一堂课说起。

2018 年秋,我给博士生和访问学者开设"翻译研究论文写作"课程,其中第三讲是讲授访谈稿的写作思路、方法和技巧。在课上,导读了几篇经典的访谈作品之后,我又分析了大致的访谈风格和分类,并戏言"学术访谈稿是可读性最强的学术作品,也是年轻的人文学者致力于科学研究的最'便宜'的敲门砖"。学员们立时表示了浓厚的"牛刀小试"的兴趣。于是,我在课堂上大胆地提议:大家一起合作一本翻译教授的教学访谈录吧。"鲁莽"的提议得到了所有学员的支持,甚至班级之外的不少青年学者也在此后的半年里纷纷寄来稿件。骑虎难下的我真的很担心如何收场。2019 年年初,浙江大学中华译学馆在第一时间表示了出版意愿,最令人鼓舞的是许钧教授和郭国良教授给予了我们充分的肯定和热情的支持,我也邀请了浙江大学卢巧丹老师与我共同主编这本访谈录。

那么,为什么要以翻译教授作为访谈对象?为什么要以翻译教学作为访谈主题?

我自己教授翻译十几年,在最初的几年常常喟叹翻译教学方面的训练不足。We teach as we were taught,打个不恰当的比喻,复印的效果总归不如原稿,对于自己老师的仿效也就有点东施效颦的嫌疑;如果自身视野又比较狭窄,翻译教学的路也就越走越泥泞。而外部的环境,比如说学术界,对翻译的歧视很明显,对翻译教学的轻视也很突出,而貌似开展得如火如荼的翻译教学研究也对教学指导不力,因为即使是探讨翻译教学理论的学者专家,也往往并没有太多一手的翻译教学实践经验。而翻译学首先就是一门经验科学。

翻译对于国家之间、民族之间经济合作、人文交流的作用之大，毋庸赘述，中国的翻译教育致力于培养符合国家与地方经济建设、社会发展需要的各层次口笔译人才，是一项意义深远的伟大事业，因此对翻译教育的经验进行总结和升华，应该是非常有价值的，亟须有人以口述历史的形式，将那些为中国翻译教育呕心沥血、无私奉献的大师的教育经验和人生经历进行有效的整理，使得年轻的翻译学习者、翻译教育者能够学习分享和传承弘扬。

所以，我特别想锁定的访谈对象是这样一个群体：教授翻译的翻译教授——他们自身具有丰富的翻译实践经验，长期活跃在高等院校的翻译课堂，对于翻译和翻译研究有深入的理论思辨，对人工智能时代的翻译教学有独到的见解。

我们的访谈录一共收录了对内地和港澳地区的 24 位翻译教授的访谈，成书历时一年半，所有的访谈基本涵盖四个方面——译者人生、教学实践、翻译思辨与行业展望，多数访谈稿包含具体的课堂复现和精彩的人生故事。即使平易的语言也挡不住这些翻译教授的人格魅力和师道风采，哪怕只是通过记录语言的文字，我们也仿佛能够听到他们朗朗的笑声，感受到他们儒雅的风度。虽然他们来自不同地区的不同高校，人生经历也迥然不同，但是他们给听众和读者留下的关于教学的真知灼见、关于实践的金玉良言居然有太多的相似之处！

方寸之地难免挂一漏万。一本访谈录无法系统描摹中国翻译教育的全貌，而且还有很多资深翻译教育家，我们暂时没有机缘和荣幸拜会，因此也为下一步的访谈留下了空间。

行文至此，衷心感谢我的合作者卢巧丹老师、访谈协调人王妍老师以及所有参与访谈的老师和同学，希望此访谈录作为上海外国语大学重大科研项目阶段成果能早日出版，惠及更多人。

肖维青

2020 年 10 月 15 日

于上海虹口

目　录

翻译是我们学习外语的出发点，也是目的地

——冯庆华教授访谈录

吕丽洁　冯庆华

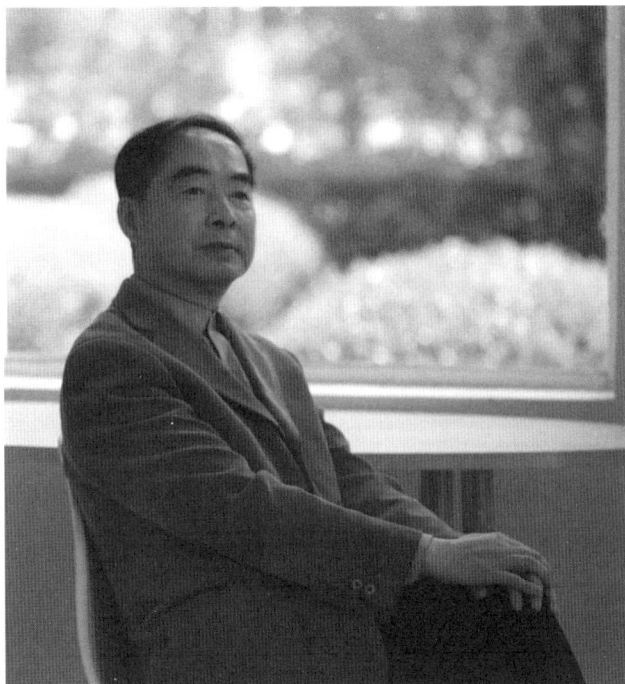

受访者简介：冯庆华，上海外国语大学教授、博士生导师，主要从事翻译学教学与研究，出版和发表了 500 万字的学术作品。1991 年被评为"上海市高校优秀青年教师"，1994 年获全国首届宝钢教育基金优秀教师奖，1999 年获上海市育才奖，2004 年被评为"全国优秀教师"，2005 年被评为

"上海市十年优秀曙光学者",2007 年入选上海领军人才。学术代表作包括《实用翻译教程》(第三版,上海外语教育出版社,2010)、《文体翻译论》(上海外语教育出版社,2002)、《红译艺坛:〈红楼梦〉翻译艺术研究》(上海外语教育出版社,2006)、《母语文化下的译者风格:〈红楼梦〉霍克斯与闵福德译本研究》(上海外语教育出版社,2008)、《思维模式下的译文词汇》(上海外语教育出版社,2012)、《思维模式下的译文句式》(上海外语教育出版社,2015)。主持国家级科研项目"普通高校翻译系列教材"。主讲国家精品在线课程"翻译有道",讲授本科生、硕士生、博士生翻译专业必修课。

访谈者简介:吕丽洁,上海海洋大学外国语学院大学英语教学部专任教师、上海外国语大学英语学院博士生,主要研究方向为诗歌翻译。

本次访谈为面对面的半结构性访谈,时间为 2019 年 3 月 13 日 14:00 至 15:00,地点在冯老师办公室。访谈主要围绕翻译实践、翻译教学、翻译研究以及对翻译未来的前景展望等方面展开。

吕丽洁:冯老师,您是什么时候开始做翻译的? 从事翻译实践的经历有哪些呢?

冯庆华:要讲到我跟翻译结缘,应该是在大学二年级的时候。我在中学时就看过《红楼梦》原著,到了大学,就去看《红楼梦》的英译本。当时接触到的第一个英译本是杨宪益、戴乃迭的译本,这是在大学二年级的时候。

因为我中学是上外附中(上海外国语大学附属外国语学校),英语的积累还不错,考到解放军洛阳外国语学院(现解放军外国语学院)以后,课后空余的时间会比其他同学多一些。这样一来我就会花点时间去看些翻译作品。当时正好有个同学从上海给我寄来《红楼梦》的英译本,我就拿着一个小小的笔记本做记录。看英文,看到精彩的地方,赶快记下来,然后再去查中文是什么,写在后边。当时是想通过学习翻译来学习语言的。杨译本中英语成语用得很多,有些词汇也用得非常生动。比如王熙凤刚刚出场时，一边笑一边来到那个大厅，"She laughed her way into the hall"，这个用法非常经典。我当时觉得自己用不出这样的句式。后来，果然在英语文学作品当中，比如在《嘉莉妹妹》中就看到了类似的表达，"She wept her way into the room"。就这样，我总共记了大概五六个本子，到现在还留着。后来我觉得，这对我后来的教学工作还是有一定参考价值的。教学当中我也会鼓励同学们，对于优秀的译本，我们其实不仅仅是学译者的翻译，也在学译者的语言，你可以反过来查一下原文是什么，如果我们自己来翻，就不一定会翻出这样的句式，对吧？

大学三年级的时候，我翻译了好多东西。当然都是有点自娱自乐，但我觉得对自己翻译水平的促进作用还是很大的。我翻译了好多《人民文学》等文学期刊上面的短篇小说。自己读来觉得特有意思的，还有社会上评价比较高的那些作品，我会把它们翻译成英文，然后留着。因为翻译得比较多，自己的英语写作能力，包括英语剧本的创作水平都有了很大的提高。当时我们年级有英语短剧表演。连续两年，我们年级的剧本都是我创作的，两次的表演都得了比较好的奖项。所以我觉得翻译小说对自己的帮助还是挺大的。那时在大学有个梦想，就是以后成为一个翻译家。

吕丽洁：那您之后肯定也做了不少翻译实践，其中有什么令您印象深刻的趣事吗？

冯庆华：当时一些企事业单位需要翻译东西，我第一次接到的翻译任务就是汉译英。我用了一个月完成翻译工作，最后拿到 799 元稿费。我当时一个月的津贴也就 85 元，顿时觉得自己发大财了！那时不管白天、黑夜，只要有空了我就翻译，单位那边也有要求。稿件寄回去以后，稿费也寄过来。当时这笔稿费去买电视机也已经足够了，对吧？这次的翻译是属于文学翻译。

后来还做了一些学术论文的翻译，如当时上海社会科学院有几个人的学术论文是中文的，但他们需要英文版的，我就帮他们翻了三篇。除此之外，后来也帮上海人民出版社和上海译文出版社翻过一些小说，这是英译汉的，都出版了。

吕丽洁：那您是如何开启翻译教学生涯的呢？

冯庆华：其实我在大学四年当中也没有说老盯着翻译方向。我也看了很多文学、语言学方面的文章。尽管这些杂志我有，或者图书馆里也有，但绝大多数相关文章我都抄下来了，而且是把整篇抄下来，这样印象就特别深刻。后来到大四，大学快毕业了，突然学校说可以考研究生，我们有好多同学也准备考，方向也有好多。

大四的时候我们开了翻译课，我遇到了我的导师许渊冲老师，他当时是我们的翻译课老师。许老师的语言非常精湛，讲课也非常精彩，再加上课上讲的大量例子来自他自己的翻译实践，所以我对他的印象特别深刻。接下来考硕士研究生的时候，有的同学考文学，有的考语言学，我就报了翻译，导师报的是许老师。后来顺利考上了，许老师就成为我的导师。

考上研究生之后，学校委托复旦大学培养我们。我们到复旦大学学习，但大多数老师还在洛阳。我们很多人的导师实际上都采用远程的方式进行指导。许老师本来是北京大学的，在我们考上那一年，他就回到北京大学了。他在北京对我远程指导，偶尔我们也会在洛阳碰头，论文会给他看，做些修改。

考上研究生之后，我的梦想就不是翻译家了，而是变成老师了。到研究生阶段快结束的时候，基本上就明确是要留校的。学校肯定也需要我们发挥作用，研究生最后一年我就一边写学位论文，一边还去上课。因为我是翻译方向的，当时给大四的学生上翻译课。我的第一批学生的年龄实际上跟我相差不大，就比我小三四岁。所以那时跟他们在一起，觉得是同龄人一样。大家相处得也挺好，现在我跟这些学生还有一些交往的。那时候真正觉得自己是一个小老师。

1988 年，我从解放军外国语学院回到上海，到了上海外国语学院（现上海外国语大学，简称"上外"），也从事翻译教学。1988 年到 1992 年，我是上本科生的课；1993 年开始到现在，一直是上研究生的课。

吕丽洁：您对本科生和研究生分别教授了什么课程呢？

冯庆华：都是翻译课。本科生这边主要上的是"翻译理论与实践"课。

我就开了两门研究生课程,一门叫"文体翻译",一门是"修辞翻译"。这两门课分别放在两个学期,研一的上半年和研一的下半年,一直上了十年左右。后来研究生课程比较多了,有些课就被合并起来,我这两门课就合并为"修辞文体翻译"课。我还开了两门博士生课程,一门是"《红楼梦》翻译艺术研究",一门是"译者风格研究"。

吕丽洁:那您觉得,研究生阶段的翻译教学侧重点跟本科生阶段的是否有所不同?

冯庆华:确实如此。我觉得在给研究生上翻译课时,教学内容不能光停留在翻译基础上面,要稍微高一个层次。要研究修辞、汉英两种修辞的名称和修辞现象,以及在翻译当中怎么去体现,这个很重要。文体也是一样,汉英两种语言都有各种层次的文体,对吧?这种不同层次的文体在翻译当中该怎样处理?比较译本中对原文文体风格的再现,这个也非常重要。通过教学去启发学生,开拓他们的研究思路,对后面的论文写作可能会有一些好处。

在博士生层面,我觉得应该让同学们有更多的时间参与其中,展开讨论。比如"译者风格研究"课在早期人不太多,我干脆给学生机会上来讲,效果倒也挺好。研究翻译家的语言风格、翻译策略,还有译本的语言特色等,都非常有意义。每个学期我们很多同学甚至都会上台讲两到三次。那么这两次或者三次当中,总有一个主题是适合他进一步开拓成为博士论文研究对象的。到目前为止,翻译方向中,有80%的同学最后的论文主题都萌芽于此。那么如果一个主题一旦成为博士论文的研究对象,也就有可能是其今后事业发展的一个研究方向了。

吕丽洁:您教授翻译课时主要的教学方法是什么,是否受到您自己老师的启发呢?

冯庆华:我们本科的时候,有的老师用一个星期专门做翻译练习,下一个星期专门点评这些翻译作品。原先其他的翻译课是这么上的。我开头觉得还行,后来就感觉上翻译课的学生不那么专心了。有的学生认为课上说的好多错误他没犯,是别人犯了,那么他听课时就觉得课好像跟他没多大关系了。但许老师倒不是这样子。我们是在大四下半年上他的课的,许老师的教学方法比较灵活一些。

后来我想以后我要是做老师的话,是不是可以调整教学方法。怎么样让每个同学都能专心,都觉得能有收获,对吧?后来在复旦读书的时候,有一位给我们上翻译课的老师,他的方法我觉得挺好。他会把以前有人做过的几个翻译练习拿出来,叫我们进行对比,让我们做小老师,我觉得这个方法特别好。一是你可以分出好坏;二是有的可能好坏都差不多,但是你能发现风格可能就不一样了。我当时觉得我可能以后要采用这个方法。后来,我的确在翻译教学中也用了类似的方法,也就是我后面在教学和教材编写当中强调的“多译本比较”。所以“多译本比较”实际上是我受那个阶段经历启发的。

再一个,老师也会发一篇而不是多篇译本,让我们去挑里面的毛病。哪些地方是理解错误了,哪些地方理解上没问题,但是表达可能不妥当,这些都让我们觉得自己像一个小老师,非常有意思。通过这样的教学方法,每个人都会得到很好的锻炼。如果你只是评价上个星期有谁在哪个地方错了,那么没错的人就会觉得课跟自己没关系了。这个教学方法是我觉得在复旦大学读书期间收获比较大的。我在翻译的方法、翻译的鉴赏方面也学到了很多东西。

吕丽洁:我看您编写的《实用翻译教程》中也有“多译本比较”的部分,这本教材是翻译教材的经典之作。您可以分享一下这本教材是如何形成的吗?教材中的诸多例子都是怎么找到的呢?

冯庆华:是的,多译本比较鉴赏以及不太理想译文的修改,都用到我的翻译实践当中了,也用在了1994年开始编写的《实用翻译教程》当中。到现在还有很多大学在使用这本教程,可能与该书中翻译理论、翻译研究和翻译实践三个模块的编排体系有关系。老师们觉得好像教学的方式方法可以比较灵活,形式可以多种多样,老师的自主度也会比较大一些,所以使用的面也比较广一些。

说到里面的例子，我觉得跟原来的积累很有关系。比如说我对成语的研究比较多，我的学士论文主题是评论杨宪益、戴乃迭《红楼梦》英译本当中的习语翻译，因为当时我仔细研读了这个译本后，比较打动我的就是他们对一些习语的翻译。到了研究生阶段，我稍微扩大一下研究对象，开始研究中国经典文学作品英译本中的成语翻译。这里的成语也包括谚语、歇后语等，作品也不局限于《红楼梦》，而是包括四大名著中的其他三部作品、《儒林外史》《金瓶梅》，以及现当代的许多文学作品。

后来，我记得好像是 1990 年和 1991 年那两年，上外有一个杂志叫《英语自学》，其编辑部的负责老师跟我约稿，问能不能给他们杂志投稿，稿件越多越好。因为这个杂志是月刊，我说那就写系列吧。在 1990 年我写了成语翻译系列共 8 篇，然后 1991 年又写了辞格翻译系列共 10 篇。这些文章都是平时积累的呈现。

1994 年，上外给当时的英语系一个任务：编写上外自己的翻译课教材。系主任就把这个任务交给了我们教研室，教研室经过商量之后让我来承担这个任务，我便想把这么多年从事翻译教学的经验体会都编排到教材当中。成语翻译和辞格翻译两个系列，后来都成了《实用翻译教程》的一些主要素材。当然，教材编写过程中，我也听取了一些翻译老师的意见。得到反馈之后，我就把大家的一些看法、我自己的许多体会都体现在了教材中。例如既要有传统的一周一练的那种翻译实践，同时也应该要让学生有一个研究的过程。在研究过程中，学生可以对同一作品的多篇译文进行比较，提出自己的想法，所以我选了"Of Studies"(《谈读书》)这样的名篇，有王佐良等译者的译本，学生们可以在译本翻译风格方面做比较。

我们这个教材分为三大块：第一部分是理论篇；第二部分是实践篇，包括比较传统的各种题材的文章，汉语英语都有；第三部分是研究篇，包括多译本、回译的研究及其在实践当中的使用。所有这些大多来自自己的翻译实践，也参考了许多前人做得非常好的地方。目前《实用翻译教程》已经进行过两次修订，出到第三版了。第一次出版是在 1997 年，经过修订后于 2002 年出版第二版，然后在 2010 年再次修订后出版了第三版。

吕丽洁：我感觉现在我给学生上课，还会去参考这个教材，它是非常有实用价值的。冯老师，如今很多开设翻译专业的院校都会选择某一领域作为重点，如法律、海洋等，您觉得这对翻译学科发展是否有利呢？其翻译教学又该如何开展？

冯庆华：我觉得这是有利于翻译学科发展的。像最近我们高等学校外语专业教学指导委员会的英语专业教学指导分委员会要制定英语专业的教学大纲，像国标一样的，同时也在制定翻译专业的教学大纲，就是翻译专业教学指南。我们这个 team 有八个老师，后来看了一下，全国开设翻译专业的院校有很多类型，有的是属于纯外语类院校，有的是属于综合性院校，有的是师范类院校，有的是理工类院校，有的可能属于某一个专业类的院校，比如海洋水产，甚至电力、体育等。那么这些院校开翻译课的时候，是不是也要结合一下自己的一些专业特点呢？

我觉得无论是哪种类型的院校，翻译课一开始讲的基础部分最好是统一的。翻译课可以分成两个学期上，起码第一学期不要一上来就是专业化，比如电力学院不要一开始就把电力词汇都弄上去。一开始还是要讲些基础的东西，比如字词句，就是从简单句开始，讲些翻译的方法。然后到第二学期在选取文章的时候，可以朝专业化方向靠拢一点，但也不要纯粹就是某一个方向。我觉得综合性的内容还是要教一些。我建议专业化的比例也不要过大，比如说一个学期要布置作业的有 16 个星期，最多一半是专业化强一些的作业，另一半还是布置一些比较综合性的作业。毕竟，翻译方向的同学毕业以后肯定要翻综合性的文章的。在教授这些课的时候，除了专业的词汇以外，我觉得专业相关的文体或者语体，如果有自己特色的，老师也要借机会讲一讲。关键是把握一个度的问题，就是专业类的东西不要超过 50%。那么这样的话，总体上来说，第一个学期就最好别讲专业。当然，适当布置点词汇作业也是可以的，但是篇章选择中，得先把基础打好，这样专业的东西学起来也不会太难。第二个学期当中，我建议可以有 50% 的专业类文章。

吕丽洁：冯老师，关于翻译教学方面，还有一个问题。如今很多高校的公共外语课程在进行改革,以实现公共外语教学专业化、方向化。比如我现在就要给非英语专业的大一新生教授翻译课,受学生英语基础所限,感觉教授起来比较困难。那该怎么给非英语专业的学生上翻译课呢?

冯庆华:我曾经上过一门课,叫"First Certificate",就是"第一证书",该课教材是由英国剑桥大学编写的。成人自学的学生上这门课。上课的时候应该说有点像精读课,都是课文讲解什么的。但实际上我感觉整个课的模式像是翻译课。比如说一篇文章要翻成中文该怎么翻;讲到一个词语或者句子,都会说它对应的中文应该是什么,怎么翻比较合适。

所以我觉得在外语的教学过程中,如果老师用英语去教非英语专业学生翻译,会把课讲得很复杂。因此,在教学中,英汉双语要并列起来使用,就是老师可以随时问问中文应该怎么跟英文对应起来,从而使得语意更加精确一些,定位不会错掉,定义也更清楚。我总觉得双语教学法,或者进一步讲,翻译的教学法很重要。这个翻译并不是真正叫学生去翻译,而是通过翻译使学生的精读或者泛读内容更加精确一些。老师也可以给学生中文句子,启发他们用英语表述出来。这过程本身就是用了翻译教学法,在课堂上操作时也比较便捷。所以我觉得在外语教学中老师可以充分发挥翻译的作用,包括一篇课文学习结束了,让学生做 passage translation(全文翻译),既考验了他们的翻译水平,也考验了他们对课文的理解是否正确。

吕丽洁:冯老师,您提到对《红楼梦》及其翻译研究很感兴趣,是什么让您对这部作品如此钟爱呢?

冯庆华:我觉得我们的翻译应该是一个文化的翻译。在我看来,能真正代表方方面面的文化的作品中,《红楼梦》可能比较有代表性。四大名著中的其他作品涉及百科的内容都不像《红楼梦》这样丰富。《红楼梦》中,除了极个别的现当代科技领域之外,其他的领域基本都涉及了,如建筑、医学、音乐、饮食、服饰、宗教、哲学甚至园林,对吧?《红楼梦》中都有。所以我觉得拿《红楼梦》翻译作为我们的研究对象,非常有意义,也比较有说服力。

吕丽洁：我看了您关于《红楼梦》翻译研究的一些书,除了把《红楼梦》作为一个研究对象之外,在研究方法上,您对语料库以及一些文本分析软件都有深入透彻的应用。您是什么时候形成了数据分析的研究思路呢?您又是如何看待定量分析和定性分析的关系呢?

冯庆华：这个如果讲早一点,雏形还是在编写《实用翻译教程》的时候形成的,也就是说在 1994 年或 1995 年。我当时选了"Of Studies"这篇培根的散文,它有六七个中译本。读了不同的译本后,我就明显感觉王佐良先生的译本比较凸显,比较有特色。我会去关注文言文的用字问题。王先生的文言文用字比别人多好多,还有别人用了很多现代汉语的用字,但是王先生没有。有的译本的文言文用字跟王先生译本的比较接近,也算比较多的,但有的译本就很少。所有这些多和比较多,还有少和比较少,最好是用数字说明问题。所以当时在教材中的相关部分加了一个表格,以说明这些译本的作者对"之""乎""者""也"等十几个文言词的使用情况。然后从这些文言词的统计数据可以看到王佐良先生用了多少,水天同先生用了多少。用数字来说明问题,他们的翻译风格差异就更加形象。这基本上算是数据分析的雏形,后来我就是喜欢在翻译课当中用数字来举例。给博士生开"《红楼梦》翻译艺术研究"课之后,我更多地通过电脑使用 Word 的替换功能,看一次替换有多少个,就知道这个词译者用了多少次,这是比较原始的统计方法。

2000 年之后,比较多的文本分析软件开始出现,我就去研究这些软件。自己学会了使用这些软件之后,在课堂上也教学生怎么使用。然后,通过这些软件获得了这么多的数据,得出了这么多的分析结论后,我干脆就开始写书了。到现在因为研究的东西比较多了,给博士生就做了一个"定量分析"的系列讲座。现在大家掌握得还可以,觉得非常有用。

其实我也是希望同学们能够将定量和定性结合起来。因为光是定性,我觉得有些时候不能很好地说明问题。在说明问题方面,定量分析还是非常有权威性的。目前网上有很多语料库,再加上我们现在还有许多文学爱好者、翻译爱好者,把许多文本软件都分享到网上,大家可以免费地使用它们,非常方便。也有不少老师和同学使用定量分析这种方式,所以大家可以相互学习借鉴。

吕丽洁：其实我觉得文本分析软件就是工具，还是要有一双慧眼把分析的数据拿出来，要知道怎么看和分析。

冯庆华：是的。我自己觉得这里边首先要有比较好的耐心，你要相信，我只要花这个时间去弄，肯定会有一个好的结果。对这个东西不能有抵触情绪，到后来肯定会出现很多可以分析的点。当然我们也不能走极端，不能说只有定量分析好。我觉得定量分析和定性分析都很重要，就像科学和艺术一样，都非常重要，完美结合起来，它就是一个好的作品，对吧？定性分析是要靠定量去支撑它。当然停留在某一个点上时，可能定性分析比较好一些，因为要从艺术的角度去鉴赏它。但是讲到一些东西的多和少这样的问题时，我觉得还是要进行定量分析。就像《红楼梦》前80回和后40回在语言风格上差异很大，那么你说到底多大？这要拿数据来说明一下。

吕丽洁：其实我特别希望冯老师能出本书来讲解这些软件的使用。我想这肯定是广大翻译研究者的福音。您有这个打算吗？

冯庆华：我倒是觉得也可以考虑去写。就像博士生课程的模块一样分成三个系列，先是语料库，然后是统计软件，后面还有研究视角，我觉得是可以的。目前到我们翻译课来听课的有不少是其他专业方向的同学，有文学的，也有语言学的，甚至还有其他语种的也来了。之前有西班牙语专业和俄语专业的博士生来过。因为其他语种也都可以用这些软件的，他们用这样的方法去写了论文，得到了老师的高度评价。

吕丽洁：期待您的书早日出炉。现在，随着 AI（人工智能）时代的来临，很多人说翻译的饭碗要被抢掉了，您觉得在技术的冲击下，翻译教学会有怎样的命运？

冯庆华：我觉得翻译的饭碗不会被抢掉。最起码现在看得到的近百年当中，翻译教学是无法被取代的。首先，教学内容分门别类，领域很多，教学对象也各不相同,机器无法做到面面俱到和因材施教。其次,很多翻译文本可能会有复杂一点的句子,让翻译机器去翻那些复杂的句子,它也翻不好。机器能做到 70%—80% 的正确率就不错了,更别说完美的翻译了,对吧?但翻译是不允许只有 80% 的正确率的,一定是要 100% 正确。最后,若是涉及文学翻译,机器更不可能替代人,因为每个作家的口吻、文笔都不一样,这些因素机器翻译都是不管的。

当然我们也相信,机器翻译可以成为翻译的辅助,如在翻译药品说明书等应用类文体时。但是在接下来的二三十年中,我们还不能这样大胆地全部依靠它,还是要有专业人士把关。只能是借助机器节省时间,本来要翻两个小时,有机器帮忙,可能起码还要花一小时检查润色一下。如果那一小时都不弄,我觉得吃药要吃出人命的。如果是文学翻译,甚至都不要去参考机器的翻译,不然会受到影响。

人工智能的进步的确比较快,有的翻译专业给学生开设一些这方面的课,我觉得让他们去了解,让机器作为一种辅助是可以的。但人工智能想取代译者和翻译教学是有点难的。哪怕是它已经能达到 95% 的正确率,不还是有 5% 的误差吗?而且有的时候越是关键的地方,它越是翻不好。我觉得始终是要把关的。现在可能确实有不少的学生在做翻译实践的时候,会依赖网络上的机器翻译。我们作为老师还要去鉴别一下,哪些是机器翻的,哪些是学生自己翻的,还可以做一点研究的。

吕丽洁:冯老师,最后您给广大的翻译学习者、爱好者说点寄语吧!

冯庆华:我说所有学习外语的人,最后都应该走到翻译这条路上来。翻译是我们学习外语的出发点也是目的地!

译路欢歌，教译相长

——韩子满教授访谈录

潘　琪　韩子满

受访者简介：韩子满，博士后，上海外国语大学教授、博士生导师，全国翻译硕士专业学位教育指导委员会委员，中国英汉语比较研究会常务理事，中国翻译协会翻译理论与翻译教学委员会委员，河南省翻译协会副会长，洛阳市翻译工作者协会副会长，《上海翻译》《外国语文研究》《翻译

教学与研究》编委。从事翻译研究,研究重点为军事外宣翻译研究、翻译与武装冲突、语料库翻译研究等。先后在《中国翻译》《外语与外语教学》和 Babel 等国内外学术期刊发表论文 70 余篇,完成国家社科基金项目 1 项、省级社科规划项目 2 项,在研国家社科基金项目 1 项、省级科研项目 1 项,曾获得军队级教学成果奖二等奖。在国内高校中较早推行大规模使用机器辅助翻译软件,并较早开设"翻译技术概论"和"翻译管理"课程,领衔建设的军事翻译资源库规模达 2000 多万字。

访谈者简介:潘琪,上海外国语大学英语学院博士生,主要研究方向为中国文学外译。

本次访谈时间为 2019 年 1 月 16 日 15:00,访谈者按照约定,在上海外国语大学(简称"上外")英语学院的教师办公室完成了对韩子满教授的访谈。访谈时长为 1 小时 40 分钟,主要围绕译者生涯、教学生涯、翻译教学与实践以及翻译专业前景展望这四大主题展开。

一、译者生涯

潘琪:韩老师,促使您决定走上翻译之路的动因是什么?

韩子满:从根本上说是兴趣。我曾经于 2013 年在《新东方英语(大学版)》上发表过一篇文章《"译"路走来,一路欢歌》,在 CNKI(中国知网)上能查到这篇文章。我在那篇文章里面讲得比较清楚。真的要回过头来说呢,当时上本科的时候我就对翻译比较感兴趣,对语言学和文学的兴趣相对要弱一些。后来读研究生的时候,就选了翻译作为专业。我的导师是孙致礼教授,他同时也是一位翻译家。我读研期间跟着导师做了比较多的文学翻译,共翻译了三部小说,都是在台湾地区出版的。翻译的学习有一个特点,就是在实践的过程中学习更有成就感,假如单纯地去学语言,动力也不是太足。这是从学翻译的角度来说的。另一方面就是学了翻译怎么用? 其实走翻译实践这条路啊,你翻译某一本书,你首先要读,这是一个学习的过程。就是说无论是文学作品还是非文学作品的翻译过程,都还是比较愉悦的。能按照自己的翻译节奏走的翻译任务,都还是比较愉快的,我感觉有时候比我们写论文要愉悦一点(笑)。所以说做翻译实践的心理满足感更大一点。如果从以后我们当大学老师来讲,做翻译还有什么好处呢?做翻译对时间的要求没那么高,我们可以利用点滴时间来做翻译。今天有时间,我会翻半个小时,没什么时间我就翻十分钟。但对于做研究而言,相对来讲需要大块时间,反正我是这样。如果时间太零碎,那做研究的效率会特别特别低。你说半个小时、一两个小时能干什么?几乎什么也做不了。

潘琪:韩老师可以跟我们分享一下至今为止令您印象比较深刻的翻译实践经历吗?

韩子满:我可以讲讲一般来说老师们不大可能参加的翻译项目,印象比较深刻的是其中两个。最早的一个是 2004 年的时候与几个师友一起翻译美国前总统比尔·克林顿(Bill Clinton)的自传。那是我第一次接触所谓的全球同步出版、全球同步发行,令我非常震撼。当时这本书的英文版还没有出版,原稿还没有完全定稿,但是国内的译林出版社已经与美国的出版社约定,等初稿一出来,我们这边就开始翻译。当时是解放军洛阳外国语学院(简称"洛外",现解放军外国语学院)的一位教授牵头,我们总共有六位译者。为了与我们对接,译林出版社专门给我们配了三个编辑,一个编辑对应两个译者。当时的目标是中文版和英文版同时出版、同时面世。

最后美国果然在出版之前就把原稿给我们了,然后我们几个人把稿件分成六份来翻。当时的分工法颠覆了我读硕士、博士时候的翻译理念。以前我们上文学翻译课的时候,老师一般都教导我们,要先通读原文。你知道在那种情况下不可能给你看全部的原文,因为原文还没出版。出版社也不主张给我们看,每个人只能看到自己翻译的部分,看不到别人的。翻译的速度方面,出版社也是要求我们越快越好。那时候我们有人就把床搬到办公室。当时最快的一天我翻了 8000 字。当然了,这样的状态偶尔是可以的,到了最后如果要求连续这么翻,身体肯定是受不了的。总之我们一般是白天翻译,译林出版社的编辑晚上加班。也就是说我们每天都是同步的,我们翻完,他们接着校对、编辑。我记得我们当时不到20天就翻完了。但是最后不知道因为什么原因,译文和原文并没有同步发行。美国出版之后大概一个月国内才出版,但我们的翻译、编译早就完成了。这是当时一个比较有意思的翻译项目。

还有一个翻译经历就是2013年我作为组长组织了一个大型的翻译项目。翻译对象是技术方面的材料,总的翻译量非常大,有十几本整本的书,还有一些零散的文件。这十几本书之间是相互联系的,有重复的内容。让我牵头完成这样一个翻译项目使我非常为难。我们最终翻译出来有960万字,这样估算一下原文应该超过500万词了。可以说这个任务对我的挑战是非常大的。首先,是翻译速度和翻译内容一致性的问题。为了完成这个翻译项目,我们组织了几十个译者,几十个人翻译的内容只靠人是没法统一的,所以考虑到速度和一致性的问题,我们必须要用软件,最后用的是Trados(塔多思)。其次,是关于主题内容,就是我们现在讲的subject matter。文稿里面涉及有关专业的科技内容,这些内容其实相对来说好办,因为我们可以找人请教,但科技材料里面的某些内容,却对翻译造成了意想不到的挑战。我们拿到的有些文件是软件汉化的说明,里面全是符号。我们就要请教计算机专业的人,确认文件里哪些符号能翻译,哪些不能翻译。软件代码是不能翻译的,翻译了之后软件可能会无法汉化,所以我们必须找出那些需要翻的内容。确定了需要翻译的部分后还有一个问题。我们这些文件要放进Trados去翻,那么这样的文件怎样导入Trados也是一个难点。这两点在当时对我来说是很大的困扰。我们当时的解决方法是求教专家,火速购买安装了Trados。我们请教了国内计算机领域较为活跃的专家,他们教我们如何写正则表达式,把不需要翻译的部分剔除掉,然后我们把需要翻的内容从Word文档导入Trados软件。比较有意思的一点是,其实软件说明的翻译是最有必要使用Trados来完成的。我们做软件说明的翻译时,碰到的命令行前后必须统一。如果不一致,会导致软件运行不起来,或者是运行过程中会死机。这个翻译项目整整持续了两个月,从头到尾我负责的是项目管理。所以说,我在翻译项目管理这个领域也有些经验。

除了项目管理之外,我就是做校对。当时做项目管理时,我有一点特别的心得:人与人之间的交流是非常复杂的。以前我对语言学研究有偏见,觉得他们是无病呻吟,可是真的到了一对多的交流环境中,这种交流不同于我们私下的交流,可以有各种语言和非语言的交流方式,那时候你会觉得很困难。困难到什么程度呢?我总怀疑自己是不是表达有误。当时我每天早上第一件事情就是告诉大家当天的任务,但每天一定会有人把我说的话理解错。他们不是故意理解错,都是无意的,他们人都非常好。所以我的体会是文字比口头语言更有力量。后来每天早上我就提前一个小时到工作场地,把当天的注意事项写成文字,从局域网通过即时通信软件发给大家。你会发现,用文字比用口头语言的效果好多了。

完成了这个任务之后,只要再有大任务,学校都会交给我来主持,之后的任务就顺利多了。当然我们那时候有一个核心团队,包括现在所谓的翻译工程师,还有一个文本处理小组,就是现在我们说的 DTP(Desktop Publishing,桌面排版)。这个 DTP 小组是干什么的呢?他们主要负责原文的处理,即对扫描件进行识别校对,还有术语的提取,以及最后的排版。其实在我看来,翻译工程师和文本处理小组对我来说更为重要。所以说后来我听到好多人讲团队构成的时候,我一下子就能听出来他们到底有没有做过。实际参与过这些工作之后,你会发现有些角色的重要性是你平时想象不到的。

潘琪:韩老师,您觉得一名优秀的译者需要具备哪些能力?在您的译者生涯中,为了具备这些能力,您一直坚持做的事情有哪些?

韩子满:这个问题不太好回答(笑)。学术一点来讲,译者需要具备两种能力,一是翻译能力,二是译者能力。译者能力和翻译能力的区别是什么呢?翻译能力当然不用说,就是在对两种语言深刻把握的基础上,再经过一定的训练,掌握的翻译意识和技能。我觉得我们现在还要重复一下很多学者的观点,就是两种语言能力强不代表就能翻译。语言能力和翻译能力不完全一致,但是必须具备了语言能力才会有翻译能力。所以说你的语言能力要保持一定的水准,但是同时也要有翻译能力的训练。译者能力的话,就是比如说你有没有伦理意识,懂不懂行业的规则和基本的法律常识,以及如果做一个自由译者,你知不知道去哪里能找到翻译业务。译者能力还包括译者的心理素质。有的时候翻译对人的心理素质要求非常高。比如说很急的翻译任务来了,你的抗压能力怎么样?比如我前面说我一天翻8000字,后来一天翻2万字的时候也有,那你能不能连续每天都翻2万字?有时候不是说累,而是连续每天翻2万字,人在重压之下心理状态会发生变化,会出现问题的。我们也要培养这种承受一定心理压力的能力。另外,译者能力还包括持续的自我学习能力。如果是做职业译者,一辈子想只做某一个领域,是比较难的。如果接到陌生领域的翻译工作,你怎么去判断这个活能不能干?如果接下来,怎么去完成它?当然了,我这里讲的还是笔译,口译我很少做。据了解,口译其实最难的一点是别人不把你当回事的时候,你能不能把自己当回事。我们在学校里面讲做口译如何如何,其实到了社会上,人家会说你不就是个翻译嘛,和搭台子的、扫卫生的有什么区别,都属于服务人员呀。这样一来,我们要学会怎样调整这种心理上的倦怠感:第一点就是我们要自己有意识地进行调节;第二点就是我们在课堂上也可以给学生灌输这些东西。

二、教学生涯

潘琪:韩老师,回顾您当年的学生时代,给您留下最深印象的翻译老师是谁?

韩子满:我本科时候教我的一个老师,姓徐。后来他在上海的一个律师事务所工作。他给我留下最深的印象是他做了好多卡片,那个时候电脑还没有普及。他上课不带书,带好多卡片,就是上课要讲什么,他就会把卡片上的一些例子抄到黑板上。他当时还是用比较传统的方式上课,用的是最早的那套张培基等人编的教材,也就是改革开放之后的统编教材。我对他的上课体系完全没印象,但我对他的一些精妙的翻译却印象很深。可以说,是他让我对翻译产生了兴趣。有些句子我看不懂,或者是我以为自己看懂了,其实理解错了,再或者是我看懂了,但是不会用英语说,但是他就会。我后来读硕士时的导师是孙致礼教授,他是一位翻译家,他让我们大段地做翻译,练习的篇幅比我给学生上课时布置的还要长。后来,他还会让我们翻译小说。我觉得从他那里收获很大,因为当时是第一次翻小说,老师会抽样检查,重点看我们的理解有没有错,不会讲太多理论体系的东西。讲到哪儿有什么问题,就解决什么问题。

潘琪:韩老师,您最开始从学生身份切换到教师身份的时候,最大的感触是什么?您刚开始教翻译的时候,有没有遇到什么困难?

韩子满:困难多了(笑)。困难主要集中在两点。第一点是对自己的能力不自信,这种不自信跟谦虚不一样。其实当时我做的翻译实践并不是太多,自己做翻译和面对同学讲翻译是两个概念,我生怕自己哪个地方会讲错。我们上翻译课如果用别人编的教材,或者用别人出的练习,备课不够细致的话,学生问我们为什么要这样翻译,我们可能就会讲不出来,或者说我们没有把握。所以这个时候就需要对自己的能力有足够的自信。第二点其实一直到现在也在困扰着我,我以前觉得自己的上课体系已经定型了,但是来到上外任教之后,我发现还需要做调整。我们以前上翻译课都会讲体系,以某种翻译技巧为纲,但是你会发现,自己并不具备搭建一个体系的能力。比如说本科生和硕士生需要具备哪些技巧,这个体系非常难搭建,而且搭建出来以后还特别麻烦。因为我们要针对每个点提供支撑它的实例,这一点非常难实现。我的解决办法是,干脆所有的课我都不讲体系,关于体系方面的内容,我给你们提供参考教材,你们自己去看。我上课不讲教材,最多只会跟你们讲我觉得这本教材哪里有问题,或者说哪些地方我有补充。在上课时,我们就从具体的练习来讲,我们一点一滴地积累。不过这样的教学方式存在一个问题,就是有些学生不适应,他们觉得翻译是教出来的,上课应该教方法。但我不这样认为,我觉得翻译不完全是教出来的,翻译是辅导出来的。这个可能当时对于我来说是另一个教学难点吧。

潘琪:您在翻译教学材料的选择方面会做哪些考虑呢?

韩子满:选材料有一个过程。早期会选名家名译,选择这类材料的好处在于原文是经典的,译文也是经典的,但是不好的地方在于这些文章我自己没有译过,也不一定是自己感兴趣的,所以不一定能吃得很透。除非我做过特别的研究,不然讲了半天都是别人讲的,我没有一点话语权。比如说《论读书》,如果不是花很长时间研究文本,我讲的内容不可能超过现有的研究。再者,学生可能会找到译文,这也是最大的问题,学生会偷懒嘛(笑),对吧? 所以,到了后来我的翻译练习主要有两个来源。第一是我翻过的。如果是已经出版的作品,我会把原文改一下,把标题和开头几句改一下,确保学生在网络上搜不到。这是为了避免学生偷懒。第二就是去找新的,学生会追热点话题。这类材料的好处在于大家都感兴趣,另外咱们翻译好了可以用来发表。不过现在译文发表越来越难。难的原因在哪里? 现在纸质期刊举步维艰,好多发表译文的期刊都停刊了,所以能发表译文的地方越来越少。很多时候,能让学生越有成就感的事,他们就越感兴趣。

潘琪:韩老师,您觉得本科生和研究生阶段的翻译教学侧重点有哪些不同? 这些不同点在教学设计中如何体现呢?

韩子满:其实不仅不同阶段有所不同,不同专业的翻译教学侧重点也有不同。本科生阶段的翻译教学其实是语言教学,研究生整体的语言水平更高一些,可以多讲一些翻译相关的内容。教本科生翻译的时候,比如说讲英译汉的时候,我把重点放在他们的语言理解能力上。其实翻译阅卷也是这样,对于汉语质量是不大那么追究的。就是说对于本科英语专业的学生来说,翻译是一门辅助性的课程,或者说它也是我们的语言技能之一。就翻译课对我们的语言整体能力的作用来说,我觉得不大适合讲太专业的有关翻译的理论。我还有一个建议是,如无特殊情况,本科生阶段的翻译课上最好不要讲太多的文学翻译,这不符合学生的实际需求。在本科生阶段,我们主要是培养学生的文学欣赏能力,如果基本的文学欣赏能力达不到,要求他们做翻译是做不了的。因为翻译的层次更高,对吧？再说如果学生就只读个本科，或者再往上读，不再读语言专业了，如果他们上的翻译课只有戏剧、小说翻译，其他题材的翻译他们就不会了。所以，我有两点体会：第一，本科的翻译教学是为语言能力服务的，所以我们说这是教学翻译，而不是翻译教学；第二，涵盖的题材要尽量广，哪怕是文学专业，翻译课也应该以非文学翻译为主，兼顾文学翻译。也就是说，我要确保哪怕我的翻译课只是蜻蜓点水式的，学生上完课后拿到新闻、科技类的文本，也能根据对上课内容的印象完成翻译任务。所以，我认为不必讲得太过专业。研究生的话，可以多加强他们全面翻译能力的培养。这里的翻译能力我觉得有两点：第一是翻译的意识，我们要抓住学生的译文质量；第二还是要抓一下学生的翻译效率。毕竟对翻译的要求是不仅要翻译得好还要翻译得快。我想这是为大家以后的就业和进一步学习做基础，可能我们好多同学硕士毕业后去找工作，需要考人力资源和社会保障部的全国翻译专业资格（水平）考试（CATTI），如果没有效率，这个考试是不可能考过的。

潘琪：在您所有开设过的翻译课中，您最引以为豪的是哪门课程？

韩子满：我最引以为豪的是一门叫作"翻译工作坊"的课。我这门课的特点就是让翻译任务进课堂。翻译任务不是我自己去找的，而是一开始我接到一个翻译任务，让我翻译一本杂志。这本杂志每年有六期，那我怎么完成呢？我上下两学期都开"翻译工作坊"课，那就是每学期翻译三本杂志。我这样做的目的是什么呢？工作坊就是学生有机会讲得多一点。每期杂志的英文词大约为 13000 词，我给班上的同学分组排班，要求两个月完成一本杂志的翻译。他们翻完之后，我修改，然后把译稿发走。这门课可以说是翻译实践和翻译教学的结合。换了工作单位之后，我又自己挑了一些文章让学生翻译，然后去杂志上发表。后来又有单位找我，想让我承担翻译任务。我说我正好要开门课，问他们可以给多长时间完成任务，他们说很急，我说那不行。他们不理解，我说："告诉你吧，我这是要拿去上课的，放假才能给你，也就是那年的 6 月 20 日才能交稿。"这门课的好处，我觉得是很明显的。对于翻译专业的学生来说，我们讲翻译实战,而什么是实战呢？这种课就是。那么我给学生讲什么？第一是翻译标准的多元性。我们要知道什么样的翻译任务标准高，什么样的标准低一点。就是说要看客户的需求是什么，真实的标准是什么。第二是翻译的效率。比如马上要交稿了，你得知道每天需要完成多少字才能按时交稿。学生在这门课上还能用得上平时其他课上教的东西。比如我当时跟学生说，交给我的文件不要是 Word 文档，我要 Xliff 格式的文件，我要的是成稿，插图、表格这些都要排好版。所以说，这门课既可以锻炼学生的全面能力，还能提高学生的积极性。从现实方面考虑，除了翻译能力的提高，学生还能获得一点报酬。一般来讲，这个报酬要比社会上的高一些。再者如果是发表的文章，我会给学生署名。如果是给单位做，单位会出一个证明。这在评奖学金的时候，对学生有用，所以他们的积极性很高。但这种课也有不好操作的地方。像杂志翻译这种稳定、难度适中的业务可遇不可求，如果临时找任务，没有杂志翻译稳定。而且任务的难度和翻译量是不确定的。所以这门课的开设需要有一定的条件，不大容易开。但是这门课，我在洛外开了三年，在郑州大学开了一年，是学生最有积极性的一门课。

潘琪：这种工作坊教学应该是韩老师认为的最理想的课堂组织方式吧？

韩子满：嗯，我认为最理想的课堂组织方式就是这种 workshop（工作坊）的形式。翻译课不太适合长篇大论地讲，如果要讲的话，可能就一个专题一个专题地来。比如我们拿一个代词，不管是英语还是汉语的代词来讲，老师在课堂上讲的内容基本都是重复别人的观点，很难有所创新。其实这些东西留给学生自己去看看就行了，最好还是拿精选的翻译材料让学生做，学生做完了再进行小组讨论。就是说让学生来讲、老师组织、头脑风暴式的这种方式可能是最好的课堂组织方式。研究生阶段可以采用这种组织方式，而要在本科生的课堂上实现可能不太现实。上课的时候老师不讲，哪怕学生没意见，学校督导组这块可能就过不去(笑)。

潘琪:韩老师觉得这种组织方式的优势是什么?

韩子满:这种工作坊形式的课堂组织方式其实就是我们现在所说的翻转课堂,就是说把教育教学的内容前移,不放在课堂上,从而最大限度地高效利用课堂时间。比如说课堂时间是 90 分钟,学生在课前可能花了180 分钟甚至 270 分钟,他们是带着疑问来上课的。那么对老师来讲,这种课其实也有挑战。老师在课前花的时间还不止 180 分钟或者 270 分钟,因为老师还得想象学生的问题会是什么。所以我觉得这种课堂组织方式实际上是把所有人的兴趣都调动起来,这是比较好的地方。而且关键是什么呢? 翻译课不是一个知识性的课程,而是技能型的课,技能是靠练的。如果我们把上课当成讲座一样,学生不练,以我这么多年的经验来看,效果是不行的。这种组织方式的难点在哪里呢? 第一点就是为了让学生不能偷懒,老师需要怎样督促或者惩罚偷懒的学生。第二点就是我们怎样才能符合现有的教学管理规定。有的学校规定老师上课的教案必须提前准备好,那像我们这种工作坊的话,老师课前的教案很可能只有提纲,完整的教案课后才会有。课前准备的那些问题,学生有可能都不会问到,那么老师课前准备的问题在课上来不及讲完,只能课后发给学生,学生课下再复习老师讲的东西。总之,目前来看,我觉得多数学校的本科生好像不适合这种工作坊形式的教法。按我们现在的学分制管理方式,学生都想在最短的时间内修满学分,一堂 90 分钟的课要求学生课前花 270分钟,是不太现实的。当然了,我们老师也在讨论学生毕业时的学分要求能不能弹性一点,所以现在我们有点两难,整个制度还没有完全配套。

潘琪:韩老师刚刚提到学生在翻译课前需要做充足的准备,那么您觉得翻译实践课每周的练习量要多少才比较合适呢?

韩子满:我觉得本科生的练习量在英译汉 600 到 1000 词之间是理想的。这个数据是怎么来的呢? 以前教学大纲里的要求是每小时翻译 350词到 500 词,那么我们给学生布置两个小时的翻译量可能比较合适。第一,这个大纲的要求是按照全国平均水平制定的,像我们外语院校肯定高于这个水平。第二,翻译练习的量其实有一个变化过程,一开始可能是每小时 300 词,后来不断往上加。通常我们的做法并不是每周都布置这么多练习,老师也不是每周都批改作业。理想的做法是一周讲练习,一周讨论。那就是隔周做翻译练习。如果是隔周做的话,翻译量就更应该多一些。我以前做过一个小实验,发现学生更喜欢每周都做,但是每周少布置一点,每周都讲。你说他们偷懒也行,但是从另一方面看学生还是很勤快的,学生希望每周都有人用小鞭子赶着他们,但是不要赶得太狠。而我的经验是如果每周做的练习太短,从真正培养翻译能力的角度来讲,效果不好。翻译能力的提高一定是从长篇翻译练习开始的,所以翻译量一定要有保证。研究生的话,翻译练习量在 1000 词比较合适。

潘琪:您平时怎么给学生批改翻译练习?

韩子满:我改作业的方式还是比较传统的。很早的时候,班上的学生少,如果有时间的话,我改作业时会把我的修改意见加上;如果没时间,那就把我觉得翻得好的地方和不好的地方用不同符号标出来。到了课堂讨论翻译的时候,我再根据改作业的情况,有侧重点地讲。改作业的话,老师不会把学生所有的错误都改过来,把错误标出来可以,但全部改正过来不大现实,这是其一。其二,我们说老师批改翻译作业的评语很重要,可能前面几次可以写,但是后面再写就不是很有必要。为什么呢? 第一,同学们可能会屡次犯同样的错误,错误不是一次就可以纠正过来的。第二,学生犯的错误有普遍性,每位同学的作业上都写一遍,会花很多时间。老师心里有个数,这是一个典型错误,上课的时候重点分析一下就可以了。从目前全国外语教学的形式来看,学生指望从老师的批改上面学习太多东西是不太现实的。原因很简单,一是班级越来越大,老师没有那么多时间;二是我们现在的翻译教学理念提倡加大练习量,必然挤压老师的批改时间。就拿写作教学来说,有学者提出"写长法",就说学写英语作文,先写个比如 2000 词出来,这是有道理的。翻译也是一样的,"译长法"就必然导致老师没有时间改。所以学生一定要仔细听老师课上的讲解。我现在就有个要求,学生下课之后对照老师课上讲的内容和参考译文,将自己的译文修改好。

潘琪:韩老师,根据您的翻译教学和担任各大翻译比赛评委、参与翻译考试阅卷的经验,学生在翻译中经常犯的错误有哪些?

韩子满:学生经常犯的错误就是眼高手低(笑),其实就是学生的英语基础不过关,却自以为过关了。简单来讲,比如说笔译学生,一旦考试不准查词典,有的学生就会犯非常愚蠢的错误。CATTI 口译考试阅卷时,我发现学生最大的问题是听不懂。有一个非常有意思的现象,学生汉英口译的成绩比英汉口译好得多。汉英分数为什么高呢? 因为我们阅卷标准比较松,学生的英语老外听着差不多能听懂就行了。英译汉成绩很糟糕,有些学生的分数接近于零,因为他们一句都没听懂。所以前面也在说,学生的翻译能力不等于语言能力,可是翻译是以语言能力为基础的。现在学生的语言学习,在我看来本科生问题比较大。现在的很多本科生觉得他们和老外交流无压力,寒暑假跑去英国、美国,然后就觉得自己没问题了。可是他们没有想过,他们是在用非专业的标准来要求自己这个专业的学生。有些学生觉得自己到了美国完全没问题,看着别人签合同大概都能看懂,日常交流都没问题,可是正式场合敢不敢去呢? 给个正式文件敢不敢翻译? 商务谈判敢不敢去做翻译? 别人会不会要你? 学生们一般不往这方面考虑,所以很容易满足。"啊呀,老师讲的我都会啊!"可是一旦我们给一个英译汉或者汉译英文本给他们,特别是英译汉,他们马上就傻眼。你会发现有些学生哪方面都不行,词汇量不够,语法有漏洞,汉译英翻译出来很多都是口语化的表达,就是说没有达到一个语言专业人士的标准。所以我觉得可能跟外语接触的机会多了,也未必就是一件好事,学生会产生麻痹心理。对于语言基础比较好的学生,他们容易犯的错误可能是知识面的问题。这也是为什么吕叔湘先生把翻译叫作"杂学"。做翻译的人得看新闻,多看《参考消息》这样的新闻媒体,在无形中扩大自己的知识面。现在还有些学生粗心大意,漏译比较多。有些参加翻译比赛的同学会问为什么自己没有得奖,其实只要漏一句,就会出局了,可是他们自己都不知道。做翻译是一个细致的活,粗心的人干不了。

潘琪:在您以往的翻译课中,学生反馈得最多的收获有哪些?

韩子满：学生反馈得比较多的一点是翻译观念。学生意识到他们不是写作，而是翻译后，翻译中的随意发挥便少多了。第二点就是学生改掉了一些毛病，比如说会去检查有没有漏译，有没有写错的单词和标点符号。实际上，给学生上一学期的课，想帮他们在翻译能力上有显著的提升，是不敢奢望的，但是帮助学生改掉一些毛病是可以的。

潘琪：韩老师，从您过往的教学经历来看，您在洛外和上外两所学校的教学感受有什么不同？

韩子满：洛外传统上是外语院校，近十年才开始强调军事，以往的教学和上外没什么区别。如果要我做个比较的话，上外英语学院本科生给我最大的感受就是有那么多同学对文学有很深的热爱，这是我之前没有想到的。因为我所接触到的各个学校的本科生中，喜欢文学的很少。而来了上外之后，有些同学就提出希望我讲文学翻译。另外我听上外教口译的老师说，文学班有同学说不想上口译课，说文学专业学什么口译啊。这对我的触动特别大。通常现在在其他院校，口译课可是最受欢迎的，除非老师不称职。可是我们这位口译老师是非常优秀的，而且学生并没有说老师教得不好，只是说他们不想要口译课。而洛外学生的职业指向比较明确，因为学校性质的关系，学生大概知道自己毕业之后会干什么，所以学生想学的东西和老师教的东西能够达成共识。上外这边我也跟同事们聊过，但发现毕业生的就业去向比较多，或者说指向性没有那么明确，这是我们外语院校共同面对的一个难题。我们现在有高端国际人才、国际公务员，还有区域国别研究学者，但这两者相差就大了。我想国际公务员应该是给联合国的中文处、翻译司培养人才，这和给国家各大智库培养人才的差距特别大。这两者对学生来说都是小众。比如说我们现在想给联合国送人，可是人家又不仅仅从我们学校挑的，北京还有一些高校呢。而且一年只招那么多，大部分人是去不了那些地方的，那剩下的学生干什么？所以说我们学生的职业指向不明显，学生可能就会陷入迷茫。想到这一点，我就觉得有些同学特别喜欢文学也挺好的。文学水平作为一种个人修养，跟我们英语学院培养人文素质的宗旨是一致的。

潘琪：如今很多开设翻译专业的学校都选择某一领域作为重点，比如法律、海事、军事等。您觉得这样是否有利于翻译学科的发展？还是应该继续关注通用领域？

韩子满：针对这个问题现在其实有两派。欧洲的翻译教学以法国巴黎高等翻译学校（简称"巴黎高翻"）为代表，包括日内瓦大学，他们是要培养所谓的职业译者（professional translators），不专门聚焦于具体某个领域。但我们国内现在主流的看法是培养主要适用于某些领域的翻译人才，这和西方不太一样。

我想对于不同层次的学校，比如说985重点大学和上外、北京外国语大学这类外语院校，我们可能还是更多地去关注通用领域，这些学校学生的语言能力和翻译效率通常比较高，我觉得这也是一种弥补。比如在口译领域，别的学校的本科生可能很难胜任会议口译，那么可不可以派上外优秀的学生去做。我们本科生可以按照这个方向去培养，用能力去弥补领域的不足。我与上外的一些同事也聊过这个问题。如果我们上升到硕士生的教学，学校有英语学院、高级翻译学院，那么上外的特色是什么？我觉得文化、时政领域可以作为我们的强项去培养。我们聊别的领域，法律、科技、历史等方面可能不如本地的兄弟高校，那我们就避开这些。我觉得理想的话，我们可能会走欧洲巴黎高翻那条路，虽然跟国内主流不完全合拍，但这是我们跟其他院校的一个差异化优势。

那如果我们关注专业领域，翻译教学该怎么开展呢？我们自己的外语老师教专业外语和专业翻译，那么专业领域适当地请那方面的老师来给我们讲他们内行的外语和翻译。据我观察，事实上，最能产生效果的还是外语教师去教这些专业领域的翻译，比如我们要讲法律语言和法律翻译，不大可能让法律系的老师去讲。这个可能现在做不到，但是慢慢地可能会往那个方面发展，比如说现在很多学校里面的外语系老师，拿的就是其他专业的学位。我个人还有一点看法就是我们的翻译教学可以服务于学校的发展方向。比如说上外现在有"区域国别研究"特色，我觉得我们将来培养的学生可以往这方面靠，不谈多面手，两面手可不可以？

三、翻译教学与实践

潘琪:韩老师您认为翻译教学是否得益于翻译实践?

韩子满:这当然啦,这个我觉得是不言而喻的。不做翻译实践的人是没有资格上翻译课的。如果是没做过翻译的人去教翻译实践课,会把学生教歪了,而且这个影响会非常恶劣。第一他不知道翻译是怎么回事,第二他不知道翻译行业是怎么回事。学生如果跟着他去学,可能完全是错的。比如说我们最怕的一点就是他可能会瞎翻,随意发挥。随意发挥的最大毛病是什么? 特别是中国老师,随意发挥其实很可能就是他不懂。这里不客气地说一句话,外语院校的老师、外语系的老师,是不是一定可以去做翻译? 不一定的。所以说像一些好的大学老师评职称,在以前对外语要求高的时候,一定要有译作才能评教授,仅仅通过职称外语考试是不够的。这是什么道理? 能翻译出来一本专业书籍,这就说明这位老师的外语是没有问题的,就是说检验外语能力就看能不能翻译出一本书。所以说我们就怕老师根本不会翻译,不知道我们社会上的翻译是怎样的,然后给学生灌输一些错误的观念,学生到社会上会碰壁的。

潘琪:那么韩老师,一个合格的翻译教师的翻译实践量要达到多少呢?

韩子满:我记得 MTI(翻译硕士专业学位)的评估要求是,专业笔译翻译教师应该完成不少于 30 万字的翻译实践,理想的话是近五年完成这么多翻译量。口译教师是不少于 20 场次,按照小时来算大约就是 200 个小时。当然了,这只是一个比较笼统的衡量标准。至少有 30 万字的翻译经验,是笔译翻译教师的一个起点。少于这个标准的教师不大应该独立从事翻译教学。比如说像我们上外这样,在组长的带领下可以,但是自己独立承担教学任务就比较危险。

四、翻译专业前景展望

潘琪:韩老师,您觉得翻译技术课是否为高校英语专业必须开设的课程?

韩子满:对于英语专业,这个问题需要进一步讨论。但对于翻译专业,这其实不该是个问题,答案是肯定的,原因是现在我们主流的机辅翻译软件还不够智能。现在的用人单位,比如说翻译公司对我们的要求肯定是我们能够直接上手。如果是去政府的外事部门工作,那里可能没有人懂这个。那么你毕业后去外事部门工作只能还是用传统的方法——在 Word 文档里面进行翻译,你不可能给生产方式带来任何的革新,如此你的竞争优势在哪里呢?所以我觉得高校里面还是得有这类课程。到什么时候我们可以不开这种课了呢?我觉得等到我们现在的翻译软件变得足够成熟,变成"傻瓜式"软件,可能就不需要专门开设这一门课了。等到软件变成"傻瓜式"后,学生就不需要在学校里面专门学它了,或者是软件的教学时间会往前提。用我们现在的文字处理软件打个比方,在我上大学的时候,学校里面会教怎样操作文字处理软件,当时英文处理软件叫 WP,汉语处理软件叫 WPS。我那时候大学里专门开设这门课的,我想现在你们大学里面肯定不教了吧。教学时间往前提了,现在在小学里就会教这个,或者孩子自己在家里也会摸索。不过,这翻译软件和文字处理软件又不太一样,翻译软件不是一个大众化的软件,而是一个专业性软件。我觉得在不久的将来,我们也许不需要专门开一门课讲翻译软件操作,开几个讲座或许就可以了。

潘琪:韩老师,您曾在《教师职业化与译者职业化——翻译本科专业教学师资建设中的一对矛盾》①一文中提出要提高翻译教师职业化,使翻

---

① 韩子满. 教师职业化与译者职业化——翻译本科专业教学师资建设中的一对矛盾. 外语界,2008(2):34-39.

译教师具备接近职业译者的翻译实践能力。那就翻译教师自己能做出的努力而言，您能否结合自己的教学经验，为青年翻译教师指点迷津？

韩子满：我写那篇文章的背景是 2007 年在复旦大学开了一个翻译专业教学会议。我的观点是翻译专业的学生以后是要做翻译的，因此教这些学生的老师是需要具备接近职业译者的能力的。原因前面也说了，如果老师自己没有从事职业翻译的能力，翻译理念和方法很多都是错的。我们中国人讲"隔行如隔山"，现在行业间的壁垒越来越明显。我们老一辈中，如我的老师辈甚至更早一辈中，有很多人会说："我从来没有受过训练，我照样会给某某领导人做翻译。"那是那个时代，现在已经不可能了。换作是现在，有谁敢说："我从来没上过口译课，从来没有受过训练，我可以去给市长当翻译。"市长根本不会找你，你也根本适应不了，因为你不具有职业能力。那么我们怎样才能具有职业能力呢？我觉得没有别的途径，这个要自己找机会去实践。事实上，机会比较多，现在主要有两种。一种是老师可以自己去找翻译实践。外语院校的老师情况可能好些，会有大量的机会主动找上门，其他学校的老师可以自己去找机会。我们国家现在对翻译量的需求，大家可能想不到。有人公布说 2019 年的翻译产值有一千多亿元，我们在学校里面想象不出为什么会有那么多，但是我告诉你就是这么多。现在有些部门讲到翻译实践的时候，已经不以多少字来描述，而是以有多少 M，多少 G，也就是文件有多大来描述。我们从金额上来说可能更直观一点，比如说第七届世界军人运动会将于 2019 年在武汉召开，该运动会组织委员会发布的笔译招标金额是 900 万元，我们可以想象这个翻译量有多少。世界军人运动会的规模相对来说算是小的，国内的大型活动其实是非常大的。我还认识一个翻译公司负责人，他在香港有一个公司，在河南有生产基地，他就负责翻译各大公司的 IPO（首次公开募股）材料，只做这个。据说他一年的产值有上千万元，所以翻译需求量是非常多的。另一种就是高校里很多老师会结合学校主流专业去做翻译，其实结合学科建设去做翻译可能更容易一些。就拿我们学院来说，我们有英国研究中心，那就可以做英国研究系列译丛，选择一些比较经典的英国研究方面的著作来出版译丛。这样一来，老师们的翻译能力

有了,学术研究方面权威的地位也有了,这是老师们自己去努力的一个
方向。

潘琪:您认为在技术的冲击下,翻译专业的课程设置和教学内容是否
应该有所调整?

韩子满:我觉得确实是要有所调整的,具体的调整就是减掉低端的课
程,加上高端的课程。拿口译来说,联络口译和陪同口译就可以取消了,
因为讯飞的翻译机器等设备已经可以解决了。但这个问题要辩证来看,
以后只具备这两种能力的口译员在市场上没有机会了,但是我们作为专
业的人,需不需要具备这些比较初级的能力呢? 想要具备高级能力的话,
这步能不能跳过去? 要是不开这门课,有没有其他形式来培养这项能力,
这一点是我们需要思考的。另外,我们的课程里面需要添加一些内容,比
如说前面提到的翻译技术,就讲 MemoQ 和雪人等主流翻译软件的操作,
不要讲那么复杂。我觉得翻译专业的学生都会使用这些软件或者很快就
能学会。还有我们可能要教一些排版和译后编辑的内容,这可能是两门
课,后者专门讲译后编辑,就是说人和机器具体怎么合作。至于排版方面
的课,很多学校都没有开设,但是我觉得这门课是很有必要的。事实上多
数学生现在连 Word 都使用不熟练,他们掌握的功能不超过 20 种。Word
的功能其实非常强大,有人专门写了一本 200 多页的书介绍这些功能。

潘琪:在人工智能大热的时代,您是否可以为翻译专业学生提供一些
建议,帮助他们更好地适应社会?

韩子满:人工智能对所有的行业都形成了冲击,没有受到冲击的是如
保姆这类需要感情投入的职业。凡是需要智力投入的行业,人工智能对
它们的冲击都很大。我们身边最近的受人工智能冲击最大的一种行业是
什么呢? 是会计、金融业这些高收入行业。我们现在知道银行和会计师
事务所在大量裁员,之所以没看到人失业,是因为业务需求量也在增大。
翻译也是一样。短期来讲,我觉得翻译专业的学生该干什么就干什么,人
工智能短期取代我们的可能性不大。第一个原因是翻译需求量太大,第

二个原因是低端的翻译任务人工智能可以完成,我们去做高端的翻译就可以了。而且翻译专业的毕业生将来不一定要做翻译,就像英语专业的学生将来不一定从事英语相关的职业,只要把翻译看成一个学习其他能力的手段就可以了。翻译学好了,具备了优秀的信息获取能力、信息综合能力和大量阅读能力,会帮助你们在其他行业取得成功。我自己对翻译专业还是很有信心的。

让翻译照进文学，文学点亮翻译

——郭国良教授访谈录^①

杜　磊　郭国良

受访者简介：郭国良，浙江大学外国语言文化与国际交流学院教授、博士生导师，中国翻译协会理事，中国翻译协会翻译理论与翻译教学委员会委员，中国翻译认知研究会常务理事，浙江省翻译协会常务副会长兼秘

①　访谈者感谢浙江大学译学馆、翻译学研究所对本次访谈的大力支持。

书长,浙江省作家协会译介委员会主任,浙江大学中华译学馆常务副馆长兼秘书长,浙江大学翻译学研究所所长。主要研究领域为英美短篇小说理论、当代英国小说,尤其是曼布克奖得主的翻译与研究。迄今已发表论文 30 多篇(其中 3 篇被中国人民大学资料复印中心全文转载),翻译出版近 50 部文学名作。近年的译作《终结的感觉》(译林出版社,2012)、《斯蒂芬·哈珀在读什么——扬·马特尔给总理和书虫荐书》(译林出版社,2014)、《月亮虎》(北京燕山出版社,2019)等登上多个国内图书排行榜,《儿童法案》(上海译文出版社,2017)入围第二届"京东文学奖"国际作家作品五强,《坚果壳》(上海译文出版社,2018)入围第三届"京东文学奖"国际作家作品五强。近年来,开设的课程有"英国文学史""美国文学史""短篇小说研究""英国文化研究中的核心问题""战后英美文学与社会""英美诗歌""小说理论""英语文学与翻译"等。

访谈者简介:杜磊,上海外国语大学博士,浙江大学外国语言文化与国际交流学院博士后、副研究员,主要研究方向为翻译学和翻译教学。

本次访谈时间为 2019 年 12 月 29 日。访谈中,郭国良教授分享了他走上外语与文学翻译的心路历程,阐述了他对于文学翻译、当代外国文学译介以及与外国文学翻译人才培养等诸多方面的理解与认识,对于文学界与翻译界均有很强的借鉴价值与启示意义。

一、学习英语从模仿开始,译书从"听"开始

杜磊:郭老师,您曾说过,您一开始英语念得并不算好,这跟一个翻译家似乎不太搭界,您的英语学习究竟是一段怎样的经历?

郭国良:我生在农村,长在农村,1977 年在浙江金华东阳湖溪二中(现东阳市职业高级中学)就读高中时才真正开始学习英语。我的第一个英语启蒙老师——徐锦棠老师——既耐心又严厉。他虽已去世多年,但他给我们上课时的情景依然历历在目。他曾对同学们说,假如以后你们考上了大学,到外语学院念书,那么所有场合都得使用英语,甚至到食堂打

菜、买饭都得用英语讲。这番朴素的说法本只是为了激励大家学好英语，但却给我留下了很深的印象——学英语原来这么"高大上"！我非得把英语学好不可！

我接触到的第一句英语是：Long Live Chairman Mao!（毛主席万岁!）我担任班长，却不是班上英语最强的。通过死记硬背，高考英语勉强及格，磕磕绊绊得了个 66 分。我既听不懂英语也不会讲英语，我的英语水平完全是"聋子""哑巴"式英语。我第一志愿填的是位于太原的海军高级电子工程专科学校①。因为是提前批录取，我还专门赶去金华参加英语口试。成绩可想而知，很烂，但幸运之星高照，我居然被录取了。就这样，我成了改革开放后东阳第一批考上外语专业的两位学生之一，而徐老师也因为培养出了我而被上调至县里最好的东阳一中执教。

海军高级电子工程专科学校当时虽然是一所大专军事院校，但我和同学们却是 1979 年招收的首届外语专业本科生。同学们进校时英语水平参差不齐。有的同学高考英语成绩高达 90 多分，有的同学英语成绩则低至 6 分，总体而言，来自江浙一带的同学的英语水平相对要好一些。由于我只学了一年的英语就参加了高考，所以我的英语水平只处于中下游水平。班上英语最强的同学来自嘉兴和苏州等地。有一次，我发现这些英语很棒的同学聚在一起，一人在朗读一本书，其他人在一旁听，我大为震惊：我连一句都听不懂，而他们居然听得津津有味！我大受刺激，在佩服他们之余，暗下决心要迎头赶上。怎么赶？当时我们上课用的是美国原版教材《今日英语》(*English for Today*)（在当时绝大多数地方院校或者外国语学院还只是用《许国璋英语》的前提下，这套教材算是相当超前的）。我的想法很简单：我深知自己发音不好，那我就老老实实地模仿磁带里的声音。我从最简单的句型开始，一字一句，一字一句，下足死功夫、笨功夫，惟妙惟肖地模仿录音中的语音语调。我一遍又一遍、一遍又一遍地模仿，丝毫也不觉得枯燥。录音里某个地方念得响一点，我就在那儿标

---

① 海军的外语专业开设于海军高级电子工程专科学校。该校于 1986 年升格为海军电子工程学院，1999 年合并组建入海军工程大学。

注一下,也亦步亦趋地念得重一点,响亮一些;哪个地方降了调,我也随之一降。虽然老师并没有要求我们这么做,但我坚持不懈,一个学年下来,变化就显现出来了。《今日英语》中的那一个个句子我可以脱口而出,倒背如流,我的英语语音语调也有了很大的改观。说实在的,这其实是一种很机械的学英语的方式。通过这一年持之以恒的机械操练,到了二年级,我的口语水平有了较大的提升,随着"正确"英语的不断输入,"蹩脚"英语节节败退,但是,总体上,我的英语表达仍然没有跳出磁带里的那些内容,一旦要开启其他种种话题,老的"郭国良"就会时不时地冒将出来。可以说,整个二年级基本上处于好坏英语彼此并存、相持较量的阶段,当时英语学习遇到了瓶颈,总感觉自己进步不明显。到了三年级,在前两年大量听说读写训练的基础上,我一以贯之,锲而不舍,坚持模仿跟读,终于水到渠成,突破瓶颈,逾越相持阶段,让好英语占了上风,我越说越流利,越讲越自如,可以在很多话题上侃侃而谈。到了四年级,我的大部分时间就转而花在文学作品的阅读上了。那是一段无与伦比的黄金时光。

我毕业后就留校任教了。原来的教员(军校里老师被称为"教员")因此变成了同事,我这才知道,入学之初由于我那浓重的家乡口音,教员们曾认真考虑"淘汰"我,想让我转系或换专业,但或许是因为我字还算写得不错,出得一手漂亮的黑板报,又身兼班长之职,所以也就没"赶我走"。他们没想到郭国良后来急起直追,一口喇喇的乡土英语变成地地道道的美式英语(虽然现在更喜欢英音,而口吐"四不像"英语!)。真想不到啊。我就这样稀里糊涂地成了师弟师妹们口中的榜样与老师们"现身说法"的对象。

杜磊:原来您是这样赶上去的。现在外语专业的"00后"有学习各种各样知识的条件与资源,学校能提供的课程也很多,但无形之中似乎又出现了忽视了语言学习本身的倾向。外语专业的传统课程,比如精读、口语以及语法课不再热门,您的经验对于他们是一种很好的提醒与建议。

郭国良:一个外语专业的学生还是应该先扎扎实实地把外语学好,学通,学精。

杜磊：您刚才说您大学时用的材料是美国教材，但是您说的完全是一口非常标准的英式英语，是这样的么？

郭国良：谢谢你的谬赞。刚才我提到我们用的是《今日英语》这套美国教材。由于军校外语专业的特殊培养目标，我们的教学格外重视听力。我们训练听力的主要材料是美国之音（VOA），从慢速英语（Special English）到标准英语（Standard English）。经过强化练习，我一度觉得听力已没什么障碍，VOA 不再具有挑战性。留校工作以后，我就转而开始听英国广播公司（BBC）的节目。我的感受是英式英语更接近于中国人自然的发音习惯。中国人如果不刻意学习美音的话，语音也许本能地更贴近英音。转听 BBC 后，很多内容我就听不太懂了，尤其是那些有一定文化背景、内涵较深的节目。为了突破自我，我开始不间断地听 BBC。记得有一次我疯了似的连续听了一天一夜，就想弄清楚到底有哪些节目。这样持续了很长一段时间以后，我就自然而然地慢慢抛弃了美音，开始渐渐地拥抱英音。同时，有意思的是，我也不经意地将我的研究兴趣从美国文学转向了英国文学。

这种听的学习方式对我影响很深，就连现在做翻译我也有这样的习惯。如果大家来我家做客，门一打开，也许你会听到某个英国人说话的声音。请不要奇怪，那是我在播放小说的"有声书"。翻译一部小说，我也喜欢先拿有声书来听一听，特别是听作家自己的朗读，感受他们朗读时直面自我的那种坦诚。某种程度上，我属于"听译派"。我也喜欢趁家人不在的时候朗读原文。我翻译过的那些作家，尤其是伊恩·麦克尤恩（Ian McEwan）、石黑一雄（Kazuo Ishiguro）、朱利安·巴恩斯（Julian Barnes）、格雷厄姆·斯威夫特（Graham Swift）等，我都用心听过、大声朗读过他们的作品。听与朗读拉近了我与作品之间的距离，这些大名鼎鼎的作家成了我在客厅里无话不谈的朋友。可以说，英语是很经听、很动听的语言，英语原文的内在节奏、韵律乃至情感在很大程度上是诉之于耳朵的。

二、踏上文学翻译之路

杜磊:郭老师,我们不知不觉地已经谈到翻译了。您大学毕业之后在杭州大学(简称"杭大",后被并入浙江大学)外语系念研究生,您是不是那时踏上翻译之路的?

郭国良:如果必须为我的翻译生涯定一个起点,那确实还得从我在杭州大学念硕士时说起。当时,我的导师朱炯强教授正在着手主编《当代澳大利亚中短篇小说选》。为了反映澳大利亚当代小说基本现状,朱老师选定了47位当代作家,共计50篇小说。他让我翻译其中的一篇——澳大利亚作家莫利·贝尔(Murray Bail)1975年创作的短篇小说《牧羊人的妻子》(*The Drover's Wife*)。这本选集的译者大都是名家,譬如胡文仲和黄源深教授。我只是个名不见经传的学生,朱老师也放心大胆地让我去译,这是朱老师对我的信托,也是鞭策。朱老师也因此成为我文学翻译的引路人。

转眼就到了硕士毕业之年,我的身份是部队军官,按规定,从杭大硕士毕业还须回到原来的部队工作。但我当时已考虑转业。朱老师很惜才,为了帮我留校,他亲自为我跑到部队和领导谈,对此,至今我依然非常感激。部队非常重视朱老师的到访,给予了很高的礼遇。无奈部队管理严格,要"放行"一个人很难,我也知道成功的机会很渺茫。但是部队还是充分尊重朱老师的提议,答应让我在杭大多留一年,协助朱老师做科研工作。

我是部队培养的,对部队有很深的感情。尽管毕业后我想转业,但毕业回到部队我没有放松工作,我的原则就是身在部队一天,就要好好干一天,不管有多少困难,都要克服。然而,当我决定离开这个环境的时候,我也希望得到理解——我的"出走"绝不是因为我干不好了或干得不好,恰恰相反,正是因为我干得好,所以我希望到更加广阔的天地中去施展自己的才华。不管部队的转业政策如何,我心里就有这种建构良好风气的愿望。那时,大学的英语四、六级考试刚刚在全国铺开,于是地方院校与军队院校有了一个可以相互比较的平台。我认真教学，带的班连续两年名列山西省四、六级考试总分第一，学校为此给我颁发了三等功。取得了这样的荣誉，我便有了底气请求领导批准我转业。听了我的想法后，领导最终被我说服了。1994 年，我正式离开部队。

30 岁，跨入不惑之年，下一步该怎么走？说实话，我动摇了教书的心。当时很多人，包括一部分大学老师，都投身到了市场经济的大潮之中。已读了一年却不愿继续求学，转而下海经商的研究生也不少。我也想尝试新鲜的事物，做老师并不是不好，但我已经做过了，也证明了自己可以做个好老师。我想把人生中教书的篇章翻过去，拥抱下一个事业：我可以经商，也可以做其他想做的事情。留在我面前的有两条路：第一条是回老家东阳，因为我已是团级干部了，如果回地方，可以担任教育局副局长之类的职位；第二条是从商。我放弃了这两条路，因为我更喜欢杭州。我满心盘算着，只要能把档案先从军转办转到杭大，趁着入职手续没办好，我可以马上把档案再转到下家单位。可万万没想到，杭大人事处早就取得了我的档案，把我教书的手续落实办好了。冥冥之中，我想走出校园的计划就这样泡汤了，我只能乖乖地留在杭大继续教书。起初，心里想出走的念头不绝。然而，"惰性"或是某种"天性"让我打消了这种念头，我还是留在了杭大，还是那个在校园里教外国文学的郭国良。

杜磊：其实，您刚才说到"惰性"或是"天性"，但我觉得在那样的人生与时代背景下，还是"天性"让您留在了"象牙塔"里继续教书，这和您后来为自己选择文学翻译是一脉相承的，如果您真的那么在乎钱，您一定不会教书，也不会做翻译的。

郭国良：也许是这样的。还是回到你的问题上，我毕业后在学校工作多年，也陆陆续续发表了一些译文，译了一些书，但没有一定的方向。我的翻译工作真正起步于"邂逅"麦克尤恩的 2001 年，这是我翻译生涯的一个转折点。那年我收到了一个包裹，打开一看，竟然就是夏天我在英国访学探亲时，常在书店最显眼位置看到的那本《赎罪》（Atonement）！去英国前，我因向上海《外国文艺》杂志社投了两篇斯威夫特的短篇小说译作而接到了孟丽女士的电话——孟女士是上海译文出版社的编辑。电话那头，她告诉我其中一篇已被译出发表了，无法录用，问我有没有兴趣翻译一本新书，我"受宠若惊"，满口答应，但没想到回家后收到的就是这本书。我很惭愧，当时对英国文坛知之甚少，不知麦克尤恩何许人也，更不知他"国民作家"的分量之重。所以英国之行中，这书虽常入眼帘，也只是匆匆一瞥，我只把它当成了一部风行一时的畅销读物。绕了大半个地球，没想到这本《赎罪》竟一路跟着我回家了！因缘际会，我怀着崇敬的心情翻开这本书，一边饶有兴趣地读着，不错过任何一个词、一句话，一边去图书馆查阅各种相关的资料，遇到一些自己有感触的句子就跃跃欲试。渐渐地，我从一开始战战兢兢、如履薄冰到后来有了底气，翻译得文从字顺起来。在译书的过程中，麦克尤恩深深地打动了我，原来当代英国文学这么耐人寻味。冬去春来，电脑上的字数不断变多，我越来越接近小说的尾声，心里也越来越笃定，要把当代英国文学作为我未来研究与翻译工作的主要方向。

三、我的"译思"与"译法"

杜磊:郭老师，我觉得翻译教学界对当代翻译家的译文梳理与总结偏少。当代翻译家用的是当代的语言，他们是与我们活在一个时空中的人，学习翻译首先应该学习他们的译笔。肖维青教授和我在编写翻译教材时就收录了您的精彩译例。在近距离欣赏您的译文过程中，我有一个很强烈的感觉:您是非常忠实于原文的，译文丝丝入扣，不会放过或遗漏原文中哪怕任何一个微小的语词。作为文学译者，您有什么样的翻译经验可以和我们分享?

郭国良:我上翻译课很少触及翻译的 skills(技巧)、strategies(策略)或 methods(方法)。我觉得教科书中已经有很多这类内容了，这些是基础翻译教学所必须讲的内容，由你们年轻一辈的教师来讲解更为合适。实际翻译中遇到的问题千变万化，需见招拆招，光从教科书中学习是远远不足以应对的，这就是翻译为什么需要身体力行、大量实践才能臻于精熟的道理。翻译教材上介绍的是行之有效的一般化方法，但如果我们总是按教科书的那套方法来做翻译，有时候是会事倍功半乃至错误的。因为教科书首先都有一个中英文差异的前提设定，比如它会告诉我们地道的汉语是那类流水短句。但你想，如果我们所有的译者、所有的译文都按这个norms(规范)来操作，那么最大的问题就是我们的译文将会是千篇一律的。我并不否认汉英两种语言之间普遍意义上存在的那种宏观差别，但是翻译教科书突出汉英差别，显然是站在汉英对比的基础上的，它不谈或者很少谈及原文怎么样。而文学的原文形式不仅仅反映内容，它本身可能就是内容，一旦进入文学翻译，这个问题就特别突出。按中英语言差异的前提来翻译文学，很容易习惯性地遮蔽文学赖以存在的形式基础，这样我们读到的无非是一个个我们自认为能够理解的文学故事而已，而满足于故事层面的文学消费恰恰是反文学的，是对文学的伤害。

杜磊：郭老师的提醒很有新意，我想紧接着追问一个问题：郭老师对文学翻译如何为之有什么样的看法与观念？

郭国良：我自认为文学翻译应该更加靠近原文，照顾原文。我刚才请大家注意一点，即是用所谓的"地道的汉语"来翻译外国文学，首先产生的一个大问题就是它无法保留原文的风貌，这是汉语的语言特征反过来对文学翻译可能产生的干扰。汉英句长有差异，一旦原文出现长句，我会设法保留。当然译者也必须有一个度的把控，需要考虑读者的接受度，太长也不行。这时翻译就像在秤杆上来回移动一个秤砣，非得找到某一个刻度才能刚好平衡，译文才恰如其分。如果原文是长短相间，那么我也会试图还原这种韵律与节奏感，因为英语读者阅读中能感受到汉语本身也有能力反映原文的这种句式风格。所以，我喜欢"听"就是这个道理，这是感官上有别于视觉的一种接近作品的方式。凡原文有的特点，译者就有责任移植。相反，原文没有的，译文就不应该添加。有的研究批评我的一个译本对于跨句衔接敏感不足。我不认同，原因在于作者在写作时也没有这种衔接意识，至少没有在文本中直接表现这种衔接。作为译者，我没有权力将我对衔接的考虑也写入译文中。

原文的问题不一定局限在一部书中,甚至还可能出现在同一作者的一系列作品中。假设我要翻译某个作家的三部小说,前两部的风格是标志性的,而到了第三部,作者却突破了自我,带有实验性质地在对话中使用了大量破折号。译者遇到这种情况,假如还是延续前两部翻译对话的方法,那就会给读者错觉:似乎这三部作品的风格是一致的,但其实作者已经大刀阔斧地改变了他的风格。这时候,直译的必要性就不仅体现在文本意义上,它还关乎读者对这个作家创作动向的整体认知与理解。

杜磊: 其实郭老师刚才提到了两个方面,一是原文没有的东西译文不该有,二是原文有的东西译文就要有。这个道理说起来简单,做起来恐怕不容易,文学翻译可能尤其如此。因为"文学性"有时候那么模糊,译者很难不进行阐释。但有时候,正如您所指出的那样,我们又滑向了另一个极端,疏忽大意,看不到"文学性"或把它轻而易举地丢掉。

郭国良: 你说得对,文学翻译的原文就是它的"本",而翻译在某种意义上的确是在破坏这个"本",文学翻译难就难在要在这种张力中找到自己的位置。你说的"文学性"可能过于抽象,我还是以人家比较熟悉的"文化异质性"为例来进一步说明问题。

文学翻译的原文问题还在于它的"文化异质性"。不管作者如何声称其作品的国际化与普遍价值,其针对的可能还是英语世界的文化圈,汉语读者无法理解的中外文化差异依旧存在。雷蒙德·威廉斯(Raymond Williams)曾把文化分为新兴文化(emergent culture)、主导文化(dominant culture)与残留文化(residual culture)。外国文学中最突显的异质文化是主导文化与新兴文化。作品中的主导文化由社会、历史、宗教、经济等因素构成,展示的是不同国家与民族特有的传统与思维,它既陌生又鲜活,显在且稳定,译者要想办法在读者可接受的限度中予以保留;而其中的新兴文化则是脆弱的,它在文本中往往是以流动、破碎的形态存在,但它却是作者精心捕捉的,悉心安排给敏感的读者的。它的意义可能十分捉摸不定,英语读者也很难一下看明白,因为它处于文化生命的最初阶段,但它又如此重要,译者在翻译的过程中就要倍加呵护,万万不可替读者"解包袱"或"一手包办"。不仅如此,我认为,译者蹑足潜踪恰恰可以激发读者的能动性——让细心的读者主动去体验新兴文化,把机会留给他们,让他们去回味,去追寻,去重新建构新兴文化的价值体系。近几年,尽管我很想和我的读者朋友就作品的内涵以及翻译过程中的一些感悟展开对话交流,但我逐渐倾向于克制自己。在编辑没有强烈要求下,我不再写前言与后记,不再做那个在读者身边嘀嘀咕咕的旁白,因为所有的东西都在作品里,留待读者自己观察探索。

文学翻译的原文问题还牵涉翻译伦理。如从德国翻译理论家弗里德里希·施莱尔马赫(Friedrich Schleiermacher)最早提出的归化与异化之说来看,对于外国文学翻译,我们首先应当避免前者——即不管原文酸甜苦辣咸,一概使其"变甜"而适应、取悦读者,这是逾越当代译者伦理的。我们不再需要以19世纪与20世纪之交时林纾那样的方式来翻译外国文学了,时代变了,中英之间百年的文化交流与积淀使得英国文学在面对中国读者时不再需要那层"面纱"了。

因此,在翻译教学中,我非常重视带着我的学生细读与体悟文本,赶赴到那个文学故事肇发的"现场"。我们的根本任务是以原文为中心,本着既对作者负责,又可向读者交代的原则,忠实地记录"现场",所以只有在充分明白发生了什么之后,译者才可以动笔,并努力地在归化与异化的轴线中找到那个平衡点,让读者也能亲临那个"现场"。当然,文学翻译是一门永远有遗憾的艺术,某种意义上,它有"原罪",译者心里应有所准备。因为很多人都认为,读者能理解,功劳归于读者自己;但当读者不解,那问题就肯定出在译者力有不逮上。我想说的是,文学翻译还可能存在"悖论"——殊不知,那种读者不解的"灰色"也许正是作者本来的意图。多年来,我的编辑很肯定我的翻译,我也受到了大量读者的认同,其中一些非常专业的作家读者给我的支持与鼓励尤令我感动。他们向我表示,从我的翻译中能够非常清晰地找到那个作家与作家间可以交流互促的灵感空间,这是支撑着我一直走在这样一条翻译之途上的动力之源。

四、曼布克奖与当代英国文学译介

杜磊:我们知道,您对曼布克奖(Man Booker Prize)情有独钟,您已经翻译了很多获奖作家的作品,其中不乏代表他们个人小说创作高度的扛鼎之作,您还编写过《曼布克奖得主短篇小说精选》(百花洲文艺出版社,2012),选译了不少曼布克奖得主的名篇,您认为,围绕曼布克奖,把相关作家与作品译介到中国,有什么特殊的意义?

郭国良:曼布克奖创立于英国,已经成为当今最佳英语小说的风向标。自 1969 年以来,通过严格的评审,这个奖汇聚了英语小说中一部分优秀之作,其权威仅次于诺贝尔文学奖(Nobel Prize for Literature)。我之所以非常关注从这个奖发散开来的作家与作品,首先是因为这个奖对于把握英语文学,尤其是英国当代文学脉搏无可替代的作用与价值。中国很早就有文学翻译的优良传统,如果从林纾 1903 年的《吟边燕语》(*Tales from Shakespeare*)算起,中国很早就与英国文学结缘了。林纾为国人一共选择翻译了 112 部英美小说,为当时人们在世纪之交"放眼看世界"提供了鲜活的材料,输送了精神养分,为历史的进步做了很大的贡献。文学之所以在那样一个风云变幻的时代能发挥出这样大的作用,原因归根结底,还是在于文学本身——文学是把握世界的一种独特方式。如今,21 世纪的前 1/4 已经快走完了,如果当代中国人对英国文学的印象还是停留在那部分林纾奠基的近代与早期的英国文学翻译经典,而不与时俱进,那是远远不够的。一方面,在外国文学的期待视野中,我们已逐渐排除了意识形态的干扰,越来越追求文学本身的价值。百余年来,英国文学也发生了很大的变化,而这一部分变化唯有通过当代英国文学才能切近地反映出来。离开当代文学,我们是无法全面认识英国文学的。另一方面,小说家是最可以洞悉人心的"心灵捕手"。任何爱外国文学,有"文学梦"的人,都不应失去以文学与当代英国人直接"交心对话"的机会。不了解当代英国文学,那我们对当代英国乃至整个英语世界的认识在某种意义上就只能限于商品与器物的层面,其缺憾不言自明。

曼布克奖赋予我们的正是这样一个机会。对曼布克奖相关作家与作品,我的翻译选择延循着两条线索,也许可以为观察与整理当代英国文学提供一个思路。其一是个体文学。如我翻译过石黑一雄的《无可慰藉》(*The Unconsoled*),它表现的是当代人在人生迷宫中兜兜转转,却始终无法从外界获得帮助甚至慰藉的无助之感,是一部对当代人生存状态的审视与反思之作;巴恩斯的《生命的层级》(*Levels of Life*)是一部悼念亡妻的"大家小书",这本随笔为生命建立了高处、水平与地面以下三个空间隐喻层来探索生命与爱情之间的关系。这些作品集中反映了当代英国人看待生活、生命与生存的视角,是一类以个体为中心的文学。其二则是个体与社会联结的文学。佩内洛普·莱夫利(Penelope Lively)的《月亮虎》(*Moon Tiger*)将整个世界的变迁凝聚到个体的成长经历中来铺展呈现,堪称一部个人心灵史诗;我也翻译过印度作家高希(Amitav Ghosh)的三部曲,在第三部《烈火洪流》(*Flood of Fire*)中,漂在海面上的船里装的不再是奴隶,而是鸦片,个体进入了鸦片战争流火动荡的时空。我们在历史书上只看到鸦片战争对中国的影响,那对整个东方的影响呢?高希史无前例地以人类学家的功力,为中印之间的联系描补上了差不多将被历史遗忘的那一面。这类文学从个体出发,强调在全球化与多元化发展的脚步中把握社会、民族与历史的万象世界。

当今世界,国与国之间的交流形式丰富多样,但文学的交流依然是不可取代的。有时候,文学更能够拉近国与国、民族与民族之间的距离,能起到惊人的作用,而这一切都离不开文学的翻译。现在,国家提出构建"命运共同体"的理念,外国文学翻译的价值就更为突显。人类社会是休戚与共的,对世界上其他地方的人,通过翻译,我们得以思其所思,忧其所忧,乐其所乐,这是文学翻译之于我们这个急剧变化与发展的世界永恒不变的价值。可以说,把外国文学"请进来"与中国文学"走出去"虽方向不同,但殊途同归。

文学译者的贡献在一定程度上并没有被社会充分认同。许钧教授和我主编的"中华译学馆·中华翻译家代表性译文库"至2019年已经收录了4位现当代著名翻译家的代表性译作。在保留译文原始风貌的基础上,我们把他们的译文原汁原味地再次呈现在世人眼前。我们打算一直做下去,我们的一个出发点就是要告诉大家,文学翻译一直陪伴在我们左右,汉语的外国文学实际已经成为我们认识外部世界的一种相当宝贵的中国经验。

作为一个文学译者,我从个人的角度对文学翻译的价值也有一定的感悟。大家都知道我是国内最早翻译麦克尤恩的译者之一,我的学生帮我统计了一下,2005—2019年,我的《赎罪》中译本的引用量已经接近200,该译本至今已经迎来了它在中国的第三版(2018),对于一部当代英国文学作品而言,可以说已经引起了不小的关注度。这15年来,我不断收到了读者通过各个渠道发来的反馈意见,我的《赎罪》在社会上收到了很好的反响。作为译者,我不光为我的翻译能为读者所阅读接受而高兴,更为我的译文能引发更多人的思考乃至研究而感到欣慰,因为后者是阅读文学翻译所能达到的最高境界。我认为,在当下中国,译者有一份促进中外文化、思想与精神交流的历史担当,每个文学译者都应该为自己努力完成这一使命而感到骄傲。

杜磊:最后,我们很想了解一下,您对未来有志于做文学翻译的青年有什么样的希望?

郭国良:某种程度上,我从来就没有把文学翻译当作一门赖以生存的技艺或一门壁垒森严的学科,我的翻译成就是我热爱文学·翻译的结果,所以我享有一种对于文学翻译的特殊自由,我对它的认识可能更接近文学翻译本身。对年轻朋友,我认为,立志做文学翻译必须树立文学"翻译人"的意识,这种意识包括以下三个层面:

其一,文学"翻译人"必须有很强的语言实践品格与对文学·翻译的热忱。翻译这个专业也许是外语专业中语言输出总量最大的,翻译过程时时刻刻都要求你思考原文的文字与译文文字间千丝万缕、错综复杂的关系,并把译文写出来。这是一种需要用力很勤、思考很深的双语实践活动。文学翻译是将一国的文学从一个时空搬运到另一个时空,文学翻译因而又是时代精神的一种极为重要的跨文化书写,一种映照中外社会与现实的语言实践活动。文学翻译的这种语言实践品格决定了它绝不是对原文的简单摹写,它需要你付出汗水,开动脑筋。每个立志做文学翻译的人都须首先牢牢把握这点。若从1992年算起,这28年来我没有离开过文学翻译,至今翻译的体量有800万字,每年保持2—3本译作出版。我与翻译就像是鱼和水,我做翻译皆因我热爱文学,在文学·翻译的"一体两面"中,文学让我走出狭小与封闭的自我,看到世界之大,性灵之美。翻译则使我得以表达阅读、思考文学时真实的心灵感受与精神历程,又让我找回自己,这是其他任何理性方式无可取代的。

其二,文学"翻译人"要培养文学翻译特有的思辨习惯。文学译者在语言的此岸到彼岸间的摆渡不是一帆风顺的,它受到两边特定社会、历史与文化等因素差异的阻碍特别明显,这决定了文学翻译的认知思维方式不可能是从语言到语言的线性思维。我翻译任何一部小说,在整体反复的阅读与感悟后,都会广泛搜罗各种与作品相关的材料,从各个视角与领域检视我对原文的理解是不是准确到位。很多时候,我需要不断调整、修正我对人物形象、作家意图与语词内涵等诸多方面的看法。这几年,我的译速大有放慢的趋势,这不是因为我懈怠,而是因为随着翻译经验的积累,看到的层面渐多,需要思辨的地方也越来越多,下笔就越来越慎重,有时思考有了顿悟甚至需推翻重译。文学翻译特别需要译者对两个语言文化世界体察入微,这离不开"翻译人"的细心考察与辨析。文学翻译固然需要"翻译人"有充沛与敏锐的情感作为支撑,但实践起来更离不开大量双向多维的语言与文化思辨,本质上它一个螺旋上升的过程。

其三,文学"翻译人"要建立好自己特殊的理论储备。做一个文学"翻译人",实践与理论不可偏废,文学翻译中有很多理论问题有待我们通过学习加以廓清,通过进一步的实践来检验、认识与解决。所以,对文学翻译我们也不能停留在实践层面,要有理论追求与探索精神。通过理论的总结与抽象作用,文学翻译实践才能升华转变为一代一代可以不断积累下去、继承下去的学术经验。文学翻译的理论问题又有两大层面,一是文学本身的理论,二是翻译理论。文学怎么译,归根结底取决于文学是什么以及文学怎么样。当前,文学翻译理论建构最大的问题与最薄弱的一环出在两者彼此隔绝的"两张皮"现象上,我希望看到未来有越来越多的文学"翻译人"能在实践的基础上,踏实地学习文学理论与翻译理论,弥合这"两张皮"。翻译与文学天然接壤,翻译的理论有历史的深度,亦有跨学科的广度,而文学理论有关注文本的优良传统,两者理应"相向而行",开创融合的研究空间。

杜磊:感谢郭老师的分享与指教!特别感谢郭老师能给予我们这次难得的学习机会!

郭国良:谢谢!让我们一起努力,让翻译照进文学,让文学点亮翻译。

甘为译事负韶华

——胡安江教授访谈录

张　欣　　胡安江

受访者简介：胡安江,四川外国语大学翻译学院院长、教授、博士生导师,重庆市"巴渝学者计划"特聘教授,重庆市第三批学术技术带头人。兼

任中国外语界面研究学会秘书长、重庆翻译学会秘书长、中国翻译协会翻译理论与翻译教学委员会委员、全国翻译专业资格(水平)考试英语专家委员会委员、中外语言文化比较学会翻译文化研究会常务理事。主要研究领域为翻译与文化研究、翻译史研究、典籍英译研究、汉学家研究、比较文学与跨文化研究、话语研究等。主持国家社科基金项目3项,出版学术专著4部,发表研究论文60余篇。曾获"重庆市高校优秀中青年骨干教师""重庆市高校优秀人才"等荣誉称号。专著《寒山诗:文本旅行与经典建构》(清华大学出版社,2011)获2014年重庆市第八次优秀社会科学成果奖二等奖并入选2020年中华学术外译项目立项名单。

访谈者简介:张欣,香港中文大学翻译系博士生,主要研究方向为翻译文学史。

本次访谈时间为2018年12月13日,访谈者于11月发出邀请并整理出访谈问题,并于约定时间在四川外国语大学(简称"川外")与胡安江教授进行了1小时30分钟的访谈。胡教授自本科起接触翻译行业,积累了宝贵的实践经验。作为四川外国语大学翻译学院的院长,他不仅在翻译研究领域建树颇丰,还在翻译教学与专业建设上见解精辟。胡教授引经据典、入木三分的阐发贯穿访谈全程,其专业素质与译事热忱令访谈者深感敬佩,其扶助后学的无私精神亦使访谈者心怀感恩。

与胡教授商榷调整后,本次访谈内容形成三大议题:译者生涯、授业解惑、专业建设。相信通过阅读上述议题下胡教授的妙语连珠,读者不仅能了解其从业经历、教学理念与研究抱负,更能体认翻译实践、翻译教学与翻译研究的协同并进,体悟翻译教学、专业建设与时代更迭的渗透交织。

一、译者生涯

张欣:开宗明义,首先想要请教您,您是如何定义"翻译"的?

胡安江:"翻译"很难被全面彻底地定义,其内涵、功能和价值会随着历史时代的嬗变与解读主体的差异而有所不同。因此,我这里只谈对翻译的个人理解。1975 年,由牛津大学出版社出版的剑桥大学教授乔治·斯坦纳(George Steiner)的学术专著《通天塔之后:语言与翻译面面观》(*After Babel*:*Aspects of Language and Translation*)对翻译概念有所阐发。斯坦纳认为理解即翻译,我对此深表赞同。翻译的实质就是不同民族、文化和社会相互理解与沟通的重要桥梁。

张欣:您是从何时起开始进行翻译实践的? 有过哪些方面的翻译实践经历呢?

胡安江:从本科二年级起,我便开始接触翻译实践。每当在"大学英语"课堂上接触到优美的英文语篇,我便与同学将之试译,之后反复打磨译文,并向杂志社投稿。当时的我们只是大二的学生,故而并非每次投稿都一帆风顺,但这段翻译启蒙经历的确给我留下了美好的回忆,也让我获益良多。本科毕业后,我受聘成为重庆一家电子制造公司的兼职译员,在之后相当长的一段时间内,我一直从事口译、笔译和外贸谈判工作。后来,我逐步从翻译文本转向翻译学术文献。我于 2009 年主译了《我们到了没——"交叉路口"的女性主义叙事学的未来》("Are We There Yet? The Intersectional Future of Feminist Narratology")。这篇文章是女性主义叙事学领域的重要文献之一,作者为美国布兰迪斯大学的比较文学学者苏珊·S.兰瑟(Susan S. Lanser)。回首过去,我零零散散地从事过一些语篇翻译,语篇类型不一而足、五花八门,包括文学文本、经贸文本、旅游文本与学术文献,但对于每一次实践经历,我都视若珍宝。

张欣:这些翻译实践经历在哪些方面影响了您对翻译的感知与理解?

胡安江:这个问题可以从四个方面来谈。第一,当我切身投入到各类翻译实践中时,我直观地感受到了译事之难,从而对翻译名家名作心存敬意。第二,我也真切领会到关注翻译交际功能的重要性。换言之,译者在翻译中需要具备市场意识与读者意识。譬如,我刚刚谈及自己读本科时将译作投给杂志社的经历,如今看来,当时的我或已具备懵懂的市场意识,但在读者意识的把握上经验全无。事实上,一部翻译作品的立足与传播离不开读者的接受,读者意识缺席的译作很难被认可。第三,上述翻译实践使我明白,一部译作的质量不只取决于译者的母语能力和外语水平,更离不开译者对不同民族文化差异的深刻认识。第四,译者应当具备自我提升意识,以成为具体领域的翻译专家为追求,不能单纯地视自己为译匠。川国校友、深圳大学的何道宽教授在长年的翻译实践中,凝练出了自己的专业领域,继而不断耕耘,成为国内鼎鼎大名的"传播学"翻译名家。

张欣:您方才谈的内容涉及对译者的要求。在您看来,优秀译者应该具备的核心素质是什么?

胡安江:我认为优秀译者应具备的核心素质是对翻译工作的热爱,此热爱甚至比语言水平和翻译能力更为紧要。怀抱"甘为译事负韶华"的信念,并将之作为一种本能冲动融入血液,这是任何一个翻译从业者在翻译实践、翻译教学和翻译研究等领域谋求长远发展的前提。傅雷等老一辈翻译家正是凭借对翻译的热爱,才能在翻译实践中孜孜以求,为读者奉献了一部部经典译作。2018 年,川外校友、四川大学教授杨武能先生因其译介德语文学的卓越贡献,荣获中国翻译界最高奖——翻译文化终身成就奖。若无对翻译事业刻骨铭心的热爱,这些鼎鼎有名的翻译大家用什么信念支撑自己数十年如一日地投身翻译工作? 由此可见,这份热爱既是优秀译者不可或缺的品格素质,也是不同民族和文化为实现相互融通而应该对译者提出的基本要求。总之,译者必得怀揣对翻译事业的热爱,保有探求文化差异的热情,再辅之翻译能力与广博知识,方可担得起"桥梁"和"纽带"的称谓。

二、授业解惑

张欣:您方才所言都是针对译者的,在您看来,翻译教学人员又应当具备什么素质?

胡安江:正如译者要对翻译事业有一种天然的热爱,优秀的翻译教学人员也应该热爱翻译教学工作。换言之,翻译教学人员理应怀揣童元方教授强调的"译心"。此外,不仅要通实践,还要具备翻译理论素养,不能止步于教授学生以"术",还要在此基础上传授学生以"道",即不仅要教会学生具体的翻译技巧,还要引导学生探索与反思翻译行为背后的文化史和思想史。再者,如今翻译产业与翻译技术的发展日新月异,翻译专业教师如果能主动将这些新变化、新特点融入自己的翻译教学,那么他一定能成为深受学生喜爱的优秀教师。

张欣:具体而言,您的翻译教学理念是什么?

胡安江:我个人的翻译教学理念或能总结为三方面。其一是教学相长,教师在翻译教学过程中同时也扮演着学习者的角色。其二是教研相济,即教学和研究乃是相辅相成的,这要求教师从讲授者与学习者的身份转向翻译研究者的角色。其三是循证导向(evidence-based),这亦是北京外国语大学李长栓教授时常强调的翻译专业教学信条。换言之,翻译专业教师应该具备循证的精神与理念,在翻译教学、翻译实践与翻译研究中体现对事实与真知的探寻与追求。

张欣:在您开设过的翻译实践类课程中,哪门课给您留下了深刻印象?原因是什么?

胡安江:我曾为本科高年级学生开设过"英汉互译"课,这门课程囊括了英汉翻译教学与汉英翻译教学。最令我难以忘怀的是庄绎传教授编写的教材《英汉翻译教程》(外语教学与研究出版社,1999)。此书既有翻译理论导学与英汉语言对比,又含精雕细琢的译文赏析,在编排方式与板块设计上可圈可点。《英汉翻译教程》使我非常享受整个课程的教学工作。教学是一个双向的过程,如果老师在课堂中非常享受,那他的课堂输出也会因此不同,学生也就能相应地收获更多。其次,我曾经使用劳伦斯·韦努蒂(Lawrence Venuti)的《翻译研究读本》(*The Translation Studies Reader*)(Routledge,2000)中的一些经典篇目为素材,为本科生开设"翻译理论入门"课,在课堂中学生的认真与执着、师生的互动与交流、现场的热烈与激情,至今还萦绕在我的脑海。

张欣:在您看来,英汉翻译与汉英翻译在课程体系中的地位有何差异? 教学侧重点有何不同?

胡安江:对于我们以汉语为母语的使用者而言,英汉翻译是"译入",倚重母语能力生产译文;汉英翻译则为"译出",依靠外语能力完成输出。在我看来,两者在课程体系中都应得到重视,学生双向翻译能力的养成是翻译专业教学的题中应有之义。英国汉学家葛瑞汉(Angus Charles Graham)认为理想的翻译是"译入"而非"译出"。诚如所言,长年累月的母语使用使我们能更为精准地把握母语,更能确保译入方向的输出质量。故而,英汉翻译是翻译教学的基础与根本。但课程建构理应基于此有所提高与深化,故也不能放松汉英翻译教学。在当前国家中华文化"走出去"与"对外话语体系建设"的大背景之下,"译出"比例业已超过"译入"比例。恰如黄友义先生所言,当今我们正逐渐从"翻译世界"转向"翻译中国"。前者指向"译入",后者则指"译出"。中国现已站在了世界舞台的中央,要传播中国声音、讲好中国故事,汉英翻译的功用和地位势必凸显。由此可见,我们绝不能忽视培养本土学生译者的"译出"能力。

张欣:依照您的翻译教学经验,您认为母语能力、外语能力和翻译能力之间是什么关系? 对于在教学中协调上述三者,您有什么建议?

胡安江:翻译能力乃是译者母语能力、外语能力和百科知识的综合体,译者要做好翻译实践,须在这三方面都有所储备。翻译专业教师理应意识到翻译水平不只取决于语言能力,还应重视学生对百科知识的把握。具体而言,翻译专业教学或可适当嵌入英汉双语阅读、英汉语言对比、名家名译赏析、翻译学术训练等环节,也可进行课堂形式创新,以翻译项目或翻译任务为依托建立翻译工作坊,以集体讨论与翻译批评为中心开展翻译工作坊。此外,还应引导学生主动摄取各式主题的百科知识,学生只有具备足够宽广的知识面和眼界,才能在翻译实践或翻译研究的路途上走得更远。

张欣:在您看来,翻译理论与翻译教学之间的关系是怎样的?

胡安江:理论和实践的关系多有探讨。虽然许多资深译者声称自己在翻译实践中压根没有用到翻译理论,但对于有理论意识的人,翻译理论确能潜移默化地影响和指导其翻译实践。当然,翻译理论最为重要的功能并非指导翻译实践,而在于分析、解释与预测翻译行为。若能对此功能有清晰的认知,我们的翻译教学势必会挣脱枯燥乏味的桎梏而变得生动有趣。此点虽为学界共识,但要贯彻落实并非易事,许多学生译者在接触翻译之初便对翻译理论心怀偏见,这是不应该的。学生理应在翻译专业教师的启迪与引导下,以兼收并蓄的胸襟接触并接受翻译理论,使之为今后的翻译实践与翻译研究服务。

张欣:作为翻译研究者,您在中国文学海外传播研究上颇有心得,那译介研究是否在您的翻译实践教学中有所投射?

胡安江:近十年来,我对中国文学的海外传播较为关注,这一领域自然在我的翻译实践教学中也有所体现。譬如,在本科生或研究生的课堂中,我会有意识地植入一些中国文学海外传播的个案分析,分享翻译名家译介中国现当代文学的一些实例。一方面,我可借此个案与学生探讨译介中国文学与中国文化的技巧和方法、原则和理念。另一方面,我由此将对翻译目的、翻译选材、交际功能、市场机制、读者意识等要素的探讨置于课堂的个案探讨当中。我发现这种因地制宜、基于本土的译例探讨更能激发学生的求知热情,学生也收获颇多。更重要的是,它能将学生从机械的外语学习与译术训练中解放,使其置身于当今真实的文学语境中,并强化他们对中国优秀文学和文化的了解与认知。

张欣:技术发展背景下,机器翻译的兴起提高了翻译实践的效率,不仅为翻译从业人员提供了便利,也为学生译者提供了"捷径"。请问您如何看待学生借助机器翻译手段完成翻译作业的现象?

胡安江:客观来讲,这一现象非常普遍。但我的观点是:可以借助,但不要完全依赖。专业精神(professionalism)是译者不可或缺的素质,翻译专业的学生理应具备自我塑造、自我提升的自觉性。学生倘若完全依赖机器翻译,并借此完成教学环节中的翻译任务,便等同于主动放弃打造与培养自身专业精神的机会,实属憾事。

三、专业建设

张欣:作为四川外国语大学翻译学院院长,您可否简要介绍贵院翻译专业的办学特色?

胡安江:作为国内较早设立翻译专业的培养单位,四川外国语大学翻译学院融本科生教育与研究生教育于一体,在人才培养模式上形成了自己的一些特色。第一,在课程设置上,我们紧扣国家政策,力求对接"中国文化走出去"与"对外话语体系建设"的时代语境,邀请国内在外宣领域卓有建树的专家联合开设"国际话语译介"课程。同时,我们兼顾翻译市场的客观需求,设立了"翻译与传播""计算机辅助翻译""翻译项目管理"等特色课程。第二,我们持续推进线上和线下相结合的教学模式以及毕业论文的多元化改革,以学生职业发展的多样性为导向,不拘泥于某种单一教学和评价模式。在毕业设计上,除了研究论文,我们还鼓励学生完成翻译实践报告、翻译实习报告与翻译调查报告等多样化的毕业设计,甚至还将翻译作品认证纳入其中,为学生提供了个性化选择。事实上,翻译专业教学不应放松训练学生的实践能力,因而我们始终贯彻"以赛促学""以训促学"及"以项目促学"等人才培养理念,鼓励学生参与各类翻译专业赛事与实习实训。譬如,川外翻译学院的涉外志愿者服务团队从最初建立到现今活跃在各类外事活动场合,业已成为学院乃至学校的一张名片。第三,学院与中国网、环球网、重庆医科大学海扶医院等多家机构合作,建立了13个翻译教学实践基地,从而让学生有机会置身于真实的翻译行业,在实战中实现自我提升。

学校办学环节中的"翻译教学实践周"或值一提,该活动是我校翻译专业本科教学的重要一环。我们通常在每学期期中开展多项口笔译实践活动,包括笔译大赛、公示语翻译调研、公共演讲比赛、国际会议模拟、翻译资格证书考试备考讲座、翻译名家系列讲座以及翻译行业与翻译技术系列讲座等。通过开展丰富多彩的翻译实践活动,我们希望予学生以课堂学习以外的平台,让学生从翻译行业视角深化对翻译的认识,培养学生对翻译事业的热情。令人欣慰的是,学生们参与积极,实践周收效颇丰。例如,每学期的实践周,学生都会以报纸或刊物的形式总结其实践成果,从设计到文字,整个过程都体现了高度的专业精神。客观而论,学生的创造力与专业精神着实令我刮目相看,他们通过实践周活动充分发挥了课堂之内无法展现的能力,这全然契合我们翻译人才培养的宗旨。所以,这个活动我们还会一直办下去。

张欣:请问您如何看待人工智能时代的科技发展给翻译专业的师生造成的冲击?

胡安江:在当下的翻译语境中,翻译工具琳琅满目,人工智能迅猛发展,互联网、大数据、云计算等技术突飞猛进,翻译活动中的对象文本也早已不再局限于文学经典这一单一类型,而是呈现出多元化的势态。时代更迭中的技术发展与行业变革无疑给翻译专业学生的适应能力提出了较高要求。实际上,我非常相信学生接受新生事物的能力,他们有着接受新生事物的天然条件。我最近在读《屏幕社交时代家长如何与孩子交流》(高等教育出版社,2017)一书,书中提到当代年轻人自出生起便开始接触屏幕,对社会生活中层出不穷的新兴事物早已见惯不惊。具体到翻译专业学生,我认为他们不得不拥抱翻译的新时代与新技术,并且我坚信他们有能力在这股时代大潮中生存、立足与发展。相较之下,我更关注翻译专业教师在行业变革中的表现。当今的翻译课堂上存在断层的问题,部分资深教师以质疑乃至排斥的态度对待翻译技术,这种心态并不利于自身对于新兴事物的接受与适应,更有损于教师引领与示范功能的发挥。故而,适应技术发展不仅是翻译专业学生实际面临的问题,更是翻译专业教师应当思考并积极调整的方向。

张欣:相应地,在您看来,翻译专业课程设置又当如何调整以适应行业发展?

胡安江：这也是各大翻译专业培养院校都在思考的问题。翻译产业已然发生革命性变化，倘若课程设置无法回应这种变革，继续以传统的翻译专业人才培养模式敷衍应付，无疑等同于走进死胡同。如此一来，翻译专业毕业生便会在他们完全陌生的翻译行业面前手足无措，进而无力对接翻译市场。因此，翻译专业课程设置的创新和变化实有必要。在我看来，翻译活动应当被视作一个连续体，它有"前世"，有"今生"，有"来世"。具体而言，翻译专业的课程设置不能仅仅局限于翻译技能的传授。事实上，翻译选材、翻译代理、翻译出版、市场调研以及译本的流通、传播、接受、效果、影响等"前世"和"来世"层面的关注亦不可或缺。如若意欲予学生此种全景式的理念，课程设置就需要体现翻译活动固有的连续性。这样设计与设置的初衷是对接时代和行业的发展，以求塑造学生的专业素养与专业精神，优化学生的职业前景。

后　记

访谈者借此表达对胡安江教授与肖维青教授的谢意。不只感谢胡教授在访谈之余就学术科研予访谈者以慷慨指点，更谢谢他欣然接受此次访谈，并在访谈前后花费了许多时间与心力。胡教授的悉心引导与帮助贯穿访谈始终，使访谈者获益良多。访谈者还要谢谢肖教授提供的宝贵访谈机会，她不仅在访谈前提供有益的建议与指导，密切关注访谈的进展，还在访谈后多次协助校阅访谈稿。两位教授细致严谨的治学态度与扶助后辈的学者风范使访谈者心怀感恩。

我要到处讲，不停讲

——金圣华教授访谈录

胡雪娇　金圣华

受访者简介：金圣华，毕业于香港崇基学院英语系，后获美国华盛顿大学硕士学位、法国巴黎大学博士学位。现任香港中文大学翻译学荣休

讲座教授及荣誉院士、香港翻译学会荣誉会长，曾任中国翻译协会理事、香港中文大学及新亚书院校董。翻译实践和教学经验丰富，主要译著有《小酒馆的悲歌》(今日世界出版社，1975)、《黑娃的故事》(译林出版社，1996)、《海隅逐客》(译林出版社，2000)、《彩梦世界》(商务印书馆，2008)及傅雷英法文书信中译(收编于《傅雷家书》中)等；主要学术著作和编著包括《傅雷与他的世界》(三联书店香港有限公司，1994；生活·读书·新知三联书店，1996)、《桥畔译谈：翻译散论八十篇》(中国对外翻译出版公司，1997)、《因难见巧：名家翻译经验谈》(中国对外翻译出版公司，1998；外语教学与研究出版社，2015)、《认识翻译真面目》(天地图书有限公司，2002)、《齐向译道行》(商务印书馆，2011)、《桥畔译谈新编》(外语教学与研究出版社，2014)、《译道无疆》(浙江大学出版社，2020)等；主要文学作品包括《荣誉的造像》(天地图书有限公司，2005；南海出版公司，2015)、《有缘，友缘》(天地图书有限公司，2010)、《笑语千山外》(中国人民大学出版社，2016)、《树有千千花》(天地图书有限公司，2016)、《披着蝶衣的蜜蜂》(海天出版社，2018)等。1997年因对推动香港翻译工作贡献良多而获英国官佐勋衔。

访谈者简介：胡雪娇，上海外国语大学英语学院博士生，研究方向为翻译学、比较文学，研究兴趣为中外文学关系、改编研究。

本次访谈为面对面的半结构性访谈，时间为2019年1月19日12:30至15:00，地点在香港九龙窝打老道城景国际酒店。访谈主要围绕翻译实践、翻译教学以及香港中文大学(简称"中大")翻译系创系简史和课程设置等方面展开。

胡雪娇：金教授，这次访谈主要想请您谈谈做翻译和教翻译的经历。您几十年来投身于翻译事业里，翻译可以说是您个人历史中最重要的关键词之一，能不能先说说您是如何与翻译结缘的？

金圣华：和翻译结缘啊，那是我第一份工作。我从崇基学院英语系毕业后在Shell(壳牌石油公司)的内部刊物当编辑兼翻译。那时候只在大学念过一两门翻译课,以为中英文好,翻译也不会难到哪里去。真的就干起翻译来,还不是文学翻译,而是公司业务所涉及的农药、化学、机械等各种实用文本,什么都有。当年我还翻译了香港第一本《丁烷气使用手册》(那时"石油气"被称为"丁烷气")。我记得每天要做大量翻译,有时甚至加班到半夜。就是这样做起翻译来的。后来从做翻译又到教翻译、改翻译、谈翻译,竟与这行结下不解之缘,接触到不同范畴的翻译,翻译过小说、诗歌、论文、家书、新闻、财经、科技、法律等文学和非文学类文本。其实翻译不过是个总称,翻译活动林林总总,须根据文本类型、翻译目的和读者群体等多重因素采取不同的翻译策略和手法。

胡雪娇:原来您还有一个丁烷气的故事啊,那后来怎么在香港中文大学办起了翻译系呢?

金圣华:这个说来蛮好笑的,也是缘分。工作一年后我出国留学,回国后到母校香港中文大学宗教和哲学系做助教,从最低做起,以为这辈子就搞哲学了。那时候学校的课程概览都是中英双语对照的,英文为主,中文版由每个系自行翻译后送去校方审核。其他系送过去的翻译都得大刀阔斧地修改一番,只有我们宗哲系的不用改,因为是我翻译的嘛(笑)。后来有次副校长演讲,稿子也交给我翻译,一个字不用改。这些大概给学校留下了不错的印象,之后我放假去旅行,回来收到一封信,说要把我从崇基学院调到新亚学院,因为学校决定在新亚学院成立一个新的翻译系,每个学院要派一人参与建设。可没想到,这样我就成了三个创系成员之一。三个人加个助教,这个在亚洲率先以"翻译"命名的学系就办了起来,就这么回事。

胡雪娇:20 世纪 70 年代初亚洲高校几乎都没有设立翻译系,中大可以说是从无到有首创了翻译系。您可以介绍一下初创时的情况吗?

金圣华:是的,真的是从零开始。那时整个行业处在开山辟地的始创阶段,翻译系无任何先例可循,缺乏参考资料和有关教材。创系初期,翻译只是副修课程,主修中文、英文、新闻等专业的学生来翻译系修课。系规模虽小,但很吃香,竞争激烈,学生都是经过选拔的。很多年过去后,翻译都没变成主修专业。后来系里也是先招收研究生,过了段时间后才开始招本科生,变成主修专业的。因为教材从缺,我还与孙述宇教授合作编过《英译中:英汉翻译概论》(香港中文大学校外进修部,1980),大陆和港台大专院校修读翻译的学生经常把它用作参考教材。

胡雪娇:太不容易了。据我了解,中大翻译系的独家特色课程就是请翻译名家和经验丰富的译者主持的"Translation Workshop"(英汉/汉英翻译工作坊),对于学生提升翻译能力大有助益。这个灵感是怎么来的?您能不能具体谈谈这门课是如何设计、进行的?

金圣华:Workshop 是我带进来的。我第一次学术休假去了 UBC (University of British Columbia, 加拿大不列颠哥伦比亚大学),当时海内外的翻译课程寥寥,很难找到合适的地方进修,但我无意中发现这个大学竟然有个创作系,而系中居然有个翻译组,由著名诗人、翻译家布迈恪(Michael Bullock)教授主持。我抱着试试的心情写信过去问能不能访学,布迈恪教授竟然很快发电报说欢迎我去。那时还不认识他,后来我倒是翻译了不少他的诗作。于是我大年初二就背井离乡远走温哥华了,还真有点舍不得离家。到了 UBC 后在创作系旁听布迈恪教授的"翻译工作坊",课上讲意大利语、西班牙语、俄语、法语如何翻译成英语,一上就几个钟头。后来我就把这个形式带到中大翻译系,按照教学的实际情况调整、创新,并逐步完善、规范起来。

这些年来我教的多是硕士班,"翻译工作坊"是硕士班必修课。英译汉和汉译英课各上一学期,每周一次三小时的课,每班学生人数在十五六位到二十位左右。通常第一阶段是 drill,即集体练习,由浅入深,从字词句到片段篇章,测验学生对语言的感受能力及语域的宽广程度。比如先选出一些英语词汇,然后要求学生按照这些词汇可能出现的语境写出各种不同的中文译法。最基本的词汇我选过 man、woman、boy、girl,再在词汇前加些简单的修饰词,如 old、young、handsome、beautiful 等,最后得到的答案往往五花八门。简单如 a man 可以译出"一个男人""一个男的"

"一位男士""一位男性""一个汉子"等,前面加上 old 时,一般的译法有"老人""长者""老头""老汉""老叟""老翁""老先生""老公公""老家伙"等几十种,有时还有"老子"或"丈夫"的意思。种种译法,有尊有卑,有庄有谐,有亲有疏,全凭上下文而定。翻译初学者最容易不假思索地对号入座,看见 boy 就是"男孩",man 就是"男人",而这样简单的练习马上能让学生意识到翻译中遣词的弹性。之后再循序渐进地选一些诗歌、演讲词由全班一起翻译、探讨,再慢慢往难处行进。

第二阶段是 presentation(做报告),由学生独立翻译自选的 4000 字长度的篇章,并在课堂上择取其中若干片段轮流报告,报告人需提前一周将译文发给老师和同学阅看、准备。译者在课上报告完毕后由另一位同学担任 commentator(评述员),就译文的特色、风格、炼字、技巧提出评述与建议,再由全班同学一起探讨、研究,导师则从旁提点、引导并加以总结。因为篇章是学生自选的,题材各异,体裁也不尽相同,从小说、散文到历史、哲学类文本再到新闻报道、科技文章,应有尽有,因此一人翻译全班学习,全班学生能在工作坊接触到各式各样的文本,使学习效果最大化。我记得有位在食物环境卫生署工作的在职研究生(他是高级顾问医生)还翻译过有关传播登革热的白纹伊蚊的材料。如果工作坊学生少,时间充裕,则还有第三阶段进行最后总结,学生可以就翻译这篇作品时遇到的"疑难杂症"提问,大家共商对策。到学期末时,学生把自选篇章全部翻译完成,交给导师批阅。

"翻译工作坊"课的主要目的是能使学生在研习理论之余,真正有操练的机会,不至于只知纸上谈兵。这种教学方式着重课室中师生间的交流互动,学生既有实践又有思考,既自学又向老师和同学学习。工作坊自在中大翻译系创设以来,行之已久,功效卓著,学生反馈极好。当然,授课成功与否主要取决于两个因素,即教师的经验与学生的投入。所以,工作坊对主持教师要求很高,非经验丰富的从业译者不可,否则在课堂上难以做出及时、精到的点评,课堂效果便大打折扣了。除了我本人之外,此前我们系里曾延请知名翻译家如闵福德、黄国彬等主持工作坊教学,学生从名家的课上获益匪浅。

胡雪娇：工作坊的设计合理又精彩，学生必然能取得实在的进步，提升翻译能力。除工作坊以外，中大翻译系还开设了哪些课程呢？您是否也常在课外组织活动，促进学生学习？

金圣华：翻译系设置的课程理论与实践并重，除了工作坊外，翻译理论也是必修课。为了配合世界潮流、适应社会需求，翻译系还设有多种实用性的专门翻译课程供学生修习，因为不同范畴的翻译活动意味着不同的挑战，翻译虽有共性的部分，但针对性的训练必不可少。比如文学翻译和法律翻译，它们对译者的要求南辕北辙，文学翻译倡导的原则运用到法律翻译几乎都行不通。文学翻译要求译者"再创造"，追求原文的意境神韵而不落言筌；法律翻译则不求措辞华丽，最忌随意增删。因此翻译系学生可根据自己的需求和兴趣选修新闻翻译、法律翻译、交传、同传等课程，还可跨系选修计算机辅助翻译系的课程。

课外，翻译系也与合作伙伴设立了一些实习岗位，鼓励学生参加实习，在现实的翻译工作中磨炼技艺。我还在中大组织过"新纪元全球华文青年文学奖"，其下专设"文学翻译奖"，特别鼓励全球各地大专院校在校生参加；也着力推动翻译学术研讨会，举办与翻译有关的文化活动，搭建平台，助推翻译事业。另外，翻译活动所涉及的不仅是对两种语言的普遍认知，还是个人对两种文化的了解和理解，所以翻译系要致力于提高学生的人文素养和语言造诣。就我自己来说，我时时敦促学生广泛涉猎，也乐意带他们参与文化活动。比如"昆曲义工"白先勇教授携苏州昆剧院小兰花班来中大演出昆曲折子戏时，我就与学生相约同去，共享一场声与色的盛宴。和年轻人一起听这样千回百转的传统戏剧，对我来说也是很特别的体验啊。有趣的是，听戏的时候也心怀翻译，不由自主地兼顾中英文字幕，看出许多花样来。

胡雪娇：白教授是"昆曲义工"，您是"翻译义工"。

金圣华：白先勇是我的好友，也是我的榜样。他曾经说过一句话："我要到处讲，不停讲，直至有一天，人人都知道昆曲之美为止。"我呢，也愿意到处讲，不停讲，当然是讲翻译。自从与翻译结缘，一路上风景太好，故事太多,幸运地结识了许多译界名家和学者。杨绛先生,杨宪益、戴乃迭二老,高克毅先生,还有白先勇、黄国彬等,他们的人品学识令我钦佩不已,始终砥砺我前行。

胡雪娇:您从70年代初入行,直到今天仍在翻译教学第一线,请您谈谈这么多年来传道授业的心得体会。

金圣华:其实几十年教翻译的岁月里,我发觉最有意思的就是教学相长,真的是乐趣无穷。首先我正是因为教翻译才开始文学作品的翻译。翻译就如绘画或音乐,只谈理论不求实践未免流于空泛。而在众多翻译领域之中,最富挑战性的就是文学翻译。如今科技发达,将来机器翻译必然一日千里,唯独文学作品的翻译层次极高,电脑永远取代不了人心的灵秀与敏锐。于是教学之余,我先翻译了卡森·麦克勒丝(Carson McCullers)的中篇小说《小酒馆的悲歌》,后来又翻译了约瑟夫·康拉德(Joseph Conrad)的长篇《海隅逐客》,以及《傅雷家书》中的英法文信件和布迈恪的诗歌等,切身体会到文学翻译之不易,其中的学问复杂精深。我从实践中总结出经验,再运用于教学。

再者,我往往能从学生那里学到许多。翻译的时候,有经验的教师固然以稳健见长,禀赋佳的学生却往往以灵巧取胜。所以学生时有老师意想不到的神来之笔,使得译文闪烁生辉。而就在审阅指导学生的翻译习作、在课室中与学生交流切磋的过程中,我也收集到许多有趣的实例,不断启发我对中英翻译的思考。这些不仅为我教翻译提供养料,也是我写文章谈翻译最好的原材料,例如我开在《英语世界》杂志上的专栏《齐向译道行》,其所述所言不少都来自历年学生在课堂上、作业中提供的启发。

我还从来港求学的内地学生那里学到了不少"潮语"。每年春节后我都会请外地学生到中大"云起轩"共进午餐,饭前饭后大家天南地北无所不谈。有次在席间频频听他们讲到"唉!那人真是很雷!"我当然不明所以,看到我瞠目不解的模样,这些学生笑得前俯后仰。还有一回在课上,翻译一个短语 really beyond words 时,有同学提议翻译成"无语"。

我很纳闷为什么选用这么典雅的字眼,使人想起"无语问苍天"等诗词古语,于是评价道"太古典了"。谁知评语一出大家哄堂大笑,原来"无语"也是网络流行的口头禅。后来我还专门写过一篇文章《从"潮语"到文字游戏》。

胡雪娇:您真是有心人,处处看到翻译想到翻译。谈了这么多翻译教学的故事,最后想请您对我们翻译学习者、热爱翻译的同好说几句,提些建议。

金圣华:最近在研究余光中的翻译,从这儿说起吧。记得余光中教授谈英译汉,有过八字箴言"白以为常,文以应变",他说在白话文的译文里,遇到紧张关头需要非常句法、压缩字词、工整对仗等,这时就需要文言来加强、扭紧、调配。我现在愈发觉得这个论断高妙,是很实用的英译汉指导原则。

当然余光中不仅有译论,还有很多出色的译作。他的翻译中存在着非常精彩的创作空间,因为他的中文功底太好了。翻译时是不是可以创作呢? 创作的度在哪里呢? 什么时候可以发挥,什么时候不能发挥? 从余光中的翻译中举个简单的例子,他翻译了《梵谷传》(*Lust for Life*),原文有这样一段话描写梵谷(即凡·高)的一幅画作:"… the sky and river were the color of absinthe, the quays a shade of lilac, the figures leaning on their elbows parapet blackish, the iron bridge an intense blue with a note of vivid orange in the black background and a touch of intense malachite green…"余光中的译文是:"……天空和河水呈苦艾酒的颜色。码头一片淡紫,以肘支栏的人影灰黑,铁桥作深蓝色,黑色的背景中带有一片夺目的橙黄和一星深孔雀石绿的色调……"原作论及颜色深浅之处,作者用 a shade、a note、a touch 来表达,译文里使用了"呈……颜色""作……色""带有一片……和一星……的色调"来翻译,既忠实于原著,又灵活生动,丝毫不受原文束缚。可见翻译中的确是有创作空间的,只不过这空间的展现与开拓却需要一些巧思和匠心,并且很大程度上取决于译者目的语的语言能力。据我的教学经验,现在的学生笔下文字越来越简化,越来越缺乏弹性。词汇贫乏,必然导致思维粗疏,两者相循,正是翻译的大忌。希望年轻人多看中英经典文学,提升源语和目的语语言能力,这样才能负起传递信息、交流文化的重任。

胡雪娇:感谢金教授接受访谈,谈了这么多翻译、教学和人生的故事,谢谢您。

翻译·教学·研究

——李德凤教授访谈录

曹琪琳　李德凤

受访者简介：李德凤，澳门大学英文系教授、人文学院副院长，现任世界翻译教育联盟理事长、国际翻译传译认知研究联盟理事长、欧洲翻译学会出版委员会顾问、全国翻译专业学位研究生教育指导委员会委员、中国

翻译认知研究会副会长、中国语料库翻译研究会副会长、全国语料库与跨文化研究会副会长、《译学前沿》(New Frontiers in Translation Studies)系列丛书总主编等。曾执教于伦敦大学、香港中文大学等院校。在施普林格・自然集团、劳特利奇出版社、香港大学出版社、外语教学与研究出版社等知名出版社出版著（译）作 10 余部；在 *Target*、*Meta*、*TESOL Quarterly*、*Translation and Interpreting Studies*、*Perspectives*、*Babel* 以及《外语教学与研究》《中国翻译》《外国语》《外语研究》等权威期刊发表学术论文 80 余篇。

访谈者简介：曹琪琳，澳门大学人文学院英文系博士生，主要从事翻译研究。

本次访谈时间为 2019 年 1 月 14 日，地点为澳门大学人文社科楼，访谈持续 2 小时。李教授是知名的翻译研究专家，在翻译教育、认知翻译学、语料库翻译学等众多领域颇有建树，在翻译实践和翻译教学上也经验丰富。本次访谈侧重翻译教学，同时也涉及李教授个人的翻译经历和学术研究兴趣。

曹琪琳：李老师，请问您如何定义"翻译"？

李德凤：翻译很难有广为接受的统一定义。翻译的定义大多是在描述翻译行为的特征。虽然人类语言符号千差万别，但语言背后的含义和内容仍可互通，因此翻译活动成为可能，这也是我们谈论翻译之基础。常规而言，翻译乃是一种语言转换行为(inter-lingual translation)，涉及两种甚至多种语言的转换。当然，翻译还肩负信息沟通、文化交流的使命，其目的是传递内容、传达思想。是故，如若形式和内容发生冲突，内容较之形式应得到优先考虑。此外，现如今翻译技术日新月异，技术对翻译的影响和帮助日趋显著，翻译因此兼具一种技术特征。

曹琪琳：您的翻译生涯始于何时？从事翻译实践的经历有哪些？

李德凤：本科时，我便开始接触翻译。我本科就读于南京师范大学

(简称"南师大"),专业为英语语言文学。毕业后攻读硕士学位,方向为翻译研究。坦白而言,虽然当时我对翻译研究也颇感兴趣,但这并非我最心仪之选。相较之下,我更属意上海交通大学的语言测试专业。然而时异事殊,彼时读研机会十分可贵,故获保送机会后我便留校攻读硕士学位。在那期间,我从事了一些翻译活动,也出版了译著,其中一部《美国历届总统夫人传》于1990年由江苏人民出版社出版。此外,我对非文学的社科类文本翻译也多有涉猎。当时江苏省政府欲与马来西亚洽谈合作项目,洽谈之前,需要了解马方相关的法律法规,于是催生了相关的翻译项目,我也参与其中。虽所译文件仅供初步了解之用,译文无须精细,但其规模之大,用时之紧,令我印象颇深。当然,我还参与了很多口译项目。当时南师大电教系甫获成立,校方邀请加拿大约克大学(York University)的一位副教授做为期两周的系列讲座,委任我和我的同门师姐做口译译员。一次讲座通常持续三四个小时,专业性极强,且工作量相当之大。我们当时是初生牛犊不怕虎。在至多只能提前一天拿到嘉宾讲稿的情况下,我们通宵阅读,并根据讲稿做了一些笔译准备,次日现场口译。整个过程颇为艰难,但所幸进展顺利,结果也令人满意。

　　说来有趣,硕士毕业后,我打算攻读翻译博士时,却发现彼时鲜见翻译博士课程,从而让我无缘翻译专业。日后我从事翻译教育研究才发觉,即使包括加拿大和法国等较早开设翻译博士学位的国家在内,彼时世界范围内所开设的翻译博士课程也是屈指可数。当时我了解到的唯一设立翻译博士课程的大学,就是我后来执教的香港中文大学。香港中文大学翻译系当时招收翻译学博士,然而因为个中缘由,我并未申请。之后我赴加拿大阿尔伯塔大学(University of Alberta)攻读教育学博士,专业为第二语言教育。三载有余,我取得博士学位,赴中大翻译系任教。任教之后我也陆续从事了一些翻译实践,包括主持翻译了杰里米·芒迪(Jeremy Munday)的 *Introducing Translation Studies：Theories and Applications*(《翻译学导论:理论与实践》)一书。此书的中文第一版(商务印书馆,2007)和第三版(外语教学与研究出版社,2014)均由我主持翻译。同时我还参与翻译并受聘审校了英国教育部涉及高等教育相关项目的一些文本。

曹琪琳：众所周知,李老师在翻译教育领域颇有心得,可否简单介绍一下您在翻译教育方面的经历?

李德凤：我的博士专业是第二语言教育,故而最初的研究重点便是语言教育。之后履职香港中文大学翻译系,彼时的系主任曾语重心长地对我说:"德凤啊,你到了翻译系,研究方向还是应该往翻译研究这边靠一靠。"于是凭借自身所长,我将教育学与翻译学做了结合。长期以来,翻译教育研究一直是我深耕的重点,我也积累了一些心得,取得了一些成绩。我以为当年我攻读教育学博士是一件歪打正着的幸事。从学科发展角度而言,1993 年我开始博士求学之旅时,翻译博士课程还很少见,其学科厚度可见一斑。但当时教育学研究业已非常发达,学科体系相对完善,我从中获益良多。其中之一便是掌握了研究方法论,而将研究方法论与翻译研究结合是我多年研究生涯中最得意之处。如今翻译研究中,常常可见持传统观点的文章,它们皆以传统哲学思辨的方式展开。而我更倾向于采用统计、访谈等基于事实的定量研究手段来开展实证研究。近来,我倾注更多心思和精力在翻译神经认知过程研究和语料库翻译研究,利用眼动仪、近红外脑成像等技术展开。可以说实证研究方法的应用是我翻译研究的一个显著特色。

在翻译教学应用方面,我曾执教于香港中文大学与伦敦大学,现在任职澳门大学。期间我教授了大量课程,理论课与实践课均有涉及。在香港中文大学工作期间,除了翻译理论,我还开设了商业翻译、新闻翻译、法律翻译、金融翻译等课程。此类课程以今日眼光视之乃是常规课程,但在当年却难以开展,其难处主要在于缺乏系统教材。当时各专业领域翻译的文献本就零星半点,欲将其汇总编纂成一门课程的教材,难度可想而知。不过,尽管为之付出不少努力,我也并未放弃。香港中文大学依山而建,图书馆分布各处。我的办公室在山顶,而所求文献可能在山脚的崇基书院图书馆,也可能在山顶的新亚书院图书馆,还有可能在半山腰的大学图书馆。所以上课之余,我不免奔波穿梭于各图书馆间,为备课做准备。

当然所有辛苦都是值得的。2007年赴伦敦大学担任翻译研究中心主任一职之前,我把在香港中文大学十年的教学工作总结成书:由香港大学出版社出版了《新闻文本翻译:原则与方法》和《财经金融翻译:阐释与实践》;由中央编译出版社出版了《法律文本翻译》等著作;芒迪的《翻译学导论:理论与实践》则出版了两个版本,繁体中文版本由香港中文大学出版社出版,简体中文版本由商务印书馆出版。《翻译学导论:理论与实践》的第三个版本是在我任教伦敦大学时主持翻译,由外语教学与研究出版社出版。

曹琪琳:您能否简单介绍一下您所做的语料库翻译研究,并说说在语料库翻译方面,高校应该如何与业界合作?

李德凤:语料库既是机器翻译的基础,也是翻译研究的方法。自1993年莫娜·贝克(Mona Baker)初次将语料库语言学与翻译学相结合,语料库翻译研究已有30多年历史。截至目前,语料库翻译研究主要关注翻译的共性(translation universals),即翻译文本所具有的普遍特征。我的研究兴趣之一则是语料库译者风格研究。当然语料库也可用于翻译教学、口译研究和文化研究等。例如,澳门大学翻译传译认知研究中心便将语料库应用于翻译、传译的认知过程研究,通过语料库研究译文,由此推断翻译、口译的认知机制。

至于产学结合,传统翻译行业因其专业技能之局限,难以在现今翻译技术蓬勃发展的背景下单独做出成果。同样,业界如果缺了翻译的专业知识,其设计也难免缺陷。我曾参与一家语料库公司与高校的合作洽谈项目。此公司投资巨大,将全世界的语料库搜罗殆尽、招之麾下。之后便致力于语料库的市场化,而市场化的主要对象就是高校。无论是教学还是研究,语料库在高校都能发挥巨大作用。当然,目前的困境之处在于语料库在高校如何顺利落地,也即语料库的应用问题。于高校而言,如果不知如何操作使用,所购语料库就毫无用处。因为我从事语料库研究,此公司专程前来咨询。我建议不妨先将其语料库供学界从事应用研究之用,再将研究成果转化为实践指导,为高校提供参照。如此才能真正实现产学结合,才能达成高校和业界的有效互动。

曹琪琳： 李老师您在认知翻译学的研究上颇有建树，能否结合您自身经历略述认知翻译学的发展和现状？

李德凤： 早在香港中文大学执教期间，我便开始从事翻译认知过程研究。认知过程研究乃是为求探索译者大脑黑匣子的运作机制。当时，心理学或者说心理语言学的"有声思维法"（think-aloud protocols）作为研究手段为翻译认知过程研究所移用。而此后的研究可见其缺点所在。故而现今在澳门大学，我们主要采用眼动仪和近红外光谱扫描成像技术来探索翻译的认知过程，下面紧接着要利用核磁共振等脑成像技术对此展开探索，这样更为科学。简单而言，眼动仪属于行为研究，它以译者的眼球活动为媒介窥测其大脑的运作过程；近红外光谱扫描则直接作用于大脑，监测大脑在处理不同翻译任务时有氧血和无氧血等指标的变化，由此观察大脑不同区域和各个不同翻译活动的互动关系。

曹琪琳： 认知翻译研究是非常前沿的研究，您的认知翻译研究是自学的吗？

李德凤： 上文提及，如今的翻译研究严重缺乏实证方法，而认知翻译研究的最大特点恰恰在于实证方法论。当今翻译研究学者大多是文学、文化学背景出身，其专业特性不强调实证研究方法。因此，实证研究方法于其而言相对陌生，不免遗憾。但实证方法论于我而言却是专长，是故，我从事相关研究也算是得心应手。具体而言，翻译的认知过程必然涉及认知科学、神经科学、行为科学等领域，这些专业知识要求在研究过程中不断自我学习。所以我接触认知翻译学研究的过程也是边学边做、边做边学的过程。当然我也与其他学科的专家开展了一些合作研究，各取所长，将该领域研究真正开展了起来。这也正是所谓跨学科语境下翻译研究者所应拥有的能力。

曹琪琳： 翻译认知研究对翻译实践和翻译教学是否具有指导意义？具体表现在哪些方面？

李德凤： 21 世纪是神经科学的世纪。当今世界已把整个的注意力都集中于神经科学领域。美国有美国的脑计划（American BRAIN Initiative），由奥巴马总统在任时亲自揭幕，加拿大有加拿大的脑计划（Brain Canada），欧盟也有欧盟的脑计划（Human Brain Project）。我国也于2018年启动了自己的脑计划。什么是脑计划呢？所谓脑计划即是开展大规模的大脑研究和类脑研究。现今人类研究的前沿就是神经科学，最后一个堡垒便是大脑。在此背景下更可见认知翻译研究的重要性。传统神经科学和认知科学研究有语言限制，多局限于单语研究，即使关注双语，也是研究双语语码转换（code-switching），和翻译认知研究不同。因为翻译所涉乃是两种语言的转换（bilingual transference），输入是一种语言，输出则为另外一种语言。毋庸置疑，双语转换的独特视角对目前的大脑研究有其特殊贡献之处。除此之外，翻译过程研究能够探索大脑的运作规律，掌握两种语言转换在大脑中表现出来的特征，这能为人工智能翻译、神经科学研究提供有力支撑。

当然，其对翻译实践和教学也有直接指导意义。以我们最近所从事的研究为例，通过眼动仪记录同传译员的眼睛运动，再与其同传表现对照，我们力求观察其中的关联，由此回答一系列问题。比如，译员在同传时眼睛应该关注何处？讲者还是屏幕？何时关注讲者？何时关注屏幕？是关注讲者之时译得更好？还是关注屏幕之时译得更好？此些问题的答案都能指导具体的翻译实践和教学。譬如，如若研究发现关注讲者时译员表现更好，那在教学过程中就可引导学生多关注讲者，反之亦然。

曹琪琳：谈到翻译教学，可否择取一门详述其教学模式（教学理念、教学目标、教学内容、课堂组织、教材利用和开发、测试评估等）？

李德凤："翻译研究方法论"是我这些年来最心仪的课程。我最初开设这门课程是在英国伦敦大学。到了澳门大学以后，我一直教授的一门课是"研究设计和论文写作"（Research Design and Writing）。这门课主要以过程导向的方式（process-oriented approach）展开。无论撰写学位论文、学术论文，或者研究计划、研究论文，都有其固定的步骤，包括如何提出研究问题、阐释研究意义，如何综述文献、提供理论框架、确定研究方法,怎样呈现研究结果、解读数据,如何开展讨论、得出结论等。这些步骤大致也就是学位论文或研究文章所要包括的必要内容。因为大多学生从未接受过专业的学术写作训练,我就以过程导向将此课程按部就班地展开。譬如"研究问题"一讲,便探讨如何提出研究问题,然后引导学生提出具有价值的研究问题;"文献综述"一讲,先阐明文献综述的必要性,再辅之必要指导,引导学生依据自身研究问题撰写文献综述,并提醒学生文献综述与后文的联系。如此这般,不一一枚举。由此可见,此课程的核心就在于一环紧扣一环,以过程为导向引导学生完成研究计划,乃至完整的研究。

在教学环节上,我每年都要求在课桌可活动的教室(hexagon)展开。一为强调学生之间的互动,二为让我更方便地参与小组讨论。在教学方法上,我也提倡师生之间的互动,因此采用了相应的课堂设计,譬如翻转课堂(flipped learning)的教学方式。以"文献综述"一讲为例。因为材料较多,我要求学生在课前完成阅读,课上直接讨论阅读中遇到的问题。问题解决以后,学生在我指引之下各自操作实践,我则及时提供帮助。此模式操作起来不乏趣味,效果也颇显著。学生有问题能及时得到解决,而且还能趁热打铁,及时实践。当然,它也不乏缺点,如若不够勤快的学生,或是喜欢被动地由老师灌输知识的学生,可能会不太喜欢该模式。因为该模式不仅要求在课前做大量阅读,也要求在课上不断思考甚至产出。这与传统的讲课(lecture type)不强调参与、轻轻松松上完一节课迥然不同。但我仍以为学生的课堂参与十分重要,故在教学方法上做了一些尝试。在澳门大学,这门课结束之后,紧接着就是翻译硕士毕业论文的开题(MA Day),所以该课的成果检测就与之相挂钩,以同学研究计划的最终呈现为依据做评判。此评判方式相对直接,但十分客观,研究计划的优劣能直接体现出学生对课程内容的把握程度。

曹琪琳:学生在您的课堂上扮演着怎样的角色?

李德凤:大部分老师都希望学生能更主动地参与课堂活动,我也不例外。在今天知识爆炸的年代,学生涉猎的知识比很多老师都广泛,因此师

生的课堂角色不免需要转变。以我个人经历而言,很多时候学生的课堂
参与仍有欠缺。当然在我的教学过程中,我也观察到学生一些很有趣的
特点。在香港中文大学任教十年,不难发现有些班级非常活跃,有些则不
然。据我观察,如若班上有若干比较成熟的学生,那课堂氛围从第一堂课
就能被带动起来。因为硕士课程的很多学生拥有工作经验,假使其又积
极发言、乐于分享,课堂气氛便能活跃起来。之后学生都会比较放松,更
容易参与课堂活动。事实上,一个班级是否活跃,最初的一两堂课非常关
键。一旦头几堂课活跃,整个学期都会保持这种状态;反之,如果一开始
就很沉闷,那一整个学期都可能如此。除此之外,我在伦敦大学授课时也
发现了一些特征。班上学生的母语起码涉及六种语言,有阿拉伯语、中
文、韩语、日语、波斯语,还有斯瓦希里语。不同国家和文化的学生一起上
课,很容易就能够发现其中差异。阿拉伯语国家的学生总能物尽其用,发
言时间有多长便能发言多久,甚至需要老师去让他们停下来。但来自中
国、韩国、日本的学生,要令其开口难如登天。

曹琪琳:李老师,您觉得学生羞于开口是什么原因呢? 老师应该怎么
应对呢?

李德凤:教育文化难辞其咎。我们的传统教育不太注重学生的表达。
此外,学生在课堂上缺乏安全感,甚至担忧其回答不够完美,无法打动同
学和老师。但实际上,从老师的角度而言,我觉得对错都无甚关系,最重
要的是学习的过程。其实很多时候,同学们都有想法却不愿开口,老师在
其中也有一定责任。老师应该思考如何能让学生在其课上感到安全,怎
样建立一个能带动和引导学生表达想法的环境。必须承认,我虽然已十
分努力,但在这方面做得并非特别成功。不过说来有趣,去年在讲授本科
生的翻译入门课上,我应用了一款叫"Poll Everywhere"的教学软件,效果
非常明显。因为是翻译入门课,课堂上时常会有一些翻译实践。在传统
课堂上,学生完成译文之后,教师若要求其分享译文,时常反应寥寥。但
使用了这款软件,分享译文的参与程度起码达到80%。一开始我以为是
新鲜感作祟,但令人吃惊的是,学生的参与度一直都很高,保持了整个学

期。这促使我开始思考,之前反应寥寥的情形应该还是学生缺乏安全感所致。而这款软件是匿名的,能令学生不用担心"暴露身份",个中缘由值得揣摩深思。但此方式确实提高了课堂效率,同学们上交译文,我大致浏览就能掌握整体情况。之后我便挑几个典型问题进行交流,讲通讲透,效果很好。所以谈及学生如何能参与教学活动,这便是让我看到很大改变之实例。

曹琪琳:您认为,在当今翻译技术飞速发展的背景下,翻译教育应当注重学生哪些能力的培养?

李德凤:过去十多年,中国翻译教育发展迅速,现有翻译专业的学生数量很有可能已经超过全世界其他国家翻译专业学生数量的总和。但现在说翻译教育而不是翻译培训,原因就在于其目的不限于提升翻译能力,还包括全人教育。比如,如今机器翻译发展日新月异,学校短短几年的教育根本无法涵盖未来机器翻译技术的发展,这就要求翻译教育不仅要提升学生具体的翻译能力,还应培养学生的综合素质,使学生能永远领先于机器。我们不能再拘泥于教授机器所能代劳的技能,而应侧重培养机器无法企及的能力。目前这点大家都有共识,而关键点在于哪些东西是机器所不能替代的,是领导能力、管理能力、创造力还是思辨能力?这是目前翻译教育需要真正静下心来好好思考的。

具体落实到翻译专业学生的能力培养,许多学者已经提出了翻译能力模型。例如,西班牙 PACTE(Process in the Acquisition of Translation Competence and Evaluation,翻译能力习得和评估的过程)小组认为,翻译涉及双语能力(bilingual competence),这是由翻译的性质所决定的。翻译是语言的转换,因此涉及两种文化,所以还需有跨文化能力(bi-cultural competence)。此外,翻译和专业知识、通识都密切相关,所以要有语言外能力(extra-linguistic competence),即钱锺书先生所言"翻译与杂学"。当然,也有人语言能力很强,中文是其母语,英文也颇精通,却无法成为很好的翻译,原因在于缺乏语言转换能力(transfer competence)。该能力是翻译的标志性能力,它要求译者在规定的时间内实现双语的转换。除此之外,决策能力(strategic competence)也至关重要,因为翻译过程就是一个决策的过程。同一单词在不同的语境有不同的含义,故其对应词也不尽相同,如何选择便涉及决策过程,不仅要选择对,而且要选择好。此外,翻译文本的选择也是一个类似的过程,需要不断决策。当然,在今天的语境下,工具能力(instrumental competence)得到了凸显,即在翻译的过程中如何有效地去寻找所需要的资料和资源,助力我们更好地进行翻译的能力。相较于智商、情商,现今人们还特别强调"搜商",即在翻译过程中如何借助工具迅速地搜索到相关信息,解决相应问题。PACTE 小组还论及生理-心理因素(psycho-physiological components),但这并非翻译能力所特有。其他关于翻译能力模型的论述大多大同小异。譬如欧盟为翻译培训标准化而设立的欧盟翻译笔译硕士项目(European Master's Program in Translation),也对翻译能力提出了标准化要求,其内容与上述翻译能力内容出入不大。需要指出一点,PACTE 所列工具能力在欧盟体系中具体为技术能力(technical competence)。翻译技术能力的重要性在现今技术进步如此迅速的背景下可见一斑。

曹琪琳:如今,专业性翻译需求日益增长,"翻译 + 专业学科(法律、医学、金融等)"的学科模式在许多高校得到实践,您如何看待这一趋势?

李德凤:我认为此发展方向是大势所趋。我国翻译教育规模巨大,倘若各高校培养目标千篇一律,不仅不利于学生就业,也不能真正满足社会的需求。所以全国翻译硕士专业学位教育指导委员会要求每所学校的翻译专业硕士课程要立足于所在大学的优势学科来开发自身特色。我去年访问了吉首大学。因为地处湖南湘西,所以其翻译课程关注少数民族的文学文化翻译问题,可见其特色所在。同时因其坐落于张家界旅游区,吉首大学将旅游翻译作为其发展重点和特色,这样既能与地方经济挂钩,也能使学生学有所长。

曹琪琳:传统的外国语院校没有一个可以倚靠的特色学科,又该怎么办?

李德凤:据我所知,目前外国语院校也创新了"外语+"的发展模式。比如西安外国语大学就专门开辟了知识产权、电商和新闻的翻译方向,并和业界公司开展合作。我认为对于外国语院校而言,西安外国语大学这种模式还是可取的,就是得要有所专长。前段时间我遇见一位法国资深翻译,他说欧洲的奢侈品翻译人才奇缺,但尚无充足的合适人选。奢侈品翻译利润很高,相应的要求也很高,如果没有接受过相关的训练,大部分译员是不能胜任的。但如果有了专门训练,翻译就可以做得出色。所以我觉得外语院校还是要有所思考,既要培养翻译通才,更要培养翻译专才,有所侧重,这样才能让学生走得更远。

曹琪琳:承接上问,如此的学科模式势必需要相应的教学资源的配置,那么教学资源的配置,尤其是师资方面,又该如何展开?

李德凤:师资紧缺是世界性难题。翻译教师,特别是专任翻译教师极其缺乏,这种情况在国内尤其突出。十年之间突然开设了这么多的翻译专业,造成师资严重不足的局面。学界意识到这个问题,也在做相应的努力,希望提高翻译专业师资的质量。我们不遗余力地成立和推介世界翻译教育联盟(World Interpreter and Translator Training Association),便是希望能更加关注翻译教育,在世界范围内为翻译师资标准化和翻译师资培训做一些工作。近两年,针对翻译技术师资薄弱的问题,世界翻译教育联盟开展了两大系列的翻译技术在线系列讲座,每个系列都在十讲以上,可以说国内的翻译技术顶尖专家全部参加了这两次公益讲座活动。讲座均是现场直播,并且可以多次回放,效果显著,每次现场参与讲座人数都在近4000人,后台更录得上万人次的流量。2020年暑假更开展全国首次翻译技术种子师资训练营、全国翻译技术教学大赛等,借此推动翻译技术教师培训。但师资的改善是一个细水长流的事,可能需要长时间的努力才能有较好的提升。

曹琪琳： 由于学科特性，翻译实践课程至关重要，但强调实践课程又会被诟病，说翻译专业沦为职业教育，您怎么看待？

李德凤： 这又是一个世界性的突出问题。我曾多次和各国翻译教育的专家，比如多洛西·凯莉（Dorothy Kelly）、唐纳德·吉拉伊（Donald Kiraly）等人交流。他们也意识到这个问题，同样束手无策。如今的翻译课程大多以培养全职翻译的标准而设置，但是 80% 甚至 90% 的毕业生都不从事全职翻译。也就是说，课程设置方面只顾及了 10% 到 20% 学生的需求。有人托词，现今提倡全人教育，而非职业培训，所以不必将此问题尖锐化。但矛盾在于，全人教育涵盖了任何一个专业方向。既然是全人教育，又何谈数学、物理、文学、翻译等具体学科的设置？所以这站不住脚，更不能以此为幌子而忽略了那 80% 学生的需求。就我个人而言，我认为目前需要调整课程，着重培养学生的可迁移能力（transferable skills）。如果学生具备的能力是可转化、可迁移的，那在未来任何工作中都可转化利用。当然，国内的翻译专业硕士就是为了培养专业译员，所以它的课程设计是按照职业培训展开的，强调实践能力。由于定位清晰，其专注于职业培训，无可厚非。唯一令我不解的便是，仍有一个声音萦绕耳畔，一方面言及翻译或者高级翻译的巨大缺口，另一方面又抱怨很少有学生能找到全职翻译工作。十几年过去了，该问题仍旧未得妥善处置，不由得让我反思其中原因。我认为应是业界的需求和翻译课程设置始终难以全然对口。毕竟言及高级翻译人才之标准时，如果硕士毕业生还不能算高级翻译人才，那应如何定位高级？所以我认为翻译教育在课程设置方面确实还有很多工作要做。

曹琪琳： 此次访谈，我们就翻译技术、翻译教学和翻译研究展开讨论，涉猎广泛，最后能否请您简单地总结一下翻译技术、翻译教学、翻译研究三者的关系以及其未来发展走向？

李德凤： 随着翻译技术日益应用于翻译实践，翻译产业逐渐显现出技术化特征。毋庸置疑，翻译技术已经而且即将更多地取代部分人工翻译，但与之同时也带来了众多新式的工作机会。如今在全球范围内翻译工作有增无减,翻译产业发展蓬勃,产值增长非常之快,这是有目共睹的。在此背景下,可以预见翻译教育前途广阔。尤其在一些发展中国家,随着经济的发展和国际化程度的提升,社会对翻译需求不免增加,从而推动翻译教育培训。与此同时,翻译教育的发展势必需要相关研究的支持。目前翻译教育研究仍处于起步阶段,急需厘清研究所面临的主要问题,同时分清轻重缓急,突出急需重点解决的问题。厘清问题后,采取适当的研究方法,针对性地开展研究。实证研究方法能够以问题为导向,设计精巧,可以有效地回答具体问题。同时翻译传译认知过程研究也能为之提供较大支持,相关研究成果大多能直接应用于翻译实践,支持翻译教育研究,促进翻译事业的发展。总而言之,正如翻译实践与翻译研究空间广阔,翻译教学实践与翻译教学研究亦大有可为。

传播技术火种，助力翻译实践

——李梅教授访谈录

李 彦 李 梅

受访者简介:李梅，留英博士，同济大学教授、博士生导师，同济大学翻译硕士专业学位(MTI)中心主任;兼任上海市科技翻译学会副会长、中国翻译协会理事及其翻译理论与翻译教学委员会委员、《上海翻译》编委;

上海市第十五届人大代表。在《中国翻译》《外语教学与研究》《现代外语》等核心期刊上发表学术论文 30 余篇，翻译作品 260 余万字，出版专著及译著 8 部。完成及正在进行联合国、国家级及教育部项目 10 项。近年来专注技术在语言教学与研究中的应用，聚焦机器翻译译后编辑方向及技术传播领域的教学与研究。为本科生及研究生开设"英语技术写作与传播""技术传播入门"及"翻译与技术传播"等相关专业课及通识课。主持完成以机器翻译译后编辑为主题的教育部项目 2 项。正在主持开展国家社科项目"神经网络机器翻译的译后编辑量化系统模型研究"。荣获中国标准化协会颁发的 2020 年中国技术传播教育贡献奖。

访谈者简介：李彦，云南师范大学外国语学院副教授、硕士生导师，研究方向为社会翻译学和翻译教学。

本次访谈为面对面的半结构性访谈，时间为 2019 年 2 月 21 日 19:00 至 21:30，访谈者在上海外国语大学英语学院的教师办公室完成了对李梅教授的访谈。本次访谈主要围绕教育和学术背景、翻译实践、翻译教学、翻译技术四大主题展开。

李彦：李老师，您好，非常荣幸能采访您。您能先谈谈自己的教育和学术背景吗？

李梅：就学术背景而言，我并不是学翻译出身，而是乔姆斯基句法学的追随者。我从安徽大学获得了学士学位，修的是外国语言文学。大学毕业后在安徽人民广播电台做了两年的英文编辑，然后来到同济大学读研究生班。1988 年毕业后留校任教至今。1994 年我去了英国，在曼彻斯特大学（简称"曼大"）修了语言学硕士学位。硕士毕业之后成功地拿到英国政府资助的 ORS（Overseas Research Scholarship，国际学生奖学金）和曼大奖学金。全额奖学金的保障让我安心地攻读了四年的语言学博士课程。在曼大，我的硕士和博士研究方向都是句法学。我是乔姆斯基的"粉丝"，这也奠定了我后来从事机器翻译译后编辑研究的基础。句法学有两大应用：一是应用于教学，二是应用于机器翻译研究。机器翻译在 20

世纪 50 年代刚起步的时候,一直没有太大进展,直到乔姆斯基的句法学理论问世。句法学为机器翻译研究照亮了前进的方向,因为句法规则和计算机结合后,产生了最初的基于规则的机器翻译。正是因为我的句法学背景,我总是在思考使句法学理论"落地"的方式。所以,这就是为什么我现在对翻译技术这么感兴趣的原因。

李彦:您以前做过哪些翻译实践呢?

李梅:我做过很多翻译。在没有去英国之前,也就是在同济大学的时候,就做过大量口译和笔译实践,主要是为同济大学进行翻译。到了英国之后,口笔译实践就更多了,尤其是口译,比如为中国驻英国大使馆、中国驻曼彻斯特总领事馆、曼彻斯特市政厅等做口译。我们曼大的中国留学生经常开玩笑说我是留学生中唯一一个"出淤泥而不染"的。此话怎讲呢?中国留学生在那边挣钱基本靠"打工",所谓"打工"指的就是去餐馆端盘子。我从来没去餐馆干过活,一是我有全奖,可以不打工就有生活保障;二是我也没有必要去端盘子,因为我可以直接通过帮政府机构和企业做翻译和教中文赚钱,一个小时的工钱就相当于端一个晚上的盘子的所得,所以出去做两三个小时的口译,待遇非常好。

李彦:您能分享一下翻译生涯中的趣事吗?

李梅:我的第一次口译经历,或者说"囧历"就很有意思。那时候我还是同济大学的年轻教师,刚工作不久。有一次同济大学跟香港学术评审局开一个国际评估研讨会,让我去做口译。大会发言人是香港学术评审局局长,英国人,有着一口纯正的伦敦腔。不知是不是因为他优美的发音,听众对他的发言频频点头。我没有口译经验,看着台下人边听边会意地点头,以为他们不需要我翻译了,便由着发言人一口气说了 10 分钟。然后发言人停下来,期待地看着我。我就问观众:"你们都听懂了,不需要翻译了吧?"出乎意料的是,听众们异口同声地回答:"需要!"我当时就傻了!我只好把他的大意说了一下。可是人家说了 10 分钟,你说 2 分钟就结束了,这怎么交代?还好有他的香港助理救场,把事情的来龙去脉交代清楚了。从会场回来之后，我大哭一场。当天会场里都是我的领导和同事，这回可丢脸丢大了。这次教训让我深刻意识到，口译是需要经过专业训练的。

还有一件事比较有意思。其实，那次经历可以算是我最早接触技术写作吧。我在英国的时候，与几位中国留学生一起帮英国一家规模很大的名为莫林斯(Molins)的制烟机厂做说明书翻译。20世纪90年代，我们国家虽然生产香烟，但是没有像样的制烟机。制烟机工艺比较复杂，所以先进的制烟机都是国外进口的。中国厂家要买莫林斯制烟机，我们就要把产品说明书、维修手册等很多文件翻译成中文。在我们开始翻译之前，莫林斯把我们几个留学生都拉到伦敦附近的这家工厂，住了差不多一个星期。这期间他们就给我们培训，不是翻译培训，而是让我们熟悉这些机器，了解每一个零部件的运作机制，之后再让我们回去翻译。有时候手册上老外写的英文绕来绕去，如果按照原文翻译会让读者犯晕，有了先前的培训，我们就干脆跳脱原文，自己组织语言。这样出来的句子，中国人一看就懂。现在回想起来，这不就是今天我们所说的技术写作吗？我们不仅是在译，更是在写，有点类似于"创译"了。就像华为2019年翻译及本地化技术论文大会的口号"Transcreate to Transcend"，从"创译"到"跨界"了。我们当年从翻译到技术写作，也相当于跨界了，对吧？

李彦：是的。那么您认为一个好的译者应该具备哪些专业能力呢？

李梅：我认为好的译者首先应该具备扎实的双语语言功底。就目标语而言，基础越扎实越好。而且，慢慢你就会发现，母语同样重要。很有意思的是，我译得越多，越觉得自己的古汉语水平有限，中文表达总是欠火候，所以还要加强中文修养。其次，除了双语能力，还要有文化和社会背景知识。背景知识丰富，翻译就得心应手。再次，就是翻译工具和技术的运用，这个太重要了。比如我们从2014年就开始翻译同济大学的英文网站，我们会花很多时间，利用各种技术手段来查询验证专有名词、背景知识等，甚至比翻译句子本身花费的时间还要多，所以就特别需要掌握一些翻译工具。另外，我在上海翻译技术沙龙及其他场合多次提出一个观点,叫"翻译也要拼颜值"。其实这个"颜值"说的就是排版,涉及"本地化"的概念。本地化包括翻译,或者说翻译是本地化的内容之一。我们现在把翻译当成一个产品来对待,所以我们翻译的最终产品是"翻译＋排版",也就是说,对产品进行本地化处理。没有技术,这就是不可能完成的任务。我们前不久刚刚完成了上海科学会堂的一项翻译任务。文档字不多,共 1000 来字,但是整个 PDF 文档一共 44 页,全都是图文并茂需要排版的内容,但客户没有要求我们排版。当我们把译好的文字按时交给他们时,他们礼貌地说了声"谢谢"。然而,当我们把排版后图文并茂的英文翻译产品呈现在他们面前时,他们连连称赞我们的专业性,感激之情溢于言表。这就体现了翻译和翻译产品对于用户体验的巨大差别。

我们现在做的大部分翻译都是带排版的。我教的"翻译工作坊"这门课,其中一项内容就是教学生排版。我们把学生带到学校附近的设计公司——上海宜吾设计机构(Shanghai EVE International),由公司设计师给学生讲怎么用 InDesign 进行文档排版,并当场进行实际操作。学生做完排版后再由设计师给学生批改。这已经成了我们教学中的一项特色内容。

李彦:请您回想一下,您是什么时候开始教翻译课的呢? 教了哪些翻译课呢?

李梅:1999 年年底,我从曼大毕业后回同济大学,于 2000 年开始上翻译课。开始时是给英语专业本科生上口译课,后来曾为翻译硕士专业学位(MTI)学生开设过交替传译和同声传译课。一是因为我们学院的口译老师少,二是因为我做过很多口译实践,所以学院就安排我去教口译了。

2007 年,同济大学成为教育部批准设立 MTI 的第一批院校。当时我在同济大学外国语学院主持工作,在设计和申报 MTI 专业时,我提出的口号是"科技翻译,服务科技"。我认为无论做什么事,都要牢记自己根植的背景。因此我的设计理念非常清晰:MTI 首先要服务国家,其次要服务同济大学。"服务国家"绝不是一个空口号,教育部设置了那么多 MTI 院校,如果大家千篇一律,既浪费了资源,也做不出特色。每个学校都应该依托自己学校的优势学科,打造具有自身特色的 MTI 专业。我们同济大学理工科很强,所以"科技翻译,服务科技"这个口号就是为我们 MTI 专业量身设计的——根植于同济的特色专业,发挥同济的专业特长。同济 MTI 设立后的前三年,招收的都是非全日制的在职学生,来自各行各业,他们有明确的学习需求。我们不仅为学生安排了常规的翻译导师,还根据学生的需求安排了其他专业的导师。这些导师分别来自同济大学的建筑、环境、汽车等强势专业,皆有海外经验。他们懂专业,精英语。有了来自英语专业和外专业的双导师指导,学生学起来就特别有动力。

我现在教的笔译课程主要是"翻译工作坊"和"计算机辅助翻译(CAT)"两门课。我们的翻译工作坊教学以翻译项目为主线展开,这些项目都是来自甲方客户的真实翻译项目。"翻译工作坊"已经开设四年有余,每个学期都要带着学生翻译 10 余万字。上这门课非常辛苦,一边带学生做项目,一边向他们传授术语库、记忆库制作与管理、编辑、排版、风格指南以及项目管理等知识和技巧。我们做真实项目的优势之一,就是培养学生的时间观念。一般的作业可以拖延,但真实项目是无法拖延的。所以,做项目时学生很有紧迫感,有时候甚至会通宵熬夜赶进度。

我一向认为,老师跟学生说是一回事,学生自己做又是另一回事。作为老师,我们要允许学生犯错误。先别忙着纠正他,让他自己去做,走了弯路以后,就明白了。有一次,我们为联合国做一个翻译项目。项目开始前教学生如何用 InDesign 排版。项目进行时,我希望每个小组的学生都尝试一下翻译和排版:一方面,时间会比较充裕;另一方面,每个学生的排版技能都会得到锻炼。但是我们班有两个男生自认为技术很厉害,自告奋勇地负责所有排版工作,所以其他人就只负责翻译文字了。结果,全部翻译审校结束时,距离最后交稿期限就剩几天了。由于排版工作量太大,他们两人已力所不能及了。没办法,只能动员其他同学来帮忙排版。我告诉他们,必须守约,绝对不允许逾期!我带着他们一起加班,连续两个晚上通宵工作。交稿的第二天,我的眼睛血管都爆裂了,红红的,很吓人。不过,大家都从这次翻译项目中汲取了经验教训。此外,让我自豪的是,因为做的是真实项目,我们班每个学期都会培养出好几位优秀的项目经理。为什么我们可以同时接手这么多翻译项目,原因就在于有这些出色的项目经理!项目来了,我就安排给项目经理,项目经理再来分配剩余的工作。老师的作用就像导演,给项目经理指引一个工作的方向,具体做事由项目经理来负责。

当然,这绝不意味着老师可以做甩手掌柜,完全撒手不管。我们是有一套严格的翻译流程的。这么多人协同翻译,如何保证翻译质量?我的主张是:向流程要质量。在我们的翻译工作坊中,需要实施"P+T"的完整翻译流程。P 就是前期准备阶段,由项目经理明确翻译项目的基本信息和要求,完成文本预处理,进行术语提取,制定风格指南,安排任务分工,规划项目流程。之后项目正式启动进入 T 阶段(T1—T5)。T1 阶段由小组成员分别完成翻译初稿并备注翻译问题,T2 为小组成员间进行一审,通读初稿并解决备注的翻译问题,同时审核术语及排版。T3 为组长统稿后,每位小组成员对本组的统稿进行二审,主要审核术语、排版以及解决遗留问题。T4 为项目经理进行项目统稿,并请各小组长重点审核术语和排版。T5 为项目经理最后定稿并提交译文。至此,项目才算是完成①。当然,项目后期还要进行翻译记忆库和术语库的更新。我认为翻译流程至关重要,让学生一步一步按照流程来做,严格执行流程就会有质量保证,我们就是向流程要质量。而且,学生作为项目经理学会流程管理以后,不仅仅是做翻译项目,做任何其他项目都可以使用这套管理经验。这也就是为什么同济大学现在特别强调 MTI 学生学习翻译的同时,也要重视项目管理,同时必须掌握翻译技术。同样,在我的 CAT 课上,学生不仅要学习各种翻译技巧、各种软件和平台的使用,还要学习项目管理,做真实的项目。由此一来,我们毕业生的就业方向就大大拓宽了。

李彦:您让学生做真实的翻译项目,那么课堂时间又如何安排教学内容呢?

---

① 详情请参考:李梅. 信息时代的"项目+技术"二轮驱动特色翻译教学. 外国语,2017(5):99-101.

李梅：每个学期开学的时候，我们都会制定一个"教学计划"。但是这个"教学计划"只是理想状态，实际上课堂内容是跟着真实翻译项目走的。比如来了一个项目以后，我们就开始跟大家讲项目管理的流程和注意事项。先讲译前怎么做术语库，怎么做风格指南，怎么做日程安排等。随着项目的深入，再讲译中怎么进行沟通，怎么更新术语库等。项目完成之后，继续讲如何更新翻译记忆库，如何对齐语料等。在项目中学生也会碰到语言问题，那么如何控制语言质量，我们也有一套流程，就是刚才说的从 T1 到 T5 的五个步骤，对语言进行严格把关。如果学生到最后还有搞不定的问题，我们就把问题收集上来，一个办法是把问题反馈给客户，看看他们是否可以提供一些专业术语或建议；另一个办法是让问题进课堂，大家一起讨论遇到的技术问题和语言问题。对于技术问题，我们有时候也会专门请客户或者专家来课堂协助学生解决。对于语言问题，则主要由我和学生一起讨论解决。所以，不是说我们的课堂忽略语言问题，而是所有的语言问题解决都是基于项目的。项目中出现什么问题，我们在课堂上就讨论什么问题。总而言之，我们会制定一个理论上的教学计划，不过实施下来常会打乱次序，但是所有内容都会覆盖到。

李彦：您上课有没有固定的教材呢？

李梅：我已经很久没有用过固定的教材了，但是有教学参考书。我们的真实翻译项目就是活教材。根据翻译项目，我会教授不同阶段相应的教学内容，学生带着问题来课堂上讨论。之后，学生再去看一些参考书。如此一来，学生对书中内容的体会与单纯看书不做项目就大大不同了。

李彦：您是如何对教学结果进行评估的呢？

李梅：我是按照 KPI（关键绩效指标）进行过程性评估的。首先，我教的课程有一项叫作 TT Update 的内容，指的是 Translation Technology Update（翻译技术更新）。每次上课第一件事就是完成 TT Update，由学生在 5—7 分钟的时间内分享自己认为有价值的一项翻译技术。这个技术或工具必须是学生亲自试用过或者自己常用且认为值得推荐的。通过这种方式,集思广益,一个学期下来,学生觉得眼界大开,受益匪浅。这项内容占总成绩的10%,评价标准包括技术的实用性,大家是不是感兴趣,有无做过测试等。此外,还有翻译项目的得分,主要看学生所做项目的数量和质量。最后还有译后阶段的术语库整理和翻译记忆库整理,占到总成绩的30%。译后阶段在项目管理中也特别重要,所有语料要颗粒归仓。语料库做好以后非常有用,比方说现在我们做的同济大学的新闻翻译,一直在不断更新,前面做好的这些语料库,后面就能立刻重复利用了。哪怕一时用不到,以后做同种类型的文本也可能用到。学生做的语料库现在还可以放到Tmxmall语料商城有偿分享,这种做法我是提倡的。语料闲置是资源浪费,如果拿出来贡献给别人使用,且获得报酬,何乐而不为呢?从宏观上来看,这也是为整个翻译行业做贡献。因为你贡献的语料越好,整个翻译圈的语言质量态势也会越好。另外,我们现在都是在Tmxmall的翻译平台YiCAT上做翻译,操作起来十分方便:直接在平台上把双语语料对齐,存在云端即可。学生既可以直接在线调用这些语料,也可以在平台上有偿分享,一举两得。

李彦:如今很多开设翻译专业的学校都选择某一领域作为重点,譬如法律、海事、中医翻译等,您觉得这是否有利于翻译学科的发展?还是应当继续关注通用领域的翻译?

李梅:我觉得这很利于翻译学科发展,具体发展哪些领域要根据学校的性质来定。比方说我们同济大学以工科见长,土木、建筑、汽车、交通等都是我们的优势学科。我们可以在这些领域发挥所长,积累语料,有的放矢。这样做也更容易取得客户的信任。例如,我翻译过同济大学出版社出版的我校教授也是我国著名园林大师陈从周先生的《中国名园》。后来从出版社获悉,该书获得了中国图书大奖,还在2010年上海世界博览会时作为官方推荐图书进了世博园,这就是发挥了同济大学的专业优势。所以,我觉得每个学校还是要根据自己不同的特长,打造自己的特色。我们现在承接的翻译项目,虽然题材五花八门,但是很有意思的是大部分项目都是和科技有关的。所以,我们在审稿的时候也会找其他学院的相关专家帮我们把关,提升翻译质量。我认为依托学校的特色专业更有利于开拓翻译市场,同时树立自己的翻译品牌。

李彦:您觉得学生做翻译项目,最需要注意的是什么呢?

李梅:每做一个项目,千万不要把它做死了,也就是说首先要保证质量。我特别提倡"翻译产品"这个概念,"翻译产品"跟任何产品一样,要保证质量,要有售后服务,尤其要按期交付。我给学生一直灌输的理念是:"翻译质量"是一个相对概念,首先要按时完成任务,保证速度,然后才能谈质量。逾期后完成的翻译完全没有价值,又何谈质量? 我们的学生通过做真实的翻译项目,深刻领会了这一点,也学会了如何更合理地规划进度。以我们在做的同济大学新闻翻译为例:新闻翻译每天都会来,今天轮到哪两位学生去做,他们就必须得做,一个人做,一个人审,雷打不动。作业可以等一等,可是真实项目不能等!

李彦:您的翻译教学是否也得益于您的翻译实践呢?

李梅:我觉得翻译教学和翻译实践两者是密不可分的,翻译本身就是实践。没有翻译实践,翻译教学从何谈起呢? 比如语料对齐,若是没有真实项目,语料对齐后束之高阁,学生就感受不到语料对齐的好处。我们做同济大学新闻翻译实践的时候,这边对齐着新闻语料,那边就开始利用语料翻译了。语料发挥作用了,学生才能体会到它的重要性。否则,只教翻译而没有翻译项目做,学生是很难体会的。教翻译的老师自己要有翻译实践,最好是要有真实的翻译项目。如果没有真实的翻译项目,那么至少也要去网上下载一些翻译实践的素材。但是最重要的还是要有开放的心态,愿意去做,愿意去牺牲。作为一名教师,首先要为学生着想。想想如果自己是学生,希望怎么学,学到什么? 这个特别重要。当一个老师只是想着"怎么去写论文""怎么去评教授、博导",脑子里转的都是这些事的时候,学生可能就没有那么重要了。我是属于那种习惯性地替对方着想的人,公益心特别强,所以企业也很愿意跟我合作,黏性也越来越强。因为他们觉得和我合作不用存戒心,这样就慢慢地把市场打开了,项目也越来越多。比如我们帮上海市委宣传部做了一个内参项目。他们一开始只给我们学生千字 100 元的翻译费。我们最后做出来的翻译质量非常高，而且还排了版。他们拿到我们的翻译产品后，觉得很不好意思，付费时主动把翻译费增加了一倍，付了我们千字 200 元。所以说，如果你的服务物超所值，而且肯为对方着想，慢慢就会有更多项目找上门来。这种为客户着想，为他人着想的心态用到教学中去，学生也就学到了如何和客户打交道。

李彦：您的教学实践是否也受到了您教学理念的影响呢？

李梅：肯定的。我的教学理念就是翻译教学必须与市场接轨，为市场培养人才。无论上 MTI 的哪门课，第一节课我总是从给学生分析市场需求开始，培养学生的市场意识，让他们了解翻译市场，把握职业发展方向。了解了未来出路在何方，学生学习起来才有动力。大部分学生，尤其是 MTI 学生，未来不是去做研究的。所以，市场分析会让他们早早地开始职业规划。我的课程考核采用了 KPI 方式，即企业里考核员工的方式。学生们到了期末的时候都很开心，因为没有传统意义上的书面考试。比如，我的"翻译工作坊"课的 KPI 考核内容包括学生在该学期完成的多个翻译项目以及项目过程中制作的术语库和翻译记忆库等，当然还包括其他反映学习过程的内容。我们技术写作课的期末考试也不是卷面考试，而是面试。怎么面试呢？因为学习这门课的过程中，学生需要跟着企业导师完成一个技术写作项目，所以期末面试时，学生就带着自己的简历和跟企业导师合作完成的产品说明书，以小组为单位接受考核。我们这学期学习技术写作后完成的产品说明书很有意思。有华为导师指导的为 Mate 20 手机撰写的说明书，有科多思（Sigma）导师指导的米兔无人机说明书，有阿里导师指导的为某个活动做的一整套宣传资料，而来自 IBM 的企业导师教学生写的是区块链说明书。区块链是个概念，怎么写说明书呢？一开始我特别担心，生怕学生完不成这么艰巨的任务。但是，在 IBM 导师的指导和学生的努力下，同学们把"区块链"的概念讲得非常清楚，并做成了一个产品，他们的表现着实让人惊喜。所以，教学理念不仅会影响教学过程,也会影响教学成果。

李彦:翻译技术已经无所不在,那么您认为这对翻译专业的课程设置和教学内容有什么样的影响呢?

李梅:技术的影响首先反映在课程设置上。同济大学的 MTI 课程设置加入了一些以前没有的课程,像 CAT、本地化、项目管理、技术写作等都已经纳入了我们的选修课菜单。除了课程设置,教学内容也体现了翻译技术的影响。比如说我教的"翻译工作坊"这门课,单看课程名称,似乎看不出有任何技术因素。但是,这门课是以翻译项目为引导完成的。如果没有技术,是不可能完成翻译项目的。现在,客户给我们的原文文档大部分是 PDF 格式,翻译时首先得进行格式转换。有些原文包括很多扫描图,我们就得用 OCR(Optical Character Recognition,光学字符识别)软件进行格式转换,否则就没法翻译,也没法统计字数。翻译过程中的每一个环节都有技术的参与。可见,离开翻译技术做翻译项目简直寸步难行。

李彦:在翻译教学过程中,新手翻译教师如何有效提升自己的技术能力,您能不能给出一些建议呢?

李梅:坦白讲,在技术方面,现在的学生比我们老师要超前得多。所以,如果老师还以为学生要跟着你的指挥棒走,那真是落伍了。相反,我们要跟着学生走。比如我在班上请学生做 TT Update 时,学生在课堂上分享的那些技术,大部分都是他们自己用得很娴熟的,因此他们的介绍也非常专业。在我教的"翻译工作坊"这门课中,有化学系、医学系、建筑系等不同院系的学生,带来了不同的内容。比如有个医学博士介绍了一款叫作"印象笔记"(Evernote)的软件,可以随时随地记笔记,内容会自动上传到云端备份,还有自动翻译的功能,令人耳目一新。总而言之,老师要充分发动学生的智慧,然后让学生去分享。通过学生汇报,每个学期我都能跟他们学到很多新技术和新软件,对我而言这也是教学相长的过程。

李彦:我觉得您作为一个老师,很多时候更像是一个管理者,充分发动群众,利用群众的智慧和力量来做事。

李梅:是的,老师就是首席执行官(CEO),是导演。以前总有人说老师就是演员,要学会表演。但是我个人觉得,老师不是演员,学生才是演员。可能班上有最佳演员,但那个最佳演员不是老师,是学生。我认为一个老师的成功在于能培养出最佳的演员、最佳的配角、最优秀的团队。我最开心的事就是我带的班级每年都能培养出一些优秀的项目经理。他们毕业后都去了大公司,几乎没有人去传统的语言服务公司工作。经常有人唱衰翻译专业,说翻译专业出来的学生都不做翻译怎么办? 我倒觉得这是很正常的现象,各行各业都是如此。为什么我们学翻译的学生都得做翻译呢? 我们的这些学生做的东西虽然不是翻译,但是离翻译也不远。他们是基于翻译,但又超越了翻译,比如去管理翻译,或者管理别人做翻译,这不是挺好的吗?

李彦:您对翻译学习者有没有什么专业上的建议呢?

李梅:翻译学习者要记住的是语言是我们的看家本领。在这个基础上,不断提升自己的翻译技术。技术可以让你插上翅膀飞,技术可以让你跨界,技术可以让你花上那么一点点功夫,就能在语言学习者的人群里脱颖而出。但是,最重要的还是得语言功底好。为什么我这里一直有源源不断的真实翻译项目,其中一个重要原因就是语言吧! 我的英语是以私塾的方式学习的。20世纪70年代,我们从初二才开始学外语,但是学校学的内容非常简单。一个偶然的机会我认识了方立吾老师。方老曾在国民党军舰上做翻译,退役后在合肥二中当英语老师。"文革"时他没法继续教课,就赋闲在家了。老人家闲不住便开始在家里教自己儿子及儿子同学学习英语。后来,从小学生到高中生,对英语感兴趣的学生,都去他那儿学习英语。他的家渐渐地就成了一个免费的私塾小学堂。他的教学方法属于旧时私塾式的:背课文、默写、做题。当时,市面上像样点的教材只有许国璋编写的英语课本。老师要求背课文,我不仅背了课文,把练习中的阅读文章也全部都背了。我们学生去方老家做的第一件事就是默写所有背过的课文。完毕,把默写本毕恭毕敬地给老师呈上。老师批改时,我们就站在老师身后背书,背得滚瓜烂熟才行。稍有迟疑,老师就罚我们从头背起。这种可谓简单粗暴的方法培养了我们的语感,为我们打下了扎实的语言功底。语言功底在那儿,你的译文就不会太差。所以,我建议大家踏踏实实地学习语言。语言基本功是必需的,打牢语言基础,才能做好翻译。

李彦:谢谢李老师中肯的建议,也谢谢您接受我的访谈!

"优秀的译者应借助机器寻找意义"

——刘和平教授访谈录①

杜　磊　刘和平

受访者简介：刘和平，1982 年本科毕业于北京语言学院，后就读法国巴黎高等翻译学校，获翻译学硕士和博士学位，并于 2001 年被法兰西教育部授予"教育棕榈骑士勋章"。现任中国翻译协会理事，中国翻译协会口译委员会副主任，中国翻译协会翻译理论与翻译教学委员会委员，中国翻译协会对外传播委员会副主任委员，全国翻译专业资格（水平）考试法

---

①　原载于《东方翻译》2020 年第 6 期，收入本书时，内容有所更订与修改。

语委员会副主任,《中国翻译》、*Babel* 杂志编委。曾荣获"北京市高等学校教学名师""北京市师德榜样"等荣誉称号。刘和平教授是我国法语学界既精于翻译实务与翻译职业教学,又长于翻译教学理论研究的一位学者。

访谈者简介: 杜磊,上海外国语大学博士,浙江大学外国语言文化与国际交流学院博士后、副研究员,主要研究方向为翻译学和翻译教学。

本次笔谈时间为 2019 年 12 月至 2020 年 2 月,访谈中刘和平教授分享了自身求学与成长的经历,畅谈了其从事教学、积极发展翻译教育事业的历程及相关思考,对攻读翻译专业的学生、从事翻译教学的广大教师、口笔译学者,以及翻译教育从业者与研究者,都有很强的借鉴意义与启发性。

一、北京—布基纳法索—巴黎:我的"教师梦"与"译员梦"

杜磊: 刘老师,您好! 我们知道,一个翻译教师的成长离不开塑造他的环境。您是在我国 1977 年恢复高考招生的时候考上北京语言学院(现北京语言大学,简称"北语")法语专业的。当时中国社会正在酝酿改革开放,国家的普遍情况是急需英语人才,您为什么会选择法语?

刘和平: 我是生在红旗下的"50 后"。1962 年入学,我上学时学的第一篇课文内容至今印刻在脑海里:"爷爷七岁去逃荒,爸爸七岁去要饭。今年我也七岁了,高高兴兴上学堂。"当时听到最多的不是电影明星的名字,而是工人时传祥,农民焦裕禄,解放军战士雷锋、王杰、邱少云等英雄人物的故事。当科学家、当工程师等是孩童的梦想。开学后的一天,老师问:"你们长大后准备做什么?"因为当时给我们上音乐课的是中央人民广播电台"小喇叭节目"的主持人彭老师,她上课的样子我特别喜欢,于是我迫不及待地举手说:"我要当老师!"小学四年级时,我还去参加了北京外国语学院附小的招生考试,觉得外语特别好玩,但最终榜上无名。

是邓小平让我实现了学外语的梦。1971 年,我初中毕业,也是邓小平第一次复出的那年,北京市外国语学校(俗称"白堆子")到我所在中学招生,我是英语课代表,学校推选我参加面试。面试官姜老师让我模仿法语中最难的几个发音,如唇前音与鼻腔音等,从来没有接触过法语的我居然发出来了,结果就被劝说到法语专业就读。我最终决定就读前,班主任赵老师给我的建议犹在耳畔:"法语非常好听,又是国际通行语言,欧洲原来都是贵族才讲法语。你如果想做外事工作,学法语是个不错的选择!"

就这样,我到"白堆子"念了中专,班主任刘老师曾经在外贸领域做翻译,讲一口流利漂亮的法语,我成了他的粉丝。毕业后,我被分配到北师大一附中教法语。庆幸的是,语文特级教师高福增老师成为我走上教师岗位的第一位导师。他文质彬彬,标准的普通话,开口必出金句,见人毕恭毕敬。他告诉我课堂上不能讲北京话,要讲普通话,还手把手教我写板书,给我开读书清单,嘱咐我抽空到图书馆去借阅细读……北师大一附中名声在外,外宾常莅临参观,我便带着学生用法语唱《我爱北京天安门》《大海航行靠舵手》等当时的流行歌曲。唱的时候,我心里很清楚,自己当时的法语水平还远远不能满足与外国人沟通的需要。

1977 年,邓小平的再次复出让我圆了大学梦。国家恢复高考时,我自认为法语没有丢,而且此前还到北京大学进修过 3 个月,学习了马列主义思想的几本基础著作,在学校还承担了高中政治课的教学。我觉得政治和法语能为我加分,于是通过考试与选拔,我以第一志愿实现了进入北京语言学院法语专业就读的梦想。1982 年年初,我毕业留校,先做了一段时间辅导员,后全职从事法语教学工作。

杜磊:那么您又是如何走上翻译道路的?

刘和平:众所周知,1977 级大学生是异常刻苦的。在北语,情况也不例外。我所在的班是法语高起点班,而且都是北京学生。每周七天,老师都会安排"大考",同学间则相互"小考",那个时候,能回到大学里学习很不容易,大家都十分珍惜,所以你追我赶,毫不松懈。我如饥似渴,看到别人周末不回家,我也不敢回,生怕跟不上别人的步伐。

四年的大学生涯转眼就结束了。到了毕业,我还是感觉心里无底。虽然留校当了老师,但却留下一块"心病"——我的法语水平还很不足,渴望有提高自己翻译能力的机会,希望跳出"象牙塔",到一个广阔的天地里去实践,去做翻译。因此,1986—1988 年整整两年间,我去非洲布基纳法索(Burkina Faso)做了医疗队随队法语翻译。

到布基纳法索后,第一场翻译就给我来了个"下马威",让我终生难忘。那是新老医疗队交接仪式,布基纳法索卫生部长和中国驻布国大使等 20 多位领导要员在场。部长一开口我就完全懵了:"Militantes et militants, Mesdames et Messieurs…"我不知道如何翻译第一个词,"女战士们,男战士们,女士们,先生们"? 后两个词没问题,可前两个称谓怎么翻译啊?! 看我一脸紧张尴尬,大使站起来"解围"。我想通过这个例子跟大家说,做翻译,尤其是做口译,仅靠从课堂上和书本或资料里学是不行的,仅靠从老师以及自己课下单独或组队操练也是不够的,因为语言现象千姿百态,唯有不断地从事口译实践,真正到口译发生现场去做口译,才能把口译的技能真正学到手,才能最大限度地避免那种不知如何表达的"卡壳"窘境。

作为随队翻译,我还需要不断地"跑腿",如外出采购、与有业务关联的部门沟通等。另外,我还要陪医生出诊。整支医疗队包含内、外、妇、儿、眼、骨、针灸等科室,每天都有剖腹产急诊,随时要给病人医治嵌顿疝,处理车祸中的伤员,儿科发病更是急上加急,手术一周内几乎从不间断。当然还有麻醉、药房拿药、帮助病人开药等事务。这一切都离不开翻译的协助。另外,医疗队两辆法国产"非洲车"也时不时"生病",出状况。对于一个随队翻译来说,脚不沾地,奔走于各个科室间,忙里忙外地应对各类突发与紧急情况,就成了"家常便饭"。然而,"跑腿"还是小事,关键在于做这样的工作对医疗专业知识和翻译能力的要求很高。除了日常口译,医疗队要办针灸培训班,我必须把医生自编的针灸讲义翻译成法语。我询问上一队翻译是否有相关材料,得到的回答很干脆:"没有!"于是,我只能自己动手,尝试将这些医学资料翻译成法语,用西医知识和术语讲解中医的穴位和原理。任务虽繁重,但作为早期被中国政府外派到非洲的年轻法语译员,我很自豪,因为我到了祖国在海外最需要翻译的艰苦环境里,真正地做了一名一线翻译。我接受了这个高强度的翻译挑战,磨炼了自己的语言服务与实践能力,进步也很大。

杜磊:努力学习的精神是您这代"50后"外语人最突出的特质,是我们必须继承的。除了去非洲做法语翻译,您还在联合国机构内担任过翻译,是吗?

刘和平:我很感谢我的"翻译梦"中有这样一段"非洲之旅",后来我在职业译员这条道路上越走越远,取得的成就都离不开这段重要的"初始经历",因为头脑中很多关于翻译职业的基本观念与思路都是在这个时期内形成的。正因有这样的基础,2000年我受学校委派到总部在巴黎的联合国教科文组织做"季节"译者(即在中文科负责大会期间的文件翻译工作)时,才觉得游刃有余。在联合国,我在工作之余到会场感受了为国际机构会议提供口笔译服务的那种紧张、紧急的氛围,深切体会到了翻译在整个世界交流发展的场域中所发挥的关键作用。从联合国教科文组织回来以后,我相继承担了在北京召开的"联合国人口大会"、在沈阳召开的"联合国城市可持续发展大会"等重要会议的汉法同声传译工作,也完成了诸如2008年北京奥运会与2010年上海世界博览会等重大国家级活动的法语同声传译任务。近年来,我完成了总数超过百场的谈判、企业内部年会、重要活动与仪式、大品牌市场调研等活动的法语同传或交传工作,始终坚持在教学任务完成的前提下兼职参与口译实践。

二、从北京语言学院到巴黎高等翻译学校:我的"学术梦"

杜磊:您是国内很早就决意去海外留学的翻译教师之一。当时您是在法国巴黎高等翻译学校(Ecole Supérieur d'Interprètes et de Traducteurs, ESIT,简称"巴黎高翻")学习,师从国际著名的翻译研究学者达尼卡·塞莱斯科维奇(Danica Seleskovitch)教授和玛丽雅娜·勒代雷(Marianne Lederer)教授。这段学习经历给您带来了什么样的变化与启迪?

刘和平:1988年,我在非洲的随队译员工作结束了。在非洲的翻译工作让我有了一定的经验,但让我更感到有必要去"充电"进修,因此当时就产生了把实践经验系统化与学术化的想法。于是,去法国留学,去巴黎高翻求学,成为我的强烈愿望。功夫不负有心人,1989 年 10 月,我获得了法国政府奖学金,顺利抵达巴黎,重启中断了的学生生涯,又从老师做回了学生。我记得很清楚,赶赴新索邦大学(Université Sorbonne Nouvelle-Paris 3)参加入学法语水平测试当天,恰遇巴黎地铁、公交和出租员工罢工,我只得步行去学校参加考试。经过多天焦急的等待后,考试成绩终于公布,我获得了巴黎高翻注册硕士生 DEA(Diplôme d'Etudes Approfondies,深入研究文凭)的资格①。新索邦大学的巴黎高翻享誉全球,学校成立于 1957 年,主要培养国际会议口译翻译硕士,出版、经济和技术翻译硕士,法语手语翻译硕士,另设翻译学硕士和博士②。进入巴黎高翻之后,学习压力很大,除节假日外,在全年 8 个月的学习时间里,我要修满 5 门与我论文主题相关的必修课(语言学、符号学、翻译研究方法、口译与第二外语教学法),还要完成必读书目上规定的 20 多本英语和法语著作的阅读,而且要每周撰写阅读报告,每周一晚在硕士研讨班上交流。

我在巴黎高翻学习遇到的第一个困难居然是"不会读书"。我清晰地记得,包括法国学生在内的来自多国的 20 多位学生在完成第一次阅读报告后,遭到塞莱斯科维奇教授的"狂轰滥炸"!她在课堂上让我印象最深的话是:"什么是阅读? 阅读就是跟作者对话! 你可以赞成,也可以反对,但必须讲出理由,说明并证明你的观点。"作为一个大学老师,我感到很惭愧。于是我认真体会教授所说的"对话"的含义,并从此发奋。我开始"蹒跚学步"——做好每一次功课,每周"战战兢兢"地交上作业。结果出乎意

---

① DEA 是一个国家文凭,毕业相当于"bac + 5"文凭,或者中国的硕士,获得 DEA 是在法国读博的第一步。

② 从 1978 年让·德利尔(Jean Delisle)等两名博士毕业至 2017 年,巴黎高等翻译学校为全球多个国家培养了共 84 名博士生,含中国大陆 8 名,分别是:1989 年赵和平、1994 年闫素伟、1996 年刘和平、2000 年孙雪芬和谢思田、2006 年邵炜、2007 年王吉会、2017 年张雯(音译)。塞莱斯科维奇和勒代雷分别指导了其中的 27 名和 22 名。

料,我受到了教授的好评,成为她关注的中国学生。不久后,她宣布,学校筹集资金特别聘请一位法语老师每周帮我修改阅读报告,并指导我用法语撰写论文。这是学校为我破例,是对我的最大的奖励。8 个月中,我就这样在学校读书、上课,接受高水平教师对我的学术指导。现在回想那段时光,那段纯粹的学生时光,虽夜以继日,辛苦付出,困难重重(一开始听不懂、读不懂),但收获满满,没有丝毫遗憾!

塞莱斯科维奇教授退休后,勒代雷教授接任校长。1990 年 6 月硕士毕业论文答辩结束后,勒代雷教授问我:"你没有读博的想法吗?"我惊呆了!当时的中国高校老师有个硕士文凭就很不错了,还要读博?我的确没有想过。我告诉她,按国家规定,我已经学满了一年,必须回国。她回答说:"你可以晚一点回去,把博士论文提纲写好,然后回国,完成一章发给我一章,论文全部写完后回来参加答辩。"就这样,带着教授的期望,带着初步完成的博士论文大纲,我踏上了读博之路。

1990 年 12 月 25 日,我回到北京,满脑子想着如何完成博士论文。那时候,我隔一段时间就写信给导师,汇报博士论文撰写情况,她最快需要 10 天左右才能收到信,随后她会给我寄来录音带,隔空对我进行指导。师生之间的交流从巴黎到北京一个来回需要近一个月。

回国后论文的撰写进展缓慢,因为我每周有 10 节课,孩子小,老人生病,但我不想放弃。第二年假期,我想集中精力写一章。为此,我爱人带着 8 岁的孩子外出,给我腾出时间和空间。几天后的一个晚上,孩子回家推开门瞬间扑倒在地上。我们立刻带他去学校医务室,医生给开了痢特灵(呋喃唑酮)之类的药,可没几分钟,孩子便开始高烧。我们只能骑自行车赶往人民医院,接诊的是一位女博士,经验还算丰富,她让把孩子推到医院二层迅速清肠。孩子患的是红白痢疾,从而导致高烧,甚至昏厥……清肠后在重症加强护理病房(ICU)观察治疗了 24 小时,有性命之虞。眼见孩子病危,做母亲的我心急如焚。

博士论文还能写吗?导师来信说可以延长读博时间,她会在申请书上签字。1993 年 3 月,我又有幸拿到一年的中国政府奖学金,再次回到巴黎。经朋友推荐,在中国驻法国大使馆教育处暂住 3 天后到一位法语教师家做家庭助理(fille au paire),地址在巴黎圣母院后面的圣·路易岛(Ile Saint-Louis)上。我的任务是帮助这位80岁的中学法语教师做晚餐,周末帮助她换床上用品等。每个月她给我一张两圈地铁票,外加2300法郎。

罗马不是一天建成的,博士论文撰写需要大量的时间与精力,不可能一蹴而就。一年后,我终于写完了博士论文初稿。勒代雷教授约我见面,她望着我说:"世界上几乎没有人能用一年时间获得博士学位! 新索邦大学要求至少3年,也就是在进入第4年的时候才能申请答辩。你的论文我看了,很多地方我不太懂,非常需要花时间细细打磨。"我说:"我就一年的奖学金,跟上次一样,期满必须回国,老人和孩子也希望我早些回去。"勒代雷教授立即说:"这样,我给你一个助教的位置,从10月份开始,你静下心来,慢慢写。每周上3门课,共4.5个小时,含笔译基础、经济翻译和汉语进修。必要时还可以跟研究生班的同学一起沟通交流。"就这样,两年里,我一边上课,一边撰写论文,没有任何经济上的忧虑。然而,导师的一句话让我至今懊悔不已:"你每次交论文都是在放暑假前,我的假期都因为你而泡汤了!"每次从导师家出来我都惴惴不安,怀揣着导师开出的需要继续阅读的书单,迫不及待地赶到书店、图书馆,然后回到"家"里发奋读书,渴望阅读后能有新的灵感迸现。1996年年初,导师拿着我那450页的博士论文 "Interprétation consécutive en fin de cursus d'études universitaires chinois-français, français-chinois"(《中国外语院校高年级交替传译教学:汉法—法汉》)说:"你可以申请答辩了,但有些观点我还是不同意!"这句话如同当头一棒,我真不知道那天是怎么回到"家"的。后来还大病了一场:一天深夜,我脸色惨白,虚汗浸湿了衣服,害怕打扰别人,于是独自去医院就诊,结果是我得了胃疝气。同年4月,我的博士论文答辩在新索邦大学举行,塞莱斯科维奇教授任答辩主席,另有汉学家、二语习得研究专家、翻译学家组成答辩委员会,我的学生和好友也见证了答辩的过程和结果。拿到博士文凭后,我于1996年6月回到中国。返回前,我去游览了美国东部,回到法国后还做了10天的商务谈判翻译。

1998年,在法国驻华使馆文化处的赞助下,塞莱斯科维奇教授应邀来华,随她一起来访的还有时任国际翻译家联盟(Fédération Internationale des Traducteurs,FIT)主席的弗洛朗斯·埃尔比洛(Florence Herbulot)教授,她们应邀访问了中国翻译协会等单位,同我国译界专家进行了深入探讨。塞莱斯科维奇教授等人的"释意理论"(théorie interprétative de la traduction,TIT,也被称为"théorie du sens")的价值在中国逐渐被更多的人所认识,许钧教授还借此机会对她进行了专访①。2000 年,还是在法国驻华使馆的赞助下,我邀请勒代雷教授参加国内举办的法语翻译教师培训。一天晚上,我们在青岛海边散步,她对我说:"我终于明白你博士论文中的观点了,你的这些原则适用于所有非通用语种的翻译教学。"我在学术上的努力终于在论文答辩 4 年后得到了导师的肯定!

于我而言,在巴黎高翻的这段学习经历永生难忘,我将永远铭记塞莱斯科维奇教授与勒代雷教授对我诲人不倦的学术指引以及这份遥远却浓厚的"异国师恩"。

杜磊:您给我们讲述了您完成翻译学博士论文的艰辛历程,让我们听得很感动。您的故事将会给许多正在译学道路上艰辛跋涉的博士生带来启迪,尤其是对那些跟您当时一样,一边有家庭需要照顾,一边又有学术梦想要实现的女博士生,更具鼓舞力量。

刘和平:希望如此。从最早选择学习法语到取得博士学位,我认为无论是翻译实践,还是学术追求,我都有一种克服困难与挑战的"定力",而正是这种"定力"使我能不断磨炼自己,推动自己去学好、做好翻译,去教好、研究好翻译。

三、新的翻译教育方向:我的翻译"创业梦"

杜磊:刘老师在一次演讲中非常清晰地给大家介绍了自己创办北语

---

① 许钧. 翻译释意理论辨——与塞莱斯科维奇教授谈翻译. 中国翻译,1998(1):9-13.

高级翻译学院(简称"北语高翻")的"创业"经历。您说:"一个人一辈子做好一件事也是'创业'。"您体会到的酸甜苦辣不为外人所知,您还说希望以后能把其中的故事都写进书里。从一名翻译教师到高级翻译学院的创始人,是您完成的第二次蜕变。我们可以把它看成是您翻译教育工作外延的拓展,您能否和我们分享一下在"象牙塔"里的这段"翻译创业"经历?在中国办一个高级翻译学院究竟需要付出哪些努力?

刘和平:北京外国语大学高级翻译学院的前身是 1979 年成立的联合国译员训练班,上海外国语大学高级翻译学院、广东外语外贸大学高级翻译学院分别成立于 2003 年和 2006 年。北语这个"小联合国"高级翻译学院到 2011 年才"蹒跚而来"。虽为后来者,但优势在于能借鉴经验,当然也包括巴黎高等翻译学校等国际翻译学校的经验。

万事开头难,创办高级翻译学院的第一个困难源于对翻译专业的认识,理念要清晰。建设高级翻译学院的目的是搭建一个平台,从而实现培养高端翻译人才的目标。然而,在中国,很多人认为听、说、读、写、译是外语专业的培养目标,译虽然位列听、说、读、写之后,但却是外语学习的延伸,外语专业自然也等同于翻译专业。所以,他们认为完全没有必要再建立专门的机构来培养翻译人才。这个问题在翻译本科专业学位(BTI)试办前和翻译硕士专业学位(MTI)设立前进行过多轮专家论证。据《2019中国语言服务行业发展报告》,全国已有 281 所院校开设 BTI,253 所院校开设 MTI。但即使如此,还有不少人对此有所怀疑或认识模糊。

因此,第一个困难源于认识问题。到底为什么开办高级翻译学院?有的学校开设翻译专业似乎仅仅是为了增加一个专业,缓解外语专业就业"亮红牌"的压力。不少学校两个专业的培养方案相差无几,课程体系近似,有些教翻译的老师自己还不懂翻译,就匆忙上阵,贯穿整个教学的还是语言知识灌输的老一套。很多学校设翻译专业是跟风,根本没有考虑如何依托本校专业来整合,专业同质化现象严重。可见,没有全新的翻译专业的建设意识,忽视翻译职业本身的特性和要求,缺乏师资配备等客观条件,翻译专业重复传统的外语专业,这种情况下的确没有必要建立翻译学院。我认为要建好北语高翻,就必须要理念清晰,目标明确,教学课程设计科学合理。北语当时具备了实现这种转型的相关条件，但实现目标仍需要付出极大的努力。

第二个困难是人手不足。按照学校组织部安排，当时学院只设院长，没有其他职位。这就意味着从原外语学院出来"打拼"的 11 位在编人员不仅要承担本科和研究生的全部课程，还要承担部分行政工作。我自己做主，分别设立了 2 位院长助理和 2 位系主任，其他老师分别负责专家聘请、招生、对外合作等工作。办公室有 3 位工作人员：一个管行政和财务，一个管教务，一个管学生。全体人员各司其职，人人管我，我管人人。大家齐心协力，工作效率很高。

第三个困难则是经费匮乏。学院定位、特色、发展目标、国内外合作、师资队伍建设、教学与研究等在成立之初就有计划，但所有目标的实现都需要资金。11 位工作人员的工资外酬金没着落，学院成立初期老师们下课后"流浪办公"，几个月后才在学校教务处处长的关心下将一间小教室改造成教师办公室。中外专家来谈合作更是尴尬，没地方招待，也没资金招待，我只好个人掏腰包去学校咖啡厅。大家都知道北语高翻的建院仪式非常隆重，用仲伟合教授的话说："北语高翻建院最晚，但建院仪式最高端！"这要感谢当时的北京外国语大学高级翻译学院王立弟教授给予的大力支持，他们当时主办翻译国际论坛，我借机把参会的三大国际机构负责人和 20 多位国外高级翻译学校校长请到北语参加建院仪式，要知道，这些人出席仪式学校没掏一分钱！

第四个困难来自我个人的"别出心裁"。"学校没有相关规定"，这是我遇到困难时最常得到的答复。新专业和新学院的诞生无形中给大家增加了大量额外的工作和负担。例如，我申请去瑞士日内瓦参加国际大学翻译学院联合会（Conférence Internationale permanente d'Instituts Universitaires de Traducteurs et Interprètes，CIUTI）年会，目的是让北语高翻几年后能加入该机构。出国经费申请最终是学校党政联席会批准的，因为先前没有类似情况，外出参加年会需要特别立项。再如，我找人事处，希望引进一位巴黎高翻"科班出身"且有几年翻译实践经验的年轻人，人事处处长问："你们还需要科班出身的人?!"结果是这位老师等了一年半才最终办理入职手续！我们想引进一位北大计算机辅助翻译专业的硕士毕业生，人事处负责人说："硕士不能进！只能进博士！""这个专业没有博士吗？""不可能！"……最后是校长点头后通过学校人才引进会才破格录用。后来人事处这位负责人跟我道歉，说经过查询才得知，这个专业的确还没有博士毕业生。

北语高翻 11 位创业者一条心，一股劲，支撑大家的是对翻译专业的爱！因为大家的努力，我们才克服了创立北语高翻的"九九八十一难"，有大家的汗水和奉献，北语高翻才得以迅速成长壮大。

杜磊：刘老师能否再介绍一下北语高翻口笔译课程的设置情况，以及您在学院的授课情况？我从北语高翻学生那里听说您"雷厉风行"，您真的是这样一种风格的翻译教师吗？

刘和平：北京语言大学翻译本科于 2008 年起开设汉英、汉法高起点班。在北语高翻成立后，专业于 2014 年改为汉英和汉英法两个方向，2015 年经过专家论证增设本地化方向。目前北语高翻的招生规模为 3 个班，共 60 人左右。本科不分口译和笔译，汉英方向在二年级开设笔译课程，三年级增设口译课。汉英法方向的三年级学生全部出国到法国、比利时或其他国家交换，学分互认。四年级回国后开设笔译和口译课，每周各 2 课时。研究生从最早的汉英和汉法发展到今天的 8 个语对——汉英、汉法、汉日、汉阿、汉韩、汉德、汉西、汉俄，另在笔译下增设本地化管理方向，在口译下招汉英法三语学生。总体招生规模在 150 人左右，含外国留学生，但留学生人数不受任何限制。研究生 8 个语种学生在学院注册，学院负责开设以下通开课程（不分语种、不分中外）：翻译理论与实务、口译方法论、笔译方法论、论文写作方法、计算机辅助翻译（CAT）、项目管理，以及和合作企业开设的国际出版与传播类课程（共四门，学生从中任选至少一门）。具体到语对训练时，学生回到不同学院，由经过 MTI 中心认可且有翻译经验的教师授课。

为了满足翻译教学网络化趋势的要求，我们在 2015 年投入 1200 万元建设了"中外语言服务人才培养基地"，开启产学研一体化教学与研究，并特别设立了在线课程平台——高翻学堂(简称"学堂"),这是我们目前投入开发的一个特色线上翻译教学项目,共有微课程67门,包含翻译专业课程、语言基础课程、计算机基础课程与中文基础课程四大模块。所有课都在"学堂"上同步反馈。开学前一周,教师们会将一学期的教学任务书和每周安排上传到网上,学生可提前了解并做必要的准备。课堂授课记录、课后作业(笔译、"口译录音+笔记"、研讨会录像等)也要求学生上传到"学堂"上,由教师进行批阅。有些课程我们做了全程录像,如我主讲的翻译硕士必修课,也是北语高翻第一门大课:翻译理论与实务。这门课每周由学生负责录制、课后剪辑和编辑,然后作为学院的一项重要课程资源放到"学堂"上,供学生随时回看或复习,新生也可以提前感受学习氛围,了解课程要求。"学堂"还设有讨论区,学习中有任何问题都可以留言或沟通(学生之间互动、师生互动)。

关于我的教学风格,我想用一届届学生口口相传的话——"刘老师很厉害的!"来展开。其实这话不仅是在说我的翻译业务能力,也是对我个人教学与管理风格的总结。开办一个学院,就要有配套的管理,要让翻译教学的管理作用在高级翻译学院这个平台上得到充分展现。最重要的是抓学风,我认为学院的管理要坚持遵循翻译这个专业本身的严谨性。大学是走向职场的最后一个阵地,高级翻译学院每年都会迎来新的年轻面孔,经过两到三年的训练后他们会步入职场,因此,对他们的翻译职业道德、职业伦理与职业精神的培养绝对不可小视。这些培养必须落实在平时教学的点点滴滴上,体现在学院管理中,如上课不准迟到,作业不许迟交,上课不能无备而来,讨论不能借口逃避,实战绝不能缺席,等等。翻译教师应该谨记,翻译教育管理的这种严谨性对于学生以后步入职场将会带来"辐射性"的影响与作用,因为假如做学生的时候尚且缺乏这种对待学习的认真严谨态度,他怎么能成为一名合格的译者或译员?

我坚信,高级翻译学院一旦管理有所疏失,其学生在职场上就很难做到合格!直到现在,只要我上课,无论教室大小,人多人少,我都喜欢站着,因为我需要密切注意学生的眼睛,督促他们思考,并根据他们的反应调整我的教学思路。30多年来,我承担过几乎所有法语基础课和专业课的教学。1996 年博士毕业回国后,我的状态基本上是学院本、硕、博三个层面的课程连轴转,翻译课、翻译理论课和方法论课不间断,有时一学年要上 7 门课,上下学期还有两门课要临时调整。现在有的翻译教师似乎比较害怕"多头",怕精力分散了不好,我倒认为一个教师承担多门课有好处,课程间可以相互辐射、紧密衔接、相得益彰。而且翻译教师既教实践,也教理论,对于实践的思考通过理论教学会更容易转化为心得,写起文章来也能左右逢源,不怕肚里没货。教学上,我的学生知道我"厉害",也从不欺负我,年年教评打分都十分客观。有一个插曲:我当院长的时候,一次"五一"放假前夕查岗,发现专家的课有 4 个学生缺席。我让其他学生立即打电话联系,电话另一头的回复是,提前回家在火车上或在外有事……我拿过电话说:"好吧,你可以回家了,下学期也不必回来了!"结果几个同学都半路"打道回府"。

我认为,高级翻译学院的设立是国家建设与发展的需要,是中国与世界交流的需要,更是翻译职业化教育发展的需要。

四、"优秀译者应借助机器寻找意义":我的翻译教学理念

杜磊:从刘老师的讲述中,我们已经大致了解到您是如何走上翻译教学与研究之路,又是怎么完成新的翻译教育方向的建设的。现在我们还是想回到您自身来谈翻译教学,来请教一下您对翻译教学的理解。我想,这方面,最合适的是从"释意理论"开始。在国际口译研究舞台上,"释意理论"一直受到译界的广泛关注。您和其他中国学者将该理论引入中国,您的博士论文也是以该理论为基础,探讨中法口译教学的。而在"释意理论"中,最吸引人的概念莫过于"脱离源语语言外壳"(déverbalisation)。对这个术语,很多学口译的学生与教师都耳熟能详,您能不能以这个术语为中心向我们阐释一下"释意理论"对于口笔译学习与教学究竟有怎样的指导意义?

刘和平:要理解一个理论,一开始必须梳理这个理论的发展史。"释意理论"是 20 世纪 60 年代末,塞莱斯科维奇教授和勒代雷教授通过录制

职业口译有声资料,通过长期实践与大量观察①,并借助认知语言学、心理学和阐释学等相关理论,采用科学的方法进行反复实证分析、对比和论证共同创立的,是当代非常重要的翻译理论。由于该理论诞生于巴黎高翻,相当多的研究人员同时也是该校的教师或博士毕业生,因此这一批学者也常被称为口译研究的"巴黎学派"。

"释意理论"的第一大突破是在传统的翻译过程"理解"—"表达"之间增加了"脱离源语语言外壳",从而形成了一个三角形翻译过程的假设②。"脱离源语语言外壳"由此成为整个理论的核心概念。提出这个概念的初衷是论证职业翻译语境中语言与意义的关系,或称思想与言语的关系。我本人认为,用中文的"得意忘形"来概括"脱离源语语言外壳"是得其精髓的。简言之,持不同语言的人走到一起的目的是沟通和交流,而真正的跨文化交流的对象是意义,不是承载意义的语言。这个理论揭示的是,翻译的对象应是意义,而不应是语言。用勒代雷教授自己的话来说,即"优秀译者寻找意义,这同其他一般读者没有不同,他们只对文本内容感兴趣"(法文原文是:Pour le bon traducteur à la recherche du sens comme pour tout lecteur intéressé par le contenu d'un texte…)③。这句话的关键是要体会"寻找"二字所体现的译者主观能动性。那么意义的单位是什么?换言之,既然要翻译意义,那么翻译的单位是什么?这个理论强调独立的单词或句子不是翻译的对象,话语/篇章才是翻译单位。口译过程是稍纵即逝的,它和笔译可以反复回溯原文的翻译方式完全不同,这个性质决定了口译的对象与目标应是意义,而不可能是形式。我认为,口译教师都有必要充分认识"脱离源语语言外壳"这一概念的含义,并将其应用到口译教学之中,因为这一概念在某种意义上也反映了口译与笔译的本质

---

① 塞莱斯科维奇曾担任戴高乐(Charles de Gaulle)总统的口译员,一生从事过 36 个领域的翻译。

② 刘和平. 释意学派理论对翻译学的主要贡献——献给达尼卡·塞莱丝柯维奇教授. 中国翻译,2001(4):62-65."达尼卡·塞莱丝柯维奇"在国内的通行译法为"达尼卡·塞莱斯科维奇"。

③ 勒代雷. 释意学派口笔译理论. 刘和平,译. 北京:中国对外翻译出版社,2001.

区别。

"释意理论"的第二大突破是在翻译过程中引入了"人"。译员成为被研究的对象,翻译的动态过程成为研究的重要内容。翻译不是在真空中进行的,翻译作为一种交流活动,其发生的场所、背景、交际双方的认知水平和能力、主题知识和交际目的等因素,甚至双方作为听者的反应,均会对意义的形成产生影响,所以"脱离源语语言外壳"之后的再表达就需要将翻译的这些动态交际因素纳入其中。"释意理论"对翻译教学的最大意义就是让师生在职业双语交际环境中教授/学习翻译方法。回到理论的历史发展来看,在 20 世纪 60 年代强调语言形式的结构主义语言学盛行的背景下,"释意理论"有独特的创新价值,其理论解释力可谓独树一帜。该理论初创时只涉及口译,随后逐渐扩展到笔译,在文体上也从科技翻译延伸到了文学翻译,甚至手语翻译,可以说该理论对翻译学发展做出了巨大贡献。

当然,任何理论模型都不可能尽善尽美,"释意理论"也有一定的理论局限性,为此,我早在我的博士论文中就提出了以下"三问":(1)"脱离源语语言外壳"后大脑中的信息意义有载体吗? 载体是什么?(2)按照该理论,学生在没有娴熟掌握工作语言的情况下就不能学笔译,更不能学口译。然而中国能达到娴熟掌握外语的学生不多,市场需求却很大,这种情况下真的无法教授翻译吗? 如果可以教,条件是什么?(3)按照国际惯例,译者只做外语到母语的翻译,即 B - A 或 C - B - A[①]。中国的多语言(这里不包括少数民族语言或方言)环境远不如欧洲,很多非英语语种的学生进入大学后才开始学习另一门外语,外语的"娴熟掌握"又该如何定义? 达不到"娴熟"的情况下是不是真的无法学 A - B 翻译? 这些问题虽然我在博士论文中已初步回答,但其实直到现在,我的思考仍在继续。

关于第一个问题,概括地讲,"脱离源语语言外壳"后的载体既可以是语言的,也可以是符号或形象。因此,符号学研究成果对翻译研究有很

---

① 这里的 B - A 是指译员的语对(language pair)是母语译到外语,C - B - A 是从第二外语译到第一外语或者母语的情况。

重要的参考价值,值得不断深入研究和论证。关于第二和第三个问题,我认为,口译在上述情况下依然是可教授的。在实际的口译教学中,我们可以有很多教学手段与资源来适应与弥补学生语言水平的不足,如降低材料难度、由学生扮演演讲人、加强译前主题的准备、适当调整语言培训的讲授比例、协调外中和中外翻译训练进度等,这些都是解决问题的途径和方法。具体地讲,在确定学生中文和外语实际水平和能力后,教学初期可适当降低所用材料的语言难度,同时让学生自己准备(选择)讲话或翻译材料,并加大译前准备力度(因为认知知识可以在一定程度上弥补语言知识的欠缺),在保证所译材料信息完整的前提下,从学生熟知的主题开始训练,译后让学生还原源语语料(回译译文),以不断提升工作语言水平(占口译课的 30%—40%)。至于 A - B 翻译,可以考虑采用与 B - A 相同的步骤与方法,语料上甚至可以相互借用(甚至是 B - A 阶段使用过的、值得留存的)等。此外,中外学生同堂或国外教师与学生远程同时授课也是我本人尝试后认为非常值得推荐的教学方法。中国口译市场上一般不会请一个中国人和一个外国人同时做交替传译,A - B 翻译无法回避,不可能不做,但目标和要求肯定会与西方有差异,在质量评估上也会略有不同,尤其是在语级的使用上会有差异。

在"释意理论"框架下,翻译教学该怎样设计是一个值得研究的口译课题,当然还有一个中外语对的特殊性问题,即中文与法语或其他欧洲语言的差异很大,存在很多公认的西方语言之间从未碰到的问题,这些特殊问题在口译教学中如何加以解决呢?

当前,现代化教学工具在不断普及,线上、线下等口译教学手段不断丰富,口译语料库建设也取得了一定的成就。广大口译教师须在实践中不断摸索,努力探寻能与中国国情相匹配的教学模式和行之有效的教学方法。

杜磊:您曾用"人机共舞"这个词来形容当下的翻译时代。机器翻译的发展对翻译专业与职业造成的强烈冲击,我们不可能视而不见。有一位在高校教翻译的朋友甚至跟我提出,现在外语或者翻译专业的学生不好好学习,翻译水平欠佳,译出来的文本可能还比不上百度、谷歌或现在很流行的 DeepL 翻译器。他的话令我反思:在当下这个"人机共舞"的时代,翻译教师到底应该教什么,怎么教? 幸而最近读到了您在《东方翻译》2019 年第 2 期上发表的一篇重要文章——《人工智能背景下笔译的学与教》,其中提出"12 步曲式教学法"。大家都觉得很有新意,认为这是对这一问题很好的回应。您是否可以再跟我们谈一谈您提出"12 步曲式教学法"是基于什么样的考虑? 这一教学法的内涵是什么?

刘和平: 如何学与教翻译是我从学生时代起就一直不断思考的一个问题。我上大学时遇到几位"牛"老师,他们是巴尔扎克的译者,《追忆似水年华》(*A la recherche du temps perdu*)、《田园交响曲》(*La symphonie pastorale*)等名著的译者,还有将《老残游记》翻译为法文、曾获得法国总统颁发的"法兰西荣誉军团骑士勋章"的盛成教授。他们是新中国成立初期"自学成才"或是"在实践中成才"的翻译家典型。每周上课,我特别兴奋,因为除了羡慕和敬佩,我还能从他们那里学到很多知识。但是,到了大四,我感觉自己的翻译水平并没有明显提高,学过的会了,没学过的,阅读后还是翻译不了。我有点茫然,如果这样下去,倘若一周掌握 5-10 个单词或表达方法的翻译,每周 2 个小时,我什么时候能跟老师们一样自己做翻译呢? 那不是一辈子也无法达到他们的水平吗?

后来到巴黎高翻学习,"释意理论"解决了我的不少疑惑,我也就这一理论展开了翻译教学研究,领悟了一些科学的教学原理。翻译到底教什么? 就翻译教学来看,不可能是单词或词组,这是语言教学的任务,而不是翻译课要完成的主要任务。授人以鱼终不如授人以渔,翻译课是方法论课程,应当教授的是如何解码、抓取与表达意义的特殊认知与思维方法。

现在全国的翻译教育规模上去了,尤其是翻译硕士教育,但质量肯定还有很大的提升空间,尤其现在进入了人工智能(AI)与大数据时代,职业翻译出现了知识专业化、技术现代化、任务快速化、质量标准化和工作团队化等特征①。教师不仅要和新技术为伍,更要思考如何让学生来适应这种变化。目前翻译教学最显著的一个问题是,翻译技术没有真正融入翻译课堂。我观察到的现象是,很多教翻译的老师不会用相关软件,也不了解翻译市场需求,他们满足于使用 Word 软件,将其他翻译工具拒之门外;而不少专攻技术的老师又不懂翻译,更为严重的是把技术工具的使用当作知识传输,一周能讲完一个学期的课程内容!因此,我基于多年的翻译教学经验和在全国教师翻译教学法培训中的感悟,与另一位教师一起执笔撰写了《人工智能背景下笔译的学与教》,提出了"12 步曲式教学法"。这一教学法的目标是完整地将职业化翻译流程引入课堂,包括技术或软件的使用,尝试解决传统课程与技术"两张皮"的问题。

我们一定要清楚,翻译实际上只是语言服务过程中的一个核心环节,并不是全部,翻译教师还要考虑大数据时代的职业翻译情景。例如,如何运用"搜智"工具拓展必要的语言及专业知识来理解文本,如何熟练使用翻译软件并建立自己的"语料库"和"术语表",如何实现"人机共舞"。"12步曲式教学法"是一种人机协作、师生协作的教学方法,其初衷是根据教学大纲要求,真正以学生为中心,开展交叉授课、单元式授课,以职场翻译程序为原则安排教学,提倡过程式教学,线上线下结合,让学生在实践中感悟、分析、思考、应用、总结,教师把"授业"放在第二位,让"解惑"成为教学的重点。

现在有很多工具可以帮助我们解决互动问题,实现职业翻译教学思路,如某公司的在线会议系统、某学校开发的云课堂等。现在大家进入了后疫情时期,翻译活动,尤其是口译更是将进入一个必须与远程直播软件打交道的时代,应该说,"人机共舞"将是未来各行各业的特征,翻译行业当然也不可能例外。如何在"人机共舞"的时代开展翻译教学,是所有翻译教师必须回答的一个问题。

杜磊:最后,您想对广大翻译学习者和教师提出什么建议?

---

① 刘和平,梁爽. 人工智能背景下笔译的学与教. 东方翻译,2019(2):20.

刘和平：世界变化很快，新技术、新情况层出不穷，译者随时需要挑战自我、与时俱进、终身学习，从而保证能为社会提供高质量的语言服务，实现不同语言的人与人之间的沟通①。面对新科技的飞速发展和世界的变化，教师的任务更多应体现在方法论上，体现在人格培养上，正如我反复向学生强调的原则：做事之前先做人，做翻译之前先做人！

我一直认为，人生的意义在于能做好一件自己喜欢的事。世界上的诱惑很多，但人的能力和时间有限。我喜欢口笔译实践，但不会因此影响教学工作；我喜欢翻译教学，但不满足于"做一天和尚撞一天钟"；我愿意阅读和思考，因为这是一个人成熟的表现，更是知识分子获取知识的关键途径。每次参加研讨会或师资培训时，很多老师会提出各种各样的问题，这会促使我深入思考。回答的问题不在于大小，而在于价值和意义。我有自知之明，清楚自己的所长和所短，努力扬长避短，争取在有限的时间和能力范围内对一些基本问题做出自己的回答。我的电脑里还存有多个研究课题，每当读书有新想法时就记录下来，反复思考，在课堂上积极实践，然后跟同事交流，经过反复论证后最终形成文字。我不是多产作者，更谈不上著作等身，但我认为，我是一个能将想法付诸实践的人。换句话说，我没有野心，没有崇高的理想，只想做好翻译、教好书，闲暇之余品茶读书，阖家欢乐。当老师是我的梦想，一个好老师不在于炫耀自己的知识，而在于给学生以人生和专业上的指导与启迪，即"授之以渔"。我的课上会涉及人生、职场上的精彩片刻或一些经验与规则，有的毕业生因我的教学而走上翻译之路，有的总记着上课时我说过的话，有的每次送来祝福时都感谢我的"谆谆教诲"。我很知足，这就是人生，我喜欢的人生。我最想说的是：千里之行始于足下，翻译要学好，与其临渊羡鱼，不如退而结网。只有认真思考，踏实完成好每一个口笔译任务，你的水平才会不断进阶。

我也注意到，近来随着机器翻译的发展，很多人，包括外语教师在内，对自身的专业越来越缺乏自信。我还注意到，外界乃至外语界内部，对外语或者翻译专业设置的必要性提出了非议，当中不乏一些奇谈怪论，给师

---

① 北京语言大学高级翻译学院提出的院训为：挑战自我，服务他人，沟通世界。

生,特别是给学生制造了很多不应存在的噪音。我认为,对学生要讲的最关键的一点就是,下苦功踏踏实实地把语言能力学到手,不管哪一门外语,学好语言、学好翻译就一定会有用武之地,没有必要因为机器翻译的出现就对前途产生种种焦虑与恐惧。机器来了怎么办?我刚才引用勒代雷教授的话说"优秀的译者寻找意义",那么我们不妨拓展一下勒代雷教授讲的道理:Pour un bon traducteur, il faut chercher le sens à l'aide de la machine——优秀的译者应借助机器寻找意义。

要立志做"法语人"就要有对于专业的"定力",也要有一颗"初心"。译者,使者也。能用外语为各类会议提供服务,这是我儿时的梦想。用外语为讲不同语言的人之间架起沟通的桥梁,"挑战自我,服务他人"是我"把和平带给世界"的承诺。在中国,法语这门语言的活力很强,在国家"走向世界"的过程中,很多地方都能派上用场。国家现在提出"一带一路"倡议,非洲国家成为共建"一带一路"的重点区域之一。我很高兴现在不少法语专业的本科生与硕士生会把非洲作为毕业之后工作的"首站之选"。作为一个曾经在非洲锻炼过的"50后""过来人",我认为现在年轻一代的法语专业学生,尤其是"90后",以后会是"00后",必须有一个"法语人"的意识,也就是说,既然我选择了法语,那么时代会赋予我一个用所学的法语建设国家的使命,这样的使命会一代一代传承下去。20世纪80年代末,我刘和平是其中一分子,现在责任就落到了年轻人肩上。法语不仅是一门"美丽的语言",更是一门大有可为的语言,关键是要有能吃苦的精神。要圆"中国梦",少不了包括法语教师与法语学子在内的所有"法语人"的共同努力!

杜磊:感谢刘老师接受我们的采访以及给予我们的支持,感谢!

翻译教学的"观念建构"模式

——刘季春教授访谈录

丁欣如　　刘季春

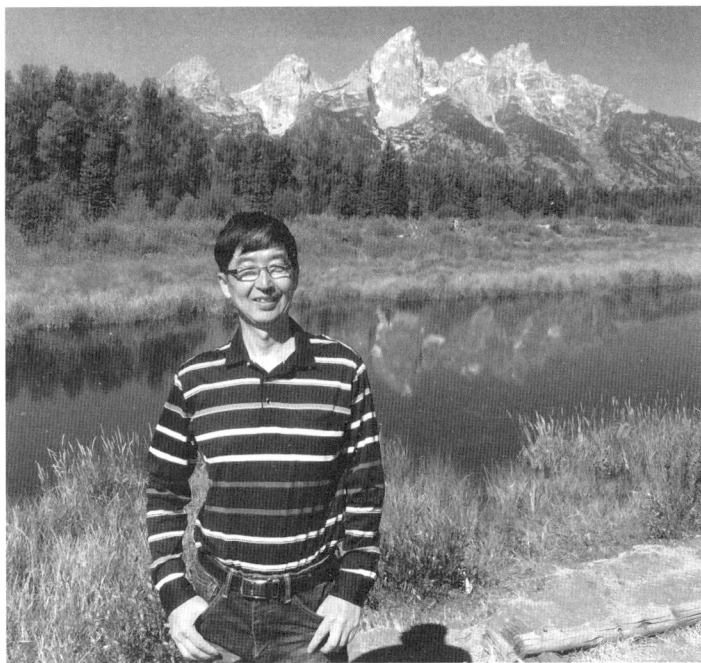

受访者简介:刘季春,广东外语外贸大学高级翻译学院教授、硕士研究生导师。长年为本科生讲授"英汉翻译""汉英翻译"课程,为研究生讲授"应用翻译""翻译的理论与实践"等课程。研究领域为翻译教学和翻译教材。曾在翻译类期刊发表相关系列论文,提出了本科翻译教学的第三

种模式——观念建构模式。编写普通高等教育"十一五"国家级规划教材《实用翻译教程》(修订版)(中山大学出版社,2007)、高等学校翻译专业本科教材《基础笔译》(外语教学与研究出版社,2015)。曾获广东外语外贸大学第二届教学名师奖(2008)、广东外语外贸大学优秀教学特等奖(2013)、广东省南粤优秀教师(2018)等荣誉。

访谈者简介:丁欣如,浙江外国语学院英语语言文化学院讲师,上海外国语大学英语学院博士生。研究方向为口译教学、影视翻译与教学。

本次访谈于2019年3月16日上午进行。访谈者依照约定,在广东外语外贸大学(简称"广外")北校区高级翻译学院教师办公室对刘季春教授进行访谈。访谈内容主要围绕译者生涯、翻译教学心得、翻译教学理念展开。

丁欣如:刘老师,谢谢您今天接受我们的采访。我们的访谈目的是希望了解和学习翻译教授在翻译教学中的心得体会,想邀请您跟我们分享一下您的宝贵经验。首先请问,您是从什么时候开始接触翻译的?

刘季春:应该是在大学。但讲实话,大学时上的翻译课没有给我留下多少印象。倒是当时的另外一门课"英国散文选读",引起了我的兴趣。当时,我们那门课的老师非常有意思,他上完课之后,会将他自己翻译的那些散文念给我们听。所以,那个时候我就先自己翻译好,等到最后几分钟他念自己译文的时候,便仔细对照。当时的感受是:老师怎么能译得那么好!

丁欣如:您当时是怎么想到要先把它翻译一下的呢?

刘季春:就是因为老师的译文很美!所以好的老师往往会激发学生的兴趣。当然,我对翻译感兴趣还有其他原因。我本身对语言文字比较敏感。在中学的时候,和其他科目相比,我的语文成绩也是最好的。于是就和翻译产生了联系,因为翻译需要语言功底。读研究生的时候,我读的是语言学与应用语言学专业,广州外国语学院(现广东外语外贸大学)的王牌专业,但我自学看的翻译类书,比现在念翻译专业的学生看的书还多得多,因为那是我的兴趣所在。

丁欣如:所以兴趣是最好的老师。刘老师,那您自己翻译实践的一些经历可以和我们分享一下吗?

刘季春:翻译实践的经历,到今天为止,我也并没有出版多少本译著。但是,我在广州这个地方,又因为我是翻译老师,所以有好多人找我做翻译,都是社会上的实用性质的文字。从内心讲,我更喜欢的是文学。我的发展轨迹基本上是教学、实践和理论结合在一起,和其他老师轨迹不大一样。其他好多人是从纯理论入手的,虽然实践也会做,但可能没有结合到一起。而我是做好翻译,再拿到课堂上,然后写文章上升成理论,最后又反哺教学。所以我的研究方向集中在翻译教学、翻译教材两个方面。我认为实践多固然是一件好事,但是仅仅实践不思考是没有多少作用的。因此,我的教学思想在后来发生了转变,也体现在我出版的教材《基础笔译》里。

简单地说,我的思想就是反对"唯实践论"。我并不是反对实践,而是反对唯实践。因此,在后来的教学过程中,我提倡观念建构。我给学生传授正确的翻译观,这比纯粹的实践更有益,也就是"授人以渔"与"授人以鱼"的区别。有很多人做了很多实践,但最终水平并不高,那是因为他没有思考。没有正确的翻译观,还会养成一些不好的翻译习惯。社会上还有很多人认为,做翻译就只是学了外语,拿本词典,对应着翻译就可以了。对自己要求不严不高,外行人不懂也就糊弄过去了。学校的翻译实践量非常有限,仅仅依靠学校翻译教学的实践量,是远远不够的。我也讲过,学校教育的潜台词就是"借鉴别人的经验"。这体现在学生需要老师来教,而不只是自学。

丁欣如:所以在您的教学中,您认为教授学生翻译观比让他们一味地实践要重要得多。之前您在文章当中也提过"有怎样的翻译观就有怎样的翻译",那您的翻译观是什么?

刘季春：就我自己而言，翻译观的形成不是瞬间的，而是慢慢培养起来的。我在教学的时候批改学生的作业，我的一些想法来自学生的反馈，久而久之，就形成了独特的翻译观。看书也是，看了很多书，未必有用。看书一定要看到和自己有"心灵感应"的书，才能对自己产生影响。罗曼·罗兰(Romain Rolland)曾经说过一句话，大意是：读书不是读书，是读你自己。就是说，读的书要能在自己的经验中得到印证、产生共鸣，学的知识才真正有用。对我的翻译观影响很大的有两位前辈。一位是许渊冲教授。我读着他的理论，心里就想，他为什么把这话说在我前面，我才是应该说这话的人。虽然他的很多观点很多人都不认同，但我却与他心有灵犀。比如说，他的"发挥译文语言优势"的观点受到了很多人的批评。他的"翻译是两种语言的竞赛"的提法，也受到很多人的质疑。但我却感觉好得很！二十多年前我在英国访学的时候，我发现外国的那些翻译理论真正触动我的并不多。只有一本书让我眼睛一亮，就是克里斯蒂安·诺德（Christiane Nord）的 *Translating as a Purposeful Activity*：*Functionalist Approaches Explained*（《目的性行为：析功能翻译理论》）（Routledge, 1997）。我是国内最早接触这本书的学者之一。我认为许先生非常了不起！我对许先生说，很遗憾没能做他的学生。许先生对我说："小刘，你读了我的书就是我的学生了。"他既然这样说，我也就等于拜师了。

另一位对我影响很大的是翁显良教授。他的话我都可以背诵。我在《基础笔译》里谈到"忠实"与"自由"的关系时，便特地引用了他的话。他说："外国文学作品的汉译，其成败关键在于得作者之志，用汉语之长，求近似之效。不得作者之志，当然不可以自由；不可自由而自由，那是乱译。既得作者之志就不妨自由。可自由而不自由，一定会影响汉语优势的发挥，得不到应有的艺术效果。"①我想这观点很有意思，"得作者之志"，不就是翻译过程中的理解吗？"用汉语之长"，不就是翻译过程中的表达吗？"求近似之效"不就是我们的翻译目的吗？他就这样把语言间转换的超复

---

① 翁显良. 意态由来画不成？北京：中国对外翻译出版公司，1983：42.

杂过程用几句话全概括了。我把许先生和翁先生的思想融合在一起,逐渐形成了自己的翻译观,并提出了"独立成篇"的翻译思想。我跟许师母说:"我给我的每一届学生都传播许先生的理论,我是继承许先生思想最多的人。我对他的思想是发自内心的喜欢。"

丁欣如:刘老师,您是 1991 年就开始教翻译的,这么多年来,您教的翻译课程主要有哪些?

刘季春:之前在广外商务英语学院,大多数情况,尤其是前期,教实用翻译的东西比较多。但是广外高级翻译学院成立之后,我的课都相对固定,一直在给本科生上"英汉翻译"和"汉英翻译"课,课程的名字虽然一直在变,但内容一样。我基本上就负责这两门课,每轮上一年。给研究生上的课程主要是"翻译的理论与实践"(后来改名为"基础笔译")、"应用翻译"和"非文学翻译"。

丁欣如:您能否具体给我们介绍一下完整一轮"英汉翻译"和"汉英翻译"课的教学设计?

刘季春:教学是在变化的。刚刚我说建构理论,这不是一开始就有的,我的教学观也是慢慢形成的。从最早上翻译课,到后面上翻译课,有个大的转变:以前我还是会讲一些翻译技巧,但是现在我基本上不讲翻译技巧了。我觉得翻译技巧是教不会的,这是我多年的经验。有些写翻译技巧的书讲得头头是道,虽然学生看完之后觉得蛮有道理,但最后自己并不会用那些技巧。我想,最根本的原因,就是学生的语言能力不匹配。另外,我觉得有些翻译教材的作者纯粹是为技巧而技巧,按图索骥地找例子。为什么我提倡建构翻译观念? 我觉得观念容易教。比如"目的论",就是"目的决定方法"。这很容易理解。我觉得这个道理就是 common sense(常识)。所以我现在上课经常跟同学讲,做好翻译,common sense 是很重要的,很多理论也是来自 common sense。我觉得要让你接受一个新的观念,并不难,因为那些观念,能流行是有道理的,它是从理智上说服你。我教你这个东西,你很快就接受了,当然你也可以不接受,它和语言能力没有多少关系。我写教材的时候遇到很大的一个挑战,就是到底什么翻译观念才是核心翻译观念。不同的老师可能看法不同。除此以外,我还反对唯系统论。很多人认为教东西就要很系统地传授,我完全不同意这个说法。看一本书或者听一个讲座,只要有一个点能让我受到启发,就非常了不起了。我可以提出这么一个假说:其实人的知识建构是个"补缺倾向"。就是我做事情时,感觉少点什么,我就会想办法去弥补它。要是什么东西都要成系统,那么我们学什么都要从"abc"开始学起,我们不可能有那么多的时间。因此,我现在基本上是按一个个"翻译观念"来组织教学的。比如,我很赞同"翻译是两种语言的竞赛""翻译是写作"和"独立成篇"等翻译观念。年轻时,有一次讲评翻译作业,有个同学的翻译很大地偏离了原文。当时,我讲评的时候说:"你要搞清楚,这是翻译,不是写作。"多年后我很后悔讲了这句话。因为我现在认识到,不会写作是不可能做好翻译的。这也是我思想上的一个大飞跃。我觉得年轻老师也可以通过这个步骤来建构他的翻译观。假如他把一个个翻译观念这样教授一遍,也就形成了自己的一套东西。当然,他的翻译观未必与我的翻译观完全相同。我觉得这很正常。这样世界才变得更多元、更丰富。如果每个人的想法一样,那世界还有什么意思呢?

丁欣如:您刚刚从教学观念的角度与我们分享了您的讲课思路。您在教材中也有提到,对于翻译教师上课来说,最重要的就是把他自己特别有感悟的,像您刚刚说的,他喜欢的、认同的一些想法,在课堂上与学生分享。在课前,您觉得我们翻译教师应该为这样的课堂做一些什么样的准备?

刘季春:当我坐在家里的书房,面对一墙的书时,我就在想,我这一辈子看的书也不少,但是最后的结果就是写了两本教材,然后文章也就十多篇,很少,我很感慨:要读那么多书,才能产出这么一点点内容。这和你刚才问的问题有什么关系呢?我有个很顽固的想法,我非常反感集体备课。我们曾经有过这样一段时间:我备第一课,你备第二课,他备第三课。上课的时候如果我备第一课,大家都用我的教案。这怎么能把课上好?我当时很不客气地说："你们可以用我的，我不用你们的。"那么应该怎么备课呢？我觉得如果在头一个晚上或者头一个星期备了课再去上课，这不是好老师。这不是说他道德品质有什么问题，而是说他还够不上优秀老师的条件。我年轻的时候也是这样，不懂合同翻译，我就在头一个星期借书来看，现学现卖。哪怕是很努力，效果都不可能好。我现在上课的最大特点就是即兴发挥，因此积淀是根本，临时的备课是远远不够的。我提出"观念建构"教学模式，这是一种范例教学法，即"典型观念＋典型例子"。如果说我的课前准备，是大多数时间都花在寻找典型材料上，那例子不典型就没有说服力，教学就失败。实际上，我在找材料的时候就已经在思考上课的过程，而不是简单地写下上课的步骤。

丁欣如：您刚刚讲到备课的大部分时间都花在寻找合适的材料上，那您觉得在教学当中应该选什么样的材料，或者说应该有一些什么样的基本选材标准？

刘季春：我认为翻译是可以自学的。但是自学的最好方法就是观摩。教学中，我的选材不是基于单一的标准，而是按照以下四个标准之一去挑选：要么能反映翻译的某个观念，引人思考；要么能体现翻译艺术的魅力，让人向往；要么能颂扬人性的光辉，震人心魄；要么能传播某种价值或文化，启人心智。在国内的翻译教材当中，我是第一个打破翻译标准一元论思想的。我在翻译教材里不只讲"信、达、雅"，而是把许多翻译理念放在里面了。我后面的《基础笔译》也是在延续这个做法。

丁欣如：您之前提到过，近年来把教学的重点放在本科教学。您为什么这几年选择把重点放在本科教学？您觉得本科翻译教学跟研究生翻译教学的异同之处是什么？

刘季春：对本科教学而言，主要还是打基础，我觉得这也是很自然的事情。本科是打基础的最佳时间，所以我把重点放在本科阶段的教学。但是本科生教学和研究生教学有什么区别？我一直在思考这个问题，现在给研究生上课，我也讲一些基础的东西，忠实与自由的关系我也讲。因为翻译观念很难区分出难易,它不像阅读课,语言有难有易。如果一定要把它区分出来,我会在本科生当中更侧重于"穿紧身衣"这样的训练。就好比体操项目,运动员必须完成规定动作,然后才是自选项目。这个方向不能相反,养成了坏习惯,一辈子都改不了。研究生教学上,尤其是在"实用翻译"和"非文学翻译"这两门课上,我讲的大多数是译写:教学生怎么编译新闻,教学生怎么修改原文。我会侧重翻译的功能方面。但是翻译观念不存在难易的问题,我怕学生会产生一个错觉,觉得翻译就是"穿紧身衣",不能动一下,所以我在课程的后面阶段会提及翻译的功能观,告诉他们,以后做翻译,也是可以视情况修改原文的,是可以有自由的。以前我们传统的教学就只讲文学,不讲功能翻译观,这产生了很大的弊端。当然,本科课程和研究生课程在内容上也会交叉,因为研究生阶段,同学来自不同学校,他们可能以前就没有受过严格的训练,而且功底也不一样。我也会在我的《基础笔译》里为研究生课程选材料。据我了解,本科生好像觉得《基础笔译》稍微难了一点。不仅仅对学生难,甚至对教师都是要求高了一点,这需要以后再改进。

丁欣如:翻译教材很重要,您觉得它在翻译教学当中具体扮演一个什么样的角色?

刘季春:教材扮演一个什么角色,还得思考。为什么?打个比方,改革开放初期,就是我上大学的时候,用的都是国家教育委员会统编的翻译教材。但是,后来也有人持不同的观点,认为教材不要统编,为什么?很多人拿到教材基本上都不是按教材去讲,还是自己去找材料讲。教材等于是发给学生当一个参考。按道理,好的教材应该起到很好的作用。因此,还需要花大力气去研究教材的编写。

丁欣如:您在编写《基础笔译》这本书的时候,希望读者或者说看这本书的年轻教师怎样去使用您这本教材?

刘季春:我这个教学模式是一个非常创新的模式,有感悟的就讲,没有感悟的就不讲。所以我也不想用我的教材限制别人。但是我想给教材的使用者一个建议,就是可以按照翻译观模块去上课,你可以建立你自己的翻译观模块。我的教材只是给你一个启发:原来翻译课是可以这样来上的。

丁欣如: 刘老师,您在《基础笔译》理念篇里提到翻译工作者的修养就好像是建造一个三层的金字塔,即语言兴趣、背景知识、翻译理论,外加经验。金字塔的地基是敬业精神。您能不能具体说说您在翻译教学中是如何培养学生这几方面素养的?

刘季春: 我特别喜欢用 attitude 这个单词来指敬业精神,也就是态度。我刚才也讲到,要持有严谨的态度,养成良好的习惯。我每次讲评作业的时候,学生是非常专注的,因为我讲得非常细,分门别类地把问题都总结出来。我觉得这时老师要以身作则,培养这种严谨的态度。经验当然只有等以后学生到社会上才能慢慢获得。但是我这里对这个金字塔做一点补充。这个金字塔我原来是借鉴王宗炎教授的,我书上说了,王教授把它比作一栋房子的三层楼,即语言知识、背景知识、翻译理论知识。我现在把它修改为一个三层的金字塔。我还把"语言知识"修改为"语言兴趣"。比如,学生写一个句子,我改一个字,他就能感到句子意思有微妙的变化。他要有这种兴趣,他就能做好,他就会愿意去修改。如果他觉得这个那个都差不多,那我觉得他学翻译可能就入错了行,因为他对语言不敏感。另外,如果以后修订教材,我觉得还可以将"背景知识"改成"求知欲望"。吕叔湘先生曾讲,做翻译的人最好能成为杂家。翻译界也经常有一句口头禅,叫"to know something of everything, and everything of something"(通专兼备)。但是说来容易做来难。成为杂家,什么东西都会,你就不能专了。我觉得这个提法是有点问题的。就拿我自己来说,我知道的东西很有限,但是在很有限的方面中,我是有做得很精的。我除了自己擅长的方面,其他好多东西我是不懂的,但是我觉得这并不重要。重要的是什么?是求知欲。这个比现成的知识更重要。求知欲,就是指你在翻译中遇到了问题,你会紧追不舍,一定要把它搞个水落石出,不轻言放弃。这也就是我讲的 attitude,这是很重要的。理论这东西我把它放到金字塔的最顶端,它是起宏观作用的。但如果没有下面两层的基础,那是没有用处的。

丁欣如:谢谢刘老师。我还有最后一个问题:您对我们年轻的翻译教师有什么寄语? 我们可以从哪几个方面提高自己翻译教学的能力?

刘季春:就刚才讲到的金字塔所包含的三个方面,对于翻译教师来说也是这样的。如果从方法论的角度来说,要让自己更快地成为一名合格的翻译老师,就要有意识地建构自己的翻译观,你可以自己搞一个个专题研究,几年之后,你自己脑子里有十个八个专题了,你这个翻译观就建立起来了。所以我觉得翻译"观念建构"模式,对年轻老师来说,也是非常好的一个途径。

丁欣如:谢谢刘老师!

翻译无定本，完美无止境

——邱懋如教授访谈录

唐一辰　　邱懋如

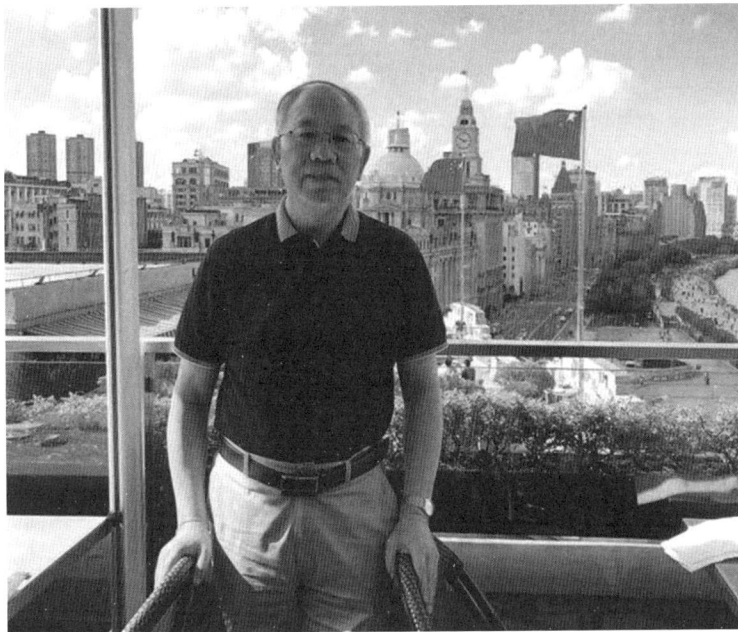

受访者简介：邱懋如，1944 年 2 月 22 日生于上海，上海外国语大学英语学院兼高级翻译学院教授（1990—2007 年）。1992 年 10 月起享受国务院政府特殊津贴。1987 年获"上海市优秀教学工作者"称号。1961 年考入上海外国语学院英语系英语语言文学专业学习，1965 年毕业并留校任教。1987 年赴英国华威大学（University of Warwick）师从苏珊·巴斯奈

特(Susan Bassnett)攻读翻译学,1988 年获取翻译学硕士学位。1979—1981 年在法国巴黎联合国教科文组织中文翻译科任 P-3 级笔译①。1986—1992 年连续两届任上海外国语学院英语系系主任。1993—1995 年任美国蒙大拿大学(University of Montana)访问教授。为研究生开设"应用翻译学"和"翻译学"课程,指导翻译专业方向硕士研究生,并为高级翻译学院学生主讲"翻译理论与实践"及"英汉翻译研究"等课程。2003 年应澳门大学邀请担任为期一个月的翻译培训班客座教授。

担任《外教社简明英汉—汉英词典》(上海外语教育出版社,2007)、《西索简明汉英词典》(上海外语教育出版社,1992)和《汉英文教词典》(上海译文出版社,1987)主编,《汉英综合辞典》(上海外语教育出版社,1991)副主编。在《中国翻译》《外国语》等杂志上发表过《翻译对等模式的理论及其应用》《翻译:认识上的误区及对等中的取舍》《文化及其翻译》《可译性及零翻译》等 20 余篇论文。

1989 年发表的第一部长篇译作《紫荆树》(*The Judas Tree*),被收入上海外语教育出版社的"英语文学文库"。之后相继在南京《译林》和香港读者文摘《当代小说选粹》上发表了约翰·格里汉姆(John Grisham)、罗宾·科克(Robin Cook)、玛丽·希金斯·克拉克(Mary Higgins Clark)等名作家所著约 20 部美英当代长篇小说译文,翻译字数共计 300 余万字。担任《中国 2010 年上海世博会申办报告》英文稿的翻译兼最后审定人。该报告共三卷,825 页,英文部分约 30 万字。译稿质量得到国际展览局的好评,为上海市申博成功做出了贡献。同时参加《中国 2010 年上海世博会注册报告》和《中国 2010 年上海世界博览会参展指南》的英译和审稿工作。此外,应上海新闻出版发展公司之邀,将铁凝、王小鹰、唐颖、陈丹燕、滕肖澜等人的优秀作品翻译成英文在美国出版,推介中国文学和文化。

访谈者简介:唐一辰,上海外国语大学英语学院讲师、博士,研究方向为翻译风格、文学翻译。

---

① 在联合国系统,笔译分为 P-3 和 P-2 级,P 即 Professional(职业)之意。

本次访谈为面对面的半结构性访谈,时间为 2019 年 9 月,地点在上海外国语大学(简称"上外")虹口校园。访谈主要围绕译者生涯、翻译教学生涯、翻译实践以及翻译研究等方面展开。

有幸得见邱懋如教授,恰逢上海外国语大学建校 70 周年之际。年逾古稀的他走在金秋的校园里,步履轻盈。邱老师声音洪亮,幽默谈笑间,述说着自己和翻译的故事:从上海外国语学院(现上海外国语大学)学生到教师、系主任。他的故事恰似一篇上外翻译教学史,为节庆中的上外增添了一抹亮色……

一、译者生涯

唐一辰:邱老师您好! 您是早期上外的学生,之后留校任教,又担任英语系系主任,这么多年来,您是如何看待翻译的?

邱懋如:我是 1965 年毕业的,一毕业就留校任教,1986 年 42 岁担任那时的英语系主任,1990 年 46 岁被评上教授,当时算得上是上外最年轻的正教授了。

我在英国华威大学深造的时候,硕士论文研究方向是尤金·奈达(Eugene Nida)的对等理论,该理论对我的影响最深。按照奈达的观点,翻译是指在目的语中,从语义到文体用最切近而又最自然的对等语,再现源语的信息。对等是翻译理论中的一个重要问题,我认为主要包括语义对等、文体对等和社会文化对等。尽管语义对等是最重要的,但后来我比较强调翻译过程中的文化问题,对于一个合格的翻译工作者来说,文化敏感性是不可或缺的必备条件。奈达也说过:"对于真正成功的翻译而言,熟悉两种文化甚至比掌握两种语言更重要,因为词语只有在其作用的文化背景中才有意义。"[①]我认为,译者熟悉两种文化至少跟掌握两种语言同等重要。

另外,我还提出了"零翻译"这一概念。"零翻译"是翻译中不可或缺

① 邱懋如. 文化及其翻译. 外国语,1998(2):20.

的一个部分,就是不使用目的语现成的词语翻译源语的词语。我认为有两种"零翻译"现象。第一种是当两种语言句法结构存在差异须做出调整时,源语中的词语故意不译,例如,英译汉时某些冠词和人称代词不译,汉译英时某些量词不译。第二种是音译和移译现象。音译是用汉语谐音的词翻译英语词语,例如用"派对"翻译 party。这个新词引进之前,英语的 party 常常翻译成"会"或"聚会",像"晚会"(evening party)、"茶话会"(tea party)、"生日聚会"(birthday party),但是像 Christmas party、farewell party、surprise party 等愈来愈多的 party,很难都用"会"或"聚会"对应。哪怕是最简单的 go to a party,如果翻译成"去参加聚会",也会造成误解,因为"聚会"有时带有政治色彩。在这种情况下,使用音译这种零翻译手段,引进新词"派对",就能取得最佳的语义对等。移译,就是把源语中的词语原封不动地移到目的语,例如 CT、DVD、WTO、APP、IT 等。第二种"零翻译"现象,表面上看没有翻译,只不过用随意选择的谐音字音译或者直接照搬。但是,从深层次看,这种音译词或移译词包含了源语所有的含义,是最精确的翻译。

从翻译本身作为一门学科来讲,我认为大学英语专业开设的翻译课程,是在翻译理论指导下,通过大量英汉、汉英互译练习,提高翻译技巧的高级综合语言实践课。所谓"高级",是指这门课适合已经基本掌握英语基础知识的英语专业高年级学生;"实践课",是指这门课以练习为主,在大量练习的基础上归纳总结出有指导意义的翻译理论和方法;"综合",是指翻译课同精读、泛读、语法、作文、文学、概况等课程起互相补充的作用。

唐一辰:翻译离不开大量实践,听闻邱老师翻译了很多作品,您是什么时候开始正式实践翻译的?

邱懋如:改革开放初期,当时联合国教科文组织需要翻译。联合国教科文组织在中国属于教育部管,在纽约的联合国组织是属于外交部管的。所以联合国教科文组织的翻译由教育部派遣。当时教育部在上海就找了上外,在北京找了北京大学和北京外国语学院,再加上南京大学,一共四个学校。因为需要英文和法文的翻译,而我们一般都不能双语工作,所以上外那时候就派了我和法语系的束景哲老师(他比我年纪稍大,已经过世了)。按联合国规定,所有文件都要有中文文本,因为中文是工作语言之一。我们就去了联合国教科文组织的中文翻译科,我的任务是把英文文件翻译成中文,束老师的任务是把法文文件翻译成中文。

按照那时候的规定,类似 A4 文件的标准页,每人每天的工作量是要翻译 3.5 个标准页。刚开始,我根本不熟悉各种文件的内容,觉得很紧张。而且联合国的规定是很死的,有一套专门的词汇手册,教科文组织又有自己的一套词汇手册。每看到一个词,你一定要按照手册上面的表达方式翻译。你不能认为"我比它译得好,得用我的",不行。你如果不按照规定的表达方式,上面的审校会帮你改掉。我们上面有两道审校,每两个翻译配一个审校,再上面一道由科长审。我那时候的科长是南京大学的王志刚老师(他后来担任南京大学的中美中心主任),他人挺好的,业务能力也很强。

我开始的时候不熟悉,要把手册放在边上,翻译任何东西都要查一下,所以开始时要完成 3.5 页,是很紧张的。我对每个词都不放心,不知道有没有固定的翻译,都要去查一查。所以第一个半年搞得我紧张得胃出血(胃出血实际上不是吃的问题,主要是精神紧张造成的)。当然,我也很幸运地住进了法国最高级的医院。我们是联合国雇员,可以享受最好的医疗待遇,也吃到了当时法国刚刚研发出来的治胃溃疡的药,叫Tagamet。我那时没有开刀,就吃这个药,大概住了两个星期,最后再照胃镜,都找不到那个伤口了。开刀的话肯定看得出伤口,那药治疗效果好得连伤口都已经看不出来了,就等于恢复到原来的样子。后来我的胃再也没出过问题。过了半年以后,这些词汇已背得滚瓜烂熟,手册看都不用看了。3.5 页的工作量,差不多半天多就译好了。

这是翻译应用文,翻译小说就带有一定的偶然性了。那时候我教两个班,每周要改将近 30 本作业,而且要改就得认真地改。这也挺花时间的,所以很少会考虑去翻译。到后来,我们学校的上海外语教育出版社(简称"外教社")要出一套外国文学的"英语文学文库"。正好,我以前在学生时代学了阿契鲍尔德·约瑟夫·克罗宁(Archibald Joseph Cronin)

的 The Citadel(《城堡》),我在国外看到他的另一本书 The Judas Tree
(《紫荆树》),我对这个作家写的东西很欣赏,认为它们可读性强,思想也
比较深,就买了。当时版权概念不强,也没有什么可以选择。我就把这本
书的大概情节报给出版社。外教社正好缺材料,好的文学作品也很难找,
就选上了我的。我就开始翻译这本小说,全书中文近 25 万字。我的第一
部文学翻译作品就是这样诞生的。

之后,我的一个已毕业的学生应译林出版社之邀,翻译罗宾·科克
(Robin Cook)的《幻觉》(Mindbend)。我的学生就来找我,要我一起翻
译,并帮他把关。最后,我们各译一半,并由我负责审校定稿。所以最后
出版时,我是第一译者,他是第二译者。后来,译林出版社直接来找我,又
翻译了这个作家的《白衣怪圈》(Terminal),讲的是医学界的丑闻。

陈龙根是我的得意门生之一,在上外留校做过教师,他的英文和中文
水平都很好。后来他到美国定居下来,那时美国的《读者文摘》(Reader's
Digest)分三大板块:第一是杂志类,就是我们平时看到的;第二是小说类,
叫 Condensed Books,精选了当代最好的畅销作品,然后由专家稍微缩短
一点,故事还是完整的,也保留着原书的精华,这样一本杂志就可登三篇
畅销小说,杂志精装的封面也很考究,里面还夹了一根丝带作为书签;第
三就是实用类书籍,例如关于怎么使用电脑、怎么养花之类的。当时《读
者文摘》在香港的远东总部要出版 Condensed Books 的中文版《当代小说
选粹》①,需要招聘一个精通中文和英文并有文学修养的编辑。陈龙根在
报纸上看到招聘信息后就报名去应聘。他考核成绩优异,被聘用了。之
后他马上打电话给我,对我说:"我要到香港去做《当代小说选粹》的编辑
了,要请老师帮我翻译一些东西,你能不能加入我的译者队伍?"我欣然接
受,但要求时间不能限制太紧。此后他就一直跟我保持联系。他也找了
我们英语系其他老师帮忙翻译。我为《当代小说选粹》一共翻译了 17 篇
作品。有时候一期里面两篇都是我译的,我就不得不再用一个笔名——

---

① 《当代小说选粹》是读者文摘远东有限公司出版的双月刊期刊,每一期刊登三至四
篇英译汉作品。

"晓秋",因为那时老教师都叫我"小邱",所以我就用这个谐音的笔名了。英译汉这条路就是这样走下来的。

至于汉译英,我翻译过篇幅最大的就是上海世博会的申办报告,共三卷825页。这是我跟史志康老师、黄协安老师三个人一起翻译的。我还担任了去印刷厂最终定稿的工作。

关于汉译英文学作品,不得不提到我在上外的同届同学吴莹。她退休前是上海译文出版社总编辑。我退休后到美国探亲,还一直跟她保持联系。大概是在2012年,她说帮帮忙,有一些东西要译成英文,现在好的高水平译者难找。反正在国外我也比较空,就帮忙翻译了。文学的汉英翻译,因为要涉及版权问题,我在国内没做过。她说现在要找到优秀的汉英翻译很难。老同学对我很了解,知道如果没有把握,我是不会落笔的,她对我的翻译质量和水平是放心的。当然了,他们最后还会请外籍人士再通读一遍。他们出版社要把上海乃至中国的知名作家介绍出去,像中国作家协会主席铁凝,上海的陈丹燕、王小鹰等。我以前根本不可能去碰他们的作品,也就从那时开始接触了。

我另外还有关于中国文化的翻译作品。美国的贝特林阁出版社(Better Link Press)专门出版这一类内容。我翻译了三本:一本是介绍曲阜孔庙、孔府、孔林;一本是介绍中国民族乐器,这个我真是看了好多百科全书,查阅国外的乐器怎么讲才敢动笔;第三本是介绍中国古典园林,既要描述自然环境,又要讲述历史人文故事。这些书出版以后销量不会太大,因为当时国外对中国文化感兴趣的读者不会太多,但是至少开始向外宣传我们中国的文化了。我翻译了以后,自己当然学到很多。我当时还有一个有利条件:人在国外。有的东西再怎么体会,你就是表达不出来,即使表达出来了,又不能自说自话,还得让看的人能接受。我就先把我的翻译读给外国人听,再根据他们的意见修改。有时也向他们请教符合英语习惯的表达方式。当然了,如果在国内的话,也可以去找外籍教师。

翻译过程中,自己觉得有趣的、教学中能用的,我就记下来,这些例子在讲课时效果最好,因为都是第一手资料。给学生讲解这样翻译的原因时,我也就不会隔靴搔痒了。

二、翻译教学生涯

唐一辰：学生大都喜欢听老师讲自己的故事，这些实践的例子原汁原味，别处也看不到。您是从什么时候开始教授翻译的？那时又是如何设计课程的？

邱懋如：那时候我们毕业一般都留下教书了，我们青年教师什么课都教。到后来大概 1976 年以后，我开始专门上翻译课，后来也做了翻译教研室副主任。

对于翻译教学，我到现在都强调一点：翻译课堂绝对不能仅仅教授句子翻译、词汇翻译。翻译得从整体考虑，要有上下文才能够做出正确的翻译抉择，还要始终不忘翻译的目的。句子翻译只是词汇的操练或语法操练，不是我们翻译的目的。翻译训练一定要以篇章为主。我们那时候教学，每周两节翻译课，每周作业是一篇篇章翻译练习，我们讲评两节课，讲评完再发篇章练习，给学生两天时间完成，学生基本能按时交作业。

我那时候改翻译是用符号，这是跟老教师学来的，我们翻译教研室有一个叫颜棣生的老师，他的外语和汉英翻译好得让我们年轻教师都很佩服。他第一遍改学生的作业时，用的是符号：小错，就在下面加点；理解错误，就在下面画横线；大错，就画两根横线；漏掉补充，就用尖头符号；拼写错误，就用一个圆点。这是颜老师最早发明的，我也学了他的。学生做了练习交来后，颜老师第一遍就给作业打符号，退还给学生，要求学生根据符号修改，改好了再收上来，然后他再改。他做到这个地步，那真是精神可嘉啊！像那样改两遍的也就他老先生一个人了。我做不到这点，因为没那么多时间。当然以前学生也少，一个班 14 人。符号批改法让学生看了很醒目。他们一拿到自己的练习本，就知道大概这次翻译得如何，错的地方在哪里，听课时也更有针对性。

我上课的时候，主要从三方面入手。第一，讲评学生的练习。讲的时候，有的老师会觉得很简单，因为我们都有参考版本，把正确答案给学生，念一念就完了。我是会比较学生的每种翻译，总结出大概有几种不同的版本,我为什么认为这种版本好,那种版本不好或差一点,为什么这种版本我最欣赏。学生自己也有比较:为什么别人的译文比我的好,为什么我会翻成那样的笑话。这样的课堂内容给学生留下的印象特别深。然后,我再说个人的观点:这种翻译如果需要再提高的话,我个人可以翻译成怎样。我的译法也是供他们参考,因为翻译中不存在所谓的最佳文本。讲评学生的练习是最重要的环节,基本上一周两节课中,我要花一节课甚至更多时间讲评学生的练习,因为这对学生的帮助最大。第二,在这个基础上讲翻译理论。我们也有教材,比如张培基的翻译教材。但我不会照本宣读,我是根据需要挑一些内容出来,从理论方面入手。哪些翻译理论跟这次练习有关联,学生也需要知道,我不一定要让他们认同某一理论,毕竟是本科生,了解即可(研究生要求会高一点)。第三,讲一些翻译技巧。比如,这次练习里面哪些翻译技巧需要掌握,怎么举一反三。我再补充一些例句,比如碰到复数、可数不可数、代词等,一般怎么处理。我给他们总结一些技巧,这些也让他们印象很深。这样几乎每星期一篇练习,一个学期一般能够做到 15 篇的练习量。两年四个学期,学生就有 60 次实践机会。

唐一辰:在多年教授翻译课的过程中,您觉得翻译课程在整个教学体系中的地位如何?

邱懋如:上外英语学院对翻译课一向很重视,翻译这门课一定要有一定的英语基础,否则,英语不行,谈什么翻译呢? 以前我们做学生的时候,语法学三年。第一年学薄冰的,第二年学张道真的,第三年学系里老教授顾绍熹编的理论语法。三年学习下来,系里面对我们的要求是:每个学生到了毕业的时候,随便拿一句英语句子,都能进行语法分析。我们那时候才一个班 14 人,一个年级就 70 个人,所以老师教得很精细。可以说我们那时的学生,不管是好学生还是差学生,写出来的东西至少都是符合语法的,当然不一定地道,这个就要看个人的水平了,学得好的,写出来的东西不仅完全符合语法,而且文笔方面也很好,但是即使是差学生,基本上也没什么语法错误。

我们那时从大三开始上翻译课，上足两年。现在学制是四年，但学生到第四年就已经没心思了，要么找工作要么实习去了，学制等于变成了三年多一点，本科差不多要变成专科了。我们那时候没这种事情，因为是分配工作，所以到大四全部是一样上课。大三英译汉，大四汉译英加汉英口译。

唐一辰：上外英语学院的本科生有翻译专业，研究生有翻译方向，您觉得本科生和研究生阶段的翻译教学侧重点是否有所不同？

邱懋如：我认为研究生翻译教学以理论研究为主。本科固然需要学习理论，但是更需要大量实践，要学一些翻译技巧，所以本科翻译教学一定要以篇章翻译练习为主。如果老师不给学生总结，学生印象不会深。拿我自己的学习经历来说，那时老师教了我很多翻译技巧，举例来说，词汇的选择（如代词、单复数等）让我印象深刻。翻译过程中会碰到各种问题，需要考虑选择恰当的词汇，语言中往往是一词多义，而一个词的每一个含义在另一种语言中又并非只有一个对应的词，所以选词问题就显得更复杂了。初学翻译的人，往往不注意词义在上下文中的一致（contextual consistency），而是拘泥于字面上的一致（verbal consistency），用一个词最常见的词义或者自己最熟悉的词义来表达。老师当时讲的时候都会一再强调，并且有针对性地举例。所以我现在做翻译的时候碰到类似问题就有语言敏感性。

唐一辰：如今很多开设翻译专业的学校都选择某一领域作为重点，譬如法律、海事等，您觉得这是否有利于翻译学科的发展？还是应当继续关注通用领域？

邱懋如：我觉得本科生绝对不能强调专业性的翻译，如果走这条路的话就走歪了。翻译课要解决的是普遍的语言基础问题，而不是某个专业的问题。略懂翻译的人都知道，专业词汇翻译没什么可怕的，只要头脑里有清楚的语法，语言结构就不难。机器翻译最先解决的正是这些专业的翻译，因为这种专业性内容的结构是死的，语言也基本上是一对一的，专业的词汇基本上没有一词多义。所以现在我们翻译的困难并不是不熟悉这些专业词汇。这个没关系，全世界的行业有多少，我们学英语的人不可能知道每个专业的词汇。这类问题只要去查查，就解决了。

而翻译课如果搞这些专业翻译，多学多背几个专业词汇，又有什么意思呢？作为本科，不管什么专业的本科，学翻译的时候都不能太专一，尤其不能离开文学和日常新闻报道。文学是语言最高水平的体现，语言一般都是一词多义的，如果能够解决这些翻译问题，把语言的基本关系都搞清楚，知道并注意语言的敏感点，至于几个词汇，查查就知道了，专业的材料真的不是问题。最好的一个例子就是我去联合国教科文组织从事翻译工作，开始碰到不熟悉的词汇只要勤查即可，后来词汇熟了，不查也没问题了。所以专业的问题不难，只要勤查，熟悉了，就没问题了。专业可以晚些时候学，语言基础不趁早学就学不好了。如果语言基础没打好，后面再去提高，谈何容易啊！年纪大了更不好学，语言这种东西，基础没打好以后就没办法了。

再说，如果语言准确都做不到，基本的语言能力都不过关，英语专业学生与非英语专业学生又有什么区别呢？比如，辅导本科生、研究生的论文，老师的作用应该是来帮助厘清思路的，辅导学生如何学习新东西、提出比较有创意的想法。可是大部分老师就是帮学生改作文，去修改基本语法错误了。所以，通用的语言基本功是翻译教学必不可少的。

三、理论与实践

唐一辰：邱老师分享了这么多，把理论与实践自然融合在了一起，您觉得翻译实践与教学理念、翻译理论之间是否相互作用？

邱懋如：翻译理论总结了在翻译中可能产生的各种问题，指出了在解决这些问题时应该考虑的因素，也提出了解决问题可以采取的各种方法。这对每一个译者都很重要，比如归化和异化，译者每一次翻译都要有意识地去考虑，是采用归化还是异化？是保留原来的文化，还是变成目的语的文化？是考虑中国人多一点，还是考虑外国人多一点？译者应该是主动的、有意识的,所以一定要知道理论,用理论指导实践。

但是同时,有了大量的实践,才能进一步理解理论。拿我做汉译英来说,会碰到文化性很强的内容。当时脑子里就会考虑:不能死译,看着好像忠实了,都译出来了,但外国人一点都看不懂,那就达不到目的。怎样既保持原来的文化特色,又比较能够被接受?以前我没有考虑那么多,通过汉译英,我觉得这里面的学问真的很多。而且这是译者不得不考虑的问题,否则翻译了也没什么作用。有的人觉得外国人不能接受的,就都不译,我对他们的观点不认可,那还能算翻译吗?翻译本身也是在介绍特定文化、特定时期下的特殊内容,这也是别人看这个作品所要了解的东西,所以特定的背景也是有意义的。我后来根据翻译实践提出了一个理论:翻译就是信息的传递,要尽可能多地把原文的信息传达到目的语,我把信息分成上下文信息、所指信息、文化信息和美学信息。这是译者的责任。虽然不可能传递全部信息,但是要做到尽可能多地传递信息,不能这个不译那个也不译。

翻译的时候还要分析原文作者的写作目的,忠实地反映原文主旨,不能把自己的观点有意或无意地掺杂在译文中;也要分析出版社的出版目的,以及读者对象的受教育程度、职业、年龄、性别等特点;还有译者自己本身也有翻译目的,翻译这篇文章的目的是要把原文的内容向读者解释清楚,或是要把原文的文化色彩、语言特色介绍给读者,还是要把原文的感染力表现出来影响读者。把这些目的统筹考虑了以后,再选择翻译对策,决定译文用词的语域范围。如果读者是文化层次较高的人,语言要高雅一些;如果是一般人,语言要通俗一些,把原文的故事讲出来就行。

唐一辰:邱老师的经验之谈让翻译学习者、实践者都受益颇多,您有什么箴言想送给他们?

邱懋如:翻译无定本,完美无止境。

艺风谈译

——孙艺风教授访谈录

曹琪琳　　孙艺风

受访者简介:孙艺风,澳门大学人文学院翻译学讲座教授暨英文系系主任,澳门大学人文社科高等研究院高级研究员,澳大利亚昆士兰大学荣

誉教授,国际翻译家联盟期刊 *Babel* 主编。先后在南京大学、卡迪夫大学、西敏斯特大学、剑桥大学、莱顿大学和牛津大学等校学习和从事研究工作,获学士、硕士和博士学位。曾任国际翻译与跨文化研究协会(IATIS)副主席、英国广播公司(BBC)英语教学节目主持、香港岭南大学文学院院长及人文学科研究中心主任;现任国家级重大项目"中华思想文化术语传播工程"学术委员会成员、中国翻译协会理事及翻译理论与教学委员会副主任。学术成果包括:*Translational Spaces*(Routledge,2021)、*Translating Chinese Art and Modern Literature*(Routledge,2019)、*Translating Foreign Otherness*(Routledge,2018)、*Translation and Academic Journals*(Palgrave Macmillan,2015)、*Translations:Globalization and Localization*(Multilingual Matters,2008)、*Fragmentation and Dramatic Moments*(Peter Lang,2002)、*Cultural Exile and Homeward Journey*(外语教学与研究出版社,2005)、《中西翻译理论》(商务印书馆,待出)、《文化翻译》(北京大学出版社,2016)和《视角 阐释 文化:文学翻译与翻译理论》(清华大学出版社,2004)等。担任 Cambridge、Routledge、De Gruyter、Bloomsbury、Multilingual Matters、St. Jerome 和 Peter Lang 等出版社及相关国际刊物审稿人。在牛津大学、伦敦大学、昆士兰大学、鲁汶大学、威尼斯大学、纽卡斯尔大学,以及中国香港大学、台湾师范大学和大陆几十所大学讲学。

访谈者简介:曹琪琳,澳门大学人文学院英文系博士生,主要从事翻译研究。

本次访谈时间为 2019 年 1 月 18 日,地点为澳门大学人文社科楼,访谈持续 2 小时。孙教授在翻译研究、英美文学、比较文学与世界文学等研究领域都卓有建树,在翻译实践和翻译教学上也颇有心得。与孙教授商榷后,本次访谈主题分列如下:译历、译教、译论。希望借此一窥孙教授的译学经历、教学和研究。

一、译 历

曹琪琳：您的外语启蒙来自何处？

孙艺风：由于年代所限，我最初接触外语已是初中。当时我在重庆一所初中开始学习英语，学得很不得要领。上了一堂课，再去念课文，连发音都不会，感觉十分受挫，几欲言弃。后来我母亲偶然发现她的一位老友，时任四川医学院的英语老师，在家和她女儿是用英文对话，这在当时让我母亲大受刺激。母亲好友的女儿和我年龄相仿，相形之下，我母亲不由生出严重的危机感，决心要下功夫培养我的英语，但一时不知如何下手。正发愁之际，恰好发现我的一位中学老师的丈夫是英语专业毕业的，时任中央某部委专职英语翻译。两口子都是南京大学外文系的毕业生，我老师的专业是俄语，她先生则是英语专业。他了解我的情况后，认为我需要从头开始，从国际音标学起。当时我内心也深觉自己的英语到了非学不可的地步，就认真地向他学了一段时间的国际音标。音标学会了，我随便从词典里挑出的词语都可以读出，对英语的兴趣也就因此激发出来。在此之后，我不太满足中学课本的内容，于是开始了自学之旅。记得我当时拿了一本外交学院吴景荣教授所编的教材，开始自学。在掌握了音标这个秘密武器后，我就觉得学习英文有了抓手，产生了兴趣，也就有了自学的意识，真正寻到了入门的途径。

曹琪琳：在您的学生时代，有令您印象深刻的老师吗？

孙艺风：当时重庆外国语学校(简称"重外")，即现在的四川外国语大学附中要招生，我所在的初中推荐了四个学生，其中之一是我小学就认识的朋友，我们二人有幸考中。说来有趣，我们俩考进了同一所高中，最后也都走上了学术这条路，他本科就读于上海外国语大学，现在是美国一所大学的教授。到了重外之后，我们发现那里的学习氛围非常浓厚，大家起点都不错，你追我赶，谁也不甘落后。重外是小班教学，师资优良，教我们小班的老师姓朱，发音相当纯正，我后来的英语发音是得益于他的教学。

除此之外,每到暑假我都会到当时的西南师范学院(简称"西师"),即现在的西南大学,去度所谓的"学术假"。由于我父母以前是那儿的老师,有不少好友,于是安排了一些老师来辅导我。当时的西师可谓藏龙卧虎,不乏留英留美的教授,而且他们居然都乐意耐心地教我。所以每当暑假结束回到学校以后,同学们都多少有些惊讶:怎么这家伙的英语又上了一个台阶。后来我有机会去重庆师范学院,也就是现在的重庆师范大学,旁听了专业英语课。有一个留美归来的欧姓教授对我影响颇深。我记得,虽然我只是个旁听生,但他竟然在课堂上经常向我提问。所以在我的启蒙阶段,我非常幸运,遇到了很多不错的老师。一个学生在其成长期(formative years)遇到好的老师至关重要,足以塑造和改变人生。

曹琪琳:您接触翻译实践始于何时? 翻译实践经历有哪些?

孙艺风:当时的外语教学有个说法颇为流行,"听、说、读、写、译"。"听、说、读、写"是语言学习的基本技能,把"译"放在最后,似乎按照这个逻辑,前面的"听、说、读、写"似乎都是为了"译"而做准备的,好像只有通过"译"才能证明英语的掌握程度。所以即便当时所学十分有限,我就对自己能不能"译",甚至有没有"译"的能力抱有疑问,兼有好奇,总是想找个机会证明自己的所学。当时我在重师听课,恰好有一个技术文档需要翻译,我竟不知天高地厚,通过查阅字典完成了翻译。实际上,在此之前,我搜罗了能找到的所有语法书,并完成了相关的语法练习,所以基本已无语法问题,故而借助字典查阅相关术语,居然完成了那次翻译任务。后来我也和教我国际音标的那位老师一样,考入了南京大学,再后来我又机缘巧合地参加了全国留学生选拔考试,赴英国留学。在留学期间,我参与了一些翻译活动,包括在范堡罗国际航空航天展览会(Farnborough International Airshow)上担任中国代表团和英国航空制造业公司的非正式谈判翻译,且在随后的厂家参观中又做了陪同口译。此外,当时伦敦大学亚非学院有位教授研究中国的经济问题,但不懂汉语,于是找了一位汉语专业的英国学生帮忙整理一些有关中国经济的报道。那位学生虽是学汉语出身,但汉语毕竟不是她的母语,所以阅读速度不够快,效率不高。

后来找到我,就由我口头视译,由她笔头记录,整理成英文文档。回国后我在南京大学任教,这期间参加了学校的很多外事翻译,以口译为主,接待了不少国外代表团。

二度赴英时,我在研究生阶段也有了一些翻译实践。我曾在英国广播公司(BBC)做过英语教学主持,其中所涉很多内容便需提前翻译,同时我也帮 BBC 的电视节目做过翻译。此外,我还在英国电影研究所做过翻译,为中国导演和现场观众互动担任口译。还给一部中国电影做字幕翻译,并且在电影院的小房间把自己的译文念出,让英国观众能边看电影,边听我念出的对话内容。另有一次极具挑战的翻译实践是给由当代中国国际研究院、英国皇家战略研究所与剑桥大学国际关系研究中心举办的一个会议做同声传译。我从未做过同传,只得在头天晚上找到代表团成员,请求他们把隔日的发言稿给我,或和我口头大致阐述发言内容,让我心中有数,最终那次同传也算应付下来了,竟获得好评。总之,无论是口译还是笔译,我都没有接受过系统正规的训练,但毕竟学的是英国文学和比较文学,一直在和语言打交道,所以也算是学以致用。

曹琪琳:您对翻译原文的文本类型是否有所偏爱?

孙艺风:毫不掩饰地说,我还是喜欢翻译文学作品,我所翻译的基本也都是文学作品。当然并不是说其他类型的文本不重要,这纯属个人所好。我是学文学出身的,喜欢文学作品是再自然不过的事情。与此同时,我认为翻译文学作品最富挑战性,我在相关的文章中也谈过。

曹琪琳:您接触翻译理论又是始于何时? 多年的翻译生涯中,从事翻译实践和翻译研究的比重如何?

孙艺风:我本想从事文学研究,但却阴差阳错地到了香港岭南大学翻译系任教。在翻译系自然要教好翻译,所以刚入职大学翻译系之时,便开启了我的翻译理论自学之旅。对我而言,接触翻译理论便是自学翻译理论,当时我把翻译相关的书籍和文章找来看,边教边学,边学边教,把翻译理论和自身的教学联系了起来。

至于从事翻译实践和翻译研究的比重,现在看来是严重失调。除却上文所说的翻译实践,我后来也翻译了一些学术文本,比如帮中国外文出版发行事业局翻译了有关中国诗词方面的学术文章,替中国文学出版社的"熊猫丛书"翻译了两三篇中篇小说,帮《中国文学》翻译了一些作品和文章。到了后来,因为走的是学术的路子,就越来越多地做研究,越来越少地顾得上实践,这是我引以为憾的事情。前两年倒也参与翻译了《中华思想文化术语》的若干个词条,得益于这么多年的学术的写作,当时翻译起来也算得心应手。

曹琪琳:您目前有什么研究计划?

孙艺风:目前手头在写两本书,一本中文,一本英文。中文的那本带有教材性质,跟香港理工大学一位教授合写,希望给我们国家的研究生提供一部比较系统、带有学术专著性质的翻译理论教材。另外一部书旨在打通中西译论,是从纯理论的角度探索有关翻译空间的问题。这是目前正在进行的研究项目。

曹琪琳:请问您的翻译生涯有何趣事?可否予以分享?

孙艺风:我在英国的时候,结识了当时在牛津度假的杨宪益和他的夫人戴乃迭。当时牛津大学莫顿学院(Merton College)把他们作为知名校友请回去,我也借此结识了他们,后来一直保持着联系。任教香港岭南大学后,有一次出差去北京,借着机会我就去看望夫妇俩。当时外文局的专家都住在友谊宾馆,于是我就去那儿拜访了两位翻译家。聊天期间,他们邀请我给《中国文学》翻点东西,我当时还挺没信心的,因为《中国文学》是早年我们自学英语用的材料,突如其来的邀请令我深觉惶恐。戴乃迭鼓励我说:"没问题,你行的。"杨宪益先生就给我写了一个小条,让我去拜访《中国文学》编辑部的某人,让他给我安排了一些翻译的稿件。我和杨宪益先生之间还有一段趣事。我在《中国翻译》发表的第一篇文章,谈的是钱锺书《围城》的英译本,得到了杨宪益先生的鼓励,他说:"你写得很深奥嘛。我拿去给锺书看一下。"我当时就慌了,急忙拦下,我说:"最好不要去给他看了,我这个东西实在是拿不出手。"这也算是一件趣事吧。

二、译　教

曹琪琳:语言是翻译的载体,如何培养翻译专业学生的语言能力和翻译能力?两者的关系如何?如何在课程设置中体现?

孙艺风:以前国际上似乎有个惯例,认为翻译训练只能在打好语言基础后进行,因此不主张在本科阶段设立翻译专业,认为翻译教育在研究生阶段才能展开。但在长期的实践中,我们发现这种设想虽不无道理,但未必可行。首先很难界定语言是否过关,即使到了研究生阶段,严格而言,学生的语言能力也未必真正过关。况且,语言学习和翻译实践有着不可分割的关系,其实翻译可以增加我们对语言的敏感度,从而促进我们的语言学习。葛浩文(Howard Goldblatt)曾给他的美国同行一句忠告,译者若想要把中文翻成好的英文,就要大量地阅读英美文学作品,从而丰富自己的语言,使其具有感染力。虽然学生阶段不可能一蹴而就,但道理是相通的。有时候我们的阅读可能是盲目的,接受是消极的,但针对形形色色的翻译问题,你对自身的翻译方案未必满意,或许当时满意,但当接触到更好的文字,便会发现译文完全可以表达得更生动、更有效。继而在改善翻译的同时,也提升了自己对语言的敏感度,加深了对文本的把握,对跨文化知识的理解,从而无形之中提升了翻译和语言能力。

总之,翻译能力和语言能力能够相互促进,处理得当可以形成两者的良性互动。落实在课程设置上,我个人喜欢在课堂上集中地把一些翻译问题拿出来供大家探讨,寻求解决办法。这可以更容易把学生的注意力集中在某一些语言点上,提高课堂效率。更为重要的是我从来都不会判定某一译法是唯一且准确的,而是尽量地引导学生探讨各种各样的翻译可能性。在此过程中,不难发现,语言词汇掌握得越多,对语言的把握越准确、越深入,能找到的解决办法就越好。

曹琪琳:翻译专业学生的实践能力和研究能力应如何协调?

孙艺风：实践能力和研究能力经常很容易被对立起来。似乎有这样的倾向，专注实践的人会觉得理论无甚用处，理论研究者则又觉得实践只是经验的总结，提升不到理论的高度。两者的对立自然没有好处，因为实践可为理论作支撑，理论可以帮助提升思辨和分析能力，最终能提高解决问题的能力，若有理论助力，实践会更加出色。做研究不一定涉及理论，但好的研究一定有理论的支撑，或者说有种理论化的成分。研究能力总要涉及总结、归纳和提升的能力，这是做任何事情都无法或缺的。当然并不是说理论可以直接套用到实践中，有的时候急功近利式的借用未必可行，还不如沉下心来，专注实践，与此同时也思考一下相关的理论，慢慢体会其中的联系。久而久之，尤其是在接触到不可译的问题时，不难发现理论确实对问题的解决有益，这就是理论的无用之用。

曹琪琳：那应该如何培养学生的研究能力呢？

孙艺风：研究能力的培养，最重要应是培养学生的问题意识。问题意识强调避免重复，切忌人云亦云。学生一定要学会提问，从哲学上讲，提不出好的问题就不可能有好的答案。路德维希·约瑟夫·约翰·维特根斯坦（Ludwig Josef Johann Wittgenstein）也曾言及，虽然哲学的很多问题实际无解，但是关键之处仍是提出有价值的问题。翻译研究也一样，尤其涉及纯理论的部分，极具思辨性和思考性，故而也需要由之提出有价值的问题。有了问题，也就有了研究的必要性，同时也以问题为导向提供了研究的具体轨迹。如果这个问题有广阔的思维空间，在探索过程更是会有诸多发现。

此外，有些别人业已提出，甚至解答过的问题，你也可以检验解答得是否到位，是否有深入的价值。若有，大可在别人的基础上深入，原创性也由此产生。别说研究生了，甚至本科生，都应大胆地提问，都应有意识地培养问题意识。所提出的问题也许一时半会儿未必能够有好的解答，但也无须过于介怀。至少在此过程中，研究能力、观察能力和分析能力得到了锻炼和提升。况且，并非所有问题都有终极性的完美答案，我们所能做的只是不断探索、逼近真理，最后找到目前为止所能企及的最优解决方案。

曹琪琳：问题意识确实在研究能力的培养中至关重要,具体落实在课程设置上,依据您的经验,翻译研究类课程的应该如何设置,应该如何与实践类课程协调比例?

孙艺风：无论是本科还是研究生阶段,翻译教学都不应沦为简单的技能培训。此点学界也渐有共识,譬如苏珊·巴斯奈特(Susan Bassnett)最近在其书中便提及目今翻译教学有趋向职业教育之嫌。大学毕竟不是职业培训中心,况且在现今翻译技术大发展的背景之下,低端的翻译都开始或者已经被机器翻译取代,所以现阶段翻译教学尤其不能再满足于简单的技能培训。当然,基础性的翻译技能并非不重要,只是在掌握基础翻译实践技能的同时,学生的学术素养也应得到培养。故此,实践课程和理论课程两者缺一不可,而且要尽量协调妥善。在课程设计上,实践课,譬如英汉互译、机器翻译等,和理论课,譬如翻译理论、跨文化交际、文学、翻译史等,都应有所涉及。

如今知识的更新换代十分迅速,大学课程,甚至研究生课程也只不过是打下基础而已。未来会遇到形形色色的问题,若想直接套用课堂所学,肯定无法解决,因为那时你所学到的知识大概业已过时。所以在学习中,我们不能只满足于单纯的技巧掌握,而是要培养自身能够不断更新知识结构的能力,一种知识再生的能力。所以我们强调博雅教育(liberal arts education),强调综合能力的培养。就翻译学科而言,很难设想我们的学生今后所从事的就必定是单一的翻译工作。如果我们的课程只是专注于技能培训,那学生在未来遇到其他棘手的问题便会觉得力不从心。所以即使是学生强烈要求侧重技能,也要顶住这个压力,阐明设置学术类课程的原因。

不妨分享个有趣的现象,我们曾就相同的问卷对在校生和毕业若干年的学生做了一番调查。令人吃惊的是相同的问卷问题,他们却反应迥异。在校生大多不重视理论课程,认为理论枯燥乏味、无甚价值;而毕业若干年的学生则抱有几乎完全相反的看法,他们认为生活工作中最为有用的恰是当年最反感的理论类课程。时间是检验所学的最终尺度,只有获得真实的生活体验以后,才能认清真正所需。所以学生切忌目光短浅,而是应该意识到越是基础性的能力越能在长远意义上起作用。

曹琪琳：您曾供职香港岭南大学多年，履新澳门大学也将满一载，在教授课程时，您使用教材的情况是如何的？

孙艺风：我主张教材使用的灵活性。若每一届学生都用同一本教材，势必会出现问题。每届学生的情况迥异，程度未必一样，能力也不尽相同，故而所用教材也应该不断调整。如果所用教材的难度学生可以接受，为什么不加大挑战？如果所用教材对学生而言太难，也未必一定要用该教材，不如做些调整，用稍微容易些的教材，起码让学生有所收获。当然在一定程度，我们有教学大纲的指引，在课程设置应有设定的教学目标，但教学目标、内容设置并非固化。与其按部就班、死板教条地执行教学大纲，机械式地灌输教材，不如更多地考虑受众，让学生能够更有效地学到知识。

曹琪琳：文学翻译不同于一般文本的翻译，强调文学性，有些译者采取"创译"等较为大胆的翻译形式来翻译文学文本，并取得了成功。若有学生在您的翻译课堂上也采取此法，您会鼓励吗？

孙艺风：一定程度上，鼓励学生"创译"未尝不可。所谓"创译"，乃是为了解决不可译的问题。一般而言，当常规手段无法很好地译出原文时，可以考虑所谓的"创译"。但如果原文没有明显的不可译问题，译者只是想借题发挥，甚或没下功夫，连原文都未理解透彻，就按自己的理解"翻译"，就不能称为"创译"，而应该算是"猜测"。依据"猜测"生成的"翻译"应该叫"胡译""乱译"，甚至有时跟"译"字完全不沾边。所以"创译"的标准需要严格界定，不能打着"创译"的名号，任其为所欲为。之前香港岭南大学翻译系有一项教学内容是长篇翻译，有学生在做长篇翻译的时候，会不自觉地按照自己的理解和逻辑翻译文本，而其译文已经在相当程度上脱离了原文，这当然是绝对不能允许的，否则译作最基本的可靠性都无从谈起。

"创译"的案例其实并不鲜见。譬如林纾，他的译作在当时是成功了，然而从今天的眼光来看，其译作由于没有忠实作为支撑，毕竟没有长久的生命力。又譬如埃兹拉·庞德(Ezra Pound),其《华夏集》被西方很多诗人、评论家或者学者视为可供借鉴、产生灵感的文本,但实际上很多人未必将之视为译作。但《华夏集》毕竟是个特例,谁也不能否认它的成功,不能忽视它的巨大价值和文学影响。但是世界上有多少个庞德?有多少个《华夏集》的特例呢?特例之所以成为特例,自有其背后历史、文化等各方面的成因,于教学而言,不能以特例为依据,简单地得出结论,认为这种做法就可以行得通。

三、译 论

曹琪琳:您曾论及翻译的暴力,认为认清翻译的暴力属性有助于把握翻译的运作规律,引起了一些学者的误解,您怎么看待?

孙艺风:关于翻译暴力,我在那篇论文中已经划分得较为细致,翻译的暴力有各种各样的性质和各种各样的类别,取决于各种各样的动机,能达到各种各样的程度。至于将翻译视为暴力形式,作为一个隐喻而言,毋庸置疑。因为一旦翻译,就必须对原文加以处理,如瓦尔特·本雅明(Walter Benjamin)所言,要打碎源语的"花瓶",不打碎何谈重组?

曹琪琳:也有人认为翻译是一门妥协的艺术,您怎么看?

孙艺风:翻译经常处于两极之间,无论是原作和译作,源语和目标语,吉迪恩·图里(Gideon Toury)所言的充分性(adequacy)和可接受性(acceptability),劳伦斯·韦努蒂(Lawrence Venuti)提及的准确性(accuracy)和表达力(expressiveness),或是异化(foreignization)和归化(domestication),翻译涉及一系列的两极对立(dichotomy)。在此意义上谈翻译的妥协,不外乎就在于不断地试图协调所涉及的两极对立。

不妨择取异化和归化来阐明翻译的"妥协艺术"。弗里德里希·施莱马赫(Friedrich Schleiermacher)曾言,翻译要么使原作者安居不动,尽量让读者靠近原作者;要么使读者安居不动,尽量让原作者靠近读者。由于当时德国特殊的历史背景和文化语境,他主张引导读者去接近作者,即采取异化的手段,以达到丰富德国文化的目的。无独有偶,鲁迅在其所处年代也提倡异化,而且其二人的原因大有相通之处,都旨在通过异化来丰富本民族语言的表达方式,彼时的翻译因此兼具一种特殊的文化使命。但并非所有译者都效仿此法,毕竟历史及文化语境已经不同。在某些情况下,只是有的译作倾向于归化,有些倾向于异化,但无论如何,都是在这两极之间的不断游移。从可操作的层面看,能异化之处就异化,异化不了便归化。当然这只是一般情况下而言。客户、赞助人或读者,都可能对异化或归化有不同的要求与期待。在此意义上,翻译是一种妥协,一种协调,并不能完全遵从译者的主观意愿。译者的翻译策略不免受到各种限制和掣肘,与读者的期待和接受有相当大的关系。读者对外来语言和文化的接受并非一成不变,晚清时候和现如今读者的接受状态绝不可同日而语。晚清时或许要倾向归化,因为彼时读者对外国语言文化太过陌生,而此时译者大可不必过于归化,因为读者对异国语言文化的接受度业已提升,过于归化反倒会引得读者生疑。有人曾言最好的译作是读起来最不像外文的译作,其实这是对翻译本质的根本性误解。译者之所以翻译,读者之所以要阅读翻译作品,究其根本还是因为对异质颇感兴趣。当然过于异化也不可取,异化总不能以不堪卒读为代价,所以译者必得妥协。此外,译者的主体性在异化和归化的选择上也扮演着重要的角色。在我有限的翻译实践中,在能异化之处我就尽量异化,但如果太过异化,我再退回来。当然有些译者推崇归化,他觉得某处译文一定要用特定的译入语表达方式,由此追求译文的可读性。这固然无可厚非,但同时又容易陷入可读性(readability)和本真性(authenticity)的二元矛盾中,需要进一步的协调或妥协。

曹琪琳: 目今翻译学研究视角日新又新,层出不穷,跨学科成为其最显著的范式,虽然与各学科相结合,但其仍在翻译研究的范畴之中,是故翻译研究必定有"不变之处",方能迎接"万变"的挑战,那么,此"不变之处"究竟是什么呢?

孙艺风: 这些年翻译研究确实到处借用其他学科的研究理论,不妨说句玩笑话,可称之为"四处化缘"。甚至不乏有学者认为翻译研究即是跨学科的研究,似乎翻译学科本身的理论资源比较枯竭了,自然需要四处去"化缘"。但常可见尚未吃透别人的东西就借来使用的现象,不免也就有饥不择食、囫囵吞枣之嫌。再者,由于"化缘"过多,有学者不免担心会冲淡翻译本学科的学科身份。论其原因,关键在于定位翻译的学科属性,也就是何谓翻译学?翻译学为何物?安东尼·皮姆(Anthony Pym)甚至曾言翻译学就是本地化(localization),按其所言,翻译学应该叫本土化学,翻译系大可易名为本土化系。当然此论过于极端,不妨一笑置之。我觉得,针对目前的跨学科现状,翻译学反倒应该淡定。从罗曼·雅各布森(Roman Jakobson)所说的语内翻译、语际翻译和符际翻译到今天有学者认为凡是解读,以致表达,都是一种翻译,翻译的内涵和外延都扩大了许多,更有甚者依此提出了还有什么不是翻译的问题。但总体而言,翻译研究,无论说东道西、指南言北,最后还是万变不离其宗,落脚点仍是在研究两种语言的转换。翻译研究不能脱离了此点,若脱离了它,人们不会接受你所从事的还是翻译研究,最多只能说是和跟翻译沾点儿边而已。归根结底,借鉴其他学科是为了更好地帮助我们回答翻译研究中提出的问题,帮助我们把握翻译的本质和规律。也许关联度时隐时现,时而直接,时而间接,但只要是它的落脚点仍然在解决如何把源语尽可能完整地,或者是相对完整地,或者相对不那么残缺地传递过去的问题,就仍然是翻译研究。当然我们也不能在借鉴中忘乎所以、主次不分,被借鉴的东西给引走了,变得文不对题。这种倾向不是没有,这种可能性也并非不存在,但我相信大部分清醒的学者还是知道翻译研究应该做什么吧。

曹琪琳:翻译批评家在翻译学发展中扮演着怎样的角色?

孙艺风:翻译批评实际上呼吁了很多年,但其发展一直比较缓慢,相对滞后。呼吁了这么多年,为何一直未有呼应和反响?皆因尚未形成翻译批评的标准。什么是好的翻译,什么是不好的翻译?标准问题一直悬而未决。但这不妨碍对翻译批评标准进行思考和探索,标准应该如何建立?好坏应该如何区分?这些都可供讨论。也许永远也无定论,大家的意见也大可不同,但至少在讨论和摸索过程中,若各方面因素都能充分考虑,对翻译本身的规律性探索和理解或将大有裨益。至于说翻译批评家所扮演的角色,简单而言,他们自然推进了译学发展,促使了相关课题的思考与研究,加深了对翻译的理解与认识。

曹琪琳:翻译是一门关于语言转换的学问,但不限于转换语言,翻译对语言的发展和交互影响体现在哪些方面呢?

孙艺风:翻译当然不限于语言转换。文学翻译,甚者非文学翻译,都讲求翻译的效果以及语言的感染力,但翻译的语言容易缺乏力度、苍白,甚至软弱。因为原作语言是自然语言,而翻译的语言是人工的语言(artificial language)。译语的语言形态,借本雅明所言,乃是由打碎的碎片黏合(glue)起来的,自然失去了原来的自然平滑状态。译语不甚自然,会直接影响译本的可读性,影响了可读性继而就会影响其阅读体验、美学价值,甚至文学价值。当然,读者的接受程度也并非一成不变,不仅有离散译者,还有离散读者,读者所涉猎的外来文化越来越广,对异质语言的接受程度相对而言也会越来越高。

至于翻译对语言的发展以及两者的相互影响,如前面所谈到的,施莱马赫曾谈及,鲁迅也曾说过,翻译可以丰富源语的表达方式,使源语句式更精密,对源语的发展有莫大的好处。无论如何,外来的异质总有值得目标语借鉴的地方,比如有些概念是模糊的,甚至是缺失的,就可以假借翻译,要么使得模糊的概念清晰化,要么填补空白。久而久之,可以使得源语使用者的思维更加精密,最终提升其思维能力、思辨能力。

曹琪琳:翻译对语言的发展毋需赘言,但也有人说翻译加速了语言的同质化倾向,这点您怎么看?

孙艺风:语言的同质化倾向并非空穴来风。白话文的出世和发展多受翻译作品影响,继而影响塑造了现代中国文学的语言。一直以来,此类言论早已不绝于耳,有人称汉语被欧化了,中国的东西没有了,不一而足。我反倒觉得这是杞人忧天,恰恰也是缺乏文化自信的表现。中华文化博大精深、源远流长,发展至今业已证明其异常强大的生命力和十足的韧性,哪会如此轻易地被他者同质化。反观英语发展的历程,其发展轨迹也证明了这一点,它接受吸收了大量的拉丁文、希腊文、法文、德文等语言的词汇,不但未被同质化,反而演变成公认的国际语言。如此看来,同质化的问题大可不必过于担心,尤其是考虑到中文业已经过了这么多年的发展演变,时间的各种检验和洗礼已使其具有足够的韧性,具有强大的生命力和抵御同质化的能力。而且我还注意到一个现象,现今网络上很多新语新词并非经由翻译照搬外文所致,这就说明我们的语言的再生能力绝对不差。翻译能助我们一臂之力,而非取代我们的再生能力。通过对外来文化养料的吸收和消化,可以不断丰富我们的语言和发展我们的本土文化,从而进一步增强我们的文化自信,为中华文化走向世界奠定更为坚实的基础。

"陶"李不言，下自成蹊

——陶友兰教授访谈录

钱家骏　　陶友兰

受访者简介：陶友兰，复旦大学外文学院翻译系教授，博士，博士生导师，博士后合作导师；入选中宣部 2019 年全国文化名家暨"四个一批人才（国际传播界）"；中美富布赖特学者、德国洪堡学者。曾赴美国、德国、英国多所大学访问进修。教授的课程包括"翻译与思辨""翻译研究方法论"

"译学理论研读""翻译教学理论与实践"等。主要研究领域为翻译教育与教材研究、中国典籍英译及其接受研究、跨文化交际研究、翻译语料库研究等。主持中宣部、国家社科基金、教育部、上海市级课题多项,在国内外期刊上发表学术论文70余篇,出版专著、编著、口笔译教材、论文集、译著等多部。兼任 *Interpreter and Translator Trainer*、*Perspectives* 等国际杂志以及国内多家核心期刊的编委和审稿人。

访谈者简介:钱家骏,上海外国语大学英语学院博士生,研究方向为翻译技术、翻译过程和语料库翻译学。

本次访谈于美国东部当地时间 2019 年 1 月 10 日 20:00 开始,访谈时长为 1 小时 40 分钟,访谈方式是基于微信语音的半结构访谈,主要围绕陶教授的翻译实践经历、翻译教学经历、翻译专业师资建设和翻译专业未来教育展望这四大主题展开,现将访谈内容整理如下。

一、翻译实践经历

钱家骏:陶老师,您是什么时候开始做翻译的? 您有哪些翻译经历可以和我们分享?

陶友兰:我记得我开始做翻译是在 1995 年吧,那时读研究生二年级。当时《上海译报》的编辑会给我寄一张英文报纸,上面有三篇对同一部电影的报道。她把那三篇文章圈出来,我看完了以后给她编了一个 500 字左右关于这篇电影的汉语影评。我觉得挺兴奋的,报纸还给译稿费。还有就是我硕士生导师张春柏教授从上海电视台承接了一些外国电视剧(如《海洋公园》)的翻译工作,他让我们几个研究生试译。他给我们小磁带让我们听,没有脚本。我们就一边听一边翻译,把译文写在纸上,交给老师修改。每个人的译文都被改得一片红,为什么呢? 因为我们只会听到什么翻译什么,录音既没有手势,也没有面部表情。而老师因为有经验了,他改译文的时候可能是看着片子的,改动很多,老师的修改对我们启发很大。后来在翻译影视片的时候,感觉翻译就是一种跨文化交际,要把文字内容理解后,想着同样的情景在中文里会怎么说,在同样情境中来找它相应的表达。这是我在翻译认知上一个很大的改变。

除此之外,我后来还有很多口译经历,也做过不少外宣翻译材料和一些应用文本的翻译,就不一一详说了。汉译英方面呢,我最早做的项目就是跟新加坡名创国际出版集团(Marshall Cavendish Editions)合作的。当时北京大学宋立文老师写了八本《新说文解字·趣味汉字》,这是面向海外汉语学习者的教材。我需要把教材中的中文部分译成英文,双语对照。但有时候也不太好翻,因为每个汉字后面都有故事,你要把那个故事翻译出来,还有偏旁部首、词组等都要翻译出来。我今年来肯特州立大学(Kent State University)期间,在图书馆里还查到了一本,很开心。因为这套书的目的是给外国学生学汉语,所以那时候就觉得"以读者为中心"这一理念得到非常明显的体现。由于做汉译英的目的是给英语读者看的,我感觉我的英文总是不够用。

钱家骏:陶老师,您翻译生涯中有哪些趣事可以和我们分享一下?

陶友兰:趣事很多,有件事很有意思。我2009年在德国访学期间,在一次开会时遇见了一个诗人。他给了我两首诗,很短,一首大概就八句,他叫我把它翻译成中文,我很快译好了,给一个德语博士审读,她说翻译得不错。然后我就发给那个德国诗人,把那个诗人高兴的,他说这是第一次看见自己的诗歌被翻译成了汉语!他说世界上还有这样的不是用字母拼出来的语言。我把汉语版的诗歌打印出来寄给他,他就高兴地贴在家里,还专门为我写了一首诗,送了我一本诗集,我当时好开心!这时候会感到翻译真的是一种跨文化交际,是一座桥梁,能给异域文化的人带来那么多的欢乐。我送给他一个"福"字、一个"喜"字,跟他解释什么意思,他非常惊喜,耐心地聆听,赞美汉字这样有趣,形神兼备!

钱家骏:陶老师,在您的翻译实践中对你触动最大的有哪些事?

陶友兰:我翻译了一本书,这改变了我的人生态度。在翻译詹姆斯·艾伦(James Allen)的《富足人生的八大支柱》(*Eight Pillars of*

Prosperity)时,我情绪很低落。但在翻译这本书的过程中,我觉得心灵得到了洗礼。詹姆斯·艾伦是 20 世纪英美文坛最具神秘色彩的心灵大师,读了他的话,再去深刻体会,心胸一下开阔了,对人生的理解不再那么片面,从此积极乐观地对待身边发生的一切。

总之,我觉得翻译实践对我的翻译观有很大影响,翻译实践对老师教学非常非常有帮助。如果你从来没做过实践,真的不能去教翻译。

二、翻译教学经历

钱家骏:陶老师,您当时做翻译,或者说做正式的翻译实践之前,有没有接受过系统的翻译培训或学习? 当时您的启蒙老师是怎么教您翻译的?

陶友兰:我接受的是学校翻译训练。记得大四的时候有门翻译课,叫"翻译理论与实践"。老师是古绪满教授,在《中国翻译》上发表了很多论文。他很幽默风趣,上课列举了大量翻译实例,给我们讲解一些基本翻译方法,然后我们做练习。做的练习不多,但引发了我对翻译的兴趣。毕业论文写的是《习语汉译英研究》。读研时,上过张春柏教授的课,课堂上以实践练习为主,也涉及一些翻译理论如尤金·奈达(Eugene Nida)和彼得·纽马克(Peter Newmark)的理论,为我打开了翻译研究之门。读博士时,跟着何刚强教授系统学习了中外翻译理论,每次课堂上都有相关的翻译实践练习,领悟到如何把理论、实践和教学融为一体。很感谢翻译路上恩师们的指导。

钱家骏:陶老师,您是什么时候开始教翻译的? 当时是教英译汉还是汉译英,还是两个都教?

陶友兰:我是 2002 年开始教翻译的,给复旦大学研究生和博士生上公共英语的选修课,教他们做英汉互译。在教学过程中,和查国生老师一起编了一本叫《研究生英语翻译》①的教材。那本教材是英译汉和汉译英合在一起的,我觉得教材里的练习非常好,能够告诉学生一些翻译的技巧或道理。

钱家骏:陶老师,您一开始教翻译的时候,遇到了哪些困难? 您又是怎么解决这些困难的?

陶友兰:我一直困惑的就是不知道怎么有效地批改翻译作业。就这个问题,我曾经请教过陆谷孙老师。我们学院有一次在"若饮书吧"召开一个老中青教师座谈会。在提问环节,我就问:"陆老师,您是怎么改翻译作业的?"陆老师批改作业很特别,除了密密麻麻的批语以外,经常画个眼睛什么的。陆老师就说:"批改写作,我可以画只眼睛提醒你。可是翻译呀,不一样,教翻译的老师,你必须要技高一筹。"也就是说,你不能把所有人的作业都改成你的标准答案。你要根据他的这个表达法,在他的这种语境下,把译文改得跟原文更接近,这才是你的高超之处。其实我觉得到现在这个问题都没有解决。

钱家骏:陶老师,您在《翻译专业笔译教学的功能主义模式探讨》②一文中提到了同伴互评的过程教学法,您能分享一下这一教学法的心得体会吗?

陶友兰:同伴互评的过程教学法,是我在本科三年级的"翻译与思辨"课上采用的,要求学生做"精译"。学生翻好了以后,自己改一遍,写一个译者注(translator's note),说明自己在这里为什么这样翻,怎么翻的,把自己的思考历程都写进去,然后把自己的译文和译者注交给另一个同学。他们俩互相评阅。我发现学生看问题的视角,跟老师看问题的视角是不一样的。学生呢,有的地方是自己翻得不好,一看对方翻得很好,就会给对方很多评论,比如"哎呀,你这里翻得很好,我没有想到"。有的学生发

---

① 陶友兰,查国生. 研究生英语翻译. 上海:复旦大学出版社,2002.

② 陶友兰. 翻译专业笔译教学的功能主义模式探讨. 上海翻译,2010(2):43-47.

现自己翻得很得意的地方，对方没翻好，就给对方指出来，评论一遍。最后他们的评论都留下修改痕迹，评改人的审阅笔记（reviewer's note）也在作业上面，最后交到我这里。我既看原文、译者译的，还要看评者评的，再写上我的评价。我一边评改他们的作业，一边把其中的问题和翻译亮点都记下来，在课堂上带着同学们把这篇译文从头到尾过一遍。为什么要布置这篇翻译，有哪些陷阱？可以通过什么办法去解决？可能的表达有哪些？哪些是好的译文？哪些是大家认为好的，实际上可能意思反了？我都把它们贴出来，大家有疑问的地方就基本解决了。这时，学生把作业再拿回去，基于老师的评价、同学的评价和自己的思考，再定稿。我再给他们写评语，一般会结合他的定稿和第一稿译文，能看到译文有哪些改变，还有哪些不足。例如，提醒学生在译文衔接上需要提高，表扬学生在遣词造句方面做得不错，译文的流畅性有进步等，以鼓励为主。

我们翻译系的学生很有个性，布置 500 词的原文，有的学生给我的译文是 5000 字，而有的学生就译了 200 字并说："老师，我觉得原文太啰唆了，我就译了 200 字，用一句话把这一段话的内容都概括出来了。"像这两类学生的作业，同学互评有些难，我要多花一些时间跟他们解释译文的优缺点。教学生翻译的时候，我强调一定要思考，要有译者主体性，要想想译文是否读得懂。译好以后，抛开原文，把自己的译文读一遍，能不能读得懂。能读得懂，就可以了。如果是英语译文，去找一个英语的读者（留学生或者外国网友）帮你读一下，看他们能不能读懂你的译文在讲什么。如果离开了原文，译文看不懂，你就得改。所以我会教他们这些方法。我教翻译实践从来不会说给你一个标准答案，你自己去翻吧，跟着答案去对，这是不负责任的教法。所以我教翻译，可能学生会觉得很累，但是被折腾了几次后都觉得收获很大，说下次做翻译的时候知道怎么先思考再动笔了。那我觉得这就达到目的了，因为你永远不可能把你所知道的知识都教给学生，你只可能教他们怎么去研究、解决问题。

钱家骏：我觉得陶老师您特别会教翻译，要把翻译教好，不是一件容易的事情。

陶友兰：教翻译比自己做翻译更难。老师在教翻译之前，应该进行培训，一定要学会怎么去教学生。其实有的人很会翻译，但他们不会教。比如说现在的职业译员，无论是口译还是笔译，都做得很好，但是有的人请到课堂教翻译，却不知道从哪儿开始教起。所以我们觉得现在翻译专业研究生的课程里，必须有一门"翻译教学理论与实践"课，从课程上去培养学生的教学能力和相关教学理论意识。在实践层面上，让学生去听其他老师的课，听完了以后回来在课堂分享。

钱家骏：陶老师，说到教授学生研究、解决问题的方法，您在《本科翻译专业阅读教学综合模式探讨》①一文中提到"英语读译"课程的重要性。陶老师，您能分享一下您是如何教翻译专业学生阅读的吗？

陶友兰：阅读是翻译过程中特别重要的一环。我很重视阅读教学，给翻译系大二学生开"英语读译"课，就侧重于为了翻译的目的而去阅读，强调一种翻译意识，关注文本分析，告诉学生必须要把文本背后表达的意思理解清楚，然后再去翻译。由于是"英语读译"课，正文都是精选的英语篇章，翻译练习以英译汉为主。但正文后面配的是一篇英译汉，一篇汉译英，双语对照。由于学生读的是双语对照语篇，他们会在对比原文和译文的比较阅读过程中，慢慢对翻译有了一个先期的认识，知道翻译需要灵活变通，不能"词对词"机械对应，这种认识在阅读过程中不断潜移默化地进入学生的脑海。他们在大二下学期上翻译实践课的时候，就会灵活应用了。在上"英语读译"课的时候，我也会给学生列举一些中英文名言警句，告诉他们阅读与翻译的关系。总之，我在"英语读译"课上，教学生精读各种体裁的英文文章，分析并掌握各种文体的特点。在阅读过程中，要告诉他们怎么样理解原文本的言外之意，如何在译文中充分传达。至于练习，每次会选一篇精读的文章，在里面找 5 个难句，让学生来翻。学生会说，虽然只有 5 个句子，但他们绞尽了脑汁，因为这 5 个句子就是这篇文章的难点。我会从句法、语义和语用三个层面给他们讲解。还有段落翻译，只

---

① 陶友兰, 强晓. 本科翻译专业阅读教学综合模式探讨. 中国翻译, 2015(1): 55-58.

是作为备选练习题。我主要建议学生多读名家名译,多思考,体悟其中的译技和译艺。所以,翻译专业的学生阅读面要广,阅读的文本体裁要杂,而且中英文都要读,尤其提倡中英文对照阅读。

其实,阅读教学一直不能停的。我们还有"多文体阅读"课。阅读教学也会贯穿在其他课程中。例如,大三学生有门"翻译与思辨"课,目的是训练学生通过阅读提高思考能力。我就借机给他们加大阅读量。我设定主题,比如说这次主题是讲通识教育和专业教育,然后我就联系到翻译专业要怎么教,想让他们厘清翻译专业、翻译学科与通识教育之间的关系,那这个话题要读的材料太多了。我一共有 16 个专题,让他们从中选 3个,一学期涉及 4 个专题,还有一个专题让他们自己定。第一个专题我带着过一遍,教他们怎么做,从头到尾按"五个一"流程完成[这是何刚强教授提出来的:"一个专题""一番思索""一组报告""一场讨论""一篇(段)译文"]。一个专题做完了以后,学生自己通过小组完成后面 3 个专题。

我先给他们找材料阅读,给他们找 5 篇中文文章,5 篇英文文章,这些文章可以来自报纸、学术论文或者专著章节,甚至视频或者音频,但都讲同一个专题。同学们看了以后要做综述,每篇文章用一句话综述一下,或者几篇文章合起来综述一下,练习学生的概括能力。中文文章用英文概述,英文文章用中文概述。这样就练就了双语写作能力。概述练习完成了以后,每人传一篇到 E-learning 网上教学平台上。我以前要求他们每人传两篇,一篇英文,一篇中文。传上去之前,要求他们写个理由,这其实又在锻炼他们的中英文说理能力。传中文的,要用英文写个推荐理由,只要一句话,要让别人看到这句话就想读你的那篇文章。你的文章如果被别人读得最多,那你就赢了,会给你奖励。如此一来,大家就有积极性,每个人除了自己的两篇,还至少读了其他人的一篇文章。

对专题有了充分阅读后,我安排一次讨论课,对阅读的内容进行批判性思考,由做陈述的小组主持讨论并写小结,然后做报告,以 PPT 形式向全班同学汇报。PPT 怎么做呢? 第一步是概述这个现象,其实我这是在教他们思考问题的方法了,因为我们这门课是"翻译与思辨",就是要教他们怎么思考。第二步是分析这种现象背后的原因。分析原因的时候,要有内部因素和外部因素，从国家、社会、个人、思想几个层面展开。第三步是提出对策和建议。比如，我们曾经讲过一个医闹与医疗事故专题。当时学生分析得非常透彻，通过分析国内外医疗医保现状后，建议医院、医生、病人家属、政府部门等分别应该怎么做，各个层面讲得非常好，这样就解决问题了。最后要提出一个展望，这个问题目前解决到哪里？以后可能会出现哪些情况？总的来说，我就是让他们从总结问题、提出问题、分析问题、解决问题这个思路对他们阅读的内容进行思考以后，进行汇报，因为"学而不思则罔"。

钱家骏：学生是用英文陈述自己的观点，还是用中文陈述观点？

陶友兰：这个我不在意。我们学生可能有些喜欢用中文讲，这样讲得快，因为我给的时间很短，可是我有一个班的学生，他们喜欢用英文讲。其实我觉得你在陈述一个问题的时候，不管是中文还是英文，其实差距不大的，有人可能想借机练练自己的英文。但有些观点可能用英文表达起来有难度的，所以看学生自己喜欢。

钱家骏：陶老师，您是怎么评价他们的汇报效果的？

陶友兰：我设计了一张表，让在座的全体同学给台上汇报人的表现综合打分，比如内容是否全面、讲解是否通俗易懂、有没有互动、有没有讲到点子上、有没有创新等。最后我也要给他们打分，还要给他们的报告做一个点评：如果我来做，我可能还会加一些什么样的内容，哪一个部分他们讲得可能不够全面，或者说表述不够正确等。成绩会计入平时考核表中。

钱家骏：陶老师，您之前提到，"翻译与思辨"课程中会有同伴互评的翻译任务，那这些翻译任务和您布置的阅读任务有何关联？

陶友兰：我会从每个专题的阅读材料中挑选一段让学生去翻译，因为已经有前期阅读和讨论，且对专题语境有了一定了解，所以学生译起来不会太陌生。有一次我节选了一篇 500 个单词的文章，叫"Medical Ethics"（《医学伦理》），很难翻译。学生译好以后，互相修改。但是学生勉强译完之后都非常沮丧，"译完这个，以后什么翻译都不是翻译了""翻完了，但是不知道讲了什么，还是不明白"。这时候，我就带着他们把全文再过一遍，讲讲我是怎么理解的。讲完后，他们说："原来是这个意思啊。"然后马上回去再重新修改原来看不懂的译文，再次交上来的译文比我给他们的参考译文都要好。

翻译完以后，我再要求学生就这个主题用中文写一篇 500 字的小论文（essay），要求他们提出一个观点，用他们在阅读的文章里面学到的观点，来证明他们提出的观点。我不在乎提的观点对不对，而是看学生是否会从阅读的所有中外文材料里去找相关的论据来证明自己的观点，从而锻炼他们写论述性论文（argumentative writing）的能力。其实我这个课里，"听说读写译"的内容都包括了，一个专题结束，一个月就过去了，所以我一般一个专题要上 4—5 次课，每次 2 个课时。一学期 4 个专题，学生上完都觉得收获很大，但我很累，他们也很累。

钱家骏:陶老师，您这门课每一个专题的"五个一"在教学上是如何安排时间的？

陶友兰:每个专题的阅读任务，让学生先在课后读，在网络平台上提交综述。我会花一周时间安排学生在课上做 PPT 汇报，一周时间重点讲评他们阅读的 1—2 篇文章，这些文章可能就是他们要翻译的文章，一周时间讲评译文，一周时间讲评他们对某一论题的小结。

钱家骏:陶老师，我看您还给研究生开设"翻译项目基础与实践"课，您能分享一下您是怎么教这门课的吗？采用了什么教学方法？

陶友兰:这门课我就是以学生为中心，先讲解，后操练。我是一边学习，一边授课的。先请上海交通大学的管新潮老师来教了一个学期，我跟着听了一个学期的课，第二年就自己开课了，后来还和管老师一起编了一本《语料库与翻译》（复旦大学出版社，2017）。我请了班上两个技术不错的男生做助教。上课时，我先给学生讲道理，告诉他们为什么要用语料库，为什么要用术语库。他们觉得很抽象，不是很懂，我就让他们去找文章阅读。例如,去搜王华树、崔启亮老师的论文,每个人找 5 篇,然后谈一下自己对这些文章的看法,哪点写得好,哪点写得不好,还有哪些问题没有搞清楚。学生们就在教学平台上发表了很多观点。让我高兴的是,他们自己通过阅读获取的知识比我告诉他们的要深刻得多。他们课前阅读,准备好问题,我上课就针对他们的问题进行解答。在操作上遇到问题,会请两位助教帮忙,给学生写清楚操作步骤。所以半个学期就基本上把术语库、记忆库和项目管理这几大核心的知识性内容上完了。

接着,我会带他们做两个模拟翻译项目。学生以小组为单位做翻译项目,分别扮演不同的角色,如项目经理、术语专家、译员、审校员等。他们可以自己到外面接活,也可以模拟一个翻译项目,也可以我给他们指定一个翻译项目,给他们我以前做过的项目,比如拿我之前和我的学生用一个暑假完成的三本《变形金刚》翻译项目。通过两个翻译项目的操练,让学生走一遍"译前—译中—译后"这一流程,他们以后就知道怎么做了。一个学期 15 节课就这样结束了。我的教学理念就是以学习者为中心,让他们学会自己去寻找文献,通过阅读论文来提高对翻译技术的认识,然后再让他们去实践,把从书本上学来的知识付诸实践,知行合一,译思并举。他们在课堂上没有搞定的操作环节,可以回家在自己电脑上做。我这次来肯特州立大学旁听了一个老师的课,叫"Software Localization"(软件本地化),她也是这么做的,讲解和操作相结合。

钱家骏:那陶老师您这门课的考核方式是什么?

陶友兰:考核方式我是参考姜诚老师和李梅老师的做法。当时管新潮老师要求我们学生写论文,最后还发表了一篇①。但后来我发现让学生写论文,很难写出什么新意。因此,就给他们 1 万词的原文和 8000 词左右的平行语料,要求他们制作平行语料库,导入 Trados(塔多思),再做一个术语库,完成这 1 万词的翻译任务,1 个小时内完成。如果不用语料库,

---

① 彭楚秋,陶友兰. 构建基于语料库的中国"法律术语社区"——以"调解"一词为例. 当代外语研究,2017(1):42-50,66.

他们就翻不完。当然他们可以翻不完,但是我看他们翻了多少,我就给他们多少分。这样既考了他们的翻译能力,也考了他们计算机辅助翻译工具使用能力。

钱家骏:陶老师,您的教学理念或者教学方法基本都是以学生为中心,会让学生在课前阅读一些材料,然后让他们在课堂上提出问题、展开讨论,最后您再点评。

陶友兰:嗯,我觉得学生不是教出来的,都是学出来的,你教会学生怎么学,你就是学会了怎么教。教翻译这种大文科的课,应该是老师把你领进门,修行在个人。如果你问我有什么教学理念的话,我引用《论语》上面的话"不愤不启,不悱不发"。如果你不想学,我不会逼着你学;但是你想学,也得思考,自己实在想不出来了,我再告诉你,这样效果会更好。

钱家骏:陶老师,我感觉像"翻转课堂"这种教学模式,比较适合在像复旦大学这样比较好的学校开展。如果像在一般的普通高校,学生的积极性不高,这种模式似乎就很难开展,不知道您怎么看待这个问题?

陶友兰:"翻转课堂"很有风险,老师要不怕学生评教打低分。学生的积极性不高,不要紧,关键在于老师要想方设法调动学生的积极性,要提高趣味性,增加互动环节,变化教学模式。例如,我在教"翻译教学理论与实践"课时,先带学生看了两部教育主题的电影《放牛班的春天》和《死亡诗社》,组织了两次讨论,非常热烈,然后总结什么样的老师是好老师,什么样的教学风格是学生最喜欢的,这对我自己教学很有启发。甚至这次教学鼓励了一些同学选择教师作为他们未来的职业。当然,也要看什么课程,不是所有课程都适合"翻转"的。

钱家骏:我也看了网上关于"翻转课堂"这一教学模式的讨论,有些学生反映,在这一教学模式下,老师解放了,全是靠学生讲,和自学没什么区别。陶老师,您怎么看待这个问题?

陶友兰:"翻转课堂"确实会有很多"陷阱",这学期我准备参加肯特州立大学这边 Learning and Teaching Center(教学中心)组织的为期四周的"翻转课堂"培训项目。其实是很多人误解了这个概念,不是老师不讲了,而是老师如何"领讲",这个课就像方向盘在老师的手里,你一定要掌控好,掌控不好就"翻船"了,而不是"翻转"。而同学们呢,一定要积极主动思考,发表不同意见,只要是自己想出来的,就不分对错,不要老是指望老师怎么讲,这需要较强的自学能力和反思能力。

三、翻译专业师资建设

钱家骏:陶老师,您觉得一名合格或优秀的翻译教师应该具备哪些素养?

陶友兰:首先,要有教师的职业能力,具体来说就是责任心、耐心和爱心。作为老师,要有责任心,把学生领上正确的路,倒不一定把他们都培养成才,孔子有 3000 个弟子,也就 72 个优秀。老师要有耐心,因为不是每个学生都像老师那么聪明,或者说不是每个学生都一教就会,对吧? 同时,还要有爱心。教学生的时候,不要把它当作任务,要从爱学生的角度,对他的表现和发展提供建议、帮助。比如说,我们学生有时候早饭没吃,就带来上课。我就会说:"你把早饭吃了再上课,要不待会儿凉了。"你说他们没吃饱,哪来的心思听你的课? 老师要把学生当自己的孩子来爱护。

其次,要有教学能力。教学能力非常重要,可通过几种办法培养。第一,教师最好是师范大学毕业,这样对教育理念会了解得比较清楚。第二,教师要参加寒暑期教师培训班。培训的时候,你可以通过培训者的言传身教,体会他们的教学方法、教学理念、教学模式。我的"英语读译"课程模式已经在一些学校推广。有些老师就是听了我在培训班上的介绍,回去就按照我的做法做了,还申请到了课题。第三,教师要到老教师的课堂上去听课。我当时在美国读书的时候有一门课,要求听 90 个课时,然后交一本听课笔记。我当时理科的课、文科的课、艺术的课,都去听,我会把课堂上精彩的教学设计或教学方法记录下来,这让我受益匪浅。第四,教师要阅读关于教学方面的研究论文,并尽量在教学实践中应用。第五,教师要参加教师教学发展中心的讲座。现在每个学校都有教师教学发展中心,他们会定期安排一些讲座,还会请一些专家来分析教学理念。那么年轻教师都应该去积极参加,要有琢磨翻译教学的热情。

最后,要有专业能力。无论你是教笔译还是口译,理论还是实践,你都必须是这个领域的专家,expertise(专业能力)非常重要。你刚才问我翻译实践对翻译教学的影响,我觉得科研对翻译教学同样重要。翻译教师要三条腿走路,要会教、会译、会研,也就是教学、实践和科研这三条腿,缺一不可。你必须知道翻译学的前沿在讲什么,如果你不知道,怎么教学生?这个专业能力非常非常重要,而且做科研能让老师技高一筹,在理论层面上点拨学生,能够让学生知其然并知其所以然,所以老师就必须不断地学习。

四、翻译专业未来教育展望

钱家骏:陶老师,您觉得在 AI(人工智能)时代,在技术冲击下的翻译专业课程设置或者教学内容是否应该有所调整,怎么调整?

陶友兰:我觉得技术一直存在,就是一个工具,就像我们的手机一样,它对每行每业都产生了很大的影响。在 AI 时代,每个人都得懂技术。翻译技术的冲击,迫使翻译专业课程需要做些调整,以适应时代的需求和发展,但是我觉得在翻译专业本科阶段,千万不能丢掉语言和文学,这是我们专业的两大根基!学生的语言文化功底都应该在本科打牢,我们英语专业、翻译专业和其他专业学生最大的区别,就是我们语言文化功底比他们强,比如同样的一句英文表达,我们的英文就是比他们地道,比他们漂亮,这要靠本科四年的锤炼。翻译真的不看文字了?真的不需要语言了?怎么可能?!我觉得在本科阶段这个是一直要抓的,所以我们的本科翻译专业课程设置是阅读、写作、笔译、口译课四年不间断,从大一到大四主要安排这些语言文化课程。关于计算机辅助翻译(CAT)课程,我们以前没有专门给本科生开课,但会在其他课程里涉及。从 2020 年起,翻译技术课程已经写进教学大纲,我们准备正式开课了。①

到了研究生阶段,阅读和写作课程还是应该紧抓不放。在翻译课上,老师可以结合 CAT,以工作坊的形式进行垂直领域的训练。通过训练,让学生体会到翻译工具在大型项目中的作用。翻译很灵活,有很多地方需要变通。

钱家骏:陶老师,现在很多专业特色学校开设其学校专业特色领域的翻译教学,如上海海事大学培养海事翻译人才,华东政法大学培养法律翻译人才,您怎么看待这个办学理念?

陶友兰:专业特色学校开设其学校专业特色领域的翻译教学,是很好的做法。但是,我觉得不能把学生的翻译领域限制死了,翻译要做精、做细,要做到 Jack of all trades and master of one(行行都会,精通一行)。你要什么领域的翻译都会做一点,但要有一行精通,别人做不了的领域,你能做,你就成功了。学校怎么可能全部教会你医学翻译、财经翻译、法律翻译、商务翻译? 但是你可以选择某个领域,一旦选定了方向,你到我这里来,我告诉你要看哪些书,比如医学翻译教材、法律翻译教材有二十几本,你自己去看,去练,去悟。

我们可以关注某一特定领域的翻译,比如法律翻译,但是通识领域的翻译也要教,因为学生毕业后接触的虽然是法律领域,但是法律领域同时会涵盖其他的体裁,里面会有叙事文(案件描述)、议论文(判决书)等各种文体。所以只攻一个领域不大可能,可以在通识领域教学的基础上突出自己的特色。

钱家骏:陶老师,您认为在 AI 时代,未来翻译专业研究生教育的发展趋势如何?

陶友兰:我觉得不论怎么发展,都要有翻译核心课程,比如英汉、汉英翻译,这些课可以工作坊的形式授课,还有翻译理论、写作、阅读课程和

---

① 这句话为陶友兰教授在最后审稿时所加。

CAT 也是必需的。剩下的课程可以按文学、技术和管理这三个方向去发展。比如北京大学的 CAT 专业，他们就是"核心课程＋技术方向"的课程。我觉得我们还可以开设管理方向的课程，我去肯特州立大学发现翻译专业的学生还可以读 MBA，因为他们毕业后要到公司做翻译项目管理。还有一个就是文学方向，我觉得不能少，现在很多人都做非文学翻译，因为可以很快创造社会价值，但文学翻译却是与人类的精神领域密切相关的。人们的思想和灵魂都会受到文学翻译的影响。这在德国杜塞尔多夫大学特别明显，这所大学只教文学翻译，其他什么都不教。而德国海德堡大学则突出职业化教学，英文系和工程学院合作，学生一年在英语系，一年在工程学院。学生毕业后很能干，技术很牛，会设计网页，会翻译网页，会本地化，这些他们都学。肯特州立大学的翻译专业也突出翻译技术，做得很好。

其实我觉得中国未来的翻译专业也要朝这个方向去努力，而不是分垂直领域的翻译教学。学生手头应该有无数个工具，而且有一个工具是最长的，而不应该只有一个工具，这样才能拿到最高的报酬。比如说，你做法律翻译，陪一个法官，那这时候你就是一个陪同翻译。吃饭的时候，你要翻译菜名，翻译这个菜是怎么做的，解释有什么典故和文化内涵。到法庭上陈述的时候，会涉及罪犯、难民，你要能听懂他们的口音。不是说我学点法律术语，有一个足够大的语料库，就可以做翻译了，其实我们做翻译的人都知道，没有那么简单。

另外，我们不能把翻译专业开成技术专业或其他专业。一方面，我们目前没有这样的师资；另一方面，我们不要混淆专业的特征，翻译专业的重心毕竟是翻译。所以翻译专业的核心课不能丢掉，同时我们可以增加选修课或者自修。第一种方法就是业余自学。现在的网课很多，Tmxmall 就在上翻译技术课，也可以在华文慕课平台（MOOC）学习北京大学俞敬松老师开设的"计算机辅助翻译：原理与实践"课。复旦大学本科没有开这门课，但是我把 MOOC 的网址给了学生，让他们自己去学。第二种方法是可以修二专。由于专业限制，不可能指望我们学语言文学出身的老师去学专业知识，可是学生可以去其他院系选修相关基础课程，比如去计算机系学编程,去管理学院、经济学院、法学院修相关的入门课程,以后做翻译的时候再深入学习。我觉得信息技术和专业知识不应该是翻译教师教的,像崔启亮老师、王华树老师是特例。至于翻译技术课程的开设问题,有些学校是从其他学校外聘老师来上课。最好的办法是年轻的教翻译课的老师去学点翻译技术,这样能够把技术和翻译完美结合起来。关于技术传播,目前国内可能没有条件开成一个专业,如果有条件,可以开一门选修课或者中外合作开办暑期工作坊。

钱家骏:陶老师,在访谈的最后,您有哪些箴言送给翻译学习者?

陶友兰:我想给翻译学习者三句话。第一,要精益求精。很多人说翻译,尤其是口译,做得差不多就行。这其实是不对的,如果这样的话,你永远做不到最好。第二,要不断学习。翻译是一门逼着你谦虚、逼着你不断学习的专业,因为都是最新的东西需要你翻译。第三,要耐得住寂寞。有时在翻译中,还要像赖内·马利亚·里尔克(Rainer Maria Rilke)说的"你要爱你的寂寞"。

译秉虔诚，守护人类的精神家园

——王洪涛教授访谈录

张琼方　　王洪涛

受访者简介：王洪涛，北京外国语大学英语学院教授、博士生导师。代表著作有学术专著《翻译学的学科建构与文化转向》（上海译文出版社，2008）、《文学翻译研究：从文本批评到理论思考》（浙江大学出版社，

2018),学术编著《社会翻译学研究:理论、视角与方法》(南开大学出版社,2017),英文译著 *The Tiger of Majesty and Power*(Global ePress LLC,2012)等多部。在外语类 CSSCI 期刊、翻译类重要期刊上发表学术论文30 余篇。主持完成国家社科基金项目"中国古典文论在西方的英译与传播研究"及省部级社科基金项目"社会学视阈下翻译的文化建构功能研究"等。曾获中国翻译事业优秀贡献奖。主要研究领域为社会翻译学、理论翻译学、翻译批评、中西文学与文化经典翻译研究,兼及西方汉学、中西比较诗学与世界文学研究。

访谈者简介:张琼方,上海外国语大学英语学院博士生,研究方向为翻译学,研究兴趣包括社会翻译学和重译研究。

本次访谈时间为 2019 年 6 月 12 日下午,地点为王洪涛教授位于北京外国语大学英语学院的办公室。访谈时间约 1 小时,主要围绕王教授的翻译和教学经历,以及对翻译行业的看法而展开。

一、言译者生涯

张琼方:王老师好,感谢您抽出时间接受采访。今天主要想聊聊您作为译者及教师的一些故事。回忆过往,您是如何走上翻译道路的呢?

王洪涛:谢谢琼方,很高兴接受你的采访。我与翻译结缘,主要是出于对英汉两种语言的喜爱。上小学时,我特别喜欢语文,语文成绩很突出,中学开始学英文,又喜欢上了英文,对英汉两种语言都特别感兴趣。大学本科读了英语专业,发现翻译能把我一直以来所喜欢的两种语言结合在一起,于是就萌发出了学习翻译的想法。说到这里,我想起了一件事,对我走上翻译的道路也有所影响。大一那年,我读了钱锺书的《围城》。这部小说虽然是用汉语写成,但同时大量引用了英语及其他一些欧洲语言。学贯中西的钱先生在作品中将英汉两种语言甚至更多语言融合在一起,他对语言的熟练运用令我钦佩不已。我当时就想,如果我学习翻译,那么就可以将钱先生作为榜样,朝着他这种融通中外的境界迈进。于是我下定了决心,读研时便选择了天津外国语学院(现天津外国语大学,简称"天外")的翻译理论与实践专业,后来又去南开大学攻读翻译学博士,从此与翻译结下了不解之缘。

张琼方:您还是学生的时候,您的老师是如何教翻译的? 有没有让您觉得记忆深刻的学习经历呢?

王洪涛:说实话,当年的学习经历现在想起来还历历在目,我想分几个阶段来谈。读本科时,我的汉英翻译老师是孙迎春教授,英汉翻译老师是孙德玉教授,另外杨玉林教授也在文体学课上讲授一些与翻译相关的东西。当时用的教材是传统的英汉、汉英翻译教程,老师们主要讲解词汇翻译和句法翻译,教的大多是微观的翻译技巧,我总听得津津有味。我在天外读研时,翻译理论与实践专业有林克难教授和甄春亮教授两位硕导,其中林教授是我的导师。两位教授主要讲授中西方译论,尤其以西方译论为重,我们读了大量西方译论的英文原著。此外学校还开设了不少翻译实践课程,林教授开设的英汉翻译实践课程不再拘泥于微观的词句层面,而是更多聚焦于语篇层面,或者说对翻译作更宏观的考量。我们每周的翻译实践练习是英汉、汉英各一篇。周末基本上都是把自己关在宿舍里做翻译,想出去遛遛都没时间,大家学得很苦,但也乐在其中,现在想来真是美好的回忆。印象很深的一件事情是,林教授把自己当年读研时在金隄教授指导下翻译过的一篇小说"Young Archimedes"(《小阿基米德》)拿到课上让我们练习,然后把自己的翻译原稿、金教授的批改稿一起发给我们看,让我们受益匪浅。我在南开大学读博期间,我的导师王宏印教授以及刘士聪教授、崔永禄教授和罗选民教授等都给我们开课。到了博士阶段,翻译理论研究占了很大比重,但课程也与翻译实践密切相关,几位教授分工明确,所开设的课程各有侧重:王宏印教授侧重诗歌翻译研究与翻译批评,刘士聪教授侧重散文翻译研究,崔永禄教授侧重小说翻译研究,罗选民教授侧重互文性与翻译研究。记得当时王宏印教授在课上为我们评析了许多中外文学翻译经典作品,刘士聪教授每周都亲自批改我们的散文翻译习作,我们从中获益良多。

张琼方：谢谢王老师跟我们谈了这么多有趣的学习经历。您有汉英译著出版，也有英汉译作发表，在翻译实践方面一定有着丰富的积累。作为一名译者，您是如何练习翻译、提升翻译能力的呢？

王洪涛：应该说，练习翻译、提升翻译能力的方法有很多。根据我个人的经验，首先要广泛阅读英汉两种语言的原创作品、翻译作品，提升双语能力和鉴赏能力。其次就是要勤于翻译实践。我读硕士的时候，在 *Reader's Digest*（《读者文摘》）杂志上读到一篇很有趣的文章 "My Un-wedding Day"，我把这篇文章译成汉语，题目是《没有新娘的婚礼》，投到《英语世界》杂志，很快就在 2001 年第 12 期上发表了。之后，我领到了人生第一笔翻译稿费，50 元钱，钱虽不多但对我是个莫大的鼓励。后来，我也在翻译公司做过兼职，做过各种文体的翻译。2008 年，我参与了《北京2008 年奥运会总结报告》第一卷《百年圆梦——北京奥运会申办工作报告》的英译工作。2012 年，我出版了英文译著 *The Tiger of Majesty and Power*。俗话说"拳不离手，曲不离口"，对一名译者而言，翻译实践自然也不能停歇，要持之以恒，不断积累。

张琼方：您刚刚提到译者需具备双语能力，那么您平时会专门阅读英语或汉语的翻译作品吗？有没有比较欣赏的？

王洪涛：有的。在读过的英译汉作品中，我比较推崇杨必翻译的《名利场》，经常把其中一些篇章拿来给学生做练习，课上和大家一起讨论。杨必毕业于震旦女子文理学院，英汉双语的功底都非常出色，她的译作《名利场》对原文信息传达充分，译文语言流畅，文采斐然。要说汉译英作品，大卫·霍克斯（David Hawkes）译的《红楼梦》非常不错，此外我还非常欣赏英国一位年轻汉学家蓝诗玲（Julia Lovell）的译作，经常推荐学生去读。她翻译过中国许多文学作品，比较有名的是《鲁迅小说全集》。蓝诗玲毕业于剑桥大学中文系，中英文功底都很好，她翻译的《鲁迅小说全集》深受西方英文读者的喜爱。蓝诗玲秉承了一种她自己称为 "faithful recreation"（忠实性再创造）的翻译观，兼顾译文的准确性和可读性，其译文非常出色。

张琼方：归化和异化策略是翻译中常提及的一对概念，您是否倾向于其中一种呢？

王洪涛：不能一概而论。归化和异化的确能体现译者的一些倾向性，但从理论上来讲，翻译中纯粹的归化或彻底的异化都是不存在的。翻译处于源语文化与译语文化之间的"第三空间"（third space），处于一种中间地带，其属性更多的是一种霍米·巴巴（Homi Bhabha）所谓的"杂合"（hybridity）。当然，如果从文化立场的角度考虑，比如像韦努蒂说的那样，为了反对一些西方国家的文化霸权而倡导"阻抗式"的翻译策略，可能就会提倡异化；反之，假如译者希望目的语读者能更好地接受译本，就会想方设法地使译本在语言和文化层面上令读者感到熟悉，从而倾向于使用归化的策略。

张琼方：您在翻译实践方面有没有什么计划？将来是否打算翻译什么作品呢？

王洪涛：我喜欢做翻译，也非常希望译出更多作品。现在由于翻译教学和翻译研究的原因，很难腾出太多时间。不过，我最近的确做过一些事情，也有一些计划。一方面，就文学翻译而言，2011 年前后，刘士聪教授曾受一家出版社委托，让我翻译海明威的小说 *The Sun Also Rises*（《太阳照常升起》），我花了一年多的时间进行翻译，但初稿差不多完成时，就去了牛津大学访学，译稿没来得及修改和润饰，在我书桌的电脑里一放就是六七年。如果将来有时间，我会对它进行仔细修订，找家合适的出版社出版。另一方面，如果时间允许，我希望近几年能做一些学术翻译，把西方的一些翻译学、文学、文化及其他人文社科领域的经典著作译成汉语。更长远来说，我希望选一些中国文学、文化经典作品来翻译，我最近做的一个国家社科基金项目就涉及中国古典文论的英译。我初步的想法是，找西方汉学界的朋友跟我合作，把中国的文学、文化经典作品译成英文，使其走向西方英语世界。

二、述教学经历

张琼方：聊完您作为译者的过往，还想听听您作为一位翻译教师的故事。您是从什么时候开始教翻译实践的？教本科生还是研究生呢？

王洪涛：正式走上翻译教学岗位，是在我博士毕业以后。教学对象既有本科生也有研究生，教的课程既有翻译实践，也有翻译批评、翻译理论。就本科生而言，我一般是每学年的上学期教翻译实践，下学期教翻译理论。如果是研究生，除了翻译实践之外，我主要讲授中西翻译理论、翻译批评等。

张琼方：您觉得本科生和研究生阶段的翻译教学是否不同？主要体现在哪些方面呢？

王洪涛：应该是不同的。本科应该以实践为主，以理论为辅，我把约80％的时间用在翻译实践的训练和讲解上；硕士层面应该是理论与实践相结合。当然，现在翻译方向的硕士又分为学术型和专业型，这两者又有区别。很多人认为翻译硕士专业学位（MTI）学生只做翻译实践就可以了，在我看来也不妥当，他们毕竟也要拿硕士学位，和本科生应该有所区别，也就是说 MTI 同学也应具备一些翻译理论基础，尤其要懂一些应用翻译理论，当然也要掌握翻译技术，会用各种翻译软件等。学术型研究生，要翻译实践与翻译理论并重，同时也要懂一些翻译技术。博士研究生以理论研究、学术研究为主，当然其理论研究最好建立在翻译实践基础之上或指向翻译实践。

张琼方：假如以硕士研究生为例，您主要会讲哪些理论？

王洪涛：对于学术型的研究生，我会系统地讲语文学翻译理论、语言学翻译理论、文化学派翻译理论、社会翻译学理论以及机器翻译的原理等，尽可能地系统全面，同时深入浅出，突出重点。而对于 MTI 同学，我会讲一些应用性较强的理论，包括功能学派的理论，比如文本类型理论、目的论等。同时也讲一些语言学派、文化学派的理论,比如奈达与纽马克的翻译理论、篇章语言学的翻译理论、改写翻译理论等。另外,我也会讲一些机器翻译与译后编辑的基础理论。我认为这些理论对于翻译实践很有帮助,可以直接或间接地指导翻译实践。从今年起,我给硕士讲课时会有意地涉及机器翻译与翻译技术,虽然我本人不是技术专业出身,但我觉得一些基础知识和原理必须讲清楚,比如说机器翻译走过了哪些历程?计算机辅助翻译如何来做?译后编辑如何来做?人工智能翻译的工作原理是什么?这些也属于翻译理论的一部分,应该让学生有所了解。

张琼方:似乎可以认为,您上课讲的翻译理论和实践结合紧密,既着眼于提升学生的实践水平,又注意提高学生的专业理论修养,同时您保持与时俱进,给学生讲一些与机器翻译、人工智能翻译相关的最前沿的知识。

王洪涛:可以这么理解。

张琼方:您认为您教学的特色是什么?是否秉持着一些特定的教学理念呢?

王洪涛:教学特色是由教学理念来决定。我秉持的教学理念是:理论与实践相结合,文学翻译与实用翻译相结合,传统技能与现代技术相结合。我希望在向学生传授知识的同时,着重帮助他们习得和发展批判创新的能力、自我学习的能力。

张琼方:您教翻译实践是自己挑选教材吗?

王洪涛:教材不固定,由我自己来组织。每门课根据不同的教学对象和教学目标来安排相应的教学内容,同时我会根据翻译研究的拓展、翻译产业的发展以及社会翻译领域的最新样态不断更新授课内容,每门课的教材都不同,每一届学生使用的教材也有所不同。我不使用单一的教材,以免限制学生的视野和思路。

张琼方：所以在授课方面，您不仅强调因材施教，还坚持走在前沿。

王洪涛：可以这么说。当然，如果我觉得某本教材不错，也会推荐学生去读，但不会把它当作唯一的教材，只是把它当作课后阅读书目推荐给学生。

张琼方：您在翻译教学中一般会采用什么样的方式？有没有比较推崇的教学方法？

王洪涛：我认为不同层次的教学应采取不同的教学方式。总体上来讲，翻译教学应该是知识讲授和技能培养相结合，学生之间的讨论互动和教师的点评相结合，课上教师组织引导的教学活动和课下学生独立开展的学习活动相结合。具体来说，形式很多，比如说本科生，主要由我来讲理论知识，包括翻译概念、翻译原理、翻译策略、翻译方法等，同时给学生一些翻译实践材料，让学生课后自行练习，课堂上大家一起来讨论。此外还有其他形式，比如每一讲都给学生一个话题，让学生课下做一些研究，阅读相关文献，课堂上做汇报，我来点评。有时我也会在课上即时给学生一个话题让大家当堂讨论，最后我来点评和总结。总之，翻译教学的形式可以多种多样，不应该拘泥于任何一种模式，应该根据实际情况不断调整翻译教学的策略和方法。

张琼方：在平时作业或一些测试中，您如何检验学生的学习效果呢？

王洪涛：学习效果的检测，也应该避免形式上的单一。一次考试就决定学生成绩，是不合理的。我会让学生在课堂上做主题汇报，对学生随机提问，开展小组讨论，布置课后练习，组织期末考试或布置期末论文，综合考量以上各个方面来判断学生的学习效果。另外，不同课程也有不同的测试形式，实践型课程可以通过考试对学生的翻译能力进行检测，理论型课程则需要通过课程论文来考察学生的理解能力、思辨能力和批判创新能力。

张琼方：在您的翻译教学生涯中，有没有令自己难忘的人或事？

王洪涛：我教书十几年了，每年都会有一些学生令我难忘。比如，有的学生临近期末会写上一张小卡片放在我信箱里，告诉我一年学习的收获和感悟；有的学生会和我单独约个时间聊聊自己的职业规划，向我倾吐疑惑，寻求建议；还有一些学生学业有成，走上了理想的工作岗位，令我感到很欣慰。

张琼方：现在有很多高校开设了翻译专业，有些学校把翻译与某一个具体领域相结合，比如法律、商务、海事等，您觉得这是否有利于翻译学科的发展？还是说应当继续关注通用领域？

王洪涛：我觉得通用领域是基础，如果有条件的话，可以和某一个专业领域相结合，但这一结合的前提是必须首先做好通用领域。基础夯实了，再考虑与某一个或者多个领域相结合。这种结合是翻译专业走向成熟的一种表现，但不能流于形式，不能为了结合而结合，要考虑各种条件和因素。如果要开设与某一个专业领域相关的翻译课程，必须考虑学校的教师是否具备相关资质，这个领域在市场上的发展前景如何，学生毕业后能不能符合市场需求，等等。还有，学生是否具有相关的专业背景知识，其本身是否有兴趣，总之要综合考虑很多因素。如果要开设这样有针对性的课程，一般情况下建议设为选修课而不是必修课。这样更利于学生根据实际情况挖掘、培养自己的兴趣，发展自己的专长。

张琼方：您曾经前往世界著名学府牛津大学进行访学，在此期间关于翻译实践和教学这两方面有没有什么新的收获？

王洪涛：我于2012年至2013年在牛津大学英语语言文学系访学，参加过不少与翻译相关的活动，选修过一些课程，参加过一些研讨会等。我参加过马修·雷诺兹（Matthew Reynolds）教授主持的"牛津对比批评与翻译"（Oxford Comparative Criticism and Translation）系列学术研讨会，这个系列研讨活动主要是面向研究生和博士生，集中进行作品分析和理论研究，注重培养学生的批判性、创造性思维。我在牛津大学的汉学系也听过一门汉学专业的课程，内容是《庄子》的英译，该课程主要是做文本的细读、诠释和翻译。

张琼方：他们的教学和国内的教学相比，有什么明显的不同吗？

王洪涛：与国内不同的是，牛津大学并没有专门的翻译系，但不少教师对翻译感兴趣，开设的许多课程也与翻译相关。记得牛津英文系有一门面向本科生的翻译课，由两位年轻的女教师合作开设，讲的是翻译的隐喻，比如不同文化、不同国家把翻译比作什么？其背后的寓意是什么？她们在学理层面上的考量比较多，强调的是研究能力。而在中国，本科生的翻译课还是以翻译技能的培养为主。

张琼方：例如国内做翻译批评，有时候会拿多个译本进行对比，评判高下。在牛津，会不会这样？

王洪涛：一般情况下可能不会。当然，参加"牛津对比批评与翻译"研讨会的师生主要来自牛津大学的英语语言文学系，他们更多的是从文学层面来做翻译的描述、阐释和批评，比如将某种文学文本译介到另一种语言和文化中去，对目的语的语言和文学会产生怎样的影响，引发了什么新的文学创作，产生了什么新的文学思想等。因此他们主要是从比较文学和比较诗学的角度开展翻译批评。

张琼方：人们常说"教学相长"，通过多年的翻译教学，和您自己作为学生的时代相比，您对翻译有没有产生什么新的感悟？有没有发生过观念上的一些变化？

王洪涛：观念发生了很大变化。我在学生时代，尤其是在本科和硕士阶段，基本上是把翻译看成一种从源语到目的语的语言转换活动，重点关注的是词汇、句法、篇章等层面上的语际转换问题。到后来，随着自己翻译研究的深入和翻译教学的积累，对翻译的认识更加深刻和全面，认为翻译不仅是一种语言转换活动，同时也是一种跨文化交际活动，是译者参与社会建构、推动社会发展的一种社会活动。

三、谈翻译行业

张琼方:最后希望向您请教有关翻译行业的一些问题。外行人常常低估译者的劳动,认为翻译就靠翻词典,人人都能做翻译。您觉得翻译的功能是什么?

王洪涛:翻译的功能是多元的,大家对它的认识也是多元的。学界对翻译的界定很多,比较经典的有罗曼·雅各布森(Roman Jakobson)提出的语内翻译、语际翻译和符际翻译。严格意义上讲,翻译是一种跨语言、跨文化的活动或行为。从不同角度来看,它的功能是多种多样的。从语言转换的角度来看,翻译可以传达意义,传递信息;从文化交流的角度来看,翻译可以实现不同国家、不同文化之间的交往与交流;从社会建构的角度来看,翻译可以帮助译者参与社会建构,促进社会发展;从文明互动的角度来看,翻译可以促进不同文明之间文化思想的传播与接受,促进不同文明之间的交流与互动。

张琼方:放眼当下,您认为如今的翻译活动和过去相比有什么明显的不同吗?

王洪涛:当前的翻译活动发生了巨大的变化。从翻译的主体来看,之前的翻译活动依赖的是人类译者,但现在就不能一概而论了:译者可以是人类译者,也可以是人工智能译者(AI translator)或机器译者;就翻译客体而言,传统上的笔译以纸质文本为主,同传和交传处理的是即时性的话语,而现在的翻译客体已经发生了变化,出现了电子文本,话语也可能是跨时空的、跨媒介的。另外,翻译的原理也与之前不完全相同了。以前的翻译原理依靠的主要是语际转换的规律,但机器翻译的兴起使情况发生了变化。机器翻译的发展经历了几个时期,其所依靠的原理也不尽相同,早先主要是基于规则的机器翻译,之后是基于语料、基于算法的机器翻译,现在又出现了神经网络机器翻译。因此可以说,翻译的样态发生了很大变化。

张琼方：近年来，中国学界提出了"中国文化走出去"和"构建中国形象"等目标。在您看来，中国文化典籍应该由中国人还是外国人来翻译？

王洪涛：这个问题很好，也很复杂。我最近做的国家社科基金项目"中国古典文论在西方的英译与传播研究"中有一部分内容也讨论这个问题。目前中国学界有几种不同的声音。一种声音说，这是我们国家的文化典籍，是我们民族的瑰宝，中国译者对它的理解更加充分深刻，同时，我们立足本土文化，能够在翻译过程中充分地传达中国文化的精髓，所以中国文化典籍应当由中国人来翻译。另一种声音说，我们要把中国的文化典籍翻译到国外去，传播到外国文化中去，自然要考虑译本在这些国家和文化中的接受情况，也就是要考虑译本的可接受性，外国译者在这方面更具优势，所以中国文化典籍应当由外国人来翻译。这些观点都具有一定的合理性，因为中国译者和外国译者的确各有所长。在我看来，比较理想的一种状态是中外译者携手合作，互相取长补短，即充分利用中国译者对中国语言和文化的深入理解和外国译者对其母语和本国文化市场的精准把握，形成中外译者相互协作的翻译模式，实现两者的优势互补。实际上，现在已经有不少翻译活动采取了这样的模式。我在英、美、澳三国做过问卷调查，涉及十几所高校，收回有效问卷 251 份，其统计结果表明，绝大多数英语读者都认为中外译者合作是最理想的模式。当然，要推行这一模式，还有许多问题需要思考。让中国文学和文化"走出去"，除了狭义的翻译活动本身外，还要考虑到传播和接受问题，比如选择什么样的出版机构，用何种方式对译作进行推介等。

张琼方：甚至包括文本的选择也要认真考虑，译哪些？按什么顺序来译？其中也有讲究。

王洪涛：当然有讲究。

张琼方：如今，翻译研究以描写为主，那么您认为传统的翻译对比和批评的价值如何体现？体现在哪里？

王洪涛：自从以吉迪恩·图里（Gideon Toury）为代表的一些学者提

出、发展了描写翻译理论之后，不少人都在采用这种模式来研究翻译，但是翻译批评活动仍然有它存在的价值，并且会一直持续下去。简单来说，翻译批评的功能是规约，是评估，是监测，是引导。对质量低下的一些翻译作品，可以指出其问题，而对质量上乘的翻译作品，则可以予以肯定和推介，从而引导读者、引导市场。现有的翻译批评以文学翻译批评为主，比较注重语言文字层面、文学艺术层面和社会文化层面上的东西，基本上是一种人文主义路径的批评研究。人文主义路径的翻译研究主要是为了满足社会的高端需求，满足人类的审美需要，广义上来说是为了守护人类的精神家园。

需要指出的是，未来翻译批评的概念将会拓展，翻译批评的对象也会发生变化，就像我上面所讲的那样，翻译的样态已经发生了变化，翻译批评自然会随之而变。传统上，学界的讨论多集中于文学翻译批评，然而当前应用翻译不断发展，机器翻译迅速兴起，应用型文本的翻译批评显得也很重要。再者，翻译批评不能完全拘泥于对翻译文本的批评，还要对翻译过程、译者、翻译技术等进行批评，因此将来可能会有翻译过程批评、译者批评、翻译技术批评等。另外，翻译学界所谓的翻译批评，在翻译公司可能会代之以其他名称，表现为其他形式，比如翻译质量控制、翻译质量评估等，而翻译质量控制中的质量评估在性质上也是一种翻译批评。

张琼方：当前，机器翻译已经引发了非常广泛的关注，您认为人工翻译未来存在的空间在哪里？

王洪涛：人工翻译的存在，很大程度上是由翻译活动的性质决定的。早前，翻译界曾经出现过关于"翻译到底是科学还是艺术"的辩论，尤金·奈达（Eugene Nida）早期认为翻译是科学，但后来又说翻译不仅仅是科学，同时还是艺术。翻译活动不仅具有科学性，同时也具有艺术性、人文性和社会性。我前面讲过，翻译除信息传递的功能之外，还有文化交际的功能、社会建构的功能、文明互动的功能等。翻译的上述各种功能单凭机器本身并不能完全实现。简言之，机器是人类的工具，人类是机器的主宰。从翻译的实践层面来说，一些低层次的翻译活动可以由机器来完成，或主要由机器来完成,但中等层次和高层次的翻译活动,如外事翻译、外交翻译、文学翻译、文化翻译等,主要还是依靠人类译者来完成。如果从社会翻译学的角度来看,即使我们使用机器来做翻译,源语文本的选择仍然是由人类来决定的。不仅如此,机器翻译开始之前,我们还要对源语文本做一些处理。比如,为了让机器能更好地识别人类的"自然语言"(natural language),人类译者需要通过译前编辑把机器不能识别的某些自然语言转换成它可以识别的机器语言,转换成所谓的"受限语言"(controlled language)。而在翻译过程中,人类译者也可以对机器进行操控。举一个例子,假如要翻译一个上百万字的文本,我们可以选择其中的一部分,比如说选择其中的一万字,让机器先做一个测试性的翻译,看一下机器翻译的效果如何,再根据测试效果对机器做一些调整,以达到更好的效果。机器译完以后,还需要人类译者对机器翻译的文本进行译后编辑,从语法、逻辑、修辞等各个角度对其进行修订和完善。换句话说,机器翻译在很大程度上需要人类译者的介入才能使最终的译本在质量上达到预期效果。另外,翻译文本生成以后,还要开展出版、发行、推广等方面的工作,其中也需要人类译者的参与和协作。因此,翻译是一个非常复杂的过程,机器所做的只是其中的一个环节,中间很多环节还是要靠人类译者来完成,或者说要靠人类译者与机器相互协作完成,即所谓的"人机耦合"。

张琼方:所以,人类译者至少在短期内不会被机器取代,但角色可能会发生一些变化,是吗?

王洪涛:是的,即使长远看来,人类译者也有很大的发展空间,因为很多翻译工作或其中的某些环节始终需要人类译者来完成。当然,人类译者的角色较之以前会发生很多变化。

张琼方:感谢王老师谈到这么多与翻译相关的知识。最后,您能不能对青年翻译学者或学子说几句勉励的话?

王洪涛:好的。在我看来,翻译活动不仅是一种有趣的语言转换活动,而且是一种重要的跨文化交际活动和社会活动,它可以促进各个民族、各个国家之间的相互理解,帮助译者参与社会的建构,实现译者个人的社会价值,把译者个人和世界连接在一起,所以翻译活动的意义非常重要。翻译产业是语言产业的一部分,在当今全球化和本地化这两股浪潮中,语言产业在国民生产总值中所占的比重越来越高,不仅在西方国家如此,在中国更是如此。如果将翻译作为自己的专业或职业,未来的发展空间也是很大的。就学术研究而言,翻译学作为跨越古今、融通中西的大学问,更有很大的空间等待我们去探索。因此可以说,翻译有助于守护人类的精神家园,有助于推动社会经济的发展,有助于促进不同文化之间的交流和不同文明之间的互动,投身其中将会大有作为。

译来译趣

——吴刚教授访谈录

徐 红 万耀兰 吴 刚

受访者简介:吴刚,博士,教授,研究生导师,上海外国语大学高级翻译学院副院长,上海翻译家协会副会长,长期从事文学与翻译学方面的研究。写有专著《王尔德文艺理论研究》(上海外语教育出版社,2009);另发

表有《走出文论研究中的误区》(《外国文学》,1999 年第 5 期)等多篇论文；参与编著《美国文学背景概观》(上海外语教育出版社,1998)、《简明英国文学史》(上海外语教育出版社,2002)和《文体翻译论》(上海外语教育出版社,2002)；从事文学翻译近 30 年,译作有《霍比特人》(上海人民出版社,2013)、《美与孽》(上海译文出版社,2011)、《莎乐美》(上海译文出版社,2011)、《我们的村庄》(漓江出版社,2016)、《勇敢的船长》(少年儿童出版社,2011)、《野性的呼唤》(译林出版社,2016)等近 40 部,逾 400 万字。

访谈者简介：徐红,上海外国语大学高级翻译学院博士生,研究方向为翻译技术和翻译教学。万耀兰,上海外国语大学高级翻译学院硕士生,研究方向为应用翻译。

本次访谈时间为 2019 年 3 月 6 日,访谈者在访谈前半个月整理出访谈题目,之后在上海外国语大学(简称"上外")高级翻译学院会议室对吴刚教授展开了约 1 小时 10 分钟的访谈。吴刚教授自 1993 年始,在上海外国语学院(现上海外国语大学)英语学院任教,同时也承担大量的文学翻译项目。在将近 30 年的实践和教学过程中,积累了丰富的文学翻译经验。吴刚教授的课堂教学也深受学生们的好评,有学生形容吴刚教授的课堂在俏皮幽默之际常常使人"醍醐灌顶,茅塞顿开"。

本次访谈内容形成四大议题：译者生涯、传道授业、教学相长、展望未来。相信通过阅读本访谈,大家可以了解到吴刚教授的文学翻译心得、翻译教学方法和其对未来翻译实践和教学的洞察。

一、译者生涯

徐红：吴老师,请问您是在什么契机下开始从事翻译实践的?

吴刚：初中时候,我首次接触翻译是去参加上海《青年报》举办的一个翻译竞赛。当时这类活动很少,翻的时候对翻译有了最早的感觉,对翻译的认知就是"难"。那是一篇美国短篇小说,文章中的词查字典都查得到,但是凑在一起都不知道在说些什么,感觉很受挫。当时,我从来没想过翻译。到了大学二年级的时候上精读课，精读课里面有课后的翻译。当时翻译的时候觉得翻译有所进步。老师给的作业反馈也很好。所以自己就有了信心。之前的翻译是毫无控制的感觉，这次感觉有掌控的能力。我大学也接触了英译汉和汉译英的课程，觉得课上老师分析的翻译大师的作品的确非同凡响。但是，我感觉这些作品离自己还很遥远，那个时候就是打破头也想不到为什么这样翻。研究生阶段选修了谢天振老师的"世界文学"课，课上谢老师讲了安德烈·勒菲弗尔的操控理论，也布置了作业让我们翻一翻这些翻译理论。谢老师不是让我们全篇都翻译，其实当时已经有译文了，他不是为了出版或发表，而是为了加深我们对翻译理论的了解，同时提高我们的翻译能力。那个时候，我觉得理论文章非常佶屈聱牙，我还记得当时面对很多文论中的专业术语也是无从下手，不过好在得到谢老师的点拨。研究生毕业之后，我做了很多翻译，当时谢老师介绍我们给台湾的出版社翻译一些成功励志的书。虽然这些书现在看起来并不算太难翻译，但是当时对我们来说还是有一定的挑战性，而且当时还是手写翻译稿。我感觉翻译的时候心里还是挺没底的，翻译会卡壳，但是翻到后来，觉得越来越顺利。

当时，我在上外英语学院就职，英语学院在上海比较有名，曾看到旧书摊上很多文学作品都是上外英语学院翻译的。当时，很多作品需要翻译时都会找上外。我承接了上外英语学院的一些翻译项目，比如《马克·吐温短篇小说集》。不过，这个阶段有时也会因为翻译作品最终没有付梓或者出于其他原因，没有拿到稿费，这种情况也是存在的。虽然没有得到经济上的回报，但是这也不失为一个自我成长和提高的机会。我听说，很多老一辈的翻译家很多时候翻译都是出于自己的兴趣，比如方平先生。翻译应该要有这样的承受力。

徐红：请问吴老师，到现在为止主要翻译了哪些作品？有没有令您印象比较深刻的翻译趣事可以分享？

吴刚：我目前一直从事文学翻译，到现在为止共计出版了 40 多部译著。在此当中，有应出版社要求而翻译的《远离芝加哥的地方》（*A Long*

Way from Chicago)（少年儿童出版社，2011）等作品。这些作品都是滑稽爆笑的风格。我比较善于在翻译中展现幽默感。这些出版社比较看重译者的风格，他们希望翻译的文本能够比较生动、诙谐、幽默。这些译本的风格也成为我的特色，因为我平时比较关注幽默的表达和艺术形式。

目前的翻译状态是一年一本书。我比较喜欢威廉·萨默塞特·毛姆（William Somerset Maugham）、弗朗西斯·斯科特·基·菲茨杰拉德（Francis Scott Key Fitzgerald）和奥斯卡·王尔德（Oscar Wilde）的作品，所以我会跟出版社沟通翻译这些作家的作品。菲茨杰拉德和王尔德的作品我之前有翻译过，比如《美与孽》（ The Beautiful and Damned ）和《莎乐美》（ Salome ）。我本来也是有机会出版毛姆作品的译著的。有次，一个出版社希望我翻译《人性的枷锁》（ Of Human Bondage ）。这部作品是毛姆创作的长篇小说，首次出版于 1915 年。该作品通过对主人公菲利普 30 年生活经历的描写，来呼唤人性能够得到全面自由的解放。该作品在英国文学史上具有不可撼动的地位，至今从未绝版。我在翻看了原有的翻译版本之后，发现原来译者的译作从各个方面来看都相当不错。语言风格跟现在没有太多的差异。我觉得一本原本 90 分的译作，重译之后即便达到 94 或 95 分，意义也不大，因为其本来就是很好的译作。我本身也很尊重好的译本。除非我看到翻译质量不过关的作品，那我觉得有必要为原作正名。之前有人曾说，还有那么多书本没有被翻译。

现在在翻译的时候，我有更多选择的余地。前段时间，我翻译儿童文学比较多。从绝对的翻译难度上来说，儿童文学不是最具挑战性的。我现在想翻译一些严肃的文学作品。比如，最近看到我的好友冯涛翻译石黑一雄的《长日将尽》（ The Remains of the Day ），觉得翻译相当到位，因为之前我看过原版。在译本中，他对于一些复杂的句式采取一种还原的译法。现在有的译者按照以往的译法，可能会对作品的复合句式进行断句处理。他们可能觉得断句断得明明白白就很生动，但是其实未必。我觉得翻译发展到现在，越来越注重对原来风格的还原了。首先，在有了以往译本的铺垫之后，我们不缺非常忠实的译本。其次，读者对翻译的态度也在改变，有的时候读者不仅仅满足于意思明了。更多的时候，读者想了解原文的句式和文体风格。再者,异化的翻译对中文语言的发展也有帮助。中文也可以从中汲取养料。

二、传道授业

徐红:据我所知,您从事文学翻译实践、研究和教学有将近 30 年。请问您在文学翻译课堂上会采用哪些教学方法?

吴刚:我研究生时期的翻译老师是聂振雄。他教翻译的方法很朴实,不花哨,就是文本的翻译和讲评。但是,我觉得他的功力都展现在他的讲评上,他讲得很深很透,对每个词的讲解头头是道。他的翻译理念和翻译观都体现他的讲评之中,上课的时候都是娓娓而谈。聂振雄老师的课堂教学对我的影响很大,所以我现在的翻译课都是这种漫谈式的。鲁迅先生以前上课,就是坐在藤椅上,不大会照本宣科的。我喜欢讲文学文本,不会刻意地安排,基本上是大家做文本翻译练习。但是,关键是把一个人翻的错误讲出道理来,让别人信服。有时,并不是对错的问题,而是美感。

徐红:您刚才提到给学生做文本翻译练习,那请问您在上课的时候会选用哪本书作为翻译练习对象呢?

吴刚:以前给本科生上翻译课的时候,用的是张培基的《英汉翻译教程》。该书是 1997 年上海外语教育出版社出版的。全书共分六章。各章后配有单句练习,书后有大量短文翻译材料,以便学生通过实践提高翻译能力。后来,随着时代的进步和发展,教学开始脱离书本,以块面的形式来讲授翻译,比如被动句、复合句等的翻译。再后来,翻译教材慢慢地全部被摆脱掉了,因为有的翻译教程会附上答案。这些答案会让学生丧失主观能动性。现在,基本上就是翻译最新的文章或者经典文学作品。

三、教学相长

徐红:您长期处于翻译教学和实践的一线,那么请问您认为翻译教学和翻译实践是什么样的关系?

吴刚:两者是相辅相成的,对此我感触颇多。我以前教学生各种各样的翻译技巧,比如长短句或加词减词的技巧。我跟学生讲起这些技巧来头头是道,但是实际上对于我自己来说也是需要学习的。在我教了学生四五遍之后,我觉得我完全掌握了这些技巧。这是需要时间积累的。虽然我记熟了这些技巧,但是在使用的时候,还是要有所扬弃的。自己要根据不同的语篇有所调整。翻译是很活的,语言也是很活的。语言在不断地进步,语法也是。年轻人的网络语言正在普及化,比如形容词或名词被用作动词等。所以,你必须要用开放的心态来使用技巧才可行。

徐红:您翻译的文学作品数量颇丰,那么这些丰富的翻译实践对您的翻译教学有哪些影响呢?

吴刚:现在,很多上课用的材料都是我自己翻译的作品。自己翻译的作品感受比较深。用别人的作品要去揣测别人的翻译动机。我有一个有趣的发现:我自己翻译的书,只要拿去给学生做练习,总会发现学生中有更好的翻译版本。为什么呢?因为你如果是一对一教学的话,我相较某个学生比较强。但是如果把文本发给三四十个专业学生的话,那就相当于把文本放在显微镜下面,而且任何时候单个人的智慧都是比不过集体智慧的。我觉得这也需要一定的勇气。但是对我来说,我还是可以克服这种恐惧。我觉得老师就是希望学生超过自己,青出于蓝而胜于蓝。没什么比把自己犯过的错误告诉他们更有价值。有的时候,我会告诉学生我是怎么想偏了或想多了,这在翻译时是很常见的。我觉得跟学生分享自己犯过的错误是最有价值的事情,对他们的帮助也最大。

四、展望未来

徐红:在 AI(人工智能)或者科技的蓬勃发展下,大量的非文学文本翻译都尝到了科技带来的便利。但是,对于文学翻译来说,科技的参与并不明显。您认为文学翻译有什么特殊性?您作为文学翻译的大师,对于 AI

的发展是如何看待的呢?

吴刚:对于高级翻译学院的学生来讲,他们对翻译技术是跟得非常紧的。我长期从事文学翻译的实践、研究和教学。我认为,首先,文学翻译非常强调主观性,很多时候往往都是译者自己审美能力的体现。我一直觉得审美能力在具体的语言之上。如果你看不到美,那谈何翻译? 你的所有表现技巧都可能是假的。有的时候是大巧若拙,有的时候以拙的方式表现巧。比如说,鲁迅先生1924年创作的一首叙事兼抒情的散文诗《秋夜》中,第一句话是这样写的:"在我的后院,可以看见墙外有两株树,一株是枣树,还有一株也是枣树。"鲁迅先生这句话里有特殊的韵味。作为译者不能合并同类项,翻译成"我家的后院有两株枣树"。这就是文学的审美能力会影响到译文效果的最好例证。

其次,文学翻译是追求差异的,因为技术成功的关键是善于学习和总结经验和规律。技术的本质是求同,一次翻译和另一次翻译相似点和重复率越高,机器的优势就越明显。所以,机器要翻译重复的报表,肯定比人要好。人抄写一遍,第二遍跟第一遍不一样,但是机器不同。

再次,文学是反语法的,文学要突破语法对它的限制。要是没有文学的话,语法可能永远都是一成不变的。正是因为文学作品的作家运用了新的表达方式,所以语法在不断扩展。从一定程度上来说,好的文学写作有一定的超前性,必然不符合当时的语法。机器很难突破现有的东西,因为机器擅长学习现有的知识。

你要让机器发明创造可能有一定的困难,但是将来可能机器也可以发明创造,因为机器可以把它文本中的语言分成不同的要素。然后,机器可以创新排列不同的要素,可以采取穷句法。一个句子可以多样写,都可以试一试。但是,关键还是人来配合他,比如评判机器的表达是错误的,但是美的。机器不一定能评判自己,不知道自己创造了一个很美的东西。机器只能是根据指标来产出语言,主要是擅长于定量。你要说朦胧的美感,只可意会不可言传等,机器现阶段做不到。

文学翻译是对翻译者的个人要求最高,因为他面对的是最开放的一种词汇表达的可能性。你这个都能应付,再面对有平行文本的翻译就轻松了。我有时跟学生讲,我们不要把搜索的能力当作是自己的翻译能力。这个词怎么翻,大家首先想到的就是谷歌(Google)或者百度,但是很多时候如果没有人帮我翻,你也搜不到,你该怎么翻。严复先生曾讲过,一名之立,旬月踟蹰。难在哪里?一个词都要翻译一个月,那是因为没有参照,当时是没有中国英汉大词典的。他要翻一个西方学科的名称,西方有中国没有,现代科学的名称该怎么命名,真的很困难。但是这才是真正的翻译能力。我们虽然学会用机器、软件、数据库、审校系统等技术工具,技术肯定是要用的,但是翻译真正的核心不在于此。翻译应该是创造性翻译的能力。

不过,我觉得文学翻译者也可以对机器翻译或人工智能采取更加开放的态度。现在,电子词典提升了翻译速度,而且现在的词典可以用到他人的翻译数据。我发现,机器现在呈现出来的译句越来越好,甚至对文学翻译也可以起到一定的辅助作用。机器也在不断地学习,它知道这些词句如何实现最优的意义。我们不能因为机器翻译不能够达到最好,就把它一棍子打死,就好比 0 到 59 都是不及格,但是 0 和 59 是不一样的。机器翻译比过去已经进步很大了,这个进步必须要承认。不能因为它还没有达到 90 或 100 分,就把它一棍子打死。我觉得作为一个翻译老师和实践者,我对新生的事物比较包容。我觉得对机器翻译应该有一种开放的心态。如果需要的话,我们甚至要帮助机器或人工智能,看看最后能不能让机器产生一种创造的力量。

后 记

访谈者特此表达对吴刚教授的感激。吴教授费时费力地接受此次访谈。从最初联系,经面对面访谈,到访后多次请教,以及后期访谈稿件的多次审核润色,访谈者特别感谢吴教授的精辟建议与悉心帮助。

翻译教学与翻译人才培养①

——许钧教授访谈录

杜　磊　许　钧

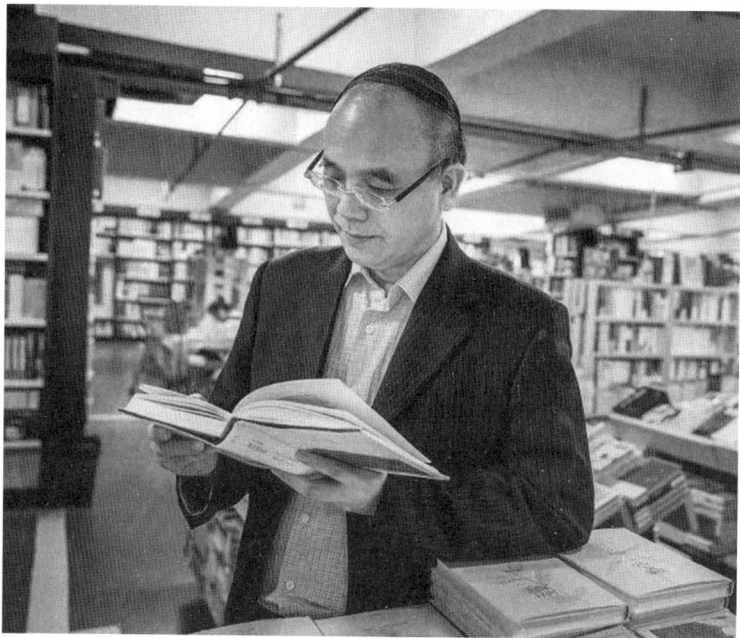

受访者简介：许钧，浙江大学文科资深教授、博士生导师，浙江大学中华译学馆馆长，教育部长江学者。曾任南京大学研究生院常务副院长、南京大学学术委员会副主任，兼任国务院学位委员会第六届、第七届外国文

---

① 本次访谈的主要内容已在《外语教学》2021 年第 5 期刊发。

学学科评议组召集人,全国翻译硕士专业学位教育指导委员会副主任、中国翻译协会常务副会长,并担任 *Meta*、*Babel* 和《外语教学与研究》《中国翻译》《外国语》等国内外 10 余种学术刊物的编委。因在翻译与文化交流领域的杰出贡献,许钧教授荣获了法国政府颁发的"法兰西金质教育勋章"(1999)与中国翻译协会颁发的"翻译事业特别贡献奖"(2012)。许钧教授不仅"做翻译""研究翻译",也"教翻译"。在翻译人才培养方面,曾先后两次获得国务院学位委员会和教育部颁发的"全国优秀博士学位论文指导教师"称号,以及宝钢教育基金优秀教师特等奖。

访谈者简介:杜磊,上海外国语大学博士,浙江大学外国语言文化与国际交流学院博士后、副研究员,主要研究方向为翻译学和翻译教学。

　　许钧教授的翻译教学与教育硕果累累。他非常善于引导学生,培养了一批热爱翻译实践与译学理论研究的翻译家与学者。本次访谈,许钧教授谈聚焦于"教翻译"这一话题,阐述分析了他的翻译教学与教育的方法、理念与思想,在现今我国翻译教育事不断发展壮大的大背景下,对于广大从事翻译教学的一线教师与翻译教学研究者都具有很深的启迪价值。

　　本次访谈时间为 2020 年 9 月 21 日,为线上访谈,上海外国语大学博士生潘琪协助,持续时间为 2 小时 30 分钟。访谈中,许钧教授基于自身的教学实践与经验,分享了他对翻译教学与翻译人才培养的思考与理念。许钧教授提出,翻译过程的形态决定翻译教学的形态,翻译教学因而首先要培养的是学生对于翻译的选择能力,帮助学生树立动态发展的翻译观和翻译价值观。同时,教师还应加强译前准备与译后工作的教学与指导,将教学贯彻到整个翻译过程之中。在语言转换层面,许钧教授强调翻译教学应以"问题"为核心,提高学生发现与解决实际翻译问题的能力,引导学生思考翻译策略,探索翻译理论。最后,许钧教授指出,未来应着力于"多样化"的翻译人才培养方略,促进翻译教学向"高水平"的方向发展,并利用好"新技术"为翻译教育所带来的新思维与新资源。

一、从教学翻译走向翻译教学:理论思考与个体实践

杜磊:许老师,您好！ 您在多个场合,曾经以"做翻译""教翻译"和"研究翻译""三位一体"的方式来总结您与翻译之间的关系。其中,"教翻译"居中,可见在您看来,这是非常重要的一个方面。今天,想特别借着这个机会向您请教一下"教翻译"的问题。首先,能不能请您大致先回顾一下,您最早是如何走上翻译教学之路的?

许钧:我走上翻译教学之路,最根本的原因,是我喜欢翻译。如果我们把目光聚焦在"教翻译"上,我认为它是很重要的一环。为什么? 作为一个教师,"教翻译"的基本任务之一,是在课堂上把翻译的概念与翻译技巧传授给学生,提高学生的翻译能力,培养学生成为优秀的译者,让他们把翻译事业传承下去。如果从永乐五年(1416 年)明代设立四夷馆系统培养专职翻译人才算起,我国的翻译教学史已有六百余年了。翻译,尤其是笔译,是人和文本打交道,"教翻译"则是人和人之间打交道。从一个教师的社会价值的角度来讲,"教翻译"很重要,这是因为教师在"教翻译"的过程中不仅仅传授翻译技巧,还肩负着培养不同文化,乃至不同文明间使者的重任。如果文明之间要靠"翻译"的力量才能实现互相对话与交流,那么"教翻译"无疑是使翻译形成"力量"的那种"力量",是文明存续与发展中作用相当特殊的一环。我们做翻译教师要有这个认识,更要有这个信念——现在课堂里坐着的,紧盯着你的,从你这里学习翻译的那些青年学子中,未来一定会出现独当一面的翻译家与跨文化交流的使者。

从理论的角度来看,任何人真正踏上翻译教学之路,都有可能历经从"教学翻译"向"翻译教学"的观念转变。在课堂上,翻译最早是外语教学的一个抓手,这个时候我们把它叫作"教学翻译"。也就是说,翻译或者翻译练习是外语习得过程中用于培养学生的语言能力的,以提高外语能力为目的。我们都是学外语的,外语学习需要培养五大能力——听、说、读、写、译。译是垫后的,在某种程度上也是最困难的,是听、说、读、写基本功积累之上一种综合能力的延伸。一开始,我们接触翻译的主要方式就是

"教学翻译"。到后来,我们进入到翻译专业的学习,专攻"听、说、读、写、译"中的"译",开始接受"翻译教学",这时候,翻译是作为一种专业被教授的。为什么要开展翻译教学?很明确的一点是,以提高外语能力为目标的是"教学翻译",以提高翻译能力为目标的是"翻译教学",翻译教学在理论形态上得以从二语习得中独立出来,这是转变或演进的分水岭,也是必由之路。翻译为什么需要"教学"?这是因为,翻译具有悠久的历史积淀,它完全是一门具有自身特殊理论与实践问题的学科。一言以蔽之,学得好外语的人不一定能把翻译做好,这点已被实践反复证明。翻译教学的终极目的是培养翻译专业人才,我们展开翻译教学,其前提与基础也是这样一种观念与认识上的变化。从大的方面讲,这同时也是翻译教学理论得以建构起一座宏伟大厦的"起点"。很多做翻译教学研究的学者,都会不假思索、习惯性地提到"教学翻译"与"翻译教学"这对基本概念。其实,两者间的关系问题还要进一步打通,重要的是要认识到后者的理论建构价值与意义。

杜磊:许老师,您对这对概念的强调确实很有必要。听了您的解释,我的感觉是,这对概念不仅仅是不能混作一谈那么简单。尤其是"翻译教学",学界虽很早就已提出,但认识并不深刻。之所以很多人,包括一些翻译教师,也对翻译的认识有所欠缺,起源很可能就是头脑里不自觉地把"教学翻译"等同于"翻译教学"。两个词一掉头,其实是完全不一样的一番天地。这反过来也说明"翻译教学"的观念其实还不够深入人心。

许钧:对,你说得有道理。从我个人角度来看,我对此感悟也很深。1975 年,我从南京解放军外语学院毕业,1976 年赴法国留学,回国以后,从事外语教育,自然涉及教翻译的问题。但是,我走上翻译教学讲台又不是表面看上去那么简单。从 1980 年动笔翻译亨利·古龙日(Henri Coulonges)的《永别了,疯妈妈》(*L'adieu à la femme Sauvage*)和让-马里·古斯塔夫·勒克莱齐奥(Jean-Marie Gustave Le Clézio)的《沙漠的女儿》(*Désert*)等作品的实践历练开始,我就发现,我的翻译实践能力,以及对翻译的理解虽然时有进步乃至飞跃,但实际上,我遇到了很多我难以克服的障碍,正是这些障碍触发我去思考:为什么会出现这些障碍？这些障碍要怎样才能克服？假如要克服这些障碍,我所采取的手段或者路径是否合理有效？通过发现与处理这些障碍,渐渐地,我就不自觉地接近并触及到翻译这个专业的一些最根本的问题。所以,翻译实践为我在理论上提出了非常多值得思考的问题。在我的理论思考中,我没有把这些问题束之高阁,恰恰相反,我又把它们带回到了我的实践中,特别是翻译教学的实践中去。我的一个很大的发现是,这些问题中有相当一部分是完全可以通过翻译教学这种独特的实践形式来找到答案的。当我把问题在翻译教学的场域中提炼出来的时候,一些原本难以解答的问题居然会找到很有价值的答案。在课堂上,学生是译文最严苛与挑剔的读者,他们的直觉最为自然、直切、敏锐。当你向这些"特殊读者"传递你对这条译文好坏得失的理解,或者拿出你自己的译文讲解的时候,他们的反应就是最好的翻译批评;当你试图努力向学生阐述一个翻译问题以及解决问题的思路时,你自身对翻译的认知过程乃至对翻译本质的理解,都会不断产生新的感想与体悟。因此,千万不要认为翻译教学只是一个学生被动接受知识的过程,翻译教学不仅是一种教学任务,也是教师水平提高的平台。只要我们认真设计教学,上好每一堂翻译课,作为教师,我们其实可以从教学中汲取很多营养,教学相长的效应会很明显。

杜磊:许老师,您刚才的话中其实涉及两个要点。一是实践,这一点恰好回答了您刚才提出的要进一步打通"教学翻译"与"翻译教学"之间关系的问题。从"教学翻译"到"翻译教学"的观念之变不是一个抽象的过程。实践出真知,从个人的角度来看,中间真正起到转变作用的,是个人对翻译的实践与思考。二是翻译教学的实践意义。翻译其实还有"翻译教学"这种特殊的实践形式,而且,翻译教学的实践能有助于解决一些翻译实践中解决不了的问题。

许钧:是的,毋庸置疑,从"学翻译"走向"教翻译",虽然个人境况不同,经验有别,但这一过程实际无一例外地包含了理论思考与个体实践这两条关键线索,并且这两条线索又关系到我们翻译教学整个领域专业意识的构建。

二、翻译过程的形态决定了翻译教学的形态

杜磊：听了许老师刚才的剖析很受教。其实我本人很早就开始学习法语了，那时候阅读了许老师主编的《法汉翻译教程》①。这本书不厚，但无论是编排方式，还是章节内容，与一般我们看到的翻译教程已有很大区别。比如，您一开始先是给出精选的原文，然后单独从本章要解决的问题的角度分析原文精彩与独到的地方，给出译文之后，再对译文给予点评与分析。接着，您会选取具有代表性的例子予以讲解、分析，然后做归纳与总结，最后则是欣赏与思考。您的讨论也很系统全面，大到"结构的调整与长句的处理"（第四章），小到"标点符号的处理"（第八章），甚至还包括"翻译中工具书的使用"（第十一章）。每章之前，您还对该章所涉及的翻译问题从理论高度予以提纲挈领的总提。我想我和很多阅读过这本书的读者一样，虽没有真正地上过您的翻译课，但感受却完全如走进您的课堂一般。今天，借这个机会，想向许老师特别讨教一下，课堂上的翻译教学到底该如何开展？您有什么样的经验可以跟我们分享？

许钧：实际上，多年来，我做了很多具体的翻译教学工作，比如我一直承担着本科生的"汉法翻译"、硕士生的"翻译通论""法汉翻译理论与实践"，以及博士生的"翻译专题研究"四门课程。在本科阶段，翻译课以实践为基础；到了硕士，就慢慢地开始与理论相结合；到了博士阶段，则强调对理论的自由探索。所以，我们的翻译课是一个从实践向理论渐进的课程体系。

在我上的这一系列课程中，"法汉翻译理论与实践"课采用的是"翻译工作坊"的形式，针对的是硕士研究生。这门课向下与实践接轨，向上又承托翻译理论。如果我说翻译教学应着力培养学生的翻译能力，所有的翻译教师肯定都会赞同我的提法，培养翻译能力是翻译教学应有之义。但关键问题是，翻译能力究竟应如何界定？近年来，我们对翻译概念的认

---

① 许钧. 法汉翻译教程. 上海：上海外语教育出版社，2007.

识有了很大的提升，其实，对翻译教学与翻译能力的理解也应随之更新变化，但翻译教育界对这点似乎还没有明确的意识。

我想就翻译、翻译教学与翻译能力之间的关系提出我的几点看法，提这些看法的目的和落脚点当然还是想和大家探讨如何完善我们的翻译教学。

第一，翻译教学应积极培养学生的翻译选择能力。一般来说，上翻译课，我们对学生的要求似乎不外乎掌握语言转换的基本规律，教授他们如何根据中外语言的差异恰到好处地处理译文，如从文本转换的角度将西方语言中的长句变为汉语的句子，遇到文化因素又怎么翻译得宜，等等，不胜枚举。你刚才谈到的我的《法汉翻译教程》，也属于朝着这方面努力创新探索的成果。这些翻译技巧层面的讲授固然不可或缺，我们确实要培养学生娴熟应用这些技巧的能力。然而，如果我们一旦改变观念，把翻译看作是一个系统的过程来加以认识，就不难发现，若这样去开展翻译教学，其教学主体还仅仅停留在培养学生的语言转换能力这一个层面而已——也就是从 A 语言到 B 语言的理解与表达，到此结束，如此而已。这是狭义的翻译过程，但是，从广义的翻译概念角度来看，翻译仅此而已吗？所以，我就不断地启发我的学生，请他们在上我的课之前预先认真地思考：现在是不是老师让我们做什么样的练习，我们就做什么样的练习？是不是老师接受了出版社翻译一本图书的合同，分派我们翻译什么，我们就翻译什么？

我提醒他们，千万不要忘了，我们翻译界的那些前辈名家，如巴金，早在念高中的时候就已开办了《平民之声》这样的杂志，并在其中自主选择决定译什么样的东西了！再到 19 岁，他就出人意表地在成都《草堂》杂志（1923 年第二期）上发表了平生第一篇译作——《旗号》（"The Signal"）。巴金选择翻译的是俄国文学家迦尔洵（Всеволод Михайлович Гаршин）的作品［为巴金从罗兰·史密斯（Rowland Smith）的英译本①转译］，在当时

---

① Garshin，W. M. *The Signal and Other Stories*. Trans. Rowland Smith. London：Duckworth and Company，1912.

是相当具有革命反抗精神的一部短篇小说,这样的一种翻译选择方式恰恰构成了巴金早期文学之路的思想起点。再比如傅雷,法语文学浩如烟海,但是他选择翻译的每一部作品,从罗曼·罗兰(Romain Rolland)的《约翰·克利斯朵夫》(*Jean-Christophe*),到《美苏关系检讨》,再到奥诺雷·德·巴尔扎克(Honoré de Balzac),都与国人精神与文化需求同声相应、同气而求。他们的生命与创作的历程中,就有这么一条在时代语境下以翻译选择为表征,以国家精神与文化需求为旨归的个人成长轨迹。我想说明的道理是,翻译不光是闷头做出来的,翻译过程的起源是翻译选择,选什么样的东西来翻译,本质上决定了一个"翻译人"的家国情怀,乃至他未来人生之路的宽度。轮到我们教师反思了,我们声称要培养学生的翻译能力,既然翻译选择的问题这么重大,我们有没有培养他们选择翻译的能力呢?

杜磊:许老师的理念令人耳目一新,也令人感到非常触动!的确,我们翻译教学课堂的模式如果只围着语言转换来进行,是有缺憾的。正如您所说的,翻译的过程其实远不止语言转换,若只关注语言转换本身,那么我们很可能只能培养"译匠"而非"译才"。翻译的选择能力在某种意义上比语言转换能力更需要培养,因为它体现的是"翻译人"在大千世界中把握时代脉搏的主动性。那么,许老师,我想进一步请教,您在课堂上又是如何培养学生的翻译选择能力的?

许钧:翻译过程的形态决定了翻译教学的形态。选择什么样的文本?它有什么样的价值?为什么需要翻译这样的文本?这种需要又跟什么社会与文化因素结合在一起?这些问题理应纳入到翻译教学之中。翻译教师的职责就在于为学生创设这样的机会,培养他们的翻译选择能力。因此,我对课程的设计跟传统翻译课并不同。比如第一节课,我就要求学生介绍一本或者一篇他们认为值得翻译的作品。学生来上我的课,知道我来教他们,济济一堂,满心期待我教给他们特别的翻译技巧,因为大家都知道许老师会翻译。我说不,你们先回去好好准备,一个星期以后把你们认为值得翻译的作品介绍给我和同班同学。一个星期以后,在我看来,学生汇报的材料都特别值得翻译。更为难得的是,他们对于翻译的积极性和热情空前高涨。我曾教过一个男生,他和别人不一样,很早就以法国奢侈品牌销售为志业。了解情况后,我就向他"约课",让他来讲讲我们大多数人并不熟悉的法国名牌以及相关材料的翻译。结果那堂课气氛特别好,大家都大开眼界,屏气凝神地听他讲,还纷纷发言畅谈了自己的看法。师生都学到了"时尚翻译"要如何去表述才能达到时尚的效果,收获很大。

有一段时间,我在《中国图书评论》上开了一个栏目,叫《域外书影》,发表的大都是我熟悉的同行和我指导的学生所采写的书评,为出版界开了一个"世界之窗"。上海的《文汇读书周报》也曾开了一个栏目,叫《阅读西方》——学生通过写作与投稿,把他们认为好的当代外国作品写成简评,予以推广。这样,学生就在不知不觉之中加深了对翻译价值的理解,同时又显化了读者乃至当下社会文化或长远或紧迫的需要。很多出版社看到这些文章后就纷纷主动来和我们谈合作,发出翻译出版的邀约。我认为,有了翻译选择的教学,翻译课的延展性才能得到真正体现。我们都知道,理论上,当代译学强调译者不是原作的奴仆,译者是有主体性的。实际上,翻译选择的教学就是在引导他们通过课堂,以自己的行动去体验这种主体性,树立动态发展的翻译观和翻译价值观。

杜磊:许老师刚才说的"翻译过程的形态决定了翻译教学的形态"是非常重要的翻译教学思想,您提出的与之匹配的这些操作方法也非常值得我们学习。围绕翻译选择,我们的课堂其实可以设计出很多教学活动,学生通过这些活动,一方面就经由选择真正地融入了翻译课堂之中,而另一方面,他们的翻译选择能力也得到了切实的培养。

许钧:对,我刚才讲的翻译选择能力的培养,除了翻译选择能力以外,翻译过程实际还包括译前与译后工作。所以,我第二点要讲的是,学生译前准备与译后工作能力的培养。在选择之后,翻译就进入到了译前阶段。进入到译前阶段,就意味着启动了对原文的理解过程。围绕着对原文的理解,还有一个收集资料的过程。你刚才提到的我的那本翻译教程,就单独辟开来一章教学生如何使用翻译工具书。那时是 2008 年,网络还不是很发达。现在随着互联网与大数据的飞速发展,翻译的实践环境出现了翻天覆地的变化,我们已经有能力利用各类文本,包括与翻译主题一致或相关的平行文本,有关作家创作、读者阅读与评论的文本,甚至还包括图像、视频等超文本。

翻译除了上述的"不定向准备"以外,还有"定向准备"的问题。比如,现在很多国际组织文件的翻译,相关重要概念的外语表述方式已约定成俗,不能另起炉灶,随意创造。这时老师的指导要清晰,就是要让学生必须通过检索已有的术语语料库来保持、维护术语表达的统一性与一贯性,是在前人翻译的基础上进行翻译。我认为译前准备在整个翻译过程中的比重和地位只会越来越高。教师应牢牢把握,组织好这个教学环节,在学生动笔之前,充分引领他们进入翻译情景,调动他们学习的积极性与能动性,处理好无涯的"识"与有限的"译"两者之间的互动及辩证关系。

杜磊:听了许老师的话,我的感受是,信息化时代,译前准备对译者提出了很高的信息素养要求——以前说的译者应当是通晓百科知识的"杂家",而现在,我们的翻译教学培养的应当是信息与主题文本获取的"专家"。

许钧:是的,下面讲译后工作。翻译完了之后是不是就是把译文置之不顾了呢?现在很多翻译家的手稿逐渐公布于众,我们就看到,朱生豪这样的大家,会在初译莎士比亚作品之后反复推敲修改,之后再定稿;傅雷则认为,译文要"传神达意",就务必反复修改,必须"一改再改三改四改"。既然好的翻译是数易其稿的结果,那么,我们又有什么理由不把修改纳入到翻译教学之中呢?我们拿到学生的译文,无论是一个段落、一篇文章抑或是一本书稿,都需要通过一定的细节例证,具体反馈改进的措施和策略,以形成一个或大或小的翻译评估报告。具体可以小组之间互评,由教师最终审阅把关。方法上,既可以直接取阅读译文的读者视角,又可以通过比对原文与译文、从两者之间关系的角度来修改审阅。尝试几次后,你马上就会发现学生都有做译审的潜质,经过从翻译到翻译的"二次翻译"之后,学生对语言与翻译的敏感程度及把握都会有很大的提高。

翻译的修改很重要。真实的翻译过程不是毕其功于一役的,学生在对译作的文本反溯与自我检视中能得到很大的滋养与提升,没有什么能比对自己的翻译进行反思更能让人提高的了。从翻译的错误与缺陷中去反思、去学习,印象会很深,参与教学的教师和学生都可以从中受益。在翻译教学原理层面,这是师生翻译水平的同步螺旋式上升。

杜磊:许老师说得很对。我们的外语有精读课,翻译也应有"精译课"。如果说精读的目的是通过细读字、词、句与篇章培养语言能力,那么精译课的主要内容就应当是学生在老师的指导下对译文反复揣摩与修改。外语各学科中,翻译是双语输出,实践性最强,但如果我们一味只求"一译了之"的输出,那再多的实践恐怕也无法提高学生的翻译水平。

许钧:再往外一层,现在很多教翻译的老师都在抱怨,翻译理论多么难教,学生的毕业论文写作是如何无话可讲,总之,就是学生对理论普遍提不起兴趣。但是,如果我们把翻译课的作业修改和培养研究生的理论素养结合起来,"见缝插针",这不就找到了理论教学的绝佳时机了吗?看了学生的修改,我会迫不及待地追问,你修改的原因是什么?你为什么这样而不是那样修改?有何依据?两种译文的差异是否有理论可以解释?当翻译问题不再是课本中的问题,而是切身的翻译问题的时候,我们启迪学生进行翻译理论思考的滞阻就会变得很小,相反,学生学习探索的动力会很强。作为老师,我们能不能就这一修改过程因循利导,通过启发学生,很自然地把他们带入一种理论视域的思考当中呢?

杜磊:许老师,我想,现在外语学界都在提思辨能力的培养问题,但对于怎么来培养思辨能力,我们的认识还很模糊。听了您的讲述,我突然明白,就我们翻译专业而言,译前准备与译后修改其实就是可以提升学生实践与理论思辨能力的途径。

许钧:对,翻译思辨性的培养的确可以如你所说,落实在这些层面。讲到这里,其实翻译的过程还没有结束。很多人认为,翻译定稿了以后,这下翻译过程可算是结束了!其实就翻译过程来看,还不尽然,因为翻译成品成形之后还有一个物质的流通与思想精神的接受问题,那么,这个过程我们的学生可以参与介入吗?我们的作品翻译出版以后要不要以推荐的方式助推这个作品的传播与阅读,从而真正发挥文化引入的力量与作用?答案是肯定的。越多的人读到译作,译作就越能释放价值。所以我要求学生每翻译完一部作品以后,务必要写译序、译后记或译评,然后把这些文章拿到面向读者大众的报纸上去发表,比如说《文艺报》《文汇读书周报》与《中华读书报》。我的不少学生,像宋学智、袁筱一、刘云虹、高方、曹丹红等,他们在读研究生时都有这样的好习惯,现在他们也都是这样去要求他们的学生的,他们的工作对于整个的文学与文化的传播起到了非常大的作用,本身也都成长为优秀的翻译家与翻译学者。

杜磊: 许老师,您提出的这最后一步翻译工作与前面的翻译选择是遥相呼应的。前面,您提到了翻译选择——作为一个译者,为什么要选择这部作品来译,涉及的是他对于整部作品价值的研判。当一部作品翻译完了,对整部作品有了整体的把握之后,译者对作品的思考会到达一个新的层面,这个时候,假如趁热打铁,把翻译的难处、挑战,以及对作品的文学性与思想性的认识再加以总结归纳,分享给读者,那翻译的目的才算达到,才能充分发挥其价值。同时,这也是译者实现自我培养的一条重要途径。

许钧: 是的,我要谈的第三个方面是:翻译教学要基于翻译问题,坚守实践与理论互动。我刚才特意把翻译选择、译前准备与译后工作放到前面先讲,因为这些部分是翻译过程的首尾,直接关涉到翻译教学过程的完整性。翻译本体的教学,即大家比较关心的所谓"翻译技巧"的教学又该如何进行?对此,我是这样思考的:

第一,问题是翻译实践的灵魂,教学要紧紧围绕学生实践过程中实际发生的问题来讨论。我们的传统翻译教学往往都是规定性的:课堂上教师通过教材上的例子归纳制定出一个翻译操作的标准与框架,教师布置作业,学生再把作业交上来由教师评定操作是否符合标准。翻译教学界其实很早就意识了翻译的这种教学方式存在弊端,其本身也暗含悖论。

如果只从教材中抓一些别人都谈过的典型的例子作为范例见解,就会失去教学针对性,学生感受不会深刻,学习效果就有可能大打折扣。我做了一些尝试,增强学生的翻译选择能力,通过翻译选择自主实践,通过实践发现问题。这些问题是在翻译过程中确确实实发生的,不是老师为了教学之便而设置的问题。针对实际的问题,师生在课堂上一起讨论、分析,可以激发学生探索的积极性,对提升学生发现问题、解决问题的能力,可以起到很大的作用。

第二,从问题导向策略的思考,进而进行理论的探索。我认为,真正的翻译教学,应以问题为核心要素,学生发现问题是第一步。但发现问题不是目的,而是手段,解决问题才是目的。课堂上,我要求学生把他们认为最难翻译,或者认为自己翻译得最好、最精彩的 3000 字带到课堂上来展示、分享与讨论。首先,我让学生讲:你为什么选择翻译这本书?这本书为什么值得你去翻译?这是他们对书的翻译价值评估所做的思考。然后,我们再一起研讨他们对译文的处理。学生对译文的处理必然是以解决问题为中心的。我鼓励我的学生,一个人要提高翻译能力,就要发现自己的问题,发现了问题就是提升的第一步,一个人假使看不到自己的问题,那他就没办法再提高了,这是很危险的。问题是各个层面的,有可能涉及整体语篇风格的再现,也可能涉及语句、隐喻、词义、句子的长短、谚语与俗语的处理,乃至标点符号与注释也都可能成为问题。我们绝不能低估学生在解决问题方面可以发挥出来的个性与强大的创造力,经过深入的思考与分析,学生完全有能力在教师的引导下创造性地为问题提出解决的路径与方法,并上升为适切的中观翻译策略。这种中观的翻译策略,位于静态宏观的翻译原则之下,又对接原文本的特性,是翻译"共性"与"个性"的统一体。另外剩下的一些复杂棘手的问题,师生集思广益,也有可能妥善解决。你再看看我们的课堂,十几个学生,带来各种各样的题材——学术著作、文学作品、人物与历史传记、散文与诗歌等,都有可能会在课堂上登台亮相。通过"问题—策略"这一问题导向性的教学模式,一方面,学生可免于像教科书中编排的那样,消极被动地去接受各种文体的翻译训练;另一方面,也突破了翻译教材中以单句或短段落为主的经验式、片段式灌输机制,拉长了思考的长度与体量,学生能更加全方位、立体化地去看待翻译现象。除此以外,教学上还会产生"联动效应":一个同学讲,其他同学就会"感同身受",就会发现原来翻译问题确实发生在我们身边,不是"悬空高远"的。你在翻译诗歌时出现的是这些问题,他在学术著作翻译中发现那些问题,两个学期的课,学习或讲解过的问题积累起来,会涉及翻译文字的各个层面,不少有重大意义的问题也会浮现出来了。我的很多学生在一部著作翻译完了以后,通过理论思考与总结,往往能写出很好的翻译探讨文章。

我在南京大学任教期间,学生出版的译著非常多,比如系里有一个博士生,她在硕士期间就翻译出版了三部书,博士期间又接连翻译出版了四部书,而且都是非常重要的一些作品,最后她的博士论文也做得非常好,实践与研究齐头并进。我的学生中有两位担任了上海翻译家协会副会长,其中有一位成了上海作家协会副主席;还有两位担任江苏翻译协会主要负责人,其中一位任南京翻译家协会会长。可以说,我在翻译教学中培养或指导出了一批热爱翻译、热衷于研究翻译的学者与教师。我的经验,就在于我认识到翻译教学不能基于对翻译过程狭隘的理解,翻译能力的提升不能简单地局限于词、句层面的双语转换,而应着力于我刚才讲的三个方面。

杜磊:许老师跟我们谈的翻译教学经验既生动又开人眼目,谢谢许老师"手把手"地向我们年轻教师传授翻译教学的方法!

三、翻译人才培养的未来视野:多样化、高水平与新技术

杜磊:许老师,您是非常善于培养翻译人才的老师,您的很多学生,现在也跟您一样成为做翻译、教翻译、研究翻译的人。您在全国翻译专业学位研究生教育 2019 年年会上说道:"世界上没有哪一个国家把翻译同国家的伟大复兴与人类的进步事业这么紧密地结合在一起,翻译教育是中国人才培养的一项创举,没有哪一个国家能够在如此短的历史时期内,构

建了一整套翻译教学与翻译教育的体系。"您还说:"现在各行各业都缺人才,但是对翻译的人才要求是最高的,因为世界上最复杂的事情就是翻译的事。"这些话掷地有声,发人深思。刚才我们聆听了许老师对翻译教学的看法。那么,我们现在想继续向您请教,您认为我国的翻译教育到底应该培养什么样的翻译人才?

许钧:你的问题非常重要。国家人才培养的客观需要是翻译教育的动力之源。随着"一带一路"倡议与构建"人类命运共同体"理念的提出,对外交流和国际交往的需求与日俱增,大学内外,翻译活动确实非常活跃,翻译的作用越来越凸显。在国家经济发展与建设的大格局之下,整个社会重视翻译人才培养的呼声不绝,翻译教育在我国势在必行又任重道远。

我们应该培养什么样的翻译人才? 我认为,第一,我们翻译人才培养应秉持多样化的原则。我一直说,中国翻译有三大特点,一是历史悠久,二是形态多样,三是复杂而又丰富。应该说,社会的交流与发展催生了各种形式的翻译活动,以满足文化、经济、科技等领域的各种交流的需求。现在,国内高等学校翻译专业都把培养高级翻译人才作为首要目标。但是,我们有没有想过,由于翻译形态的多样化,高水平的翻译人才培养也有一个分门别类的问题,我们不可能培养翻译的全才或通才。现实情况是,有些人擅长外交翻译,有的精通文学翻译,有的长于学术翻译,有的特长是法律翻译。这不是一个小问题,因为只有翻译人才人尽其能,形成一个多层次、全方位结构,才能更高效地满足国家建设与社会发展的需求。但是,我们的院校培养还是停留在一般化翻译能力之上。师资条件比较好的学校,有的在翻译本科层次已经开始开设不同类型的翻译课,如文学、商务、新闻、影视、旅游、科技与法律等。师资条件暂且不足的院校,也应该努力创造条件,通过整合校本资源,利用校外资源,积极地开拓出一条特色化的翻译人才培养路径。这样,到了硕士生或博士生层次,学生就有确立好实践与理论专攻的领域及方向的基础,有利于促进学生个性化发展。我个人认为,分类分层发展,将是我国翻译教育改革的重要方面。

第二,我们的翻译教育应着力培养高水平的翻译人才。什么是"高水平"？这是值得深思的一个话题。高水平的翻译能力是由多种能力综合构成的,涉及各种语内因素和超语言因素。比如口译,你翻译得很流利,但是你缺乏沟通的意识,可以吗？在翻译过程当中,你的译语没有体现出努力让听者理解的潜势,可以吗？高水平翻译与语外因素也息息相关,如光知道怎么译,不知道为什么译,不知道如何发挥译的价值,那也不能叫高水平。两者在语言内外,但都直接关涉语言。决定高水平翻译的,还有超语言因素。比如,译者应具备源语与译语视阈融合的双重文化背景知识。跨文化交流与沟通能力不是一句空话,因为,在新时代,翻译人才还担负着面向世界,全面、准确、清晰地"讲好中国故事"这一文化传承与交流的核心要务。

高水平翻译还和机器翻译相关。现在机器翻译大潮来袭,谷歌(Google)翻译、有道翻译与 DeepL 翻译器的翻译表现都让人眼前一亮,有了这些机器翻译引擎,似乎大家都可以放手翻译了。于是,翻译专业外部承受了技术的压力,而内部师生则显得有些彷徨焦虑。人们可能会说,机器的准确率已经达到了百分之九十几了,跟人工就差这么百分之几了,超越人工翻译指日可待,有些人据此提出疑问,我们还有必要把自己打造为高水平的翻译吗？问题究竟出在哪里呢？我想告诉大家,从基因的角度来说,黑猩猩跟人的基因组的 DNA(脱氧核糖核酸)序列也就差 2%,大家可以去想象,这种差异是非常之大的,因为足以形成动物与人之间的差距！今后无论机器翻译能达到一个什么样的程度,翻译人都无须忌惮。我们的政府工作报告能放心交给机器翻译吗？国际会议,机器翻译能够和箱子里的口译员一样充当大任吗？从伦理和价值的角度讲,它永远只会是工具,不可能"反客为主",取代高水平的翻译,那"2%"虽小,但却定义了"翻译作为人类世界最复杂的活动"这一现实基础。我们的学界不妨研究一下,从认知心理学、符号学、语言学等角度,就翻译而言,我们人脑和电脑之间那"2%"的差距,到底体现在什么方面？人脑到底可以在哪些地方有绝对胜过电脑的优势？这些地方如果研究清楚,"什么是高水平的翻译"这个问题就可以有新的答案。总之,机器翻译应该为人所用,服务于人,产出更高品质的翻译。

杜磊：许老师，您刚才讲到机器翻译与培养高水平翻译之间的深层关系，我们还想紧接着上面的话题向您请教，在当前机器翻译大行其道的时代，我们似乎受到了前所未有的挑战，我们的翻译教育应如何把握当下这个人工智能(AI)时代？

许钧：你的这个问题就导向了我想说的第三个方面——翻译技术。翻译问题有其"变"与"不变"。一些翻译的基本规律是不变的，它的功能与作用尽管在不同时代会有一定差异，但也是相对稳固的。随着社会的发展，数字人文、人工智能与大数据等技术与翻译发生交叉，并且直接作用于我们的实践，助力我们的实践，推动我们的实践，使翻译有了强大的技术实现手段，召唤着我们变革翻译教学。我们说要用好机器翻译，而不是盲信与依赖机器翻译，就是这个意思。我们为什么需要翻译技术？这是因为它有可能为我们翻译与语言服务过程中实际出现的问题提供解决方案。事实上，我在论述翻译教学译前准备这一方面时就已经提到这些技术优势为翻译理解带来的便利。翻译工具从"字典时代"迈向"人工智能时代"是不争的事实，是翻译历史的车轮。这种升级跨越，当我们去适应、去拥抱它时，它就不再是你所说的"挑战"，而是转变为了可以利用的翻译技术工具。我注意到，2020年《普通高等学校本科外国语言文学类专业教学指南》翻译专业部分已明确将"工具能力"列入翻译能力之一，并将涵盖搜索、术语、记忆库与机器翻译四个部分的"翻译技术"列为"专业核心课程"。

在翻译教育中，翻译技术为什么重要？因为它代表的是翻译未来的某种发展趋势。一方面，它是处理海量翻译数据的必由之路，另一方面，它又是学生迈入现代化翻译工作的必备技能。作为教师，我们上翻译技术课的重点是教会学生如何通过使用这些新技术有效地提升翻译能力和翻译效率。在教学中，我们可以采用灵活多样的手段来实现这个目标，如建立实习基地，让学生近距离地向懂技术、人工智能与语料库的工作人员学习翻译数据的处理与管理，也可以让翻译公司的培训师与校内教师"双师合作"来上课，等等。我们的教学目标应是弥合翻译与技术之间的鸿沟，为翻译带来技术，从技术的角度为解决翻译问题提出一种可能性，而不是用技术来取代翻译。虽然我对翻译技术了解得并不多,但是我对新技术永远处于一种呼唤它、利用它与引导它的态度。我为翻译硕士专业学位(MTI)必修课"翻译概论"主编的教材《翻译概论》在2020年7月份出了修订版,增加了两章,其中之一就是"新技术如何助推翻译与翻译研究",我邀请了胡开宝教授来担任这一章的撰写工作。

我认为,"多样性""高水平"与"新技术"是翻译未来人才培养的总体要求,"多样性"是对翻译教育的结构要求,"高水平"是翻译专业"内涵式"发展的前进方向,两者互为表里,而"新技术"代表翻译教学多了一种新思维和新资源,三者"三位一体"。

四、翻译教师的四种自我修养

杜磊:最后,许老师对我们广大的翻译教师有什么样的期待?

许钧:前面我谈的主要是翻译教师行动,即翻译教学怎么开展的问题。现在,我想借助这你的这个问题,从外向内,就翻译教师的自我修养谈一下我的体会。

第一,要建立自己的翻译观。翻译教师对翻译应有自己的认识与体悟,对"何为译、译何为、为何译"三问应有独到的解答。翻译到底是什么?翻译的本质特征是什么?翻译的价值是什么?如果作为教师不清楚这些根本性问题,那么你对翻译教学的内涵、意义和价值的理解也是模糊不清的。在课堂上,翻译概念贯穿课堂,处于不断被阐释的运动状态中,假如教师自己尚且没有形成正确、科学、与时俱进的翻译观,就妄论学生了,翻译教学就捉襟见肘,难以成功。翻译观是一个翻译教师的"内功"。

第二,翻译教学要以"实"为中心。翻译教学要还原翻译过程,这是因为翻译在现实中就是以这样的方式发生、发展的;之所以翻译问题是翻译教学的核心要素,是因为这些问题是翻译实践中真实遇到的、实际出现的;我们翻译的理论教学之所以是建立在翻译实践教学的基础上的,这是因为理论来源于实践。我们在课堂上能多大程度地还原翻译发生的真实过程与情景,我们的翻译教学就越有成效。"实"是翻译教学的核心思想与要领。

第三,要在翻译教学中贯彻翻译的历史观。翻译在人类历史的进程中起到了举足轻重的作用。翻译作为一个学科是在对其历史的总结中得以确立地位的,翻译教学之所以也要同步反映这种规律,是因为我们需要引导学生把握翻译在历史发展脉络中恒定不变的一面,同时思考它变动不居的一面,将翻译在历史维度中展现的文化与思想传播精神一代一代地传承下去。这是翻译教学的重要使命。

第四,要鼓励学生通过翻译积极投身于文化交流。我在翻译教学中,对学生一直有两个要求,如果原作者已经离去,你应该全面了解他的作品被翻译与研究的情况,这是重要的译前准备工作。如果说作家还在世,你一定要尽力与作家联系上,跟他成为朋友。我和勒克莱齐奥通过翻译结识,40多年来一直保持着文学、文化与思想的交流,为学生的培养,为学术的研究,为推进中外文化的交流得到了很多宝贵的养分与机会。教翻译就是教学生如何通过翻译走出自我,打开世界,这是翻译教学最深层的意义所在。

杜磊:感谢许老师给予我们的这次宝贵的对话机会!

许钧:谢谢!关于翻译教学的问题这是第一次谈,以前还没有人向我提出过,希望能给予大家一定的启示。

传道与授业

——许明武教授访谈录

杨晓斌　　许明武

受访者简介:许明武,华中科技大学教授、博士生导师。主要从事科技典籍翻译研究、翻译教学研究、科技文体研究。国家精品课程"英汉互译"负责人。享受国务院特殊津贴。曾获"湖北名师"荣誉称号、宝钢优秀教师奖等荣誉。担任教育部高等学校外国语言文学类专业教学指导委员会英语专业教学指导分委员会委员(2007—2012、2013—2017、2018—2022)、第三届全国翻译专业学位研究生教育指导委员会学术委员会委员

(2018－2022)、中国英汉语比较研究会外语学科发展研究专业委员会副主任、中国英汉语比较研究会外语教育技术研究专业委员会常务理事、中国英汉语比较研究会语言服务研究专业委员会常务理事、湖北省翻译工作者协会副会长。发表含 SSCI、A&HCI、CSSCI 期刊论文 110 余篇,主编国家"十一五""十二五"规划教材等 20 余部,出版专著 4 部。主持国家社科基金等研究项目 20 余项。讲授"实用翻译""科技翻译""翻译研究""视译""口译技巧"等课程。

访谈者简介:杨晓斌,台州学院外国语学院副教授,2018—2019 年上海外国语大学访问学者,主要研究方向为翻译理论与实践。

本次访谈为面对面半结构性访谈,时间为 2018 年 11 月 7 日 9:00 至 11:00,地点在华中科技大学外国语学院许老师办公室,主要围绕翻译实践、翻译教学、翻译研究以及对翻译未来的前景展望方面展开。

一、译者生涯

杨晓斌:许教授,您好! 非常荣幸能够利用出差开会的机会以访谈的形式向您请教一些翻译教学和翻译研究的问题! 我在网上看到您写的大量有关翻译理论与实践的文章,尤其喜欢反复阅读您发表的有关科技翻译实践的学术论文,感觉受益匪浅。请问您是什么时候开始接触翻译实践的呢? 能否谈谈您从事翻译实践的一些经历?

许明武:作为一名外语学习者,最初不论学习什么词汇、词组或句子,都只能在将其翻译成中文才能理解和记住。这的确是在翻译,但兴许又不是翻译。真正开始做翻译实践应该是大学本科二年级的时候。当时我担任班委会生活委员,总想着如何能够学以致用,发动大家为一些企业或者政府部门做一点翻译工作。这样,在提升语言能力的同时,通过大家共同努力,也可以得到一些报酬,为班级筹集一些活动经费。记得当时的做法是从系办公室拿到武汉市电话号码簿,和另一名同学一起,仔细挑选,记下有可能有翻译需求的单位和电话号码,然后逐一拨打。功夫不负有心人,最后终于联系到一家涉外公司,需要翻译一些工程项目相关资料。领回翻译材料后,我和班长一起,组织全班同学参与翻译工作。在翻译过程中,我们逐渐发现一些棘手工作,比如统一一些专有名词的表达、避免口语化表达、校读甚至选择哪位汉语书法较好的同学最后抄写译稿等。经过两个星期的辛苦劳动,终于完成了翻译任务。说老实话,最后校读时,有时连我们自己都不完全懂得译文的真正含义。当时我们简单地认为是由于专业知识不够。其实也许就是我们的翻译水平太有限而导致的。现在想起来还有些后怕呢!后来我本科毕业继续研究生学习,然后留校任教,陆陆续续地为企业、政府、学校、个人等做了大量翻译工作,涉及的领域有电子、电力、冶金、机械、教育、中医、博彩、计算机等。

杨晓斌:许教授,记得有人说曾经说过,"翻译是一门吃力不讨好的活",我深有同感。许教授在翻译练习和翻译生涯中也曾有过这样的烦恼吗?

许明武:我个人觉得外语学习是一件很快乐的事情,当然也会夹杂一些令人啼笑皆非的趣事。正如早年一名女同学毕业后分配到北京工作,后来和一名脑科医生结婚了。她很风趣地告诉我们,很多人听说她的丈夫是脑科医生,都很担忧地说道:"太可怕啦!脑科医生,那你成天想什么他不是知道得一清二楚!"记得刚毕业时,有一位朋友的单位买了一台摄像机(30多年前,买一台这样的设备可不是件小事!)。摄像机的说明书全是外语,没有中文。他自告奋勇地告诉领导自己认识一位学外语的朋友可以帮助翻译。等他拿来说明书,我一看,是日语的。

"我是学英语的,不会日语呢!"我为难地说道。

"我不管嘛!这是外语,你是学外语的,哪能说不会?!"朋友斩钉截铁地反击道。

用现在时髦的话来描述我当时的心情:我也是醉了!不过细想一下,他说的不无道理呀!幸好我的第二外语是日语。没有退路,只能自己到学校图书馆借了五本字典,在家连猜带蒙地把说明书翻译成了中文。后又诚惶诚恐了几日,唯恐因翻译错误导致机器损坏。

在一般人的眼中,只要是学外语的,翻译便是易如反掌之事。也是那些年,我爱人的一个朋友要参加职称外语考试。有天晚上,她兴致勃勃地拿了一本英文书专门到我家来,要我把它翻译成中文,她复习时可以对照英汉语读透读懂。我一看,一本六级阅读考试辅导书,共 600 多页。书中涵盖几百篇阅读文章及练习题,每篇长度约 500 英语单词,涉及不同领域。我婉转地说自己太忙了,没有时间。等她悻悻地离开后,爱人毫不客气地开始批评了。"你也太不给面子了嘛!"她说道,"你们学外语的,这么简单的事,应该答应的!"我委屈地说道:"600 多页的一本书,仅仅抄写一遍,不谈翻译,你认为要花多少时间?!"她沉默了一下后,不再坚持了。翻译,不像一般人想象的那样,只要懂得两种语言便可以了。要做好翻译,是要用心的! 同时,翻译也是个体力活!

二、教学生涯

杨晓斌:许教授,刚才听您讲这个风趣的小故事让我感到掌握两门外语的重要性。可是,说实话,我个人感觉掌握好一门外语都不容易,要上好一门翻译实践课就更不简单。请问许教授什么时候开始教翻译实践的? 英译汉、汉译英还是其他综合实践或技术课程您都上过吗? 能否和我们分享一下您的经验啊?

许明武:我第一次开始教授翻译实践课程是在 1996 年秋季,主讲课程为"科技翻译",含英译汉和汉译英两部分。记得当时是因为教授该课程的老师获得国外留学机会离职,需要有人接替。对于硕士方向为"教材编写与大纲设计"的我来说,本科、硕士学习阶段都没有较为系统地钻研过翻译理论,也没有专门留意关注过翻译实践中的门道,只不过参与了两三门翻译课程的学习而已,这的确是个不小的挑战。我当时的想法是:学习外语最终的目的应该是做翻译实践,为不懂外语的人架设桥梁。所以,讲授翻译课程是很好的锻炼机会,同时也可以逼迫自己认真学习一些翻译理论等,这样一方面提升自己的翻译能力,另一方面丰富自己的理论知识,可谓一举两得。但真正开始备课时,我才体会到涉猎一门新课程的难处。对于翻译理论、翻译名家、翻译标准、翻译史、翻译策略、翻译技巧、翻译的过程、翻译的跨学科交叉等,重点讲授哪些内容、如何安排内容、如何将上述内容贯穿到本课程中、如何讲授、用不用教材或者用什么教材、布置多少作业合适、怎么批改作业等均须考虑清楚并且找到依据才能真正开始。多少个彻夜难眠,多少次修正教学计划,洒下了多少辛勤的汗水,经过较长时间的思考和准备,在同事的支持和同学们的配合下,我终于较好地完成了该课程的教学工作,从此也走上了教授翻译课程的道路。后又承担了"实用翻译""英汉互译""口译技巧""翻译研究"等本科生、研究生课程的教学任务。记得当时我给自己规定的任务是,每讲授一门新课,必须有与课程主题相关的研究成果,或者是论文,或者是著作,或者是教材。1998 年我开始在《中国翻译》上发表翻译研究论文,从那时起,真正将自己的教学和研究方向有机地结合,做到教学相长。

杨晓斌:许教授,关于组织翻译课堂教学我有不小的困惑,那就是不管我自己如何精心备课、充分准备,上课时候还是有不少同学很难全神贯注地投入到我的课堂听讲。请问应该如何组织课堂教学才能做到课堂效益最大化呢?

许明武:好的。翻译课堂应该强调互动、以学生为中心,教师须引导点评。个人认为,一味地讲解翻译理论、翻译技巧等,配以贴切的例句或者篇章,给学生的印象不会太深刻。因为在某一个翻译技巧作为一堂课的重点的情况下,学生会不假思索地想到用该技巧来解决翻译实践中的问题。技巧的选择是先入为主,而不是学生自己揣摩出来的。反过来,如果先呈现翻译练习例句等,让学生翻译,后基于此总结出所使用的翻译技巧,学生的印象自然会更加深刻。对于翻译课堂的组织,譬如"实用翻译"课程,可以用"独白、讨论互动"来形容。课前准备阶段,教师从某一领域(如合同、商贸、新闻、旅游等)的双语阅读材料中挑选源语及优秀译文或者问题译文,分析其优秀之处或者问题所在,并在此基础上形成教师自己的译文。整堂课所涉及的例句或者段落均选自同一学科领域,具有独到的语体风格。课堂中,教师首先讲解所涉及语体的风格、语言特征等,此处为"独白",当然大多数情况下须启发学生思考,头脑风暴后总结特征。在此基础上,让学生尝试翻译,然后提供原译文,对比分析学生译文和原译文,最后给出教师自己的译文。在充分讨论的基础上,有时原译文被保留,有时学生的译文最好,有时教师的译文受推崇。不论是哪种选择结果,分析讨论的过程至关重要,背后的原因更须讨论透彻。如此,学生学会的不仅仅是该句子或篇章的翻译方法,而是对于该类问题较为深入的思考和探讨。学生逐步积累足够的经验,以后在翻译实践中遇到类似的问题,便可举一反三,迎刃而解。

杨晓斌: 许教授,您在翻译研究方面硕果累累。我很想知道,回顾当年的求学生涯,您那个时候的教师是如何教授翻译的呢?您当时又是如何学习翻译的呢?角色对调,您最大的感触是什么?

许明武: 当年我作为科技英语专业本科生,须学习"英汉互译""科技翻译"等课程。讲授"英汉互译"课程的教师翻译经验丰富,他作为翻译实践名家,在湖北省翻译界享有较高的威望。他的课堂虽然使用了一本翻译教材,但从不拘泥于教材自身的内容,常常会有丰富的实践例证,从不同角度论证某一与翻译相关的理论或者知识点。这些理论或知识点按照教材本身的编排,从易到难,有系统性且全面。按照教材的内容编排组织授课内容,不会出现挂一漏万的现象。教师讲授精彩生动,课堂氛围活泼生动,学习者印象深刻,为提升翻译技能打下了较为坚实的基础。"科技翻译"课程的教师的做法别出心裁。他选择了一本正式出版的某一科技领域的英汉双语阅读书籍,在课堂上带领同学们一起逐句查找翻译不妥之处,反复讨论,不时地提供支撑某一观点的依据,最后得到最终的理想版本。课程前期,课堂中的进度很慢,持不同观点的同学争执不休,各自认为自己的想法无比正确,却又不能充分地证明,找不到适当的、具有说服力的证据。有时大家根本找不出任何翻译中的不妥之处,因为作为三年级的学生,自身的理解水平很有限。经过多次课程的磨炼和教师的引导,加上课后的认真准备,大家逐步能发现问题,提供解决办法,并且能给出较具说服力的证据。两位教师的教学方式各具特色,殊途同归,用真实的翻译实践例证,目的是让学习者实实在在地体会、经历、思考翻译的真谛。

当时的翻译课程教师,凭借扎实的语言基本功、厚重的知识积累和丰富的翻译实践经验,在课堂中基于任何一个知识点都可以拓展开去,对实实在在活生生的例子信手拈来。他们的课形式不拘一格,生动形象地将翻译和语言学习有机地结合在一起,真正是寓教于乐,事半功倍。我自己目前的教学相较于他们,不同之处大体可以归纳为三点。第一是课堂中更注重学生的参与和互动。每节课的内容聚焦于某一文体,由具体的例句或段落翻译总结归纳出相关的翻译技巧等。我要求学生在很短时间内给出译文,然后和其他同学一起分析译文的合理性和可接受性。偶尔遇到较难的例证时,学生会花更长的时间思考。但他们须思考、发言、评判、评价等,较好地融入整个教学环节。第二是更加注重启发式教学。基于"授人以鱼,不如授人以渔"的古训,我不仅仅停留在知识点的讲解与传授上,而是不论讲授什么内容,均循循诱导,尽力启发他们找到暗藏在现象之下的具有规律性的东西,让学生自己悟出各类现象的原委和处事的方法与途径。第三是更加注重让学生使用现代技术辅助翻译。当前多种翻译软件的开发以及网络资源的丰富,大大提升了翻译实践的效率。比如翻译软件中的数据库,基于被接受的译文,作为模板似的资料,可以为翻译实践提供大量的参考。网络资源虽然质量上良莠不齐,可靠度有时不尽人意,但可以为翻译实践者提供大量的信息,在学生自己寻找某种译文的理据时会起到启发作用。课堂上涉及的内容,我会在课前或者课后布置任务,让学生自己为译文的可靠性等查找依据,提供较为翔实的说明。这样迫使学生学会高效地使用软件和网络资源,逐步养成适当使用现代技术的习惯,提升翻译效率。

本科学习期间,仅仅两门翻译课程对于翻译能力的提升显然是不够的,课后必须下更大力气、用更多的时间、做更多的翻译实践,方能逐步提高翻译能力。我记得当时用得最多的方式便是"回译"。大致的做法是先选取配有译文的语篇,不同体裁均有。先不阅读译文,自己翻译。译毕,将自己的译文与已有的译文对比,找出差别,然后修改译文。一段时间之后(一般都是一个月),再把自己的译文翻译成源语。翻译好后,将自己的"回译版"和原文对比。这时,学生们往往都能发现许多意想不到的现象。比如用词方面,偶尔会有比原文更加精彩或者说是高大上的词语。当然,从整体上看,所谓不比不知道,一比吓一跳,和原文的差距还是很大的。这样的练习可以个人有计划地进行,不需要他人配合,具有较高的灵活性和可操作性。

三、教学与翻译实践的关系

杨晓斌:许教授,我还想问一个自己也经常思考的问题。人们都知道理论联系实际的重要性,可是,对于刚刚接手翻译教学的教师来说,怎样才能让自己的翻译教学得益于有限的翻译实践呢?请问怎样才能从翻译实践中受益呢?

许明武:一名从事翻译教学的教师,如果没有实践经历,难以想象他该如何组织教学内容。翻译是一门科学,翻译实践是一门艺术。科学只有在实践的基础上才能牢而不破,艺术只有在长期的训练和反思中才能不断升华。在翻译实践的过程中,通过反思、总结、归纳,不难悟出一些可以指导翻译实践的规律性的东西。这些可以通过课程传授给学生。亲身经历比纸上谈兵更接地气,更具有说服力。每当讲授个人翻译经历时,教师总会无比兴奋和生动,毕竟是当事人,故事的背后总会有一些可以提升为指导性的规律。这些是宝贵的财富,是活生生的教科书,值得分享。记得在讲授"科技文体的特点及翻译"一节时,我使用了自己的翻译实践例证。20 世纪 90 年代初,学校有位计算机学科的教授,写了一篇关于硬币在盘中放置,怎样才能使放置数量最大化的汉语论文,需要翻译成英文。他找到了刚刚毕业留校任教的我。该汉语学术论文有 6000 多字。我下午拿到稿件,一晚上加班加点完成了翻译。第二天上午将打印稿送去了这位教授家里。他大为惊讶,主要是对翻译速度。然后要求和我仔细阅读任意挑选的一页译文进行审阅。我们读到第一句:"即将放入盘中的硬币的中心距第一个硬币中心的距离为最短。"我的译文大致是:"The distance between the center of the coin to be put and that of the first should be the minimum."他对这个译文极为不满,原因是英文表述比汉语长太多,有点儿啰唆,不像是学术文体。一顿挑剔之后,他语重心长地说道:"你下午打电话问我关于论文的一个问题时,我很欣慰,因为作为译者,就原文中不理解的地方向作者求证,然后再翻译,这是值得肯定的做法。整个译文我不满意,但问题在于我自己。因为我没有先让你试译一点后再决定是否让你翻译。所以,你看这样可以不? 先前说好的酬金减半,译文留下。当然,你也不要太悲观,你的译文比这个麦乳精(当时流行的一种速溶含乳饮料)罐子上的英文还是好很多的。"听了他说的话,我自然是羞愧难当,表示既然对译文不满意,我连一半的酬金都不收。最后还是在他的坚持下收了那一半酬金。但这件事对于我的教训是较为深刻的。对于学术论文的翻译,本身要求就比较高。而我以往所做的翻译,没有纯学术的。所谓没有金刚钻,别揽瓷器活,以后承接翻译任务务必量力而行。

除了酬金,译者到底从翻译实践中得到了什么经验教训,或者一些规律性的东西,可以用来指导今后的翻译实践? 特别是译文不被雇主认可的情况下,具体原因到底有哪些? 搞清楚这些原因后,在今后的翻译中我们尽量去克服纠正,译文质量自然会越来越好。所以,怎么和课程中的学生分享此次的失败,怎样把有限的翻译实践经历紧紧和翻译教学挂钩,总之一句话,翻译实践怎样反哺教学? 栩栩如生地如实描述具体情形,真诚地分享自己当时的想法和做法,有针对性地指出问题所在,用已有的失败教训做反面材料,目的是让学生产生吃一堑长一智的感觉,在以后的翻译实践中不走弯路,保证质量。这次的翻译材料,由于涉及学术版权问题,不能全部用来和翻译课程的学生分享。后来我有选择地选取一些典型的句子,连同自己的译文一起,在课堂中和学生讨论,重点对于一些存在问题的译文进行批判性分析,大家各抒己见,对翻译实践的认识也得到了提升。

四、对翻译专业/教学的前景展望

杨晓斌：许教授，您谈到的关于翻译教学与翻译实践的经历对我以后的翻译教学颇有启发，我还很想有请许教授从译者培养的角度谈谈，作为翻译学习者应该具体从哪方面下功夫、积累经验，争取早日成为优秀的翻译工作者呢？

许明武：要做好翻译实践，一定要具备以下三点品质。一是吃苦耐劳的精神。翻译学习者永远是翻译实践者，也就是说，学习和实践密不可分。仅学习翻译理论、纸上谈兵，不一定能做好翻译。好的翻译者必定是经过千锤百炼才得以诞生的。不妨给自己定一个学习计划，比如每天、每周、每月做多少翻译实践，选取什么样的材料来翻译，怎样做译后评价等。在真正为政府和企业做翻译之前，我自己一直有做翻译练习的习惯。读书的时候课外任务较重，要完成不同课程的复习和预习，空闲时间不多，但我一直坚持做翻译实践。处于不同年级时选择不同文体的材料练习。一年级时主要是记叙文文体，二年级时主要是说明文文体，三年级以后是议论文文体等。循序渐进，由易到难。由于选择的原文均配有译文，对比分析便成了我自己的评价方式。在做翻译实践的同时，须不断扩大知识面，不经意间为理解原文打下一些基础。所以课外阅读成了有效的方式。阅读材料的选择和翻译材料的选取异曲同工，按照文体特点，由易到难，由文学作品到经济、哲学、历史、科技等。我最多的时候是一个学期阅读了 42 本读物，平均每周两本。阅读完每本书后，须写一份读后感似的阅读心得，用英语撰写以提升表达能力。这些翻译练习和阅读为我后来的翻译活动打下了较为坚实的基础。

二是精益求精的态度。作为交流的桥梁，扮演传话筒作用的译员，对于自己所从事的工作一定要有清晰的认识，即：无论发生任何情况，在任何条件下，都始终如一地坚持将正确理解的源语信息传递给第三方。正确理解成为第一要素。由于受到知识面、语言水平、社会习惯等的影响，对于译员来说，正确理解原文成为最难攻克的难关。遇到不太确定的内容,须查证相关资料。有时,花很多时间查证一个知识点也是值得的。再就是询问相关专家、知情者。所谓不到黄河心不死,直到确信无疑后方可下笔翻译。在内容的处理上,前后连贯、符合事实或者原理极其重要。譬如在翻译过程中,按照对原文的理解,内容与客观事实相悖,哪怕有一点点这样的感觉,也不能放过,须认真查询,保证理解无误。只有这样才能保证不犯低级错误,有效传递信息。在理解正确的基础上,用得体、合适的语体翻译,切记不能不考虑受众,而始终如一地按照自己的习惯来翻译。在用词等方面,初遇时,会即刻想到用某一词汇,但内心的感觉告诉自己应该有更贴切、更精准的词汇,只是一时无从想起。此时,为了不影响翻译速度,往往会先用当时能想到的词汇代替,留下标记,等全部翻译结束后,再仔细打磨、思考查询出最合适的词汇来替代。对于翻译学习者和实践者来说,唯一的忠告是千万别遗忘了先前所做的标记,不要到最后得过且过,将就着不做更换。

三是善于总结反思的习惯。善于实践,同时须善于总结得失,归纳行之有效的方法,寻找规律性的东西,这样方能不断提升翻译实践能力,译文质量才能越来越高,更为受众所接受。比如翻译过程中遇到含有定语从句的句子,断句是行之有效的方法。在关联代词或者关系副词处分句,用前置词做后句的主语起句,这样使信息层次分明,且两个句子有机地关联。再比如对于长句的处理:首先找到全句的主语、谓语和宾语,再将总括的涵盖主要意义的句子翻译出来,后用"即"或者冒号等呈现具体信息,这样使译文主次分明、逻辑清楚,易于理解。翻译过程中的点点滴滴,非亲身经历而不得妄加评判。亲身经历后,用心思考,总结得失,发现有规律性的东西,其价值远远大于翻译实践本身,因为它就像一盏明灯,照亮自己的同时,也能照明他人。

杨晓斌:许教授,今天非常荣幸也非常感谢您能在百忙中接受我的访谈,很多话都说到我的心坎里了,给我的翻译教学研究也增添了不少的信心。非常感谢尊敬的许教授!

许明武:哪里哪里!不用客气!

杨晓斌:许教授,您刚才谈到的翻译技术和研究方法,尤其是语料库的应用一直是我的弱项。非常希望以后有机会跟着许教授学习学习,许教授可要不吝赐教啊。

许明武:互相学习!互相学习!

杨晓斌:再次表示感谢!再次表示感谢!

亦教亦译，服务需求

——叶兴国教授访谈录

夏党华　　叶兴国

受访者简介：叶兴国，浙江越秀外国语学院特聘教授，上海对外经贸大学二级教授，资深翻译家；曾获"上海市优秀青年教师"荣誉称号、上海市优秀教学成果奖和宝钢教育奖；主讲的"英汉翻译理论与实践"课程被评为 2007 年上海市精品课程。先后在《外国文学评论》《外语教学与研究》《国外文学》《中国外语》《中国翻译》《中国科技翻译》《中国外语教育》《当代外语研究》等高级别学术刊物上发表多篇论文；主持编著和翻译出版《世界贸易组织术语汇编》(上海外语教育出版社，2001)、《英汉·汉英世界贸易组织术语词典》(上海外语教育出版社，2011)、《世界贸易体制：

从乌拉圭回合谈起》(上海人民出版社,2002)、《北美自由贸易协定》(法律出版社,2011)、《美韩自由贸易协定》(法律出版社,2016)等工具书和多边贸易文献;完成商务部和上海市 WTO 事务研究中心委托翻译项目《国别贸易投资环境报告》(汉译英)和《美国商务部反倾销指南》(英译汉);主持创建了"非关税措施数据库"等数据平台;带领翻译团队承担并完成了国家出版基金资助项目《远东国际军事法庭庭审记录·全译本》(第二、三辑第 1—15 卷,上海交通大学出版社,2018、2021)、经典中国国际出版工程项目《查医生援鄂日记》(上海交通大学出版社,2020)的翻译任务。

访谈者简介:夏党华,华东交通大学外国语学院讲师,2018—2019 年上海外国语大学访问学者,研究方向为翻译与跨文化研究。

叶教授公务繁忙,以线上形式接受访谈。访谈时间为 2019 年 2 月 21 日 8:30 到 9:35,后续叶教授又亲自审稿并做补充修改。访谈主要从译者经历、译者翻译教学研究、译者翻译实践服务和新时代翻译教学和专业建设的机遇与挑战四个方面,展开十个相关问答。

一、译者经历

夏党华:叶老师您好! 非常感谢您百忙之中接受访谈。都说您是不老传奇,我们不妨先从您的"青葱岁月"谈起。

1. 20 世纪 70 年代的知青岁月(1970—1977 年江西)

夏党华:根据 2018 年《当代外语研究·中外语教育改革 40 周年专家谈》,知道您 1970 年 4 月初中毕业后被下放到江西农村。想必您的知青岁月有很多难忘经历。我特别好奇的是,在那个不算开放的年代您怎么走上英语教学之路的?

叶兴国:以前追看《今夜有暴风雪》《蹉跎岁月》《孽债》等反映知青生活的电视剧,往往会使我回想起自己的知青岁月。

1970 年清明,我离开上海,被送往江西省乐平县双田公社横路大队插队落户，"接受贫下中农再教育"。在农村下放的八年时间里，最初两年我在生产队种田。工作上，我学会了耕田、平田、插秧、撒灰、喷药、割稻、打禾、挑担、晒谷、推车、种菜等农活；生活上，我能自己洗衣、缝被、机米、砍柴、做饭等。两年后，我的皮肤已被晒得黝黑发亮，工分由原先的 6 分涨到了 9 分，离最高分 10 分仅一分之差。在田里劳作时，腿上钻进了水蚂蟥，我也不再惊慌失措，用老乡旱烟杆里的烟垢抹一下，蚂蟥就会自动退出。抢收抢种季节，为了避开四十几度的高温，我凌晨两点出工，上午八九点收工。黑暗中镰刀割伤手指是常有的事，好几次甚至割断了缠在稻秆上的蛇，现在回想起来仍心有余悸。

后来，我有两年时间在生产大队的小煤窑干杂活。那是一个很原始的小煤窑，巷道的宽和高也就一米多一点，人在里面站不直，挖到了煤全靠人弓着背挑出来。我刚去煤矿时，曾下过几次矿井，挑过几次煤。后来有的煤矿发生了恶性事故，大队接到上级指令，不准知青再下矿井，只让干一些地面上的装车过磅之类的杂活。两年后，我又被安排到了生产大队的石灰窑干活。冬天石灰窑开始装窑烧灰，一层柴一层煤一层石灰石码在直径约 40 米的巨大窑炉里。窑下暗火焚烧，窑上烟气缭绕，当有人因吸入了过量一氧化碳而晕倒时，就会被拖至一旁，等他自然苏醒。每年春耕前是石灰的销售旺季。我当时的工作就是从石灰窑里把石灰块挑出来，经过那种被称为"过山跳"的踏板装上车。我那时候争强好胜，一挑超过 200 斤是常有的事。脊椎盘突出的老毛病就是那几年落下的。

到农村插队落户前，虽说我是初中毕业，其实那年代整个国家放不下一张平静的书桌，初中阶段教学很不正常。以英语课为例，我只学会了 26 个英文字母和两句英语口号，一句是"Long Live Chairman Mao!"另一句是"Long Long Life to Chairman Mao!"我的英语老师当时 50 岁左右，新中国成立前在美国留学，用现在的话讲，是一名"海归"。我对英语感兴趣在很大程度上是受到了我大姐的影响。她是"文革"前正式考入华东师范大学英语系的最后一批大学生。我从小经常听大姐在家里读英语，耳濡目染，开始对英语有兴趣。

20 世纪 70 年代中期，邓小平复出，"极左"思潮有所遏止，上海外国语学院(现上海外国语大学)决定为江西省乐平县和波阳县(现鄱阳县)的下放知青举办一期英语函授班。出于兴趣,我报名参加了英语函授班。上海外国语学院派出李冬老师和林相周老师负责乐平县英语函授班的教学,姚天宠老师和华钧老师负责波阳县的教学。李老师和林老师为我打下了英语学习的基础。函授班结束后,每天劳作之余,我坚持收听上海人民广播电台的《广播英语教程》节目和美国之音的《慢速英语》及《标准英语》节目。就凭那点通过函授和广播学到的英语,我被推上了乐平县双田公社横路中学的讲台,开始了我的英语教学生涯。

夏党华:叶老师,您的上述经历对于现代青年人真是难以想象,真的为您坚忍不拔、勤奋努力的精神点赞!而这只是您传奇人生的开始。

2. 恢复高考后的大学求学(1978—1988 年江西和上海)

夏党华:20 世纪 70 年代末国家恢复高考制度,这对国家和个人都是件非常重大的事件。您作为恢复高考后的第一批大学生,于 1978 年 3 月份进入江西师范学院(现江西师范大学)英语专业。想起我自己进入大学学习外语专业的情形,感悟外语专业如同体育专业,需要不间断地操练。而你们那个年代条件更艰苦,是什么样的学习环境和精神让你们不负青春和时代?那时大学学习生活中有哪些值得回忆的人和事?

叶兴国:1977 年 7 月,邓小平复出,在"文革"中停顿了十年之久的高考制度得以恢复。我以比较好的成绩被江西师范学院英语专业录取,开始了梦寐以求的大学生活。

在中国的高等教育史上,1978 年是一个特别重要的年份。那一年,有两级学生入学,1977 级学生 3 月份入学,1978 级学生 9 月份入学。1977 年有 500 多万人报名参加高考,全国所有专业招生数总和约为 27 万人,高考录取率约为 4.7%。我很幸运能成为 1977 级的一员。因此,我特别感激邓公的拨乱反正,感激上海外国语学院当年举办的英语函授班,感激李冬老师和林相周老师的倾心投入。

1977 级大学生特别好学,特别勤奋,特别坚忍,都想把失去的时间追回来。四年的大学生活中,最重要的收获之一,就是我养成了追赶型的学习和工作方式。在专业学习方面,我的几位室友都是"学霸",你追我赶,谁也不甘落后。后来6个室友中邹同学考取了北京大学许渊冲教授的博士生,蒋同学考取了北京大学赵萝蕤教授的博士生,张同学在美国取得博士学位后回到浙江大学任教,蔡同学在复旦大学获取硕士学位后去美国发展,杨同学和我则长期在国内的高校任教。记得有一天晚上,邹同学听到蒋同学用英语说了梦话,顿时羡慕之情溢于言表。直到几天后室友告诉邹同学听到他也在睡梦中用英语说梦话,他才释然。当时这件事在班上传为美谈。

关于你说的"外语专业如同体育专业,需要不间断地操练",在某种意义上,我是认同的。所谓的"拳不离手,曲不离口"说的就是这个道理。外语作为一个专业,主要由两部分构成,即外语技能和外语相关知识。外语技能方面,就是"需要不间断地操练";至于外语相关知识,则该当别论。20世纪70年代末外语课最常见的教学方法之一是句型操练法和语音语调模仿法。下课后,全班同学经常围坐在一台硕大的电子管磁带录音机旁,听《灵格风英语教程》和《新概念英语》的录音。那时每天晚餐后,与邹同学或蔡同学在校园里的湖滨小道上,边散步边用英语对话也几乎是我每天必做的功课。

在那个年代,大学生学习很用功,很少去关注娱乐明星,学校图书馆阅览室往往是一座难求。1979年复旦大学外文系陆谷孙教授到江西大学讲学的盛况至今还历历在目。可容纳1000人的大礼堂几乎满座。当年陆教授肤色白皙,戴一副黑边眼镜,一边抽烟一边围绕一些学术问题侃侃而谈。用现在的话讲,很酷。那时候,陆教授那样的青年学者才是大学生崇拜的偶像。

夏党华:叶老师的大学回忆历历在目,那时您在辛苦之余不乏学习乐趣,并心怀感恩。我们特别钦佩您和同窗们那时的学习劲头并学业有成,前辈们真是可敬可畏!您师范学院毕业后在江西上饶师范专科学校(现上饶师范学院)教书若干年,后来又是什么动力让您再接再厉,考上华东师范大学(简称"华东师大")研究生的?记得您曾提及与黄源深老师的师生情,想必您求学过程中有不少对您影响很大的老师和同学吧?

叶兴国:1982 年 1 月,毕业后我被分配到江西上饶师范专科学校任教,担任英语精读课专任教师,兼任 3 个班级的班主任。当年的学生现在有的已经是重点中学的骨干教师和大学教授,有的在各类涉外企事业单位和政府部门发挥重要作用。1985 年,我考取了华东师范大学英语语言文学专业研究生。谈不上再接再厉,想回到已经离别 15 年的上海是我考研的主要动力。

在华东师大,我师从著名外国文艺评论家、翻译家孙梁先生攻读硕士学位。孙先生是上海圣约翰大学英文系高才生,毕业后到清华大学研究院师从钱锺书、冯友兰和刘大杰等教授攻读中外文史。孙先生学贯中西,虽然没有出国经历,但先生纯正流畅的英语、对中西文学和文化的深刻了解以及接待外国学人时的气度和风范,令人敬仰。方平先生曾对他的研究生说,在上海研究英国文学必须要拜访"两孙",所谓"两孙"就是指孙大雨和孙梁。可惜孙梁先生罹患疾病,1990 年驾鹤西去,享年 65 岁。

黄源深教授对我有知遇之恩,他主持了我的研究生入学面试和硕士学位论文答辩。黄先生给我们讲澳大利亚文学,他治学严谨,思维敏锐,讲课时气场很强,深受学生崇敬。前不久看到黄老师的《澳大利亚文学史》①名列"中国人文社会科学图书学术影响力排行榜"(数据来自《中国人文社会科学图书学术影响力报告》②)的"外国文学论文引用国内学术著作前 10 名",我首先想到的是当年黄老师给我们讲授这门课时的情景。那时候黄老师 45 岁左右,讲课绝对精彩。黄先生担任华东师范大学外语系主任,一直关心我的工作、学习和生活,为此我心存感激。

我从华东师大研究生毕业 10 年后,当时我担任上海对外贸易学院(现上海对外经贸大学,简称"上外贸")国际商务外语学院院长。学院的学科发展遇到了瓶颈问题,亟须一位能推动学科发展的大家。我首先想

---

① 黄源深. 澳大利亚文学史. 上海:上海外语教育出版社,1997.
② 苏新宁. 中国人文社会科学图书学术影响力报告. 北京:中国社会科学出版社,2011.

到了黄老师。我陪同上外贸的党政领导多次拜访黄老师,后经两校领导友好协商,黄老师以商调的方式到上外贸工作。从此,在黄老师的带领下,上外贸的外国语言文学学科建设、专业建设和队伍建设达到了历史最高水平,在教育部第三轮和第四轮的学科评估中取得较好成绩。

优秀教师对学生的影响往往是长期的,包括我大学本科老师。教育部第一届"高等学校教学名师奖"获得者郑树棠教授是我大学三年级"英国文学选读"课的主讲教师,我至今仍与郑老师保持经常联系,还多次应邀参与了他担任总主编的《新视野大学英语教程》的编写工作。著名翻译家张经浩教授教我们大三翻译课,他的讲课深入浅出,通俗易懂,退休后笔耕不止,翻译出版了《欧·亨利小说全集》,于 2017 年 12 月被香港翻译学会授予"荣誉会士"称号。上海交通大学外国语学院胡全生教授教我们大一英语精读课,后来和我同一年考取华东师范大学研究生,又成了同班同学,现在我仍和胡老师保持着亦师亦友的亲密关系。

3. 从文学到外贸的学术转向(1988—2018 年现上海对外经贸大学)

夏党华:您的上述求学经历让我们进一步了解到您的文学积淀和功力。很多师生不一定知道您前期在文学上的研究和翻译成果,如《论戴·赫·劳伦斯的继承与创新》《与命运的交易——莎士比亚及其戏剧中的精神危机和冲突》《不是我,而是风》《支那崽》等。后来您转向外经贸领域的教育和研究,能否分享下您的转型心路历程? 您对我们后辈在专业和研究领域的"转与不转"有什么经验分享?

叶兴国:我从三个方面来回答你的问题:(1)关于我的学术兴趣;(2)我为什么要转型;(3)对于外语专业人士转型问题的认识。

我一直对英国文学有浓厚的兴趣。鉴于 20 世纪 80 年代学界对戴维·赫伯特·劳伦斯(David Herbert Lawrence)认识不全面,导师同意我的硕士学位论文题目定为《戴·赫·劳伦斯的继承与创新研究》。我认真研读了劳伦斯所有作品,包括他的诗歌、散文、日记、短篇小说和 10 部长篇小说,还仔细研读了劳伦斯同时代人的有关传记,以及对劳伦斯产生重大影响的托马斯·卡莱尔(Thomas Carlyle)、西格蒙德·弗洛伊德

(Sigmund Freud)、弗里德里希·威廉·尼采(Friedrich Wilhelm Nietzsche)、亚瑟·叔本华(Arthur Schopenhauer)等人的相关材料和作品。毕业后，我在硕士学位论文的基础上，写了题为《论戴·赫·劳伦斯的继承和创新》的论文。该论文分析了威廉·布莱克(William Blake)、卡莱尔、约翰·罗斯金(John Ruskin)、托马斯·哈代(Thomas Hardy)、尼采、弗洛伊德和《圣经》等对劳伦斯的影响和影响途径，论证了劳伦斯在理念上和艺术上的创新。文稿寄出不久，就收到了时任《外国文学评论》责任编辑盛宁先生的亲笔来信，通知我论文已被录用。看到自己的论文能在权威学刊发表，我很激动。论文发表 18 年后，我在上海第一次见到了《外国文学评论》的主编盛宁先生。

研究生毕业后，我曾做过一些文学翻译，包括出版的《不是我，而是风》《支那崽》，以及由于种种原因没能出版的《塞姆勒先生的行星》等文学名著，其中影响比较大的可能要数跨文学和心理学的《与命运的交易》。20 世纪 80 年代，精神分析法开始在我国传播。《与命运的交易》一书中，伯纳德·派里斯(Bernard Paris)运用卡伦·霍尔奈(Karen Horney)的精神分析法对莎士比亚的四大悲剧《哈姆雷特》《奥赛罗》《李尔王》《麦克白》以及其他主要作品中的主人公进行了精神分析，并在此基础上，推断了莎士比亚本人的性格结构。翻译的过程也是学习的过程。通过翻译，我对莎翁戏剧中的主要人物的动机加深了了解，对莎翁本人的内心活动和不朽的文学成就有了更深的体会，对人的心理也有了新的认识。现在《与命运的交易》一书已成为心理学经典著作，并被许多学者列为心理学的必读书目。

我的学术转向既受到了上外贸学校性质的影响，也受到了学校两位前辈教授的影响。一位是裘劭恒教授。裘老曾担任东京远东国际军事法庭中国代表团秘书和助理检察官、最高人民法院审判"林彪、江青反革命集团"特别法庭顾问、香港特别行政区基本法起草委员会委员，并长期担任上海市外文学会会长、上外贸副校长和名誉校长。一个学者能有如此担当，实在是令人钦佩。另一位是汪尧田教授。汪老是我国关贸总协定研究第一人。1986 年中国政府提出恢复关贸总协定缔约国地位的申请，同年，年届七旬的汪老在上外贸建立了"关贸总协定上海研究中心"。该中心在我国"复关"和"入世"谈判的进程中,很好地发挥了智库的作用。裘老是著名法学家,汪老是著名经济学家,他们把英语和专业深度融合,在事关国家命运和发展的关键时刻勇于担当,发挥了重要作用。我的早年译著《世界贸易体制:从乌拉圭回合谈起》是汪老交办的任务,陆续完成的译著也大多与汪老毕生研究的多边贸易体制有关。机缘巧合,我应邀带领翻译团队承担并完成了国家出版基金资助项目《远东国际军事法庭庭审记录·全译本》(第二辑,第 1—15 卷)、《远东国际军事法庭庭审记录·全译本》(第三辑,第 1—15 卷)的翻译任务。这项工作与裘老当年在远东国际军事法庭中国代表团秘书和助理检察官的工作也紧密相关。

促使我学术转型的最主要原因是迅猛发展的国家经贸事业对外语专业人才培养提出了新的需求。20 世纪 90 年代,国家的外经贸事业开始发生重大变化。1992 年中央提出,对外开放的地域要扩大,形成多层次、多渠道、全方位开放的格局,利用外资的领域要拓宽,积极扩大我国企业的对外投资和跨国经营。中央的战略意图很高远,但是实际上 1992 年我国的货物贸易进出口总额微不足道,仅 1655 亿美元,仅占当年全球货物进出口贸易总额的 4.4%,与人口数量约占全球总人口数量 19% 的大国地位很不相称。需求在发生迅速和深刻的变化,英语专业毕业生的就业范围在不断拓展,但是,许多大学的英语专业教育教学却以不变应万变,人才培养同质化现象严重,教学内容严重滞后于经济和社会的需求。为迎接挑战,1994 年上外贸领导决定在原外贸外语系的基础上筹建国际商务外语学院。我被委任为新成立的国际商务外语学院首任院长。

上述诸因素叠加,促使我做出学术转向的决定。学院的英语专业建设重点开始转向商务英语专业建设,我个人的翻译实践也开始转向外经贸相关文献的翻译。我国外经贸事业发展的事实证明,我的学术转向顺应了国家外经贸事业大发展的趋势。2014 年我国货物贸易进出口总额约为 4.3 万亿美元,服务贸易进出口总额约为 5000 亿美元。两者相加约占当年全国国内生产总值(GDP)总额的 50%。与 1992 年的 1655 亿美元相比,差不多翻了五番。

对于青年教师和学者在学科和专业研究领域的"转与不转",我没有什么忠告,只谈一点看法。国家对外语专业人才的需求是多方面的。党的十九大报告的顶层设计包括但不限于"坚持推动构建人类命运共同体,奉行互利共赢的开放战略""坚持引进来和走出去并重,推进贸易强国建设,扩大服务贸易业对外开放""加强中外人文交流,推进国际传播能力建设,讲好中国故事""尊重世界文明多样性,以文明交流超越文明隔阂、文明互鉴超越文明冲突、文明共存超越文明优越""积极促进'一带一路'国际合作,推动建设开放型世界经济""秉持共商共建共享的全球治理观,积极参与全球治理体系改革和建设"等。上述国家顶层设计都需要高水平的外语专业人才。

需求的多方面性和外语专业方向的有限性势必导致一部分青年教师的所学和所用之间会有些距离。当所学与所用不一致时,或当工作单位对你的要求和你的学术兴趣不一致时,你就必须做出选择,你可以坚持自己的学术兴趣,你也可以顺应单位的需求。我个人认为,兴趣和需求是一个问题的两个方面。两者之间,需求是问题的主要方面,两者是可以统一的。

二、译者翻译教学研究

夏党华:叶老师的学术转型很有智慧和前瞻性,也体现了知识分子在道义上的传承与担当。近年来我开始关注外宣翻译,狭义上讲这属于实用英语翻译或非文学类翻译。结合您的翻译实践和认知,您认为实用英语翻译或非文学类翻译与文学翻译有哪些异同?

叶兴国:这个问题问得有点大,学术性很强,精准和全面的答案应该到翻译教科书上去找。刚才讲过我曾做过一些与文学有关的翻译,但更多的是与贸易相关文献的翻译。大概而言,我认为文学翻译和非文学翻译对于译者的要求是同大于异。所谓同,是指无论你从事文学翻译还是从事非文学翻译,译者必须要具备对所译语的理解能力和表达能力。所谓异,主要体现在文学翻译要求译者具有更强的语言感悟力、创造力、想象力、审美判断力和艺术感悟力,而非文学翻译则追求文字的客观性和确定性,信息的明晰性和统一性,以及风格的正规性和严谨性,文学翻译则允许并倡导语言的主观性、模糊性和多义性。举个例子来说吧。关于多义性和单义性，以下案例在一定程度上体现了文学翻译与非文学翻译的差异性。杨周翰教授曾经统计，nature 一词在莎士比亚的《李尔王》中先后出现了 40 多次，在不同的上下文里被译者分别译为"孝""天地""造化""本性""人性""人""生命""身心""仁慈""精神""天伦""慈悲""天道人伦"等。我本人曾发现，国内一家著名出版社出版的一本关于多边贸易体制的学术译著中，核心术语 legality 被分别翻译成了"合法规定""法律制度""法律""规制""法规""法规性问题""合法""公民""合法性地位""法律义务""依法操作的法律业务""律师职责""法制""合法行为""法""律师业务"等 10 多个对应词。前者被有些学者津津乐道，传为美谈；但后者恐怕只能成为翻译界的笑话了。

夏党华：叶老师的上述解答有理有据，您丰富的翻译实践经验想必对您翻译教学有莫大帮助。您多年来面向本科和研究生都开设了翻译教学课程，请问您在翻译教学方面有哪些比较好的理念和做法可资借鉴？记得当年面向研究生的翻译课，您把学生的课程论文汇编成册并人手一份，这种形式挺好的。

叶兴国：我曾多年为本科学生讲授"英汉翻译理论与实践"课，还多年为外国语言学及应用语言学专业和翻译专业硕士研究生讲授"商务英语翻译实践与研究"课。10 多年前课程团队的建设思路可以概括为几个结合，即理论学习和理论应用相结合、研究能力培养和翻译实践能力培养相结合、翻译基本功训练和信息技术应用相结合。在教学方面，提倡教师进行研究型教学和任务式教学；在学习方面，要求学生进行研究式学习、发现式学习和合作学习；在翻译实践方面，实施"以学生为主体，教师为主导"的实践教学模式，注重培养学生翻译实践能力和发现问题并用创新方式解决问题的能力。

在具体实施层面，"商务英语翻译实践与研究"课程有几个特点。(1)在翻译理论学习和翻译实践能力培养两者之间，更偏重实践能力；在授课时间分配上，分析和解决学生翻译实践中出现的实际问题约占 60%

的授课时间。(2)要求学生翻译的材料是计划正式出版的与贸易有关的材料,而不是专门为课后练习编写的材料。(3)每堂课要求课后翻译约1000 字的篇幅,所有学生翻译的内容合起来是一个完整的章节,但每人翻译的内容各不相同。在法律出版社出版的《北美自由贸易协定》和《美韩自由贸易协定》中,译者序都明确说明了这两个协定的翻译是"商务英语翻译实践与研究"和"英汉翻译理论与实践"课程的教学改革成果之一。

为了培养学生发现问题、分析问题和解决问题的能力,我会在每学期初就要求学生在第 15 周之前完成课程论文的写作。因为在前 14 周学生学习了相关翻译理论知识和大量的双语平行语料,学生基本上都能理论联系翻译实际,写出较好的学术论文。我会安排几个课时让有交流意愿的学生在课上陈述并回答同学和老师提出的问题。实际上每学期的最后6—8 节课就是研讨会的形式。每个学生都有约 5000 字篇幅的论文,每人都精心制作了 PPT,约 10 分钟陈述后,是老师和同学的提问环节。把学生的论文汇编成册并人手一份,既是便于学生之间互相取长补短,也是听了这门课的一个纪念。有一部分学生在此基础上,在正式出版的学术刊物上发表了论文;有不少学生把课程论文扩充成了硕士学位论文。另外值得一提的是,我指导的两位硕士研究生的学位论文,即刘彦旭撰写的《商务部〈国别贸易投资环境报告 2009〉英译研究》和孔晓杰撰写的《对〈纽约时报〉〈洛杉矶时报〉和〈华盛顿邮报〉关于日本加入 TPP 谈判报道的批评话语分析》分别被评为 2011 年和 2015 年的"上海市研究生优秀成果(学位论文)"。考虑到 2016 年上海市外国语言文学一级学科仅 4 篇博士学位论文和 6 篇硕士学位论文被评为"上海市研究生优秀成果(学位论文)",优秀学位论文的称号可谓来之不易。我主讲的这门课能被评为"上海市精品课程",我指导的两位硕士研究生的学位论文能获评"上海市研究生优秀成果(学位论文)",这似乎证明,学界对我的翻译课教学内容和方式创新还是比较认可的。

三、译者翻译实践服务

夏党华：叶老师不愧是教学名师和领军者，也谢谢您当年给我们参与翻译项目的机会。在服务社会方面，您先后主编或牵头翻译了《世界贸易组织术语汇编》《英汉 WTO 常用术语词典》《美国商务部反倾销指南》《世界贸易体制：从乌拉圭回合谈起》《国别贸易投资环境报告》《北美自由贸易协定》《美韩自由贸易协定》等工具书和多边贸易文献；主持创建了"非关税措施数据库"。请问你们做的这些大部头翻译或编译项目和一般性出版翻译教材、申报高级科研项目有何不同？背后的动力是什么？

叶兴国：你提到的这些翻译成果基本上都是一些服务国家需求的工作，既不属于通过申报获批的纵向项目，与申报国家社科基金和中华学术外译等项目关联度也比较低，但对于政府有关部门和涉外企事业单位具有比较重要的参考价值。例如，中国"入世"前后，为了入世后的贸易文献翻译术语标准化，我们翻译了《世界贸易组织术语汇编》，并在此基础上编撰了《英汉·汉英世界贸易组织术语词典》；为了让国内读者了解多边贸易新体制，我们完成了《世界贸易体制：从乌拉圭回合谈起》的翻译任务；为了帮助企业应对入世后发达国家对我国发起的反倾销措施，我们翻译了《美国商务部反倾销指南》等文献；为了向世界公布中国主要贸易伙伴的贸易政策演变，我们连续六年翻译了商务部制定的《国别贸易投资环境报告》；为了给自由贸易区建设提供借鉴，我们翻译了《北美自由贸易协定》和《美韩自由贸易协定》等贸易文献；为了使国内相关企业了解主要贸易伙伴采取的非关税措施，我们翻译和制作了涉及美国、日本、韩国、欧盟、北美自由贸易区 5 个国家/地区，包括自由贸易协定、非关税措施、WTO 法律文本和非关税贸易壁垒案例四个专题的"非关税措施数据库"；为了给商务英语研究者提供语料，上述翻译成果大部分被制成了"英汉双语平行语料库"和"英汉双语对比语料库"。这些翻译工作与参与教师发展的关联度较低，经济回报很低甚至没有，但必须有人去做。

夏党华：叶老师服务社会的精神和带领团队的能力令人钦佩。您也多次深度参与"韩素音青年翻译奖"竞赛。作为组织者和评委，您能否谈谈对参赛译文和译者的印象？

叶兴国：是的，近 10 年来我先后参加了三届，即 2010 年作为承办方负责人参加了第 22 届"韩素音青年翻译奖"竞赛，2014 年作为英译中评委组组长参加了第 26 届"韩素音青年翻译奖"竞赛，2016 年作为英译中评委组评委参加了第 28 届"韩素音青年翻译奖"竞赛。

中国翻译协会和《中国翻译》连续 30 年持之以恒地举办"韩素音青年翻译奖"竞赛，为培养和发现优秀翻译人才搭建了全国性的竞赛平台，为满足国家需要做出了独特的贡献。当今时代，国家对优秀翻译人才的需要比以往任何时候都更加迫切。党的十九大报告提出的一系列国家战略中，有许多国家战略直接需要高水平翻译人才支撑。

培养能满足国家需要的翻译人才是外语院校和外语教师义不容辞的使命。每次参加该活动，都是了解青年译者总体水平的一个好机会。总体而言，青年译者的翻译水平越来越高，但假如用更高的标准衡量，大部分译者甚至获奖译者的翻译水平离专业标准还是有一定距离的，所以我曾经引用佛教中"百尺竿头，更进一步"的说法，比喻道行、造诣虽深，仍需修炼提高。

四、新时代翻译教学和专业建设的机遇与挑战

夏党华：叶老师对"韩素音青年翻译奖"竞赛的反馈意见非常客观，我参赛过，也有同感。您不仅提出问题，还在思考解决问题的办法。2015 年 5 月 30 日您在第 16 届全国科技翻译研讨会上做了题为《关于新常态下翻译教育协同创新的几点思考》的主旨发言。为了更好地推进翻译的"管产学研用"协同创新，最后您提了 7 点建议供参考。三年多过去了，您了解到这些好建议落地或生效情况如何？

叶兴国：有时候即使是红头文件也很难得到切实的贯彻落实，你不能指望一名学者在研讨会上提出的建议"落地或生效"，如能引起关注和思

考就已经很不容易了。

记得当时我也是有感而发,指出了当时存在的 6 个主要问题,即重翻译学术研究轻翻译实践、学生翻译练习的批改环节薄弱、翻译技术进课堂的速度滞后、翻译质量控制环节空转、对翻译语料"数据化"工作不重视、翻译技术研究的资助力度小。为了解决上述问题,我提了 7 点建议:(1)应该承认教师的翻译成果和学术论文具有同等价值;(2)教师指导学生翻译实践过程中所做的学术贡献应得到应有的承认;(3)翻译课教师应了解翻译技术发展最新趋势,并开设相应课程;(4)鼓励专职翻译教师和专职译员双向兼职;(5)把好翻译语料数据化的质量关,避免低质量的译文成为语料和数据;(6)加大翻译技术研发投入;(7)权威部门或机构牵头,跨界合力研发具有自主知识产权和一流水平的翻译技术产品。

三年多过去了,上述 6 个问题有不同程度的缓解。有的学校已开始把翻译成果有条件地等同于学术论文,机器翻译平台的翻译质量也有了提高,但是总体上,翻译教学模式依然严重滞后于技术的发展。

夏党华:作为中国外语教育的前辈,您的思考和建议体现了教育者的责任意识和危机意识。同样作为长期从事翻译教学和实践的资深教授,您能否谈谈在信息技术和人工智能迅速发展的时代,翻译教学应如何与时俱进?

叶兴国:正如你说的,我们正处于信息技术和人工智能迅速发展的时代。在这个时代,机器翻译的主流技术已经从以语言学为基础的基于规则的机器翻译转变成以真实语料为基础的基于统计的机器翻译。2017 年末,基于神经网络的实时机器同传技术已经问世,据称准确率已接近人类同传翻译结果。搜狗宣称其语音识别准确率已超过 97%,谷歌宣称其英译汉准确率为 58%,汉译英为 60%,西译英为 63%,英译法为 64%,法译英为 83%,英译西为 87%。虽然有些数据有夸大之嫌,但互联网和人工智能给翻译教学带来的巨大挑战有目共睹。

在信息技术和人工智能对教育产生深刻影响且翻译技术取得长足进步的情况下,我们确实应该认真思考和回答翻译课如何顺应新技术时代的挑战、如何改革翻译课程体系。技术手段的不断更新要求学校改变翻译教学内容,有的学校已经开始注重培养学生的信息检索能力、工具操作能力和项目及质量管控能力;有的学校的翻译教学已经体现出四大特色,即真实项目驱动、技术团队联动、学生主动参与、企业平台互动。

随着机器翻译与信息通信技术融合,译后编辑逐渐成为机器翻译的一种替代。信息通信技术与云技术结合,融合成为"机器翻译 + 翻译记忆"或者"机器翻译 + 译后编辑",融合了多种方法和模型的混合型机器翻译也开始发挥越来越重要的作用。对于上述软件、系统和技术进步,翻译课任课教师和翻译专业的学生都应该了解和掌握。

机器翻译越强大,学生的翻译基本功就越重要。在机器翻译的基础上进行译后编辑,要求我们具有敏锐地从机器翻译结果中发现问题和解决问题的能力。从前一般要求教师和编辑掌握的审校能力,如今对于学生就显得非常重要。我们在引进翻译技术的同时,应该更加关注学生的诉求,加强译文批改,并把审校能力培养纳入培养计划,这是加强翻译基本功训练的重要环节。

有条件的教师可以尝试在翻译教学、翻译实践和翻译研究三者之间建立起更加紧密的关系。翻译教学应把翻译研究成果应用于提高学生的翻译实践能力,翻译实践是为了学以致用、检验翻译教学的有效性,翻译研究是为了发现并解决翻译教学和翻译实践中的问题。这对翻译课程的任课教师提出了更高的要求,要求翻译教师具备授课能力、翻译审校能力、翻译实践能力、翻译实践指导能力和翻译研究能力。集上述各种能力于一身的教师才能培养学生的翻译审校能力、实践能力和一定的翻译研究能力。

夏党华:叶老师如此关注和深入思考翻译技术等前沿问题难能可贵,总结翻译教师的五种能力也体现了与时俱进的精神。非常感谢叶老师百忙之中抽出时间并细致地分享您的人生经历,特别是翻译教学实践方面的真知灼见。您为人处世谦虚低调、严谨认真,又不失大家风范和生活情趣,相信为我们众多外语教育工作者树立了一个榜样。谢谢您,叶老师,祝您工作顺利,身体健康,家庭幸福!

叶兴国：过奖了。榜样不敢当！我的奋斗目标是成为一名恪尽职守的教师和译者。谢谢党华！

后 记

叶教授在访谈中说，翻译的过程也是学习的过程。同样，参与这次访谈项目的过程中，访谈者也学习到一些为人处世的道理。一是师长们的人格魅力，比如做大事又不失细节，做好自己的事情又不忘提携后辈。二是工作态度，也是责任意识和实际能力的一种体现，正如访谈中叶教授强调的翻译校审的重要性。三是传承和进取精神，比如叶教授带领翻译团队承担了《远东国际军事法庭庭审记录·全译本》、经典中国国际出版工程项目《查医生援鄂日记》等文献的翻译任务，这既是对前辈工作的一种接力，也是翻译服务国家、讲好中国故事的新尝试。叶教授胸怀国家，服务社会，他的教学和翻译人生如思源湖畔，隽永入胜。

诗情话"译"

——张保红教授访谈录

丁欣如　张保红

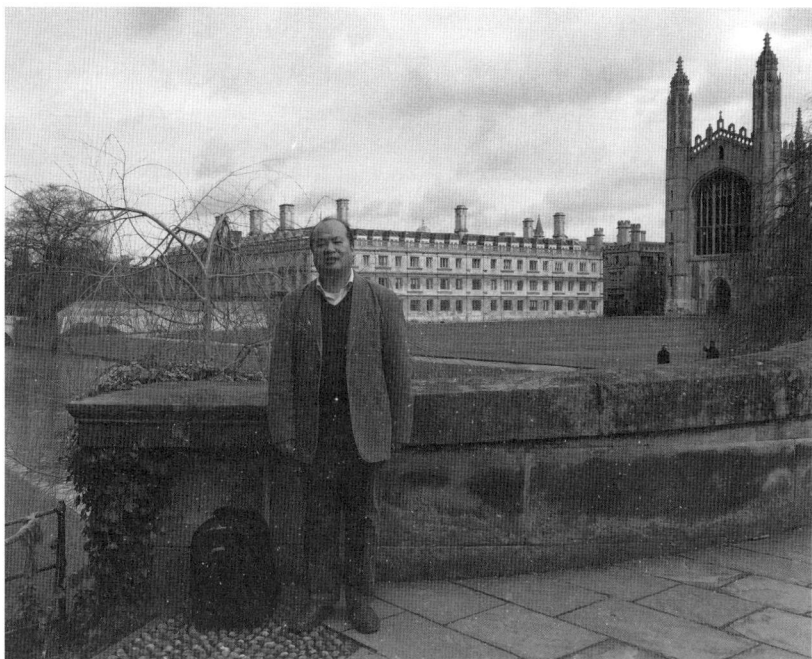

受访者简介：张保红，任教于广东外语外贸大学高级翻译学院，二级教授、博士、博士生导师。现任中国英汉语比较研究会理事、中国英汉语比较研究会典籍英译专业委员会常务理事、中国英汉语比较研究会诗歌研究专业委员会常务理事、广东省本科高校外语专业委员会副主任委员、广东省本科高校翻译专业分委员会主任委员、《翻译界》杂志编委。曾入

选"教育部新世纪优秀人才支持计划"、广东省高等学校"千百十人才培养工程"省级培养对象。2005年在美国内华达大学、西东大学短期进修学习,2014年为剑桥大学访问学者。主要研究方向为文学翻译理论与实践、英汉诗歌翻译研究。

主持完成国家社科基金项目1项,主持完成省部级研究项目3项。目前主持教育部社科项目1项。在《外国语》《中国翻译》《翻译季刊》等学刊发表学术论文70余篇。出版著作《古诗英译中西翻译流派比较研究》(人民出版社,2018)等3部,译著《文学》(汉译英)(人民文学出版社,2006)等3部,编著《文学翻译》(省级精品教材)(外语教学与研究出版社,2011)1部;在《译丛》(Renditions)、《英语世界》等期刊发表英汉诗歌互译作品和学术论文若干。

访谈者简介:丁欣如,浙江外国语学院英语语言文化学院讲师,上海外国语大学英语学院翻译学博士生。研究方向为口译教学、影视翻译与教学。

本次访谈为半结构化访谈,于北京时间2019年3月15日14:00在广东外语外贸大学高级翻译学院副院长办公室进行。访谈者就译者生涯、翻译实践与翻译教学、翻译理论与翻译教学和实践等话题与张保红教授进行了长达2小时的访谈。

丁欣如:张老师,您好,非常感谢您拨冗接受我们此次访谈。首先想问,您是从什么时候开始做翻译实践的?

张保红:热爱翻译的人,一般都会热爱翻译实践。但说实话,我笔译实践的成果并不多,只是偶尔做一些。最早做的实践都是一些零散的,做完别人象征性地付点报酬,所以没有留下什么署名的资料。比如,我在中国地质大学任教的时候,翻译过粉煤灰、金刚石、纤头等地质方面的内容。后来,还翻译了一些政府官员的工作讲话稿,企事业单位的一些介绍性的文字材料。我自己的译本非常有限,一本是人民文学出版社出版的双语读物,好像是北外一位学者用汉语写的一本书,叫《文学》,内容是从《诗经》《楚辞》到《红楼梦》《水浒卷》《三国演义》等的介绍,包括作者背景、基本的历史缘起、故事梗概、文化特色、语言特点等,我将这些内容翻译成英文。另一本是给天津人民出版社翻译了乔治·奥威尔(George Orwell)的《动物庄园》。那本书的版本很多。我自己翻的时候有我自己的理解和想法,有自己对文学语言的特点、行文节奏、人物塑造、叙事方式等如何再现或表现的追求。译完之后也去看了看别人的译文,这时相互比较异同还是一个十分有趣的事情,像是两个朋友在就同一个翻译对象进行聊天,你那么处理有你的特点,我这么处理有我的考量,殊途同归,和而不同。还有一个是奥威尔的《1984》那本书,译了一大半,后来出版社悔约,也就不了了之。我还译了一本传教士看中国的书,因某些原因,书稿辗转几个出版社,最后也泥牛入海了。另有一些诗歌翻译的散篇。

因为我是学翻译的,在译的时候,我很清楚,要是去参考人家的,或者是直接看人家的版本,那就没法译了,因为那样不利于形成自己对作品的自我认识。我会在译文中追求自己表现文学和叙述文学的一个结构与方式。我在翻译的时候想要表现自我理解的诗歌或小说文体的语言特色。我自己总结过一句话:我译我研究,我译我追求,我译我自己。例如,我译《动物庄园》时,开篇第一章里有这么一句话:"At one end of the big barn, on a sort of raised platform, Major was already ensconced on his bed of straw, under a lantern which hung from a beam." 有的译者这么翻译:"大谷仓一头有一个隆起的台子,少校已经安坐在那铺了干草的一个垫子上了,从房梁上悬挂而下的一盏马灯就在他头顶上方。"我觉得这个译文较烦琐,也不便于诵读、记忆。我的译文是这样的:"大谷仓的一角,有个搭建的高台,少校安坐在草铺中,头顶的横梁上挂着一盏灯。"我译的时候就按照汉语绘画空间顺序来处理,在译文中建立一条形式线,按这条形式线的引导从下往上看。我认为这样翻译,译文朗朗上口,可以直接背诵着说出来。其他的译文也不能说不好,但那是人家的方式,至少我读起来、念起来觉得不容易记住。可能我追求的就是这样一种方式和叙述节奏。除此以外,我翻译过的还有《老北京画卷》。总之译得不多,真正出版的没几本,个人觉得这方面的信息和资源还不多。如果有机会的话,还是可以做一点的,感觉有一定把握尽可能做好。如果是文学作品,比如诗歌、散文、戏剧、小说,我对它们的审美鉴赏,对它们的认知感受或者理解表达方面还是有较好的认知方式方法,可对作品有整体的把握与表达有着自己显意识的理解与追求。

丁欣如:您对文学作品的这种鉴赏能力,还有认知,是不是跟您对诗歌的深入研究有密不可分的联系?让您更能够感受到文学作品的美?

张保红:是的。诗歌和其他的文学体裁相比,更加注重声音节奏、外在形式、主题意义表达的艺术和技巧。散文、小说当然也有各自的艺术技巧。可能是对诗歌的研究,培养或者锻炼了我对语言文字的感受力和鉴赏力,而且还培养了我对文学作品内涵的认知和想象能力。比如看到某个语词意象,会习惯性地联想到一连串的类似意象。有了诗歌这方面的积累,我感觉在学习或解读散文、小说、戏剧时,有些东西是共通的,因为文学语言都讲究审美,都会讲究自身的声音节奏、语法结构、语义修辞等方面的审美价值。现在有的同学,一听要上文学翻译课,扭头就走。为什么呢?可能他们觉得文学翻译太阳春白雪了,不大实用,和自己将来的工作、生活联系不大。学那些东西有什么用啊?又不靠文学翻译来谋生!而事实上我们学文学或诗歌翻译,在一定程度上是一种打基础,一种训练,一种自我提升与自我修养的积累。

说起这个,我想起曾经有一位副省长去美国出访,给美国当地市长用白话写了一首诗。他说之前找人翻译了一遍,可一看,觉得语言还不够美,还不够文学味。要找一个人,把语言加工一下。后来他们找到我,我看了之后就把语言调整了一下,按照上下文,根据我积累的英语诗歌及其知识,就给他按"美"的方式翻译出来。比如,他的诗中有一个诗节写到美好欢乐的气氛,写到鱼儿遨游,我就想鱼翔浅底,用了 glide 这样的词来替代之前译文中的 swim;说鸟儿飞翔,我就借用了叶芝写的《库尔的野天鹅》("The Wild Swans at Coole")等。这些修改可能不一定精准,但传递了美好的感受与画面,至少像一点文学。我告诉学生,做文学翻译,你要是译小说,你要对人物形象的特点下功夫。你的语言要像众星拱月一样让人物形象鲜明突出。还有叙述的策略和方式,是不是能形成一个有自我特点的叙述节奏与速度。第一次让学生译诗的时候,我会问,想把诗译成什么样?想怎么译就怎么译。事实上,如果你有古诗功底,你可能会借鉴古诗的四言五言七言,当然,你也可以用现代白话来翻译,然后我告诉你把哪些诗歌的元素加进去,译诗就会显得像诗。我认为如果真正做文学翻译实践,这是一个基本的认识,这对于作品的再现和重构还是很有帮助的。

丁欣如:张老师,您能否与我们分享一下您在读诗或译诗的过程中印象颇深的体验?

张保红:印象比较深的,就是我起初读到某首诗歌或诗歌翻译时,我感觉有话要说,想将自己的感受表达出来。比如,柳宗元在《江雪》写道:"千山鸟飞绝,万径人踪灭。孤舟蓑笠翁,独钓寒江雪。"我当时读到的一个译文是:"From hill to hill no bird in flight/ From path to path no man in sight. / A straw-cloak'd man in a boat, lo!/ Fishing on river clad in snow."这个译文很好背诵。译文中有一个词"lo",好像暗示有个旁观者在画面里,我认为这个词有可能会破坏了原文天寒地冻、人鸟绝迹的意境,我觉得这是可以讨论的部分。然后我看了翁显良的翻译版本,发现他处理的方式有所不同。我就从这个地方开始做比较研究,随后发表了研究文章,之后慢慢地一直坚持到现在。我觉得做英汉诗歌翻译,那就应该对中文诗歌有相当的了解。因此我背诵诗经楚辞、汉魏诗歌、唐诗宋词元曲、明清诗歌、现代革命家的诗歌……比较有名的诗歌我一般都能背诵。汉诗方面,我可以读背唐诗 300 首,我就想,对英文的诗歌,我能够做到这样吗?于是,我就开始背诵英文诗歌。在这过程当中,有一些很有意思的感受。比如,汉语诗歌背一首,你只需要几分钟,就背会了,以后还不大会忘记。背英文诗歌,花了很多时间,可能今天背得很熟,明天就忘了,这是一方面。还有就是,背诵汉语诗歌有时你要抽取其中的某一句,比如说"衣带渐宽终不悔",一般不需要从头背起,可以随便抽取。背诵英文诗歌,要达到随便抽取的能力,就要花更多功夫。就像我们唱歌的时候要让你唱,你都还能够都唱出来,要是只让你随意抽取其中的一句歌词来唱,就会感觉有些困难。英文诗歌其实也是这样,但只要不断地练习和阅读,慢慢地,还是可以做到这样。在背诵英汉诗歌这个过程当中,我自动地走向了英汉诗歌的对比与研究,所以后来就写了本英汉诗歌对比与翻译研究的小书——《中外诗人共灵犀——英汉诗歌的读与翻译研究》(上海外语教育出版社,2012)。

丁欣如:您刚刚说到英文诗歌背诵难度相对汉语诗歌要大很多,那您是通过什么方法背诵的?就是多背吗?

张保红:起初,在背的过程当中,我感觉到了背诵汉语诗歌与英语诗歌的差异。后来我体会到,第一次背你可能背会了,但隔一天你就忘了,你再背一次,可能要隔三到五天或一个星期你开始忘,如果你再接着背一次,估计应该就差不多可以记很久很久,如果你再反复地背,那你可能就一直记得。我现在背诵英语诗歌的时候,会在一张纸上把诗的题目写成目录,然后照着目录一首首背诵。背诗歌还是比较美好的一个事情,可以怡情,虽然我现在可能背了一百遍了,但还是觉得很好玩,很有味道,有时间就愿意拿来读读背背。有时候找些应景的音乐和它配上,还可以互动,可以对背诵者或读者产生一个多角度的影响!背诵诗歌的感受,也可以直接应用到翻译研究中去。没有感性的背诵感受,只从学理开始说起,这样谈论诗歌及其翻译似乎总是隔着一层。

丁欣如:您对诗歌翻译的研究,以及对诗歌小说散文这些文学作品的研究,对您的翻译教学产生了什么影响?您是如何把您的研究成果融入教学中的?

张保红:对诗歌的研究,可以增强对一些语言现象、文化现象的认识,甚至是对那些思维方式和表现艺术的一些认识。这些拿到自己的教学当中,可以针对某些现象做较为深入的一个解读和解释,可以把一些现象说得更透彻,更充分。比如诗歌翻译研究中一般会比较注重音韵节奏的和谐,诗句通常读起来会轻松流畅的。这一经验认识用在翻译教学中来判断译文的审美功效还是有用的。许地山的《落花生》开头有这么一句"我们屋后有半亩隙地",有人这么翻译"At the back of our house there was half a mu of unused land",也有人这么翻译"Behind our house there lay half a mu of vacant land"。两种译文语义上都没什么问题,但读一读两种译文,哪一种会念起来更顺畅自如呢? 不用多做说明,读者从诵读感受上就会得出结论。一个放在作品开头的句子,念起来感觉比较费劲吃力,一般来说原作者写作时是不会这样的。

丁欣如:您觉得翻译理论研究跟翻译教学的关系是什么?

张保红:我觉得理论是认识翻译、研究翻译、指导翻译实践的一个视角或向导。理论有用,它总在发展、在深化,这会对翻译的认识有一个新的影响。在某些时候,理论对具体的翻译实践,有直接的指导作用,有些时候则不一定有直接的指导作用。与翻译实践结合比较紧密的理论,比如文体学、功能语言学等,有着较为广泛的用途。如果翻译的时候总觉得我学的东西不一定能够让我翻译得更好,那是个人认识问题。你学好了文体学,你会把理解的过程处理得很好,接受一定的理论学习与指导会让你的翻译实践或研究做到有的放矢。没有基本理论指引,翻译的认识会停留在原地打转转,也难以说清一些翻译现象。

丁欣如:您大概是从什么时候开始教翻译实践类课程的?

张保红:之前我在中国地质大学任教,大概是 1994 年左右开始教本科生翻译实践类课程,2000 年左右开始教研究生翻译课程,教过翻译与鉴赏之类的半理论半实践的课程,一直教到今天的是本科生的"文学翻译"、研究生的"诗歌翻译"等课程。翻译课程离开翻译实践来讲授,这样的课程有。结合翻译实践来讲授的课程居多,经验意义上的认识是,没有实践,何谈翻译呢?

丁欣如:您教的这些翻译实践类课程,除了"文学翻译",还有没有其他类型课程?

张保红：主要是文学翻译，我到广东外语外贸大学之后，教本科生"高级英语"和"文学翻译"课，也教研究生"文学翻译概论""文体概论""翻译美学""散文翻译研究"等课程。这些课程教了多年后，感觉很多地方是相通的。比如都注重理解与分析，这一点在翻译研究中尤为重要。只是文学作品的理解或文体分析更为自由，可以自由想象与发挥，文本字面的，字里行间的，象征的，等等，都可以作为理解的内容，而翻译中的理解更多的是注重那些对翻译表达或选词造句、谋篇可能产生直接影响的方面，关联不大的理解需有所克制，这个需要评估与选择，一般情况下结合文本的文体特点与英汉之间的语言文化异同来考量，问题还是可以得到针对性的解决。

丁欣如：明白了。您能不能举例说一说某门翻译课程的教学设计？

张保红：以本科生"文学翻译"课程为例，我把文学翻译分成诗歌、散文、戏剧、小说四块。教学安排中，每个类别都会讲到。在这之前还有一个关于文学翻译的一个综论，包括对文学翻译的定义、文学翻译的总原则、文学语言的基本特点、文学文本层次的论述等。再就是围绕各块内容的实践，进行案例分析，然后结合诗歌、散文、戏剧、小说的一些体裁特征、语言特点、翻译原则、译者翻译观等展开介绍。这个课程主要是给本科生一个认识：文学翻译是可以学习的，虽然我们不一定能够最终成为文学翻译家，但我们的文学翻译认识与能力还是可以逐步得到提高的，其辐射开来的应用范围还是较为广泛的。

丁欣如：您觉得翻译专业现在应该培养怎样的翻译人才？现在像人工智能、机器翻译等发展势头迅猛，您觉得在这样的时代背景下，一名好的译者应该具备什么样的能力？

张保红：这个问题很大。可能我们的方式还是比较传统，就是讲积累，讲修养提升，讲大量的阅读，讲举一反三、融会贯通。你提到如何做好的译者，这个在一些教材或专业书籍上都有表述，比如译者需要具有语言能力、笔译能力、口译能力、学科素养等。这些我认同，觉得挺好。我想说的是人才的培养是一个发展的过程。大学,无论你是读本科还是读硕士,甚至是读博士,肯定不会是一个人翻译水平或者翻译能力的一个终结。学生应该在此期间,对基本的翻译理论知识有相当的了解;对翻译实践有自己一些独到的体会和认识;对他人的一些翻译作品有一定的鉴赏或者鉴别能力,也就是一定的分析评价和自我评价的能力。归结到译者素质,应该是要打下一个良好的基础,找到针对性的有效学习方法,要有广泛涉猎的兴趣,在这个过程中,不断调整自己知识积累的层次与方向。在这个阶段做好了准备,对后一个阶段的发展,会起到一个提升作用。我们起初学了一点翻译,还不能说对翻译就了解到多深的程度,可能还需在后来的工作实践当中不断积累,不断学习、深化、提升。我觉得这是一个过程,前提是打好了基础,做好充分的准备,做好积累。人工智能、机器翻译这块我不大懂,学院开设了这方面的部分课程。我自己实践中做翻译也借助一些翻译软件做初步的帮忙。翻译软件是高效的,是人工难以比拟的,再多的文字,再长的篇幅,输进去转瞬就呈现出译文来,只是质量这一块还需改进,表达方式的多样化还待开发。因文本体裁差异,非文学文本的翻译有些还是很不错的,有时稍做修改即可,我接触到的文学文本的翻译似乎问题多一些,不过也可提供相当的启示与指引,比如选词用字、句法结构等。若机器翻译有一天解决了更高层次审美文本的翻译问题,情景不可想象。

丁欣如:您刚刚讲到要打好基础,您觉得这些基础里面包括哪些内容?

张保红:学翻译肯定首先是双语基础。我们读书的时候,老师要求我们阅读古代与现代的经典作品,通常大家耳熟能详的应该都知道,很熟悉,要广泛阅读。从前的阅读,像我们初高中学习语文课的那种阅读,那个时候的阅读可能更多地注重大意或者基本的文学知识,主要是为了考大学服务。我们现在的阅读我认为应该主要是为翻译服务。你可能要更多地关注作品中选词造句、谋篇布局的技艺与方法。《陋室铭》有云:"山不在高,有仙则名,水不再深,有龙则灵,斯是陋室,惟吾德馨,苔痕上阶绿,草色入帘青。"如果你能把作品里的形式节奏变化、表达方式、谋篇布局的艺术技巧内化到自己身上,在切景切题的时候用到翻译里面来,我觉得从翻译的角度看你将此作品学习得不错。你经过大量阅读后脑中内化了大量的行文节奏方式、文本结构形式等,一定能在日后的翻译实践中派上用场,这样的话,可以说是打好了基础的一个重要表现。英文作品也是要求熟读。我给学生上课的时候说至少要熟读 50 篇英汉诗歌、散文等,那个量其实也是不够的。长篇小说太长,但是你要去看。也许你不能把那些书都看完,尤其是长篇小说,但最起码你要看一看小说的第一章,因为第一章往往是作者花的功夫和心思最多的,在许多方面值得我们多多学习或模仿借鉴。

丁欣如:您在课堂上会跟学生具体分享如何提高翻译能力吗?

张保红:我有一个口诀:听声音节奏,看形式结构,想意义意味意境。面对文学文本,听声音节奏就是听那个声音,感受那个节奏的作用与价值;看形式结构是看文本的句子长短整散,句子结构的复杂程度,是简单句还是复杂句,主动句还是被动句,是掉尾句,还是平行句、倒装句等;看内在形式,也要看外在形式;想意义意味意境,想前者各个要素综合起来的效果。这是我编的口诀,听,看,想。听和看的东西都是比较实的,声音可以听得到,结构可以看得到,字面意义可以计算出来,实的东西可以抓得住。反正到最后,九九归一,走向意境。其他人也有一些口诀,如翁显良教授所说,一问其旨,二问其据,三问其调。我把这个化成自己的一个感知,至少告诉学生,你可以直接对语言本身有一步一步的接触,可以化整为零,各个击破。你觉得这个声音怎么样?节奏怎么样?形式结构意义怎么样?然后再合零为整,艺术综合,走向意境。因为文章是一个统一体,要表现一定的主题,尤其是要表现一个鲜明的主题。这是谈理解。谈翻译的时候,通常我们说怎么理解怎么表达,可是这个说得太绝对,因为有时候理解得很好的东西却表达不出来,因为它有双语因素或译者个人能力的影响。再者,在表达的时候,你要介入双语的语言、文化、思维。在表达的时候,还可以参照作者、译者的艺术水平。比如,我要研究王佐良的译文,除了理解表达之外,还要参照一下他的风格,因为这是他的主要特点。不光要有文本之间的文内互动,文外互动也要有,例如时代背景就是一个重要的文外因素。我编写的教材《文学翻译》里面写有许渊冲译的"Gettysburg Address",我能感到许老师个人的豪爽豪迈之气与原文是匹配的。这个主要是针对本科生上的"文学翻译"。

从研究生层次来说,在这个基础之上,我可能更注重教授研究方法。比如我书里选材《落花生》,在研究生层面讲的时候,我就展示不同的研究方法,比如有人用英汉对比的方法来研究,有人用传统美学方法来研究,有人用的是传统语文学的方法做研究,还有的人用的是翻译美学,等等。这只是举个例子,我要教给研究生的是各种研究方法的汇总,探讨不同方法的特色与局限,比较它们的异同。比如说传统语文学方法,本身就是经验式、点评式的,可能只是抓住了研究对象的性质,但缺乏一个定量的分析。文学翻译实践应该是常翻常新,并不是同学看到网上有,就抄过来,那不是你的。如果你经过自己仔细地解读,认真地思考,走进文本的篇章,你肯定有你自己独特的感受。对于研究生的翻译课,过多讲述理论和方法似也不行。对研究生而言,我们讲究追求层次。在研究生阶段,让大家看学院规定的 20 本中外学者的翻译学书目,要对翻译学的一些核心概念、翻译流派、基本方法有较好的了解。但我还建议同学看看文艺美学方法论方面的书,这些书可能会帮助你进一步认识到一些翻译理论的源头。

丁欣如:这些都是从理论研究层面,让学生能够有一个比较系统、整体的认识。您之前讲到,在您的课堂上,也会让学生做翻译实践。请问您是如何为学生练习选材的呢?

张保红:我在自己的阅读实践当中,积累了一些材料。这些材料比较经典,主题比较正能量,难易度也适中。所谓经典,就是一个标尺,为大家所公认的东西,是大家共有的知识与财富。我在选材时,不选句子和段落,只选篇章,因为句子段落就在篇章里。在真正的实践中,我们接触更多的是篇章。你到某个单位工作,大部分翻译内容肯定是一个个篇章,因此,在学习阶段就应该建立起一种篇章的整体行文、结构、艺术意识。说起经典作品与翻译的印象,我想起的是兰斯顿·休斯(Langston Hughes)的"An Early Autumn"(《早秋》)。该作品语言通俗易懂,简洁凝练,写得很艺术,但翻译表达起来不容易。这样的作品让人读后难忘,翻译之后也许更难忘。经典作品经过时间的淘洗与沉淀,有时不免给人有点过时的错觉,但经典作品中的诸多经典元素流淌在各民族文化记忆的最深处,永不过时,也永不褪色。做好翻译实践,从熟读双语经典,模仿借鉴双语经典开始,在继承中发展,在发展中创新,不失为一条有效的途径。

丁欣如: 对研究生的练习选材也是按这个思路吗?

张保红: 我想在翻译实践上应该是共通的。研究生和本科生相比,侧重面有所不同。比如给研究生讲狄更斯小说 *David Copperfield*(《大卫·科波菲尔》)中描绘人物的手法,我把描绘大卫童年的灾星、继父的姐姐 Miss Murdstone(张谷若译为"枚得孙小姐",有点汉语"没有子孙"或"断子绝孙"的意味)长相的那段材料给学生,让学生去做翻译、写评论,展开进一步研究论述,在本科生教学中我一般不做这个事情。本科生做翻译实践练习多一些,基本技巧讲述多一些,研究生的翻译实践可能相对要少一点,会让他们做一些自己翻译后的评论和研究,研究你看到了什么,看你用了什么方法来翻译的,去归纳描绘人物形象的多种类型及翻译。我要求他们去实践"我译我研究,我译我追求,我译我自己"的这个过程心得。

丁欣如: 本科生翻译实践练习之后,您是如何给他们反馈的?

张保红: 本科生练习方式分两部分,先是独立作业,后是让学生分组完成某次作业的翻译过程演讲陈述。学生完成作业后,我会批改,将那些我认为典型的、有代表性的问题,从英汉对比的方式入手,把它们归纳、呈现出来。我刚开始教翻译改作业的时候,看到学生作业中有各种各样的问题或错误,当时想这课该怎么讲啊,要讲的太多了。后来,慢慢地有了教学经验,不断地琢磨怎么跟学生讲,总结发现,讲述的时候也是有重点的,要讲具有典型性和代表性的,也就是带有共性的问题。如果是一般的错误或不恰当,没有多少典型性,学生自己去更正,我不需要去讲。如果某个词或表达法等有一定代表性,就可以展开,比如翻译前面提到的"An Early Autumn"这篇文章的题目时,有的学生译成《早秋》,有的学生译成《初秋》。哪一个相对切题一些呢? 这个可以探讨的。这篇文章是描绘一男一女的故事,他们年轻的时候是恋人,因为某些原因分手了,后来各自成家。男方后来发展得还不错,女方的发展相对差一点,分手多年后两人有一次偶然相逢,女方好像还有点旧情难忘,对男方颇为关注与在意。基于这样的故事,题目是译为《早秋》还是《初秋》呢? 同学们各有选择,但又都似乎难以说服对方为何选译了这一个而不是另一个。我引用了李白诗《长干行》中的诗句"落叶秋风早"以及其他含落叶秋风的诗句,讲述了这些诗篇情景与爱情相关的特点后,最后选择译为《早秋》。

丁欣如:明白了。翻译教学中的教师反馈需要重点讲解有代表性的问题,而且要在反馈中带入英汉语言对比的思维。张老师,您可以大致描述一下文学翻译教学过程中您的教学理念吗?

张保红:提高学生分析原文的能力和转换表达的能力。面对原文,尽力引导学生学会理解、分析、鉴赏。比如,按文学话语层、形象层与意蕴层这一文本层次结构方法,引导学生如何逐层分析原文的音韵节奏、形式结构、语义修辞、情感韵味、意蕴意境等特色与价值,为翻译表达做好前期准备。鉴于已有的理解,再向学生演示怎样转换或表达,应该如何结合不同体裁的文体特点、翻译原则以及译者翻译观等进行英汉汉英的转化对接与分析批评,最后分析哪些做到了,哪些没做到,原因是什么。

丁欣如:您一开始也提到,现在的学生一听到文学翻译课,可能就掉头走掉了,那么您在课堂上如何激发学生对文学翻译的热情?

张保红:第一次讲课的时候,我会以一些不同文学体裁的经典译例及其译文对比讲解什么更像文学翻译,讲解过程中琴棋书画、说学逗唱等手段我都会用到,我会讲解什么是可以追求与学习的文学翻译的目标或境界,我们离它还有多少距离,给他们一些初步的基本印象。文学翻译在我们的翻译学习中是一种基础,一种训练,一种修养,一种提升。不应把它看成是一个高远宏大,难以企及的东西。在知道了文学翻译通常比较关注作品音、形、义的价值以及不同文学体裁的不同文体特征、写作技艺与特点后,由此出发,有的放矢地去研习追求,我们还是可以逐步提高文学翻译能力的。这一点前面也有所提及。

丁欣如:您在多年的翻译教学过程中,有没有遇到什么困难和挑战?

张保红:困难和挑战对我来说肯定有,比如追求教学方式的多样化、创新教学内容融合的生动性。每个人可能惯用自己的方式、方法来教学,要想改变这个很有难度,要让内容创新融合得绘声绘色也很有挑战。我认为对文学翻译除了实实在在的语言、文化的基础修炼与转换之外,应该显得更艺术一些,应让生活中的绘画、音乐、摄影、舞蹈、书法等为我们所用。这样的话,那些经典的作品才能更加灵动起来。让多元艺术能和文学翻译打通互动,那是很有趣,很精彩的。上课为了讲述翻译的需要,唱几句歌或戏还可以,但舞蹈、绘画、书法等这些也不大会,不能直接比画,现身说法。当然可以借助网络帮忙,但如何从网上引为我用,恰到好处,使整个讲述过程带有艺术气息与艺术享受,都会面临着制作技艺等方面问题。文学翻译是一门艺术,既是双语转换的艺术,也是多维艺术融合发展的艺术。这既是困难与挑战之所在,也是创新与发展之所在。

丁欣如:张老师,最后想问您,对于我们年轻老师,您有什么建议?我们应该如何提升自己的翻译教学能力?

张保红:心无旁骛,博采众长。要专注,一心向学,要学会借鉴,通过广泛的学习,通过和这个领域的知名专家学者交流,充实自我,发展自我,提升自我。

丁欣如:谢谢张老师。

饮水思源 以译为乐

——张春柏教授访谈录

王　妍　　张春柏

受访者简介:张春柏,华东师范大学教授、博士生导师,中国英汉语比较研究会常务理事,中国翻译协会理事。曾担任上海市外文学会副会长和上海翻译家协会常务理事。主要研究领域为翻译理论与实践和英语语言学,主要科研成果有学术论文40余篇,各类英语教材、词典和语法书50余本,译作若干(包括翻译国外影视剧300余部/集)。曾获国家级教学成果奖二等奖、上海市优秀教学成果一等奖,并被评为"上海市普通高校教学名师"。其主讲的"汉译英"课程曾获上海市级精品课程和国家精品课

程。其领导的教学团队曾被评为"国家级翻译教学团队"。

访谈者简介：王妍，枣庄学院副教授，博士，毕业于上海外国语大学英语学院，研究方向为翻译学。

本次访谈为面对面的半结构性访谈，时间为 2019 年 3 月 26 日 14：00 至 16：00，地点在华东师范大学张春柏老师办公室，主要围绕翻译实践经历、翻译教学经历、翻译未来发展这三大主题展开。

一、翻译实践经历

王妍：您在之前的采访中提到您的英语主要是自学，您能跟我们分享一下您学英语的经历吗？

张春柏：我的英语是自学的，因为中学的时候学的是俄语，作为"老三届"的最后一届(1966 届、1967 届、1968 届三届初、高中学生)，当时只正儿八经地读了一年的中学。之后我一直在坚持自学英语，因为身体不太好，常去离家很近的海伦儿童公园锻炼身体，连着好几年，每天提前到那里等开门，夏天五点钟，冬天六点钟，风雨无阻，天天如此。天蒙蒙亮的时候没法看书，就先去锻炼身体，天亮后读单词和课文。意外的收获是认识了一批朋友，还有一位董老师。这位老师年轻时曾经是秦皇岛海关的翻译，能说一口标准的伦敦音。我当时在公园念英语，董老师听到了，说我的发音不对，就开始帮我纠正语音，于是我就开始跟他学英语。当时大多数自学者认为英语书看多了就自然学好了，他却认为学英语一定要重视语法。我之前只有我舅舅用过的中学英语教材，后来从新认识的朋友那里借到很多阅读材料，一开始读的是英文小说的简写本，后来开始看原版。1977年恢复高考后，我考上了上海师范大学(现华东师范大学)。我特别感恩那位董老师，还曾用过一个笔名——董源。我经常去看望董老师，不幸的是 1978 年夏天，在我上大学的第一年，董老师就去世了。

王妍：看得出董老师对您的影响真的是很大。

张春柏：是的，不仅是在学习方面，他还对我的人生观等很多方面有影响。董老师经常引用的一句话是"桃李不言，下自成蹊"，你学会的东西将来总会有用的。每次跟他聊天后就觉得信心十足，董老师善于和人沟通，不仅仅只是教书。所以现在只要能够帮助年轻人，哪怕并不相熟，我也非常乐意伸出援手，因为有时候于我而言是举手之劳，但是于他可能就改变人生了。能够帮助别人的时候何乐不为？帮不到，但我尽力为之，问心无愧。每个人年轻时都得到过别人的帮助，有的人我们可能还有机会有所回报，有的人我们连表示一下的机会都没有。那么我们应该怎么做呢？那就回报社会。我受过别人的恩惠，也很愿意帮助别人。

王妍：张老师，您开始做翻译实践是在大学之后吗？

张春柏：是的，我做得最多的是影视翻译。1983 年我还在念书的时候，上海岳阳路 44 号有个音像资料馆，它的职能是把有影响的国外影视剧翻译配音后作为资料保存下来。那时候我经常参与他们的工作，翻译了一些经典电影，这些片子有些后来买了版权对外放映了，其中之一就是《欲望号街车》，再后来很多片子开始在电视台和电影院放映。80 年代后期上海电视台成立译制部后，开设了一个"海外影视"频道，每周要放一些国外影视片，也经常找我翻译。就这样，我前后翻译了 300 多部/集片子。

王妍：您当时翻译是需要自己先听再译吗？

张春柏：是的，这是比较麻烦的事。开始翻译的时候连本子都没有，只能听一句翻译一句。起初只能在音像资料馆看片子，然后回家听盒带翻译，由于看不到画面，所以常常需要去看第二遍。我在 1990 年购置了一台录像机，才得以把录像带拿回家，边看画面，边翻译，那样就容易很多了。再后来有了台本，就更轻松了。最后大概是在 2000 年左右的时候，由于娱乐形式越来越多样化，译制片的收视率低了许多，上海电视台撤掉了译制部，我翻译的片子就少了。

王妍：您那时候翻译的都是配音版吗？有配字幕的吗？

张春柏：当时英语影视片翻译成中文都是配音，但是中国的影视片翻译成英语都是字幕翻译。相较于配音，字幕翻译简单一些。现在的年轻人喜欢看字幕版，但配音版还是有一定市场的。

王妍：我在网上搜到了一些您翻译的电影文学剧本，包括《莎翁情缘》和《美国佳人》等。

张春柏：是的。这对我后来的翻译课程很有用，讲翻译技巧的时候，很多东西自然就跳了出来。在翻译的过程中，我会发现英语影视剧中的对话写得真好，本来毫不起眼的对话，但是翻译的时候却要费尽心思。影视剧中的对话讲得那么巧妙，幽默效果怎么传达出来，翻译时会遇到各种难题，如果能够翻译出来，就会觉得欣喜无比，所以对很多东西有不少感悟。这种例子数不胜数，上课的时候常常可以信手拈来。看电影能学到很多地道的英语，书本上的表达在实际对话中可能并不自然，看影视作品对提高口语、培养语感大有益处。例如，我在 1988 年参加了上海市科技翻译工作者协会和英国文化委员会（British Council）合作举办的第一届全国翻译比赛，比赛内容包括一篇英译汉和一篇汉译英，英译汉的文章是一篇关于 Thomas Stearns Eliot（托马斯·斯特尔那斯·艾略特）的文学评论，汉译英的原文是许地山的《落花生》。当时《落花生》还没有正式的译文出版，我觉得我对里面口语的部分处理得比较自然，这在很大程度上得益于我在影视翻译中得到的启示。人物对话要符合人物的身份、性格和情境，不能过于注重语言的精致。比如说"自然醒"怎么用英语表达？我在看《唐顿庄园》第一季第一集的时候听一个仆人说"我哪天才能 wake up natural"的时候，就突然明白了这才是最地道的说法。英语影视剧的语言非常地道，我翻译过的每部影片都会有那么一两句话让我终生难忘。一些很平常的英语表达，我们可能根本想不到可以这么说。比如说，几个人坐在屋子里，有人来敲门，其中一个人站起来说，"我来开门"。这句话用英语怎么表达？你不能说"Let me open the door"，有一部电影里用的是"I'll get it"。在这个语境下，就是指我来开门。

王妍：我想到一些影视剧中的对话在翻成英文字幕时，有时候会翻译得不那么地道，原因很可能就在于不知道真正在这个语境下英语是怎么表达的。

张春柏：是的，很多人不知道外国人通常会怎么说，英语表达就显得不够地道。译者没有办法在全英语的语境下生活，即使在美国生活过十年八年，也不见得会遇到这样的语境，比如有人生活在华人圈子里面，或者生活在一个非常学术化的圈子里面，不会碰到这样的语境，但是看电影就会碰到不同的情境，涉及各种各样的生活圈子，所以看电影是学英语的一个非常好的途径。

王妍：英语专业或翻译专业在培养方案中设置了一些视听说课程应该也是出于这种考虑，但实际教学效果可能并不是很好。

张春柏：这类课程可以练习学生的听力和口语。对大多数人没有影视翻译经历的人来说，可能在教学中会抓不住语言点，认为只要大家听懂了就好了。我因为做过多年电影翻译，对口语比较敏感，我常常会在教学中先把中文给学生，让他们自己试译一下，然后再把电影片段放给学生看，学生就记住怎么翻了。再比如说，喝酒喝了两杯之后，第三杯不能再喝了，这个"我的酒量就是两杯，不能再喝了"怎么用英语表达？很简单，"Two glasses are my limit"。这个例子是 1983 年我在翻译第一部电影中遇到的，我到现在都记得这句话。

王妍：是的，我在阅读英文文章时会发现很多英文表达，按中文思维是不太会这么说的。

张春柏：是的，我们做翻译、教翻译的人，经常要做这种对比。如果不对比，只是就事论事地翻译，意义不大。我们必须知道同样这个情景下，外国人是怎么说的。我认为，教翻译的人一定要有翻译实践，没有翻译实践，空谈理论根本没有用。

王妍：我现在也在做一些翻译实践，发现越是有实践经验的积累，越是在教学中会更多地加入个人的体会和感想。

张春柏：翻译这个东西是学无止境的，英文、中文都要好。很多教翻译的老师中文都不好，怎么去教翻译？他们的"秘密武器"就是参考译文。发现学生翻得不对，就把参考译文拿出来，自己却讲不出所以然。只有翻译教师自己有了感悟以后，才能把翻译课讲得生动起来。

王妍：我以前在讲翻译的时候，其实就在分析原文和译文。但现在做了一些翻译之后，会发现有些译文可能并没有那么好，还是有可以改进的地方。

张春柏：我有时候在上课的时候，会选取一些出版的译文，包括我自己以前的译文做"反面教材"，因为学生有时过于"迷信"参考译文。作为英语教师，英语跟汉语这两门语言要足够好，不然教这门语言，特别是翻译，就会底气不足，我们不但要有足够的自信分辨出哪个译文更好，更要能讲出所以然。此外，语法非常重要，特别是在汉译英的情况下。现在许多大学生的语法不够好，不知道为什么要用这种结构，不用那种结构。我研究生读的是语法，当时把伦道夫·夸克（Randloph Quirk）那本厚厚的语法书全部背了下来。我的硕士论文主题是双重属格结构（a friend of my father's 的结构），我写了 100 多页，当时复旦大学《现代英语研究》的主编孙骊教授参加完我的硕士论文答辩后，要求我把稿子整理一下，拿给他们发表，可惜后来他们的杂志停刊了，就发到了《山东外语教学》上。三年的研究生学习让我对语法特别敏感，对我的翻译教学，特别是汉译英教学帮助很大。举个简单的例子，在一篇《黔之驴》的故事里有一句话，"驴子叫唤了一声，老虎以为它要咬自己，便吓得逃走了"。很多学生不知道该用什么结构来表达，首先这个地方的"咬"，不能用 bite，只能用 eat 或者 attack，这个是词语的用法。这个句子的语法问题体现在"要"这个词上，很多人不知道要用 be going to 的结构，这里不能用 want，因为这里驴子已经叫唤了一声，马上就要扑上来。从语法的角度可以把翻译时需要注意的地方讲清楚。首先，be going to 在这里表示有迹象表明很快就要发生的事情。例如，五分钟以前还是艳阳高照，现在突然乌云密布，我们会说:"I'm afraid it's going to rain."这里不能用 will,也不能用 would, will 和 would 表示对将来的一种预测。比如说,大户人家添丁,请算命先生来算命,算命先生说了一句,"he will die"。我们知道 everyone will die,这是一种预测。气象预报里就用 will 来预测"将来"某个时候的天气。

王妍:这一点我深有感触,因为我在批改学生作业的时候,有些时候就是在改语法错误。

张春柏:我在 1991 年的时候写了本语法书叫《英语语法入门》,还在上海人民广播电台教过两轮课程,主要针对初学者,比较粗浅,但很多大学生觉得受用,还来信建议我再写一本高级语法。现在许多人不重视语法,觉得只要能交流就可以了。这对一般的人来讲也许还可以,但是对英语专业的学生,特别是英语专业的教师来讲就一定不行。作为教师,尤其是培养师范类专业学生,一定要讲清楚。即使是非英语专业的学生,在英语交流的场合下,还是要讲究语法的。外国人当然可以容忍你的语法错误,但是不等于说你就能容忍自己的错误,特别是比较正式的交际场合,满口的语法错误肯定会影响到你的形象。

王妍:语法上说要从规定性转向描述性。

张春柏:规定性的东西必须要学会,所谓规定性的东西也是对语法现实的一种描述。例如,动词的第三人称单数要加 s,有些人不加 s 也可以交流,但人家一听,就知道不对。语言学研究是描述性的(descriptive),这是对的,因为我们要描述语言现实,但我们教外语是不一样的,我觉得现在大学生,特别是师范生的培养一定要加强语法教学。

二、翻译教学经历

王妍:张老师,您一开始就是教翻译吗?

张春柏:我是 20 世纪 90 年代开始教翻译的。我 1977 年参加高考,进入英语专业学习,1982 年开始攻读研究生,英语语言学方向,毕业后留校教英语,开始以教精读课为主,也教过语法和应用语言学,大多数英语专业的课程都上过。1990 年以后,一位教汉译英的老师退休了,我因为获得过翻译奖,就开始教翻译,以汉译英为主,也上英译汉。本科生的课以汉译英为主。

王妍:您这门课主要以专题还是以篇章来组织?

张春柏:我主编了一本《英汉汉英翻译教程》①,这本书主要供学生参考,但上翻译课不能照教材讲,不然学生上课的时候都去看后面的参考译文了,上课要有自己的东西。我去参加英语专业评估,看有些学校的翻译课的教学大纲和试卷,都是按教材来的,分词汇翻译和句子翻译,教授增词法、减词法等翻译技巧。我上课的时候不是这样,一般选择语篇翻译。先从简单的语篇或非文学性文本开始,然后慢慢过渡到文学性文本,选择语言较为平实,或者学生能用得着的文本,然后根据不同的话题,分为旅游文本、科技文本(偏科普类)、人物传记等不同类型。

王妍:翻译课程大多依靠学生练习,您是怎样给学生布置作业的?

张春柏:分为几种情况。主要形式是让学生分组做课堂展示,相互讨论,相互 PK,我最后做点评。对教师的考验就是能不能及时点评出学生的错误,指出学生的译文为什么不对。还有一种形式是挑选短小的段落,甚至是句子,要求学生现场翻译,当堂讨论。讨论的时候,虽然个别学生会偷懒,但大多数同学会认真参与,这就是我们所说的同伴学习(peer learning)。我还会要求学生写反思日志(reflective journal),每个学生每个学期至少交 2—3 份,把自己的任何收获、困惑,以及对老师的建议写在里面。一位来自新疆的学生在日志中写道,她以前因为自己是来自新疆的,有些害怕和自卑,但在讨论中发现别人能够想到的,自己也能想到,于是就有了自信。学生互相之间学到东西也是一种收获。上课的时候,每

---

① 张春柏. 英汉汉英翻译教程. 北京:高等教育出版社,2003.

个小组讨论出来的东西是不一样的,学生之间也可以进行比较。但重要的一点在于教师的作用,教师不能简单地给个参考译文。参考译文也不见得是最好的译文,要肯定学生翻得好的地方,也要指出学生不足的地方及主要的问题在哪里。所有学生都知道错的地方就不要花精力去讲了,所有学生都出错的地方一定要讲解清楚。那些一半对一半错、但是对的人也不知道为什么对的地方,老师就要重点讨论,这是对老师的一种考核。

王妍:您提到过"翻译工作坊"的理念,能跟我们分享一下吗?

张春柏:"翻译工作坊"的理念就是让大家进行讨论,让学生自己来解决问题,如果他们无法解决,就需要老师提供一些帮助。翻译课不是单单让学生做笔头练习,两节课的时间全部让学生在那里写,这意义不大,当然我偶尔也会花一节课时间让学生做作业,然后收上来,因为我要检测学生的真实水平,作为平时成绩的依据。平时成绩不仅取决于学生的讨论和参与,还要看他们真正水平的高低,这样对学生才是公平的。但课堂大多数时间还是要让学生讨论。

王妍:课堂上会不会涉及翻译技巧的讲解?

张春柏:纯讲技巧像讲语法规则一样,效果并不好,很枯燥,但也不能完全排除。碰到具体的技巧时可以点一下,让学生课下结合教材自己练习。上课的时候可以讨论一些典型例子,不能将教材束之高阁。

王妍:课程的考核形式是怎样的? 是以考试的形式进行吗?

张春柏:最后的成绩取决于平时成绩和期末考试成绩。考试时一般会挑选两篇短文,一篇偏文学性,一篇语言更加平实一点。通过译文很容易看出来学生的翻译水平。我看到有人会在考试中出一些句子翻译,但我个人并不喜欢这种题型,因为没有上下文不好动笔翻译。但是每个学校的学生水平不一样,也要根据学校和学生的情况因地制宜,可以有这种类型的题,也可以是上课讲过的例子,但最好不要规定学生必须用哪种技巧去翻译。

王妍：张老师，您在课堂上组织学生去讲、去讨论，和现在提出的"翻转课堂"的概念很吻合，您对此怎么看？

张春柏："翻转课堂"核心的理念是让学生成为课堂上的主角，而不是老师从头讲到尾，做到这一点我觉得就是翻转。学生会在讨论中获得很多收获和乐趣，也会对课程有很多期待。

王妍：张老师，您是如何上"影视翻译"这门课的？

张春柏："影视翻译"课程是英译汉，开始的时候我选用的素材都是自己以前翻译过的影视片段，但由于年龄代沟太大，学生不太感兴趣，后来每个学期每次上课都会换一些新的例子，比如《唐顿庄园》和《肖申克的救赎》之类的，我会听取学生的建议，找一些新的片子自己先看，然后在上课的时候点评这些中文配音有哪些错误或者翻得不够好的地方。我会让学生先翻，放出来给大家看，找出问题所在，再将我建议的配音本拿出来分享。此外还会组织学生分组配音，最后有配音比赛。举个例子，《肖申克的救赎》里面有这么一段话，一个叫瑞德的囚犯被关了 40 年，每 10 年有个评估（review），问他是不是改造好了，可以申请保释。第 20 年的时候问他，他说自己已经改造好了，但却被盖上了 rejected 的印章（拒绝保释）。第 30 年的时候如此，到了第 40 年的时候，他说无所谓，不在乎，后面有一句话是"To tell you the truth, I don't give it a damn"，意思是说"你盖章吧，这个我已经无所谓了"。这句话在配音本里面的翻译是"我一点也不在乎"，意思是对的，但配出来没有力度，我的建议是改成"实话告诉你，老子不在乎"。因为英语里面的 I 在汉语里面有很多种翻译，并不是说 I 就要翻译成"我"，也可以是"本人"或"鄙人"等，如果说话者是皇帝，那就是"朕"。这个例子里就是要表现出毫不在乎的语气，加上后面还有一个 damn 的词，我觉得可以把 I 翻译成"老子"，把说话者蔑视对方的语气体现出来。现在的影视剧翻译质量普遍不高，有时候我一听就知道原文是什么，为什么会出现这样的问题。我之前把《肖申克的救赎》那部电影看了几遍,把里面的很多句子的译文摘录了出来,一些地方翻译得味道全无,因为影视剧台词的力度很重要,如果没有体现出恰当的力度,就不能体现出人物性格。"力度"这个词是我在 1983 年翻译第一部电影《马戏团疑案》(*Horror of Circus*)时学到的,刚才讲的"Two glasses are my limit"那个例子也出自这部电影,还有一句话让我这辈子都难忘。当时这部片子的配音导演严崇德先生跟我说,人物的语言艺术讲究力度,有一句话我没有把人物话语的力度翻译出来,他就帮我改了。电影中,马戏团的老板原来是整形外科医生,他招募了一些罪犯,为他们整容,然后让这些人为他卖命。其中有一个漂亮的女演员跟他有暧昧关系,老板答应让她演头牌,结果后来却违背了自己的承诺,这位女演员非常愤怒,骂了他一句:"Son of a bitch! Gone back on your words!""You have gone back on your words"是指没有遵守自己的承诺,你不能翻译成"你没有守诺"或者"你食言了"。这不符合人物的身份和性格。我当时翻译成"你说话不算数",但配音的时候力度出不来,所以导演帮我改成了"你这畜生!说话放屁",这样力度就出来了。现在很多人翻译不出这个力度,跟刚才那个"我一点也不在乎"一样,软绵绵的,味道完全不对。有些人觉得翻译口语很简单,翻译电影就是翻译口语,其实没那么简单,因为配音演员需要借助你的译文去塑造人物的艺术形象。

现在的小说译文中对话的处理让人倍感失望,许多句子语言看上去很美,但在实际表达中根本说不出口。汉语的语言讲究美感,四字结构很多,但是在口语中常常说不出来,这就是个大问题。翻译对话要让人感觉仿佛身临其境。我们以前翻译电影,配音时导演会要求译员在一起,万一有什么问题,当场修改译文。看多了、听多了以后,我在读小说对话的时候耳朵边会想响起乔榛、丁建华等优秀配音演员的声音,会觉得有些话是电影里的人物说不出来的,味道不对。比如刚才说的"你食言了"那句话,是秀才的语言,那些粗鲁的罪犯是不会说的。"你说话不算数"虽然好些,但是味道也不对。在翻译电影的时候需要非常注意这种味道的传达。刚才那个"老子"的例子,如果把它翻成英语呢?英文中并没有对应词,但英语里有移就(transferred epithet)的修辞手段,可以将这种味道在别的地方体现出来(transfer to somewhere else),配音本里"一点也不在乎"体现不出这种味道,改成"老子不在乎"这个力度就自然表现出来了。翻译实践做多了,就会慢慢有体会,所以我非常喜欢翻译电影。

王妍:张老师,您刚才提到,翻译老师要有一些翻译实践,那您觉得翻译理论和翻译教学之间的关系是怎样的呢?

张春柏:翻译教师也应该具备一定的理论知识,因为翻译教材里涉及的一些理论和实践有着直接的关系,但有些理论在翻译教学上面是体现不出来的,和翻译实践关系并不大,并不能用来指导学生的翻译实践。

王妍:那您在课上讲到翻译理论方面的内容吗?

张春柏:在本科生的教学中不会过多涉及翻译理论。跟本科生讲翻译实践,主要讲译文翻得好与不好,哪个译文更加好,跟这个相关的理论可以讲一些。

王妍:就是说用一定的理论去帮助学生去理解哪种译文好,哪种译文可能不好。

张春柏:是的,跟翻译实践直接相关,对翻译实践有直接指导作用的理论是要讲的。

王妍:您提到上课的时候以学生实践和讨论为主,但如果学生的水平不够,上台讲不出来怎么办?

张春柏:学生在上台之前至少经过了一番讨论。很多时候,学生在小组讨论时提出对某句话的不同译文,但是他们也不知道哪个好。这里就是体现老师作用的地方。可以先让其他小组的同学讲讲看,但最后还是需要老师来做评判,说出所以然,这个不太容易,对老师是一种考验。也有可能两个译文各有优劣,但老师也要点出来,有些跟上下文语境有关,有些和文章的风格和说话者的身份有关,老师在这方面要对学生有指导和帮助。当然会有争论,但老师要把自己的观点拿出来,供大家讨论和参考。

王妍：还有一个问题，因为现在网络十分发达，学生很可能搜到作业的对应译文，如果在展示的时候直接把译文给拿出来了，这种情况应该怎么处理？

张春柏：首先，尽量找一些学生找不到译文的练习。如果学生找到译文，也没关系，懒惰的学生会这样做。如果学生这样做的话，就要跟学生说清楚，不要用网上的译文，必须是自己翻译的东西。翻译不好不要紧，可以讨论，也可以拿自己的译文和网上的译文做比较，分析差别在什么地方。如果能发现自己的译文比网上的译文在哪些方面更好，这是最好的。如果比较不出来，老师就要告诉学生网上的译文为什么好，好在哪里。

王妍：有一个和我自己教学体会有关的问题是，学生如果在翻译过程中语法错误很多怎么办？毕竟不是所有学校的学生英文水平都很高。

张春柏：翻译教学不是语法教学，但是我们需要纠正一些跟翻译相关的语法错误，如果是第三人称单数错了，就没有必要帮他纠正，但刚才那个 be going to 如果没用对，就要帮他纠正，因为在这个地方，学生会想到三四个不同的语法结构，但不知道用哪个好，这个时候老师就要加以讲解。总之，跟翻译内容相关的语法问题是需要讲的，但不能把翻译课上成语法课。

三、翻译未来发展

王妍：您认为技术的冲击，如机器翻译和人工智能会给翻译行业带来哪些影响？

张春柏：从好的方面讲，机器在很多方面可以替代人工，特别是科技翻译。Trados(塔多思)之类的翻译软件有翻译记忆功能，翻译过的句子重复出现后会自动跳出来，节省了很多人力和时间，很多内容只要校对一遍即可，剩下的地方还是需要人工干预。即使在欧洲语言里面，有人说气象预报用机器翻译就可以完成，但有些东西还是不行。

王妍：那这对翻译教学和翻译人才培养有什么影响？需要做些什么样的调整？

张春柏：翻译人才培养就是教会他们怎么使用翻译工具和 AI（人工智能）等技术，这些会有助于他们的职业发展。但机器不能替代的东西目前还是很多，这些是需要学习和掌握的，至少机器翻译出来的译文是否正确还需要人来判断，还有很多文学文本有待翻译。虽然学生将来不太会去做文学翻译，但很多细微的、意义相近的东西是机器处理不好的。在很长的一段时间，至少我们现在还无法预见到人工智能完全能替代人的工作。

王妍：但我感觉机器翻译出来的译文偏生硬，即便可以通过译后编辑，但多少会留有一些机器翻译的痕迹，让人失去了阅读文本的乐趣。

张春柏：确实如此，但有时候工程之类的翻译可以容忍这些东西。我们的毕业生去做工程翻译，其实自己也不是很懂，但译文交给工程师以后，他们觉得看得懂就行，即使他们知道你这个地方可能翻译有误，但他看得明白就够了。

王妍：翻译人才培养除了通用人才培养，很多高校也会采取专业领域人才培养模式，如财经类、海事类等领域的翻译人才培养，您如何看待这种发展趋势？

张春柏：现在很多高校确实在培养这方面的人才。毕竟很多地方机器是不能替代人工的，机器可以减轻工作量，让翻译轻松一点，少一点重复的劳动，但是完全替代人工是不可能的。即便有一天机器替代了人工，也没关系，会有新的职业应运而生。部分传统行业已经不再需要人工，有些也已经消失了，人们会因此转行，自然也会有新的行业出现，这些不用我们来担心。

王妍：张老师，最后想问您的是，作为一位合格的翻译教师，应该具备哪些素质或者能力？年轻教师应该朝哪些方向去努力？

　　张春柏：这个问题其实我们刚才已经讲到了。首先，要有翻译实践，没有实践经验，不要去教翻译。要有足够好的中英文基础，不然翻译出来的东西也不会好，不能说服学生。不断学习，提高英汉两种语言能力是翻译教师永恒的任务。平时看得多，翻得多的话，会慢慢琢磨和摸索出来一些规律。其次，要有一定的理论水平。理论知识的缺乏会导致上课的时候讲不清楚。这里的理论水平包括翻译理论和英汉对比理论，还有一些教学理论，翻译课程的教学方法有别于一般的课程教学，比如说如何翻转课堂，如何选择练习材料。好的教师还必须有驾驭教材的能力，任何一本教材到了我的手里，我的教法和别人是不一样的，这就是因材施教，没有一本教材是可以从头到尾教完的，但也不能完全脱离教材。另外，我觉得，老师的敬业精神更加重要。因为有很多东西是教师需要在教材之外去找的，需要教师自己来补充，有时候很难找到非常合适的例子，让学生一看就明白一个道理。这种例子就跟老师的教学经验、阅读量和实践经验有关。如果阅读和积累的例子足够多的话，随手举出两个例子，就可以让学生明白。我们所说的语言功底，还包括对语法的认识，当然还有文学的功底，它是综合性的，这些都是在于老师的积累，来自教师平时的阅读和翻译实践。

　　王妍：这种语言功底涵盖了很多方面，每个点都是努力的方向。

　　张春柏：所以说学无止境，教也无止境。一位好的教师必须不断地完善自己。教然后知不足，教了以后才会发现为什么这个地方我讲不清楚，我一定是在什么地方有知识盲点，或者没弄清楚，这就敦促你要加强学习。好的教师是在不断的学习过程中得到提高的。还有一点，教师要对学生有感情，要有责任感，这个是题外话，也是题内话，这是做教师最基本的东西。

后 记

访谈者特此表达对张春柏教授的感激。张教授学识渊博、幽默健谈，对翻译和教学的热爱让人佩服，他同时心怀感恩，对学生充满人文关怀。正如他所说的，"如果我们教师也有希波克拉底誓言，那我认为应当就是'修身立德,教书育人'这八个字了"。

学·思·得

——张德让教授访谈录

赵玲珍　　张德让

受访者简介：张德让，安徽师范大学教授、博士生导师。主要从事翻译学教学、英汉对比与翻译、近现代翻译研究。历年来被评为安徽师范大学第四次"三育人"先进工作者、安徽省学术和技术带头人及后备人选，荣获安徽师范大学皖泰教学优秀奖一等奖、安徽师范大学校级教学成果奖。出版和发表了1部专著《明清儒家士大夫翻译会通研究》（南京大学出版社，2017），3部译著《解析亚当·斯密〈国富论〉》（上海外语教育出版社，

2020)、《象牙塔里的日子》(安徽科学技术出版社,2008)和《凶网》(译林出版社,1999),2 部编著《朱湘译作选》(商务印书馆,2019)和《新指南跨文化教育英语》(商务印书馆,2019);在《中国翻译》《上海翻译》等核心期刊上发表学术论文 20 余篇。主持国家社会科学基金项目"明清儒家士大夫翻译会通研究",主持安徽省哲学社科基金项目及教育厅人文社科项目多项。讲授"英汉笔译""英汉对比与翻译""翻译学概论""西方翻译理论"等翻译专业必修课程。

访谈者简介:赵玲珍,皖南医学院副教授,2018—2019 年上海外国语大学访问学者,主要研究方向为中医翻译。

本次访谈为面对面半结构性访谈,时间为 2018 年 12 月 3 日 9:30 至 11:00,地点在安徽师范大学外国语学院张老师办公室,主要围绕翻译实践、翻译教学、翻译研究以及对翻译未来的前景展望等方面展开。

赵玲珍:张老师,您好!很高兴您能接受我的采访。您是安徽知名翻译专家,研究领域广泛,教学经验丰富,培养了大批人才。利用这个机会,今天想请张老师结合学习工作经历,分享您在翻译实践与教书育人方面的心得体会。

张德让:非常乐意与大家交流。近年来,我注重以诠释学的视角审视翻译中的问题,探索诠释学翻译观,主张翻译是译者此在的解释。1998 年读研期间,我开始第一次真正意义上的翻译实践,着手翻译《凶网》。那部作品主要与网络犯罪有关,但那时对网络与终端毫无概念,只能想办法查资料弄明白。当时老师经常对我们讲,翻译如果不进行实践,感受不会太深。看别人的论文和自己动手写论文,完全两码事。于是,我和四位同学一起合作翻译《凶网》,把它当作"煅烧"、提高自己的一次实战训练。但真正动手翻译时,我们才发现合作有些困难,由于生活经历、教育背景和能力水平不同,对原文的理解与译文的表达都存在差异,想统一似乎有困难,于是"合译"如何做到"合一"成为讨论的一个焦点。

那次翻译实践后,我们对翻译的真谛有了更为直接的感受。平时掌握了语言、句法、篇章、文史哲等知识,但在面临翻译实践时却常感力不从心,比如说小词在翻译中有时很难处理。小词很灵活,附着能力很强,好比生活中的"小人",八面玲珑,擅于交际应酬,翻译中如何理解和表达的难度不容低估。因此,要做好翻译,必须坚持在实践中学习总结,多维发展,不断提升。

在这些方面,我觉得外语界要向文史哲等学科学习。如中文学科有很好的训诂传统,大学开始阶段就比较注重培养学生的小学功夫,我们安徽师范大学文学院对中国诗学研究颇有造诣,历经数十年积累,详注了李商隐等诗集,这样的硬实力很值得译者学习。我们要翻译他人的作品,首先要求读懂。那如何读懂呢? 西方的解经学方法、中国历代训诂方法都值得借鉴,要有意识去进行训练。严复翻译中的义理反证、敦崇朴学、讲求辞章的做法,就体现了类似这样的功底,是我们要努力加强的。

赵玲珍:做翻译确实不易。自 1999 年出版第一本译著《凶网》后,您又相继出版了译著《华尔街顶级证券分析师的忏悔》《象牙塔里的日子》《走进国际安徒生奖》《走进国际儿童读物联盟》,您在翻译过程中有哪些趣事呢?

张德让:有趣的话就是偶然中找到、碰到或是问到想要的那个表达。因为之前总在揣摩该如何译,也和别人交流,或继续查资料,突然发现好像有个词最合适,便会欣喜若狂。再如文学翻译中的描写,知道是那个意思,那个画面,但翻译中如何处理并无清晰概念。突然有一天,想起前人翻译中的模仿,正如人做事,往往有一个标准,一个标杆或是努力的方向。那种模仿的样式,突然觉得似乎还有点成功,那时感觉备受鼓舞。遇到翻译口语对话时,会想到假如我是那个人,将如何与他对话,那样就有一个标杆可做模仿。好比小孩写作文都从模仿开始,让创新,不现实。还没形成自己的风格,如何创新? 因此时至今日,我始终认为模仿比较重要,尤其对初学者而言。

赵玲珍:您分享了自己进行翻译实践的感受与趣事,让我受益良多。

自 2003 年 11 月任现职以来,您主要从事英汉翻译、英汉对比与翻译、高级英语、翻译学概论、翻译理论等本科、研究生课程的教学与研究工作,其中翻译教学与研究占主体,并先后荣获安徽师范大学皖泰教学优秀奖一等奖,安徽师范大学第四次"三育人"先进工作者,那么您能谈谈您的教学理念与教学方法吗?

张德让:"学、思、得"是郁达夫针对严复"信、达、雅"提出的译者应具备的内在条件。我结合自己多年的翻译教学与研究,对此加以运用,逐渐形成了自己的翻译实践教学、翻译研究教学的思路和方法。

谈到翻译实践教学,"**学**"①着重培养学生扎实的语言基本功、广博的基础知识,要求学生做一个扎实的学习者和研究者。"**思**"重点是翻译前研读原文过程中,设身处地地陪作者思索一番,以吃透原文的语言特色、异质文化、思想内容、写作风格等,力争"把自己变成作者的第二个我"。"**得**"注重培养学生良好的语言感悟能力,要求学生做到准确地再现原作的精神、语言风格等。

就翻译研究教学而言,"学、思、得"主要体现在指导本科毕业论文设计和研究生的教学中。"**学**"是做"**臀**"学问,指"学什么""怎么学",也就是读什么书、怎么读书这两个问题。针对"学什么",我主要指导学生查阅、收集并研读与研究相关的一套权威、系统的文献资料。针对"怎么学"则是重点培养学生形成自己有效的读书方法,尤其强调从所读文献中先找出重点,然后加以分类整理,通过条分缕析,在一盘散沙似的翻译现象中,探索出其中的规律,读出自己的想法。"**思**"是做"**脑**"学问,指培养学生多视角地思考翻译学中的基本问题,尤其思考学界没有定论的问题,换视角思考所谓定论的问题,进而逐步确立自己看问题的方法和视角。"**得**"是做"**心**"学问,指在"学"和"思"的基础上,培养学生激发灵感,初步学会翻译学的研究方法,树立正确的科研和学术态度,掌握学术论文和学位论文的基本结构和写作要求,从而独立撰写学术、学位论文。

我后来总结翻译教学方法,从自己本来想象的翻译教学,到参加全国

---

① 粗体为张德让教授所加。

各种会议时了解其他院校的翻译教学,查阅研究性文章讲的翻译教学,以及指导"韩素音青年翻译奖"等,逐步丰富发展。我们学校常年组织学生参与"韩素音青年翻译奖"竞赛,学生能不能获奖是衡量学校教学水平的一个重要标尺。我从 1999 年开始,教学之余一直坚持组织学生积极参与,也因此获得安徽师范大学校级教学成果优秀奖。在组织过程中,通过观察学生怎么做以及参与他们的讨论,我的体会比较多。因为翻译中主观性比较强,那些最基本的标准与规律讲起来简单,做起来变数却很大。即便是理解那些比较客观的内容也很难达成一致,文学作品中那些微妙之处更是不大相同,所以翻译的结果自然不一样,既有对错之分,但更多的是好坏与优劣之分。"韩素音青年翻译奖"的指导经验,促使我在以前"学、思、得"的翻译教学实践基础上,从西方诠释学角度又进一步提炼出了更为具体的"重构、体验、融合"的翻译实践教学思路和方法。"**重构**"的话,就是在教学中注意培养学生为达到正确的理解而返回到讲话者和听话者之间原始关系的意识,尤其在文学翻译教学的大量练习中,通过解决其中具体的重难点,指导学生如何力求做到"语言重构"和"心理重构",引导学生不仅要研读原文语言,更要钻研作者的生平、经历、思想、倾向、历史背景、主题意义、时代意义等,以摆脱自身的历史性,从偏见中走出来,避免误解,重构原作。就"**体验**"而言,要求学生充分调动自身的生活经历、知识储备等,培养成为所译作家或作品的研究者的强烈意识,把自己置身于作者的整个框架中,追求在思想感情、气质、经历等方面与原作者产生共鸣,从思想上、心理上、时间上去"设身处地"地体验作者的原意或原思想,通过想象、移情、神思、感悟等多种心理活动的交融、撞击,激活已有经历,内化为自我的感悟。"**融合**"就是在教学中要求学生既要竭尽全力通过"重构""体验"理解原文,又要认清理解的历史性、语言性和实践性,从而不能无视自身已经具备的知识结构;注重培养学生在文学翻译实践中既不要抛弃"前结构",也不能随意篡改原作,而要通过与原作的对话走向适度的"融合",引导学生在翻译中适当地加以"创作"。如"Yet will I turn to thee in thought, O sylvan Dee, in joy, in youth and gladness as though then wert; and thou shalt always be to me the river of Paradise, where I will drink the waters of life freely!"可译为:"啊,迪伊河,你总是葆有青春,永远怀着喜悦之情,就像你当年那样;你永远是我的天堂之河,我要从你那里尽情地痛饮生命之水!"但潘文国先生运用散文诗会通原作,进行适度的"创作"更为优美:"呵! 苍翠的第河哟,我还是想在梦中把你寻访,跟当日一样的年轻,跟当日一样的欢乐,跟当日一样的芬芳!你永远是我的天堂圣水,容我把生命之泉自在品尝!"①

我主张要注重培养学生的中西会通意识和翻译会通智慧,因为翻译活动本质上是一种实践活动,翻译技巧只是工具或手段,我们无法简单地运用技巧"制作"出理想的译文。在平时教学中,我经常把翻译和金庸小说《笑傲江湖》中风清扬传授令狐冲的"独孤九剑"之法作比较:剑法的最高境界须当顺其自然,行乎其不得不行,止乎其不得不止,如行云流水,不拘泥迹。而会通的翻译智慧不妨参照这种"无招胜有招"的剑理,要求学生根据具体情况做出合理的判断,以选择恰当有效的翻译策略,辩证地认识当前以"信"为借口的"技术化"异化翻译现象,反对简单地把追求与原文句式一致作为"忠实"的标准,主张翻译应融中西于一炉,兼顾文化心理、译者动机、读者口味等,从传统达辞、演、译义、译述、译著、增译、编译、润定、达旨等变译中,吸取译文可读性打造的意识和成功策略。

我认为文言仍然是会通西学的重要资源,不能一概否定,并在教学实践中对翻译会通的相似性联想作了初步尝试。文言是我国古代一种最基本的书面语形式,历经数千年已经稳定、成熟。正因如此,在文学翻译中文言笔法挥之不去。比如中国自古就是散文大国,面对西方的散文中译,我们不能无视中国悠久的文言散文传统,而要适当地运用文言经典、文言笔法作为会通西方散文的一大资源,既能给学生展现巧妙灵活的翻译技巧,更能激发学生打通中西、善于类比联想,从而有意识地积累译语资源在翻译中主动利用其会通原文。

---

① 赫兹列. 赫兹列散文精选. 潘文国,译. 王宏印,评点. 上海:上海外语教育出版社,2011.

赵玲珍：相信张老师的"学、思、得"与"重构、体验、融合"的教学思路与翻译会通实践对于青年教师会有很大的启迪和帮助。那么本科生和研究生作为不同阶段的翻译教学侧重点是否不同？

张德让：会有不同。本科阶段的教学主要围绕基础知识、基本技巧与能力训练等展开，而研究生阶段的教学以专题性训练为主。根据我们学院的培养方案及特色，专题性训练更倾向于项目类型的翻译实践，主题明确突出，有时一个月甚至一学期的教学内容都围绕一个大课题展开。倘若我正在翻译一部作品，那上课内容多会围绕这部译作展开，要求我的学生也参与其中，上课分组讨论，再适当补充其他教学内容。

因课时有限，研究生的教学会适当穿插英译汉与汉译英的双向训练，学生获益匪浅。我通常将学生分组进行训练，要求一组学生将地道的英文翻成中文，经过讨论、修改、校对直至最后定稿。然后让另一组并不知情的学生将已定稿的中文回译成英文。通过这样的反向翻译训练，学生往往更能深刻体会英汉语言的独特之处。因此，我认为反向翻译训练是让学生深刻理解英汉两种语言差异的行之有效的方法。学生英译汉后，往往不再关注英文，只在中义表达不恰当时对照原文做调整，但如果调整后再回头思考其英文表达，就会发现它的魅力。同理适用于汉译英训练。假设我们读一段选自小学语文教材的简单文字，初读时感觉语言表达很一般，并无稀奇特别之处。但将之译成英文再回译汉语时，却发现原本颇为简单的表达竟是那般地道优美。要表达好中文很是不易，我们平常的表达难免啰唆却不自知，这方面需要多加训练。

本科生和研究生的差异还体现在对待训练的态度方面。本科生做练习多停留在"作"层面，缺乏"作品"意识，可能不少同学认为以后也许不会去做翻译。而研究生是意向明确地选择了翻译专业，对此已产生了基本的兴趣，有一些想法和追求，一般更易培养其"作品"的意识和责任。因此，针对研究生做专题性训练比较合适，将理论阐释与技巧训练相结合，培训学生如何查阅资料，如何专题性思考，再结合讨论等方式促进学生的自我提升。

赵玲珍：您如何组织学生进行课堂小组讨论？

张德让：小组讨论这种课堂形式的组织管理是有一定难度的，难在每个小组是组长负责制，而其他成员的参与度较低，除非明确分配任务。因此，我布置任务后，还要求每个小组（一般四人一组）给其他小组写点评，如此安排，四人至少是轮换着写。最后我要求小组长给组员打分，倘若小组长打分存在不公现象，比如组员表现好与不好分数都相差无几，组员会加以监督和反馈。我也会根据情况给小组长们打不同的信任分，既是考验也是培养他们做事的责任感。对学生的培养，既有翻译能力的培养，也有最基本的责任感的培养。

赵玲珍：著名作家托尔斯泰曾说过："一个人若是没有热情，他将一事无成，而热情的基点正是责任感。有无责任感，将决定一个人生活、家庭、工作、学习的成功与失败。"对学生责任感的培养至关重要。另外，做老师的都知道批改翻译或作文之类的主观题可从中获益良多，却也要付出不少精力和时间，您在这块是如何处理的？

张德让：我通过助教帮忙解决作业批改问题。助教是我院的本科毕业生，对学生和作业情况比较了解。作业年年有变化，也有不变之处。每次学生完成后，指导助教重点批改 10 个学生的作业，并对总体完成情况进行描述和总结，主要包括两部分，一是翻译质量，二是翻译反思。有的学生每次写反思基本都是套话，在敷衍，始终没找到翻译的感觉。但有的反思对老师很有启发，哪怕只是一个细微处，比如学生会写查阅过程中如何甄别不同资料，甄别后如何有效运用，以及自己选择某种译法的原因等。因此，我认为学生的力量不可低估，一个班总会有几个学生的能力将来超过老师，他们的思考在这个阶段已经接近甚至超越老师。这些学生思维的方式，对语言的把握，以及对翻译的理解等方方面面都值得高度重视。学生的一整套反思素材非常丰富，留存下来是很好的教学反思资源。翻译的过程是老师了解学生思考的过程，特别是翻译时心理的变化过程，那是一个动态的记录。

赵玲珍：所以您要求学生完成作业后要写反思总结，主要是对翻译过程的描述，包括查找资料情况，当时的心理活动情况，获益点，困惑点以及如何解决困惑等。

张德让：是的，写什么都行，每次只要写一点，与上课内容同步，话题对应即可。当然不同步也行，有学生会写过往所学的反思与突然产生的感悟；也有写某一次的翻译是用心在做，因材料里有调动自己灵感和兴趣的点。让学生写反思目的在于让他们懂得做翻译要重视翻译过程，要查阅相关资料，要思考表达时如何做调整，要考虑目标读者等因素。如果说翻译是译者此在的解释，那么通过学生的翻译作业及其反思，就能很好地反观其"此在"，如翻译能力、态度、价值观等，从而达到重视翻译过程的基本目的。

另外，有必要对学生语言学习和中国语言教育进行反思，有哪些待改进之处。我觉得学生普遍的直译化现象可能与我们从小的直译化教学有关，选词造句往往被固化了，词典化、语法化现象比较严重。比如"好"对应的英文就是 good，good 就是"好"，几乎不会变化，也不敢变，甚至学生会说 good 翻成"美妙"便是意译，翻成"好"就是直译。另外，学生从小学英语，尤其在中学阶段，语法化翻译教学导致学生一遇到"so…that…"，就代之以"如此……以致……"，这样的现象很普遍，实词和虚词都有英汉僵化对应的直译化思维。

赵玲珍：从访谈开始到现在，张老师的思想主线已经逐渐清晰了：翻译教学要有高度负责的态度，翻译过程要有不断反思的意识，翻译问题要有勤于总结的习惯。接下来，请张老师谈谈翻译教育展望方面的问题。如今很多开设翻译专业的学校都选择某一领域作为重点，譬如法律、海事、旅游等，是应继续关注通用领域还是专业领域，您怎么看？

张德让：先是通用领域，后面尽可能走向专业领域。课程设置肯定会有变化，但一般大学外语专业不大可能做到，主要针对的是翻译硕士专业。比如某校未来课程设置都以法律为主体，涉及圈子也是法律，在基本语言掌握基础上，可专搞法律翻译。再比如上海海事大学的翻译硕士专业学位(MTI)学生专搞海事翻译。我有次参加交流会,了解到海事方向关于水、地下水及水中矿场等专业词汇,与日常所讲意思不尽相同,但通用意思基本一致,句法结构差异不大。

赵玲珍:处在人工智能(AI)时代,技术对翻译教学工作的冲击应该是蛮大的,您怎么看待这个问题?

张德让:有一点是肯定的,我们拒绝技术只会被技术淘汰,任何一个专业都要和时代合拍。但这种跨学科的翻译技术,对我们传统的语言工作者来说,并非强项,只能运用其技术成果。我们要想真正有强项,必须培养懂技术通语言的人才。所以现在 MTI 专业学生的培养不大适合专搞单一语种,可以是不同团队的结合,是技术和语言的合作。纯靠技术而没有语言及语料知识不行,纯靠语言,过去那种传统作坊式的速度又太慢。

因此谈到应对,我们既不能拒绝技术,也绝不能简单地将技术带进课堂。至少现阶段,我们还是教语言为主,好比我们不能简单地用技术代替中小学的语文课堂教学。语言是人文性的,需要在语境中反复操练与体味。我们常听人说自己这辈子不太会讲话,这个不会讲话,指得便是人文性的东西,那种微妙之处是不可能被技术简单地复制与替代。将来的翻译课堂会变成什么样现在很难预料,但它一定是技术含量在逐渐增加。技术不再是简单的辅助,有可能与人各占一半比重,甚至人被机器和技术局部替代,再往后就不敢设想了。但从过往经历来看,短期内机器替代人要走的路还很长,因为机器替代人做也需要人的参与。正如过去的珠算由现在的计算器计算所替代,还必须要人参与其中,要会用才行。目前来讲,技术还只是课堂教学的辅助手段。当然将来随着技术的发展,取代人的可能性也是有的。我们现在要考虑的是如何把机器和技术运用好。

赵玲珍:张老师,在与您的交流中,您的人生态度让我深刻体会到做人、做事、做学问的整体性。您宝贵的教书育人经验对我们青年教师如醍醐灌顶,让我深受启迪。非常感谢您在百忙中花时间给我们分享了您的经历与体会并解答了许多困惑。相信阅读了这篇访谈的读者也和我一样,对翻译实践和翻译教学会有一个新的认识。再次衷心感谢您!

  张德让:感谢你的问题,让我对自己的教学经历进行了一次认真的反思。这些问题都很大,我也只是简单说说自己当前的想法,仅供大家参考,谢谢!

通释古今，融贯中西

——张思洁教授访谈录

张艳丰　张思洁

受访者简介：张思洁，南京大学文学博士，中北大学教授、硕士生导师，中北大学英语语言文学学科带头人，中北大学国际教育学院副院长；兼任中国翻译协会理事、山西省翻译协会常务副会长、山西省高校外语教学研究会副会长；曾任中北大学人文社会科学学院院长（2005—2017）。代表作有专著《中国传统译论范畴及其体系》（上海译文出版社，2006）、

《中国翻译理论研究导引》(南京大学出版社,2012)、《法律英语翻译读本》(南京大学出版社,2012),译著《远大前程》(江苏教育出版社,1998)。还参编《新时代英汉大词典》(商务印书馆,2006)。在《外国语》《外语学刊》《外语与外语教学》《现代外语》《中国翻译》等期刊发表论文多篇。讲授"翻译理论研究导论""话语分析概论""哲学解释学""文章学引论"等课程。对翻译理论与实践多有见地。

访谈者简介:张艳丰,山西大学外国语学院教授、硕士生导师,上海外国语大学英语学院博士生,研究方向为翻译理论与实践、跨文化传播。

应山西大学外国语学院张艳丰教授及其硕士生李萌、陈宇豪、吴书霞之约,张思洁教授于 2019 年 6 月 6 日在中北大学逸夫楼办公室就翻译理论、翻译实践及翻译教学等主题接受了访谈,访谈时长为 2 小时 40 分钟。主要内容整理如下。

张艳丰:张老师,您好!非常感谢您在百忙之中接受我们的访谈。作为一位经验丰富的翻译研究者和实践者,您认为"翻译"该怎么定义?

张思洁:感谢张老师一行给我们创造的学术交流良机。

给"翻译"下定义属于某种循名责实活动。我多年来从事翻译研究与教学,对翻译理论与实践有所枨触,但是,由于翻译活动自身的复杂性,对于"何谓翻译"仍然感到力不逮心,难以专断。

翻译界对于"翻译"已经做出了种种界说。

亚历山大·泰特勒(Alexander Tytler)认为,所谓"善译",是指原作之精要全然融入另一种语言;译语读者对其领悟之透彻、感受之强烈均与原文读者对其所感所悟无异。约翰·卡特福德(John Catford)认为,翻译是用目的语等效文本素材替代源语文本素材。罗曼·雅各布森(Roman Jakobson)认为,翻译是用其他语言对原文符号及其所含整体信息进行解释与替代。乔治·斯坦纳(George Steiner)提出,翻译即人类交际,翻译要做到心悟神解。

唐代贾公彦在其所著的《周礼义疏》中认为:"译即易,谓换易言语使相解也。"①宋代赞宁解释道:"系曰,译之言易也,谓以所有易所无也。譬诸枳橘焉,由易土而殖,橘化为枳。枳橘之呼虽殊,而辛芳干叶无异。"②晚清马建忠提出:"译成之文,适如其所译而止,而曾无毫发出入于其间,夫而后能使阅者所得之益,与观原文无异,是则为善译也已。"③

其他学者,如苏联学者费道罗夫(А. В. Федоров)、巴尔胡达罗夫(С. Г. Бархударов),德国学者沃尔弗拉姆·威尔斯(Wolfram Wilss)、玛丽·斯内尔-霍恩比(Mary Snell-Hornby)、克里斯蒂安·诺德(Christiane Nord)、凯瑟琳娜·莱斯(Katharina Reiss)、汉斯·弗米尔(Hans Vermeer)、朱莉安·豪斯(Juliane House),英国学者彼得·纽马克(Peter Newmark)、莫娜·贝克(Mona Baker)、苏珊·巴斯奈特(Susan Bassnett)、巴兹尔·哈蒂姆(Basil Hatim),以色列学者吉迪恩·图里(Gideon Toury),美国学者劳伦斯·韦努蒂(Lawrence Venuti)、道格拉斯·罗宾逊(Douglas Robinson),西班牙学者安东尼·皮姆(Anthony Pym),爱尔兰学者迈克尔·克罗宁(Michael Cronin),芬兰学者伊夫·甘比尔(Yves Gambier),国内学者严复、瞿秋白、傅雷、钱锺书、茅盾、沈苏儒、王德春、张今、王克非、许钧等人,均对"何谓翻译"提出了独到见解。

各种定义,林林总总,不胜枚举。

就泰特勒等学者观点来看,不难发现,泰特勒主要从语文学视角和普遍解释学视角来看待翻译;卡特福德主要从语言学视角来探究翻译;雅各布森主要从符号学视角来解读翻译;奈达、斯坦纳等学者主要从交际学和解释学视角来看待翻译;贾公彦与赞宁主要从语文学即传统小学角度来感悟翻译;马建忠似乎从交际学以及接受美学角度来解读翻译。倘若把"翻译"的其他定义也详加梳理,其视野之开阔、视角之独特、分析之精致、思想之敏锐、见地之深刻,会更加精彩纷呈,令人目不暇接。

然而,由于研究视角不同,关注焦点不同,这些定义往往各执一端,聚

---

① 转引自:陈福康. 中国译学理论史稿. 上海:上海外语教育出版社,2000:3.
② 赞宁. 宋高僧传·义净传. 范祥雍,点校. 北京:中华书局,1997:3.
③ 马建忠. 拟设翻译书院议//张思洁. 中国翻译理论研究导引. 南京:南京大学出版社,2012:84.

讼不已,总有一些"各执一隅之解,欲拟万端之变"①的味道。

事实上,翻译之名难以断论,一方面说明了翻译活动自身的复杂性,另一方面展示了翻译活动的内在魅力。同时,它也暗示出翻译研究的艰巨性。在人们"循名责实"过程中,翻译之名的多样性丰富了翻译内涵,拓宽了研究视野,开辟了研究视角,增加了研究维度;不同观点之间的交锋、激荡乃至抵牾,更有利于揭示翻译活动的本然面貌和本体样态,有利于承认差异性,尊重差异性,和而不同,不搞一刀切。

今天,我们探讨"翻译定义"的意义和关切点在于"原始以表末,释名以章义"②。面对众说纷纭,研究者和学习者应该紧扣翻译之名,"探赜索隐,钩深致远"③,善于在翻译之名多样性里"变"中求"常",即着力对那些关于翻译现象本身以及翻译现象所蕴含的翻译本体进行体悟和把握:一方面,避免名实相怨;另一方面,避免舍本逐末。

例如,对翻译之名的探讨,必然触及翻译理论研究中的核心范畴与核心命题。译者之"诚"以及由诚而发挥的"信",在国内传统翻译理论研究中的意义与作用,不容忽视。"对等"(equivalence),无论是形式对等、动态对等、功能对等,还是语篇对等、语用对等,或可视为西方翻译理论中的核心范畴。范畴是思维活动中的基本节点。范畴以及由其所建构的命题,反映了不同的治学门径、思维脉络和学术诉求。这些差异必然以不同方式、在不同程度上,对翻译活动产生影响。此外,这些差异也以其独特方式和视角,定义、阐释、揭示了翻译活动。

尽管翻译难以界说,但关于翻译定义本身,有几点值得关切与把握。

第一,"翻译"二字既可指翻译活动或翻译行为,又可指该活动所产出的成果,即译品。汉语语境中,"翻译"二字还可指从事翻译活动的行为主体,即译者。

---

① 刘勰. 文心雕龙·知音//陆侃如,牟世金. 文心雕龙译注. 济南:齐鲁书社,1995:584.

② 刘勰. 文心雕龙·序志//陆侃如,牟世金. 文心雕龙译注. 济南:齐鲁书社,1995:608.

③ 洛书. 周易全书. 北京:团结出版社,1998:2153.

就翻译所涉及的语言种类及其媒介而言,尽管翻译活动可发生在同一种语言之内、不同语言甚至符号之间,但翻译活动主要指不同语言之间的语义转换;其形式既可以是笔译,也可以是口译。一般而言,所谓翻译,往往指以交际为目的的跨语言笔译或口译。

第二,翻译活动表现为不同语言之间的交流,而且必然以跨语言交流为最终归宿,因此,翻译应当以语言为直接研究对象,对不同语言之间的语义转换机制、语义转换得以实现的条件、语义转换对于交际所产生的影响等内容,做出充分阐释。

实质上,人们所翻译的是语言所承载的信息和意欲表达的意义。翻译的定义还需要对"翻译什么"做出必要界说。纵览现存的翻译定义,英文语境中,学者多使用 meaning、message、text、verbal signs、textual material、information 等字样来指涉"翻译什么";中文语境中学者往往使用"意义、内容、思想、信息、思想精神、思想内容、内容形式、艺术风格"等字样来指涉"翻译什么"。这些差异体现了研究者在致思路向和理论旨趣方面的分歧。有学者建议使用"信息"来统括"翻译什么"。

就翻译作为人类活动自身而言,我们不妨认为,翻译是出于某种交际需要且为满足该需要,在不同语言之间进行的信息转换活动与审美实践活动。

在翻译之名的界说过程中,由于研究导向不同,研究范式不同,人们所使用的核心范畴也多种多样。这种多样性极大地丰富了翻译的内涵,拓宽了翻译研究的视野。但是,翻译的定义应该回归翻译本体。翻译是翻译主体所开展的审美实践活动。

如果说一部翻译理论史无异于一场关于翻译之名多样性的漫长论战,那么,关于翻译之名的循名责实、以实驭名的过程,也悄然构成了一幅各种翻译主张逐浪弄潮、精彩纷呈的宏大画卷。

关于翻译的研究,不仅包含了关于翻译活动本体形上之学的探赜索隐,也包含了关于翻译实践形下之术的专精覃思,更包含着对译者主体审美实践活动的形上思辨。

张艳丰:您从事了这么多年的翻译,您认为译者应该具备哪些基本能力?

张思洁:平心而论,做个译者并不容易。有人把译者比作"戴着镣铐的舞者"(Translation is like dancing in fetters);意大利谚语把译者比作"叛逆者"(Traduttore,Traditore)。译者之难,可见一斑。

作为译者,总体上应该在以下几个方面提高自己。

第一,译者应提高对原作的理解能力,这是翻译活动的前提。如果不能透彻理解原文,翻译便无从谈起。记得钱锺书先生告诫,"误解作者,误告读者,是为译者"①,值得警醒。一个译者,必须在原文的理解上做"持敬"功夫,不能有丝毫懈怠。

善于背诵,善于积累,有助于理解原文。恩师张柏然先生告诫学生要广泛背诵英美作品。大量作品熟谙于胸,有助于把握原作精神,体会原作风格。攻读硕士研究生期间,先生让我为读者翻译查尔斯·狄更斯(Charles Dickens)的《远大前程》简写本。为了把握原作,先生要求我不仅要反复诵读《远大前程》原作,还要广泛阅读《雾都孤儿》《老古玩店》《艰难时世》《双城记》等作品。这种诵读,使我受益匪浅。现在,我也要求自己的学生善于背诵。英语专业的同学,心中不背诵三、五百篇文章,谈不上对英语有多深的理解,做起翻译来,也没有什么底气。我经常勉励自己多背诵一些东西;总觉得许多东西该背诵下来,熟谙于心,但当时没有好好背诵。

第二,译者应提高目的语语言表达能力。好的翻译,不仅要看译者对原文理解把握得如何,更得看原文的思想和风格在译文中出落得如何。许多情况下,往往在译文的琢磨和拿捏上感到词不逮意,颇费周章。原作的生命往往掌握在译者手中。莫言先生获得了2012年诺贝尔文学奖,其作品确有其独特魅力和不群品质;但是,其作品背后的译者葛浩文(Howard Goldblatt)先生也难没其功。

---

① 钱锺书引塞缪尔·巴特勒(Samuel Butler)语,见钱锺书. 翻译术开宗明义//罗新璋,陈应年. 翻译论集(修订本). 北京:商务印书馆,2009:32.

记得威廉·怀特（William White）的《假日纪游》（*A Londoner's Holiday*）有这么一句话：

Some fishing-boats were becalmed just in front of us. Their shadows slept，or almost slept，upon the water，a gentle quivering alone showing that it was not complete sleep，or if sleep，that it was sleep with dreams.

山西大学高健先生把它译为："眼前不远，渔舟三五，凝滞不前，樯影斜映水上，仿佛睡去，偶尔微见颤动，似又未曾熟睡，恍若惊梦。"①译文含章秉文、当的自在，其行文之美在于奇正参伍，逐奇而不失守正。

也还记得华盛顿·欧文（Washington Irving）在《西敏大寺》（*Westminster Abbey*）中写道：

On one of the sober and rather melancholy days in the latter part of autumn，when the shadows of morning and evening almost mingle together and throw a gloom over the decline of the year，I passed several hours in rambling about Westminster Abbey. There was something congenial to the season in the mournful magnificence of the old pile；and，as I passed its threshold，seemed like stepping back into the regions of antiquity and losing myself among the shades of former ages.

高健先生把它译为："时为晚秋。风物凄清，气象萧萧，岁既将暮，一日之间几乎晨昏相连，而朦胧暧叇，浑不可辨，正逢这样一天，我曾去西敏大寺作半日勾留。而这座嵯峨古刹，宏伟之中，气极惨戚，也与岁时相符；因而自入门阶，我深感已经踏进远古世界，而恍然忘形于昔年的幢幢鬼影之中。"②译文形神俱备，神壹不两；译文之美在于，权变圆融，看似反经，实则合道。

---

① 高健. 翻译与鉴赏. 北京：外语教学与研究出版社，2006：118.
② 高健. 英美散文六十家（上册）. 太原：山西人民出版社，1983：293.

假若我们把前一段话译为"几条渔船静静地停泊在我们眼前;它们的影子在水上睡着了或者几乎睡着了,只是一阵轻微的颤动表明那不是完全的睡眠,而且即使是睡眠,那也是有梦的梦眠",便索然无味,如同嚼蜡。这样的译文,无意之中,断送了原文的生命。

读罢高先生的译文,内心里生发出进一步阅读原文的深切愿望。其文在手,往往"寻绎不倦,览讽忘疲"①。事实上,我是把高先生的许多译品作为美文记在了心里。

第三,译者应提高审美能力。译者要不断提高艺术修养,不断充实"杂学"。翻译界茅盾先生、林语堂先生、吕叔湘先生、傅雷先生等前辈告诫我们要加强艺术修养,充实杂学。记得傅雷先生曾说过,(译事)"要以艺术修养为根本;无敏感之心灵,无热烈之同情,无适当之鉴赏能力,无相当之社会经验,无充分之常识(即所谓杂学),势难彻底理解原作,即或理解,亦未必能深切领悟"②。每次在诵读高健先生的翻译作品时,总是感慨高先生锦口绣心,文辞渊富,学殖深厚。

师从张柏然先生时,先生要求弟子除了阅读语言学、词典学方面的书籍之外,还要多读一些哲学、美学、文章学、文论、诗论等义理之学、考据之学、辞章之学,乃至经世致用之学等方面的书籍,加强综合修养。当时阅读过的《论语》《老子》等诸子之书,刘勰的《文心雕龙》、钟嵘的《诗品》等文论书籍,朱光潜先生的《谈美》,李泽厚先生的《美的历程》,吕思勉先生的《中国通史》,程朱理学、王阳明心学等书籍,以及海德格尔、伽达默尔等学者的一些作品,甚至《训诂学》《古文观止》《明清时文》等作品,都对自己的翻译实践帮助很大。陆游告诫其子"汝果欲学诗,工夫在诗外"。翻译的功夫,也往往在翻译之外。导师当年耳提面命,告诫殷殷;到了天命之年,自己怅触日深,多怀愧疚。

随着翻译研究的不断深入与拓展,翻译活动不仅涉及语文学与语言

---

① 刘知几,章学诚. 史通. 长沙:岳麓书社,1993:9.
② 傅雷. 致罗新璋论翻译书//罗新璋,陈应年. 翻译论集(修订本). 北京:商务印书馆,2009:958.

学,还涉及哲学、文化学、诠释学、认知学、传播学、接受美学,乃至政治学、伦理学、人类学等诸多因素。广泛阅读,综合涉猎,势在必行。

第四,译者应秉持正当的翻译观照,即作为译者,如何正当地理解、看待、评价翻译活动,以及如何正当地理解、评价与翻译活动密切相关的理解活动和审美活动。翻译研究领域,有语文学的研究范式、语言学的研究范式、文化学的研究范式,也有哲学的研究范式、语用学的研究范式,还有认知学的研究范式、社会学的研究范式,等等。这些范式,实际上代表了不同的翻译观照,即不同的学术群体所秉持的共同信念和通行做法。它们对"意义本体"的理解,对"翻译本体"的理解,以及对"翻译实践"的理解,存在着诸多差异。

事实上,翻译本身并非简单的语言转换,而是以语言作为载体,不同的世界观、审美观、价值观、文化观、语言观之间的对话;是一种主体审美实践活动。

第五,译者应当提高批判性思维水平,善于批判和接受批判。从事翻译一定要注意翻译批评,吸收翻译批评中的合理因素,提高翻译理论认识和翻译实践水平。听不进批评意见,不利于学术的发展与繁荣,也不利于好译品的产生。《道德经》第四十一章有云:"反者,道之动也。"翻译批评是翻译实践的督察者和激励者。

第六,要勤于写作,勤于练笔。某种意义上说,翻译是一定条件下的写作。如果想成为一名译者,首先应该是一名写者。许多耳熟能详的大家,如梁启超、严复、鲁迅、胡适、萧乾、沈从文、林语堂、茅盾、郭沫若、老舍、钱锺书、余光中、戈宝权,等等,他们本人首先是优秀的写者、作家,其次才是翻译家。写作不到位,从事翻译举步维艰,不太现实。翻译教学中,加强双语写作训练十分切要。培养方案中,加大写作课程的学时分配,很有必要。

翻译实践中,译者的困惑主要有两点:原作的精神风貌是否充分、正当地得以领悟;所领悟的内容是否在译文中浑然、妥帖地加以表达。如果说前者与译者的领悟能力即对形上之"道"的把握有关,那么,后者则与译者现世行为即后天之"德"有关。译文译痕遍布,甚至"凿枘相违,龃龉难入"①,便是"失德"之为,令人不屑。

张艳丰:接着想请您讲讲个人经历。您是什么时候开始做翻译的?翻译实践中有哪些难忘的感受?

张思洁:确切地说,我是从1996年开始从事翻译实践的。当时,导师张柏然先生向几位研究生讲授"翻译理论与实践"课,为了让学生加深对理论的理解和把握,要求他们做大量的翻译实践。张先生要求我翻译狄更斯的《远大前程》简写本,大约有20余万字。我差不多用了半年时间完成了初稿,又用了半年时间做修改,总共用了一年多的时间完成课程作业。张先生从头至尾对译文进行了十分详细的评阅,包括措辞、行文、语体乃至标点,等等。后来,经先生校阅推荐,译文于1997年在江苏教育出版社出版。张先生教诲之德,提携之功,我没齿难忘。现在,我也指导研究生,乐见研究生取得进步,愿意帮助研究生成长。师从先生十年有余,耳濡目染;这都是张先生教诲、则范的结果。

在理论与实践之间,从事大量的翻译实训和操练,实属必要;这些实训,会让理论变得生动起来,真切起来。"纸上得来终觉浅,绝知此事要躬行。"

师从张先生攻读博士学位时,受命参与了张先生担任主编的《新时代英汉大词典》部分词条("I"词条)的编纂与释例翻译,同时对其中收录的同义词、反义词辨析进行编纂。由于词典具有范导作用,加之自知难膺其重,词典中释例的翻译,均要字斟句酌,不得有丝毫马虎。该词典于2004年由商务印书馆出版。词典编纂过程中,张先生"德为世范,言为士则"②,耳提面命,使我学会了尊重文字,尊重读者,惜字如金;无论从事词典编纂,还是从事翻译活动,只能兢兢业业,黾勉将事。译稿出来之后,总是劝勉自己反复修改,直到无憾为止。现在做一些翻译工作,也是如此。

---

① 刘知几,章学诚. 史通. 长沙:岳麓书社,1993:102.
② 苏轼. 苏东坡全集4. 北京:北京燕山出版社,2009:2224.

后来,我曾供职于夏威夷电力公司三年多,专事政府文件、合同文书、技术资料的翻译。这段工作经历使我懂得,在翻译过程中,要积极向专家学习,要善于请教行家。翻译过程中涉及的电力工业、财会税务、土地征用、环境保护等问题,我积极向项目工程师、电力工程师、财会专家、一线工程师请教。翻译电厂各个车间的施工图纸和设备安装说明等资料过程中,我跟随项目工程师和一线工程师,实地走访并详细了解了粉煤车间、生水车间、蒸汽车间、汽机车间、水膜除尘和静电除尘车间、锅炉车间、冷却塔、输电站等运行原理,从中受益匪浅。后来,我把所做的100余万字翻译资料整理存档,作为教学之资。

我的体会是,翻译不是闭门造车,要积极寻求合作。翻译工作者不是包治百病的大夫,一定要善于学习,善于合作,终身学习;这是作为译者应具备的内在素养。

张艳丰:您是什么时候给哪类同学讲授翻译的?

张思洁:严格说来,1997年至今,我面向英语专业本科生讲授"翻译理论与实践"课程,也面向翻译专业本科生讲授"中国传统翻译理论导论""西方翻译理论概论"等课程。2007年至今,我面向英语语言文学硕士生和翻译硕士生讲授"翻译理论概论";同时,面向理工类博士生讲授"学术英语阅读、写作与翻译"。总体来说,既讲理论梳理,也讲译例评析;既涉及英语翻译为汉语,也涉及汉语翻译为英文。

培养方案中,"翻译理论与实践""翻译理论概论"属于专业基础课程或者学科基础教育课程;"学术英语阅读、写作与翻译"属于公共基础课程。

张艳丰:能否请您就您的教学理念、课堂组织等方面谈一谈看法?

张思洁:我先谈一谈对翻译实践教学理念的初步认识。

教学理念是从教者对教学活动所秉持的基本态度和信念,旨在有效地组织教学,提高教学效益,实现教学目标。教学理念涵盖如何从教、如何施教、如何评教等内容。

教学理念以教育的根本任务即人才培养为基本前提。教学理念与人才培养方案中的培养目标紧密相关;教学理念也因教学层次、施教对象、教学内容、教学目标不同而有别。它贯穿于教学实践活动的各个环节,也在教学实践过程中得以检验。

总体来说,讲授翻译时,我力图秉持并践行以下基本教学理念,诚勉自己也劝勉学生朝着这个方向努力:"耽道笃学,以德施教;因材施教,长善救失;经权相济,圆融通变;探赜索隐,钩深致远;通释古今,融贯中西。"

隋朝彦琮把"耽于道术,淡于名利,不欲高炫"①作为译者八备之一;教授翻译过程中,不能把翻译看作纯然形下之器,更应该把翻译活动自身视为本体之道予以求索。这种翻译观导引人们超越翻译实践中的具体情形,执着追索翻译何以可能的内在动因;超越学派之间的种种藩篱,在尊重学术差异性前提下探索学术争鸣中的理论共相,追求"和而不同"。

《礼记》主张从教者要善于发扬学生的长处,补救学生的缺失。教学过程中,要针对学习者个体差异,确当因材施教,长善救失。这关乎从教者如何评价学习者,进而影响到如何组织、开展教学活动。

对于学生而言,从事翻译理论与实践学习过程中,思想中应抱持"变则通,通则久"的通变观念,辨经权译,经权相济;不斤斤于一字一句之得失,不拘囿于原文译文的形态变化和行文格致,把主要精力倾注到对原文精神风貌的把握与传达上。以上主要是针对本科生的。

对于研究生来说,更应该在"探赜索隐"和"通释古今"方面做足功夫。对于本科生来说,翻译课程所操练和培养的是"基本技能",培养方案中,往往把翻译视为"听、说、读、写、译"五大技能之一,即 approach-oriented teaching(以方法为导向的教学),侧重于实际技能的养成;而对于研究生尤其是翻译硕士专业学位(MTI)学生来说,翻译课程所要把握和孜孜追求的是职业素养,即 profession-oriented teaching(以职业为导向的教学),更侧重于理论素养的养成、批判思维的养成与翻译伦理的养成。因

---

① 梁启超. 佛典之翻译//罗新璋,陈应年. 翻译论集(修订本). 北京:商务印书馆, 2009:112.

此,研究生要学会而且善于钩索事源,会通中西,拓宽学术视野,追索事物本原。

接下来,我谈一谈翻译教学方法有关认识。

法无定法,并不存在固定的教学方法和课堂组织方式。但是,择取某种教学方法之前,很有必要做一些基础功课。

一是要及时了解翻译学科与翻译产业的发展趋势与人才需求,了解翻译专业的专业建设规划和专业评估认证。二是要仔细研究和通悉"人才培养方案",十分熟悉根据培养目标拟定的课程体系;了解所授课程在该体系中的作用和意义;把握所授课程与其他课程之间的纵向关系。三是要十分熟悉所授课程的课程教学大纲和课程标准。四是要根据课程大纲和课程标准,选取教学素材、教学手段、教学方法、教学评价手段,制定教学实施方案。

这些基础功课,是从事教学活动的现实物质基础;对施教也具有方法论意义。

培养方案无论怎样高明、完美,都只能通过课程大纲得以实现。实施教学活动之前,往往需要从宏观着眼,从微观着手,做好高屋建瓴、总体把握的功夫。正如清朝陈澹然在《寤言二·迁都建藩议》中所说:"不谋全局者,不足以谋一域。"

2018年,国家出台了《本科专业类教学质量国家标准》,对本科专业的培养规格、课程体系,包括通识教育课程模块、专业教育课程模块、培养方向课程模块,提出了详尽要求。应该仔细研读,认真领会。

下面,我谈一谈一些具体做法及其着力点。

翻译教学大体上可采用启发式、合作式、参与式、研讨式等方法;既可讲授为主,也可讲辅结合。无论采取哪种教学方法,它应该有助于在翻译教学中提高本科生对下述要点的认识:(1)语言自身的定位;(2)翻译本质的了解;(3)翻译理念的把握;(4)章句编排技能和翻译技能的操练;(5)译文的锤炼与审美,以及翻译质量的评价与把控。

针对研究生教学,还要有助于着力提高他们对以下内容的掌握:(1)翻译史料与翻译文献的梳理;(2)文章之道的探究与研习;(3)翻译思想历史脉络的梳理;(4)翻译流派不同学术主张的把握与翻译批评;(5)翻译本体的把握。

原则上,这些方法应有利于激发创造性,尊重多样性,强调通变性,提高学术性和趣味性;此外,应有利于促进完善学生通识教育知识结构,促进不同体系知识之间的融会贯通。

举两个实例吧。

Furthermore, all the scholars, thinkers, bankers and people who made good in China either have never worn a foreign dress, or have swiftly come back to their native dress the moment they have "arrived" politically, financially or socially. They have swiftly come back because they are sure of themselves and no longer feel the need for a coat of foreign appearance to hide their bad English or their inferior mental outfit. (*On Chinese and Foreign Dress*)

然一人的年事渐长,素养渐深,事理渐达,心气渐平,也必断然弃其洋装,还我初服无疑。或是社会上已经取得相当身份,事业上已经有相当成就的人,不必再服洋装以掩饰其不通英语及其童骀之气时,也必断然卸了他的一身洋服。(林语堂《论西装》)①

Furthermore, the banker, after having made enough money himself, proceeds to love and admire his wife who abhors all thoughts of money, and the gold digger will eventually marry a poet and bestow her caresses on him gratis. (*In Defense of Gold Diggers*)

况且富贾豪商,自己积了万金之后,固然获能钟爱一不治生产能诗画的美妾;而挖金姑娘积了家私之后,也可嫁给一位落魄诗人,倒贴而侍奉之。(林语堂《摩登女子》)②

① 高健. 翻译与鉴赏. 北京:外语教学与研究出版社,2006:177.
② 高健. 翻译与鉴赏. 北京:外语教学与研究出版社,2006:178.

据高健先生查证，以上文本均出自林语堂先生之手笔，一般是英文创作在先，中文翻译(再作)在后。

给本科生讲解这些译例时，对英文、中文在措辞炼字以及章句流变方面存在的显著差异，同学们既满头雾水，又惊讶不已。

翻译实训中，绝大部分同学把 abhors all thoughts of money 与 bestow her caresses on him gratis 翻译为"恐惧一切与金钱有关的思想"与"分文不取地把爱给他"，或者类似表达。把 the moment they have "arrived" politically, financially or socially 翻译为"一旦他们在政治上、财富上或社会上达到一定程度"，或者类似言词。行文拘谨，质胜其文，言难逮意，放不开手脚。

出现以上状况，大略有如下原因；授课过程中，应着重引导同学们就以下问题展开广泛、深入探讨，并且在这些方面着力对同学们加以诱导、启发。

第一点，语言本身的定位问题有待提高和升华。同学们往往认为，语言不过是表达思想的工具，把语言疏略地降格为形下之器。其实，语言学、哲学、美学三者往往彼此交织，三位一体；语言除去工具性之外，更重要的是它具有思辨性和审美性。这就要求语言使用者体会、玩味，并在实践中体现语言的思辨性和审美性。

第二点，也是更重要的一点在于，同学们对翻译之本质及其理念认识不足。翻译的本质在于"译之言易也"，要在"易"上做足功夫，大胆通变圆融；译者应当而且可以享有适度的"自由"，即译者的权利。这是一种翻译理念。译者如果能在思想中肯定这种自由度，在实践中充分利用并适度发挥这种自由，在限制中展现自己，在规律中拥享自由，翻译起来，既能曲尽原作的主旨意蕴，又能纵横自如，调动和发挥目的语的语言特性，"质文有体，义无所越"①，文质互涵，文赡义明，译文便不至于亦步亦趋，让人不忍卒读。

董仲舒曾在《春秋繁露·精华》中提出："《诗》无达诂，《易》无达占，

---

① 慧远. 大智论抄序//僧佑. 出三藏记集. 北京：中华书局，1995：391.

《春秋》无达辞,从变从义。"①在诠释《春秋》微言大义时,董仲舒告诫今人不可厚古薄今,自缚手脚,要善于从变而移,反经而合道,在通变上做足功夫。翻译实践也是同样的道理。

第三点,在翻译过程中,不能人为割裂"翻译"与"写作"之间的血肉联系。殊知,"译道"通于"文道"。尽管我们不能把翻译等同于写作或纯然创作,但文道之理,对于译文的锤炼有"攻玉"之功,确当借鉴。刘勰在《文心雕龙·知音》中曾提出,对于文章的鉴赏,要"一观位体,二观置辞,三观通变,四观奇正,五观事义,六观宫商"②。以此来范导、规约译文,也不算过时吧。

当然,同学们中文功底不实,章句功底不济,杂学功底不资,同学们对"初服""不治生产""文质之辩""奇正参伍""经权之辩""反经合道"等不甚了了,也难辞其咎。

汉语翻译为英语时,多数情形与上述类似。不同点在于,针对不同的目的语,在章句编排和谋篇布局上的着眼点和侧重点有所不同。

总之,The end justifies the means(目的决定手段)。教学方法取决于人才培养目标定位,取决于课程教学目标。

张艳丰:您认为本科生、研究生阶段的翻译教学,侧重点有何不同?

张思洁:在本科生阶段和研究生阶段,翻译教学的侧重点有所不同。其差异归根结底源自各自的"培养目标"不同,相关素养、能力的预期要求也不同。

一般来说,本科阶段大体上属于以通识教育为主的"学科意识和学科基础教育"。英语专业本科阶段旨在培养学生具有正确的世界观、人生观、价值观,良好的道德品质,家国情怀和社会责任感,人文与科学素养,以及学科基本素养;具有外语运用能力、文学鉴赏能力、跨文化能力、思辨能力,以及一定的研究能力、自主学习能力和实践能力。它所强调的是

---

① 苏舆. 春秋繁露义证. 钟哲,点校. 北京:中华书局,1992:94-95.

② 刘勰. 文心雕龙//陆侃如,牟世金. 文心雕龙译注. 济南:齐鲁书社,1995:586.

"人文与学科素养"和"语言运用能力"。

硕士研究生阶段大体上属于以学术素养养成为主的"学科教育";翻译硕士阶段还具有较强的职业教育特征。研究生阶段侧重培养学生具有高度的社会责任感,较好的理论涵养和创新精神,较强的理论研究兴趣、学术悟性,掌握科学研究的理论与方法;具有善于发现问题,能独立解决问题,能独立从事研究的能力。它所侧重的是培养研究生的"问题意识""思辨能力"和"研究能力"。因此,在翻译教学过程中,教学的侧重点必然不同。

我认为,本科阶段应侧重于培养学生熟悉并掌握翻译研究领域"学术共同体"的研究范式,即翻译研究者与实践者对翻译所秉持的共同信念、看法,以及针对翻译研究与实践领域出现的问题所提出的通行解决办法。翻译教学实践中,时间多用于解释基本翻译现象(直译、意译、死译、硬译、编译等),基本翻译术语(信、达、雅,等值,源语,目的语,编码,解码等),通行的翻译方法(形式对等、动态对等、语义翻译、交际翻译、工具性翻译、信息性翻译等),译例鉴赏评析,以及翻译所涉及语言在信息结构、衔接方式、语句构造、谋篇布局、文章之道、审美趣味等方面的对比、对照分析,等等。理论学时与实践学时比重大约为三七开,甚至二八开。

对于本科生来说,教学的着力点在于注重语言内在品性的把握,在于关注语言的转换技能与转换效果。要着力培养他们对知识本身的渴望和对知识积累的执着。

研究生阶段应围绕"文章之道""翻译本体"等主题,着力帮助学生解决好翻译研究的"方法论"问题,即帮助学生掌握从事翻译领域科学研究所涉及的普遍范畴、原则、理论、方法和步骤等。例如,针对某种翻译理论,要向学生详述并厘清该翻译理论所提出的学术主张,理论的历史脉络,理论所采用的核心范畴,理论所包含的核心命题,理论内部的自治性,理论所蕴含的哲学立场,理论所对应的翻译方法,该理论与其他理论之间的关系,该理论对翻译实践的现实影响,以及翻译界对该理论的正面评价与反驳意见,等等。这些方面尽管颇费周章,但十分必要。

具体教学过程中,也要注意解决好"史与论"的关系和"实然与应然"

之间的关系。

"欲知大道,必先为史。"硕士研究生阶段,要善于引导并劝诫学生学会采集、梳理文献,要善于"谙经诹史",养成勤于梳理文献、勤于做文献笔记的习惯。久久为功,善作善成。

在分析翻译理论所涉及的命题时,要引导学生甄别实然判断与应然判断,即该命题属于纯粹的事实判断,还是关涉某种价值导向。在分析具体翻译理论时,更应该关注翻译理论界的批评意见。这有助于培养研究生的批判性思维。

在学术型研究生教学过程中,理论阐释与翻译实践的比重大约要对半开甚至七三开。翻译硕士教学过程中,对半开为宜。

总之,硕士研究生翻译教学过程中,更多侧重于培养研究生的批判思维、问题意识和理论素养。要注重研究生理论素养、研究方法和研究导向的养成。对于博士生,一定要花大力气培养他们的批判精神;通过培养批判意识和批判精神,进而培养他们的创新意识和创新精神。

张艳丰:现在很多学校都开设了翻译硕士专业。有人认为翻译硕士不需要什么理论,他们的主要目标是翻译实践。您对这个问题是怎么看的?

张思洁:这个问题要辩证地看待。

一方面,这种看法并不意味着他们否认翻译理论对翻译实践具有指导意义;相反,他们心目中对理论的渴求更加强烈。就培养目标来说,翻译硕士是以应用为导向的职业教育;相较于学术硕士,翻译硕士从事的翻译实践更加丰富,面临的翻译困难更加繁复,对解决这些问题所需要的方法的渴望更加迫切,因此,对翻译理论的期望和渴望更加强烈。

这种看法所反映的问题实质在于,面对理论学习和实习实训,研究生在精力分配上较为尴尬。翻译硕士既要研习相关理论,又要从事大量的翻译实践,往往力不从心,精力不济。在分配学习任务和实践任务时,研究生导师要把握好尺度。过犹不及,值得警醒。

另一方面,这种看法也反映了翻译硕士"培养方案"或课程体系总体设计中存在某些不足。例如,理论学时与实践学时比重是否合理？理论课程内涵与实际需要之间的衔接与匹配是否合理？在培养方案中,理论课程种类、性质、导向与实践课程的种类、性质、导向等是否和谐？对翻译实践工作量的要求是否过于刚性？等等。

事实上,在翻译硕士培养过程中,更应该注意相关理论素养的培养。我们不主张让翻译硕士纠结于纯粹理性和形而上学意义上的理论探索；但是,对于各种翻译理论所包含的理论主张、学术脉络、翻译方法(translation approaches)、翻译批评、翻译伦理、行业要求等,仍然需要认真研习,用心感悟。翻译理论毕竟是翻译前辈从事翻译研究和翻译实践的经验之总括与升华。

例如,有人把"五千年文明看山西"译为"Shanxi is representative of China's 5,000 years of civilization"；把"(山西)不当煤老大,争当能源改革排头兵"翻译为"Shanxi does not wish to be a coal giant. It sets its eyes on being a leader in energy revolution"。

这两句话译得过于板实,手脚很紧,且不说 giant、leader、revolution 使用不当。这种翻译不能称其为翻译。译者似乎对什么是翻译理解不深,译者的理论素养有待提高。上述两句不妨改译为:

Shanxi has witnessed the 5,000-year evolution of the Chinese nation as a civilization.

(Shanxi is resolved) to establish itself as the pioneer in energy innovation instead of the thumb in coal production.

写文章、绘画讲究"意在笔先",从事翻译也需要理论指导。翻译之前,心中总得有个大样。这个大样,就是理论素养和职业素养。道与器之间,名与实之间,不可偏废。

对于教学工作者来说,要认真研究培养方案,认真研究培养要求和课程体系,把握好理论课程和实践课程的内涵和尺度。在翻译硕士培养过程中,灵活执教,始终以硕士研究生的成长、成才为中心。

张艳丰: 关于教材的使用和处理,您能否也谈一下?

张思洁: 教材的使用涉及两个方面:一是教材的选择;二是教材的利用。

先谈一谈教材的选择问题。教材的选择取决于课程大纲中预设的教学目标,即达到什么样的教学要求。这是选择教材的根本原则,要根据教学目标,选择与其尽可能接近的教材。

一般情况下,建议选择教育部规划教材,如"十三五规划教材"等;行业统编教材,如"全国翻译硕士专业学位系列教材"等;行业出版社推出的翻译系列教材,如外语教学与研究出版社、上海外语教育出版社推出的翻译研究系列教材等;其他知名出版社推出的翻译系列教材,如南京大学出版社推出的"大学翻译学研究型系列教材""大学本科翻译研究型系列读本"等。除了选定的教材之外,建议向本科生推荐 3—5 本参考书,向研究生推荐 5—10 本参考书作为辅助教材。这种做法十分必要,它可以避免单一教材在学术观点、教学内容、教学难点、教学重点等方面存在的局限性,有利于相互借鉴,开拓视野。

要解放思想,灵活选择教材。面向研究生编写的教材,也可以用于本科生教学。教学实践中,我尝试选择了高健先生撰写的《翻译与鉴赏》(外语教学与研究出版社,2006)、许钧教授撰写的《翻译概论》(外语教学与研究出版社,2009)、何刚强教授编写的《笔译理论与技巧》(外语教学与研究出版社,2009)、孙致礼教授编写的《高级英汉翻译》(外语教学与研究出版社,2010)、陈宏薇教授编写的《高级汉英翻译》(外语教学与研究出版社,2009)等教材,作为英语专业和翻译专业本科生主要教材或辅助教材。

我也曾尝试选择莫娜·贝克的 *In Other Words：A Coursebook on Translation* (Routledge, 2018)、杰里米·芒迪的 *Introducing Translation Studies：Theories and Applications* (Routledge, 2016)、巴兹尔·哈蒂姆和杰里米·芒迪的 *Translation：An Advanced Resource Book* (Routledge, 2005)、朱莉安·豪斯的 *Translation：The Basics* (Routledge, 2018)、安东尼·皮姆 *Exploring Translation Theories* (Routledge, 2009)等教材作为本科生主要教材或辅助教材。

再谈一谈教材的利用。一部教材的生命取决于教材的使用者,即教师。教材编纂总会存在某种学术倾向和技能倾向。使用教材之前,必须认真研究教材,分析教材的长处和不足,要吃透教材的精华和要义。使用教材过程中,既要尊重教材,不能求大责全;更要走出教材,不能抱残守缺。教材要服务于思想,服务于内容。要点在于,要紧扣课程目标设定的知识要点和能力要素,充分利用和挖掘教材;也要结合辅助教材,拓宽学生的视野,提高学生的认识。

例如,何刚强教授编写的《笔译理论与技巧》偏重翻译技能的操练和研习;尽管该教材面向翻译硕士,但对于本科生翻译教学来说,不失为一部好的教材。关于翻译理论方面的知识,我会向学生推荐其他教学材料。例如,许钧教授所著的《翻译概论》、谢天振教授主编的《当代国外翻译理论》(南开大学出版社,2008)、朱莉安·豪斯撰写的 *Translation：The Basics*。

张艳丰: 翻译课有很多作业,您是怎么批改作业的?您觉得老师应该对学生的作业从哪些方面进行反馈?

张思洁: 对于翻译教学来说,反馈十分重要。对于学生来说,批改作业能让学生及时纠正错误,提高理论认识,改善译文质量。对于教师来说,批改作业能让教师反思教学内容、授课方法、教学安排。好的教师,要善于从作业批改、试卷分析、学生座谈中改进教学,教学相长。

好的教师要坚持批改作业。读研究生时,对于翻译作业和写作作业,我的导师张柏然先生和丁言仁先生,总是敬业有加,逐行修改。无论在师德方面,还是在学业方面,都使我很受教育。

批改学生翻译作业时,要尊重译文的多样性,善于肯定学生译文中的可取之处,尽可能处理好规范性与创造性之间的关系。

张艳丰: 开办翻译专业过程中,办学单位往往选择某一领域作为重点方向或者办学特色,如法律翻译、经贸翻译等。您觉得这是否有利于翻译学科的发展?

张思洁：这个问题要从几个方面来看。

开办专业是一个系统工程。开办翻译专业时，办学单位首先要结合学校的办学传统和办学定位，如研究型、教学研究型、教学型（或者理论型、实用技术型）等；也要考虑人才培养目标定位，如研究型、应用型、复合型等；还要考虑办学条件，如师资队伍、教学设施、信息资源、实践资源、教学经费、质量管控等。开办翻译专业要实事求是，因地制宜，不能好高骛远，也不能东施效颦。

翻译专业培养体系一般包括通识教育模块、专业（学科）基础教育模块、专业（学科）方向教育模块、创业创新教育模块等。无论哪种类型定位的办学单位，都应该在通识教育和基础教育模块竭尽全力，做足功课。

对于专业（学科）方向教育模块，办学单位应该结合人才需求情况和自身办学条件，尤其是人力资源条件和地方经济发展需求，做好自己的定位，办出自己的特色。条件较好的院校不妨朝着理论研究型定位发展，其他院校不妨朝着实用技术型定位方向发展。

长远来看，同质化办学倾向，不利于翻译学科的繁荣与发展，也不利于服务地方、服务社会。

山西是文化大省和文物大省。以文化为例，山西有炎帝农耕文化、尧舜德孝文化、关公忠义文化、能吏廉政文化、晋商诚信文化、华夏根祖文化等，还有云冈石窟、五台山、平遥古城等世界非物质文化遗产。山西高校应该充分利用区域优势和文化资源优势，在翻译专业（学科）方向教育模块中，侧重并彰显这种文化，办出自己的特色来。这种偏重不但不会削减对通用翻译理论的需求，反倒是对理论素养要求更高，渴望更强。理论研究只能以回归实践作为归宿，只不过归宿不同罢了。办学时，要处理好普遍性和特殊性之间的辩证关系。

张艳丰：那您觉得翻译教学是否得益于翻译实践？

张思洁：翻译实践也属于教学活动，是人才培养的重要环节。本科生培养方案中，翻译实践或实训学时约占总学时的 20%；翻译硕士培养方案中，实践学时所占比重更高。翻译实践可以在校内进行，也可以在校外实习、实践基地开展。

从学生角度来看,实践教学既是教学的必要环节,也是获得反馈的重要手段。翻译实践可以检验学生对翻译基本理论、基本原理、基本方法的理解与掌握程度,检验学生的知识结构缺陷,检验理论教学与社会需求之间的差距。这些信息必然会反过来促进学习,也促进翻译教学。

讲授翻译的教师也应该勤于搦管操觚,勤于躬身从译。一方面有利于提高自身翻译实践素养;另一方面也可以给翻译教学提供新鲜素材。我在授课过程中,许多译例来自自己的翻译实践。

例如,"青春的约会,拼搏的舞台"是 2019 年第二届全国青年运动会主题标语。有人将其翻译为"The Carnival of Youth, A Showtime for Sportsmanship";也有人将其译为"The Carnival of National Youth, A Stage for Athletic Performance";甚至有人把其译为"Meet in the Youth Games, Compete on the Stage"。我让同学们围绕逻辑变换、喻体变换、言词捶措、冠词选用展开讨论。

讲授翻译实践的教师应该有 30 万字以上的笔译经验,30 场次以上的大型活动交传经验。有条件的单位,可以延聘译审、副译审、职业口译等专业人员担任实践实习导师;也可以延聘大型企事业单位专职翻译人员担任校外兼职实习导师。太钢集团、太重集团、大唐电力等单位拥有大量的专职翻译人员。山西大学外国语学院延聘译审、编审作为翻译硕士第二导师,效果显著。

张艳丰:那么,您觉得翻译实践中应秉持什么样的教学理念呢?

张思洁:翻译实践具有较强的职业前培训(pre-service training)特征,对于翻译硕士来说这种特征更加显著。总体来讲,教学理念与前面谈的没什么不同,只是翻译实践教学强调学生要尽可能做到"学以致用,合规中道"。

翻译实践教学过程中,除了强调学以致用、回归生活之外,更应该突出"合规中道"。"合规"就是要求学生了解、熟悉、掌握行业要求、行业规范和行业评价;"中道"就是要求学生遵守并秉持翻译之道和职业伦理。

第一,翻译就是翻译,不能等同于纯然写作,翻译必须受到原文的制约;第二,要尊重原作,不能误译,更不能妄译;第三,要合乎行业规范,满足用户需求;第四,要接受而且能经得起同行和社会的评价。相较于翻译知识和技能的传授,"合规中道"方面的教育和引导,更加切要。从事翻译,要有译德。

张艳丰:AI(人工智能)技术和MT(机器翻译)技术蓬勃发展,您如何看待它们对翻译课程设置和翻译教学的影响?

张思洁:首先,技术发展是时代的必然。我们乐见人工智能、机器翻译等技术已经取得了长足进步;这是时代惠予我们这代人的福祉。市场上已经有Trados(塔多思)、Déjà Vu(迪佳悟)、传神等翻译软件,还有各类大型语料库和数据库,给笔译工作带来不少便利。这些软件在保证术语规范、术语一致,相似语义结构的记忆,文本统稿,以及翻译研究等方面,多有助益。口译方面,科大讯飞的翻译机反响不错。此外,神经网络、深度学习等技术也应用于语言教学与翻译教学。

我们应该积极地接受新鲜事物,正视技术进步给翻译教学带来的便利与影响。在课程设置中,建议有条件的单位开设"机器翻译技术与利用""语料库与翻译""大数据挖掘与翻译""神经网络、深度学习与翻译""深度学习与机器翻译"等课程。这些课程可作为一个新的专业(学科)方向教育模块,引导有兴趣的学生从事这一方向的研究与探索。其中的一些课程,如机器翻译技术与利用,还可以安排在专业基础教育模块内,让研习翻译的学生熟悉并掌握一些通用的翻译软件。

当然,我们也不必担心机器会替代人。机器是人类的精神创造物,不可能代替人类的精神本身。我们所要做的,是在那些人工智能和机器翻译无法触及的领域,如文学翻译等精神科学领域,精研细究,用力尤勤,别出机杼。

张艳丰:最后,您能否对翻译学习者提出一些箴言?

张思洁:谈不上箴言,只能说是建议和愿望。不妨建议同学们尽可能做到"通释古今,融贯中西"。力不能及,心向往之。翻译是彼此理解,是悉心诠释,是今古对话,也是中外交流。希望同学们朝着这个方向努力,也用来勉励自己。

张艳丰:非常感谢张老师。谢谢您今天跟我们分享了这么多的话题,我感到非常有收获,非常受启发。

张思洁:都是一些个人的薄识浅见,难登大雅之堂。诚请批评斧正!

多种角度谈翻译

——赵文静教授访谈录

张艳波　赵文静

受访者简介:赵文静,教授,师从国际著名翻译理论家莫娜·贝克(Mona Baker)教授,是首位获得英国翻译学博士的大陆学者;中国比较文学学会、翻译研究学会理事;河南师范大学学术委员会委员,英语语言文学省重点学科带头人。被澳门大学聘为客座教授;被河南理工大学、河南科技大学、华北水利水电大学等高校聘为兼职教授。研究论文散见于*Perspectives*、*Occasional Paper*以及《外语教学与研究》《外语教学》《中国翻译》《上海翻译》等国际、国内核心期刊和论文集。代表性专著《翻译的

文化操控》(复旦大学出版社,2006)被国际翻译界最权威的《劳特里奇翻译学百科全书》第 2 版、第 3 版引用并收录为参考书目,并获 2006 年河南省社会科学优秀成果奖。先后主持过国家社科基金和省社科基金项目。2011 年翻译出版了莫娜·贝克的翻译学理论专著《翻译与冲突:叙事性阐释》(北京大学出版社,2011),该译著于 2018 年获首届英华学术翻译奖。

访谈者简介:张艳波,郑州升达经贸管理学院外国语学院副教授,2019—2020 年上海外国语大学访问学者,研究方向为英语教学与翻译。

本次访谈时间为 2019 年 8 月 10 日 15:00 至 17:10,地点在赵老师办公室,主要围绕赵老师的翻译实践、翻译研究和翻译教学展开。现将访谈内容整理如下。

张艳波:赵老师,谢谢您抽出时间接受采访!今天主要想请您从翻译研究、翻译实践和翻译教学这三个方面谈谈翻译。

赵文静:嗯,好,谢谢你们给我这个机会一起聊聊翻译。

一、冲突情形下的翻译叙事及翻译中的改写

张艳波:您翻译的莫娜·贝克(Mona Baker)的 *Translation and Conflict:A Narrative Account*[①](《翻译与冲突:叙事性阐释》)于 2018 年获得了首届英华学术翻译奖。祝贺您!咱们就从这本译著开始好吗?

赵文静:好。这部翻译学专著的中文版能够得到业界的高度认可,我感到很欣慰。获奖之前,这本译作在国内就已经受到比较广泛的关注。翻译理论家谢天振和潘文国两位教授分别为这本译作写序,后来穆雷与王祥兵两位翻译学教授于 2013 年在《中国翻译》第一期上联合发表文章《学术著作翻译的理想模式——以赵文静中译本〈翻译与冲突〉为例》,他

---

① Baker,Mona. *Translation and Conflict:A Narrative Account*. London and New York:Routledge,2006.

们都对这本书的翻译质量给予高度评价。贝克是语言学出身的翻译理论家,对翻译研究有高度的学术敏感性。这本书是**首次将翻译叙事与战争**[①]紧密联系在一起的研究。它的出版引起国际翻译界对战争和冲突环境下翻译叙事的高度关注,引发了一系列关于翻译在战争中所起作用的项目研究。另外,这本书的分析模式、结构安排、论证角度以及所采用的理论框架、选择的切入点又充分显示出它的跨学科性:不仅涵盖翻译学,还牵涉到叙事学、国际政治、社会学、话语分析和语言学相关学科。这一切都加大了翻译的难度,对译者自身的背景知识提出了更高的要求。正是由于这一点,翻译这本书不是我主动请缨,而是北京大学出版社和申丹教授写信邀我做这个事。我见证了整个成书过程,深知它的学术价值,就接受了这个挑战。翻译过程中我特别谨慎,尽量将贝克所要表达的思想及其语言的妙处展现出来。我和当时带的三位研究生为此的确花费了不少精力。还好,这本书得到了业界的普遍认可。

张艳波:说到谨慎,我能理解,受托翻译自己导师的这样一部学术著作,一定非常谨慎。那么,在翻译过程中,想必您是亦步亦趋,紧跟原文不敢有半点改动吧?

赵文静:问得好! 说来你可能不信,情况还真不是这样。作为译者,我的初心正是像你说的那样,想尽量准确地再现原文的一切。贝克是驾驭语言的高手,她的语言风格清新晓畅,措辞讲究恰到好处,学术英语严谨地道。书中引用的实例生动、渠道丰富:除了书本引用,还有选自荧屏的字幕翻译、美伊战争中散发的传单翻译、法庭实况翻译、直接选自互联网上的新闻翻译。这本书的引文很多,涵盖了至少 14 种语言。所以,原文的写作风格迥异,在语言方面比一般的学术专著更难一些。为了将语言的形式、风格和意义都尽量"完好无损"地译出来,还真是下了大功夫。

然而,译者毕竟不是单纯的语码转换机器,有自己的思想和价值观。遇到原文中有些内容在认识方面与自己的思想尤其是与目的语社会的主

---

① 粗体为赵文静教授所加。

流意识形态有冲突时,还真得改写。比如,贝克在第六章第五小节讨论"副文本的再定位"时举例说明,其中,举的例子中提到,某香港短篇小说(英译版)的主编,在前言中用颇为偏激的语言描述回归后的香港。出版社编辑与我商量,建议把整个小节删除。然而,如果全部删除就无法展示它所论证的那个学术观点。经过协商,我把这些内容做了改写,使整个小节得以保留。当然,书中有些言辞按照出版社的要求也是不妥的,由于它不影响原作者的论证内容,就直接删掉了。

张艳波:这些改动与原作者沟通商量过吗?贝克本人是什么态度?

赵文静:还真没有专门提过,因为这里面有委托者和审查制度的约束以及译者的无奈。我的博士论文是在贝克教授的指导下做的,理论基础就是安德烈·勒菲弗尔(Andre Lefevere)的改写理论①,是国内首次将"Rewriting"(改写)的多种形式纳入翻译研究。作为翻译界学者,想必贝克教授能够理解。不过,你这个提问本身就具有一定的代表性:这样改经过作者同意了吗?不少人都会像你这样质疑,译者有权不经同意改写原作吗?对于改写,不同的原作者也的确有不同的反应。比如,2006 年我看到《中华读书报》上报道一件事:华裔作者谭恩美(Amy Tan)的 *Saving Fish from Drowning*(《沉没之鱼》)当年由出版社聘请蔡骏"译写"后出版。蔡骏是国内悬疑小说创作高手,自然了解大陆读者的阅读习惯与爱好,因此,对原作做了大幅度改写。当时在网络上引发了很大争议。后来谭恩美本人来大陆时,记者专门就这件事采访她,告诉她《沉没之鱼》是先找人匿名翻译,然后又由蔡骏在译文的基础上,大刀阔斧、甚至打乱章节顺序改写的。然而谭恩美表示她不懂中文,无法挑选译者,只关心译出来的这本书是否受欢迎。很显然,这位作者并不介意改写自己的原作,她所关心的只是译作最终的传播效果。可以说,谭恩美的反应代表了相当一部分原作者对翻译的态度。事实证明,这本译作是谭恩美中文版小说中最受

---

① Lefevere,Andre. *Translation,Rewriting and the Manipulation of Literary Fame*. London and New York:Routledge,1992.

欢迎的。其实,在国外获各类奖项的中文小说在译成英文时也多有改写。我们都知道,葛浩文(Howard Goldblatt)把莫言、毕飞宇、姜戎等很多中国作家介绍到了英语世界。葛浩文多次在接受采访时强调,在选材和翻译过程中他首先考虑的是**读者和出版商的需求**。在翻译姜戎的《狼图腾》时,最初他一看故事那么长,马上就说肯定要删减,不然太厚,出版社不会出,即使出了读者也不想看!这一点与谭恩美相同,他也是更多地考虑接受效果。他在翻译莫言的小说时也做了大量改写,《天堂蒜薹之歌》这本书甚至连结尾情节都改了。姜戎和莫言对译者的改动并没有表示不赞同。然而,并非所有作者都持这个态度,1946 年伊万·金(Evan King)——当时的驻华美国外交官——翻译的 *Rickshaw Boy*(《骆驼祥子》)将悲剧结尾改成了喜剧式结尾,原作者老舍就极为不满,甚至还为此诉诸法庭。捷克作家米兰·昆德拉(Milan Kundera)也反对译者对自己的作品做改动。但不论原作者是否赞同,改写一直都存在,而且哪种文化里都有,因为人们在用另一种语言转换时,需要充分考虑目的语的主流意识形态、新受众的背景知识、委托人的要求以及译者的动机等。也就是说,像其他叙事一样,翻译叙事也不是像人们想象的那么客观中立。①

张艳波:哦,但是对改写,或者说对勒菲弗尔的改写理论,不时有些质疑和批评:翻译就应该忠于原作,怎么能改写呢?他们担心这会误导译者胡译、乱译。对此,您怎么看?

赵文静:我看过这样的文章。对于学术理论提出质疑、有挑战精神,值得提倡。但批评需要真正看懂了,才能批到点子上。而这些质疑,只能说,他们对所批评的对象还没读懂,只是望文生义,没有批到该理论真正的弱点上。在他们看来,所有的翻译理论都是在指导译者如何做,都要以能否指导翻译实践来评判它的正确性和实用性。其实翻译理论,有规定性的(prescriptive),也有描述性的(descriptive)。规定性理论提出翻译应

---

① 张艳波,赵文静. 翻译叙事不仅描述现实也在建构现实:赵文静教授谈改写及其多种翻译形式. 华北水利水电大学学报(社会科学版),2021(6):109-114.

该遵循的规则或符合的标准,译者应该怎么做。然而,像改写理论这样的描述性翻译研究恰恰是从社会学和哲学层面对译作进行研究。它不以原文为重心,而是以翻译的结果为研究对象;它并不制定翻译规范,而是从实例出发,对翻译现象做客观描写和个案分析;它通过对翻译产品、翻译过程以及传播效果的研究,再现译者在翻译中的种种决策和选择,进而探索某个时期某一文化系统中制约翻译的因素。简单地说,改写理论是将翻译视为一种文化现象,并将它置于目的语社会的政治、经济、文化等大环境中去考察翻译与社会的互动关系。它的目的不是为翻译制定规范,做价值判断,而是客观地描述实际发生的翻译现象,描述、分析翻译活动有哪些呈现方式,阐释译作改动的缘由和作用。前面提过,很多深受读者喜爱的译作都对原文做过不少改动。按照规定性翻译理论,这些改动显然不符合翻译规则。但是,几乎所有能**被称作"改写"**的都有其原因,是译者有意而为,而且有些还是不得已而为之。译者在关注原作/者的同时充分考虑翻译所服务的另一端:功能和传播效果;同时,译者也受到译入语政治和文化的制约。这与胡译、乱译完全扯不上。那些质疑者显然是在用规定性理论规范描述性理论。

张艳波:这说明人们对这个理论还不太了解。

赵文静:嗯,对。其实,翻译中的改写从人类有翻译活动就开始了。无论是佛经翻译、明末清初的宗教、科技翻译还是清末民初的文学翻译,都伴随着改写。比如,为了使中国人接受他们的思想,传教士的译文中加入了不少迎合中国孝道文化的元素,删除了其中不适合中国文化的内容;林纾、严复的翻译也通过增加注解和评论为读者的解读做导向。凡事都有动机和背景,翻译也不例外。目的语社会的政治、思想甚至经济背景都会对如何理解和传播原文造成影响和制约。做翻译实践时,无论口译还是笔译,我相信,译者的初心都是想**忠实地再现原话或原作信息**。但翻译也是在叙事,起着**建构**现实而不仅仅是**描述**现实的作用。正如贝克所说,"学问认识从来就不是客观的,毫无视角的,……所有的景象都是有观察角度的,**完全独立和客观的叙事几乎不存在**"①,译者也处在一个极其复杂的语境中。因此,在实际翻译过程中,你会发现,有诸多因素,比如诗学、思想意识、出版商或委托人的要求等制约着译者,使你不得不改写。不仅笔译,口译也不是客观中立的,比如,在国外做法庭翻译,会碰到一些中国人为了申请所谓的政治避难而说谎……很显然,这些人满口谎言。作为译员,在翻译过程中就会有所取舍,因为你有自己的立场和价值观,内心深处就不希望这些人申请成功。虽然,作为译员,你的初心是准确无误地转达原话的内容,但在实际情况下,作为一个有血有肉、有情感的人,你的思想观念会不自觉地反映到翻译叙事中,因此,你会恰到好处地插话、评论,以便帮助法官做出正确的判断。

张艳波:嗯嗯。您的博士论文就是依据勒菲弗尔的改写理论研究新文化运动中的改写式翻译。您那本《翻译的文化操控》也是国内较早出版的从社会学角度研究各类改写式翻译的著作,可以说,您对改写理论做过比较深入的研究。对我们而言,还需要更深入的理解。

赵文静:主要是仍有些误读。其实,对改写理论的质疑,主要还是受制于几百年来将原文作为中心的误导,似乎任何改动都应该加以抵制。虽然大家都认可,翻译是一仆二主(其实也不止二主,还有出版商、委托人等),也就是原作者和受众,但一直以来过多关注的还是原作这个主,而极大地忽略了受众这端。如果从读者和效果这个层面上看,很多改写就都可以理解和接受了。比如上面提到伊万·金的翻译,他对刚刚经历了二战的美国民众的心理非常了解,所以就将《骆驼祥子》改成喜剧的结尾。但如果只顾与原文对应,机械地忠实于原文,像老舍自译的那样,翻译有可能没人看,根本达不到传播的目的。② 总而言之,改写更多考虑的是接受端和效果,是为适应新语境、新受众等需要而做出的必要改动。我们举

---

① 贝克.翻译与冲突:叙事性阐释.赵文静,主译.北京:北京大学出版社,2011:28.

② 赵文静,孙静.从翻译规范视角解析《骆驼祥子》伊万·金译本中的语际改写.河南师范大学学报(哲学社会科学版),2012(1):228-230.

个例子:近些年为了促进学术交流,国内多家出版社买了版权影印原版学术著作,版权页上都有这么一句话:"Licensed for sale in the People's Republic of China only, excluding Hong Kong SAR, Macao SAR and Taiwan, and may not be bought for export therefrom."下面配的译文无一例外都是:"只限中华人民共和国境内销售,不包括香港、澳门特别行政区及台湾地区。不得出口。"这个译文与原文倒是完全对应,但从政治层面来看,显然是不妥的。

然而,勒菲弗尔早逝未能继续完善改写理论,加上他本人不大擅长下定义①,这个理论的确有待继续完善。但需要完善的并不是上面所质疑的问题。勒菲弗尔的改写在"译介"方面极大地拓宽了"介"的范围。改写理论明显受到米歇尔·福柯(Michel Fucault)的影响,把翻译完全看成政治和社会行为,看作是权力斗争的工具;关注翻译中的仿作、评论与介绍等形式产生的社会效应的同时,忽略了翻译自身的语言学和美学接受方面的研究。也就是说,受福柯的影响,改写理论过多强调翻译的政治、社会属性,从过去翻译只强调语言这个极端,走到完全不看语言而只强调文化的另一个极端,矫枉过正,有时甚至模糊了译与介的界限。同样是关注翻译的社会性,语言学出身的翻译理论家贝克就注意到兼顾两者的平衡。

另外,我们还应看到,改写理论的贡献**还在于它"将多种文本实践形式归入'翻译'名下并将它们放在更宏观、更复杂的研究背景中,这大大拓宽了翻译研究的范围"**②。换句话说,除了狭义的翻译,**"改写"将更多的形式纳入了翻译研究**,如文学评论、仿作、外国文学史、外国文学选读、百科全书以及外国作家小传等。事实上,很多情况下,了解外国作家及其作品恰恰是通过上面提到的这些改写形式,而不是原创。外国作家与作品的形象也是通过大量的改写形式建立的。文学史与选读就存在选谁不选

---

① Gentzler, Edwin. *Contemporary Translation Theories*. London and New York: Routledge, 2001: 9.

② Baker, Mona. Foreword. In Zhao, Wenjing. *Cutural Manipulation of Translation Activities: Hu Shi's Rewritings and the Construction of a New Culture*. Shanghai: Fudan University Press, 2006: VI-VII.

谁、哪些作品入选哪些不选的问题。这些都会对翻译文学史产生不同的
效果。

张艳波:那么,经过改写的文学作品接受情况如何? 受欢迎吗?

赵文静:改写过的译本多数接受效果很不错。要知道,真正的改写都
不是译者语言水平低没能准确理解原作,而正是考虑到接受效果有意改
动的。前面提过,当年伊万·金改写翻译的 *Rickshaw Boy*(《骆驼祥子》)
一经出版,连续几周高居美国畅销书排行榜。反而是老舍本人与另一位
美国人一起重新翻译的版本(当然是"忠实于原文"的)接受效果并不如人
所愿。谭恩美的小说经蔡骏写译后销量很好。莫言的小说进入英语世界
之前在情节上也经过很多改写,有的甚至结尾都改了,但接受效果大家都
知道了。动画片《花木兰》也是个很好的旁证,它是经过改写改编的,但在
国外很受欢迎。正如勒菲弗尔所说,非专业人士大多不看 written forms
(原作),他们更倾向于看 rewritten forms(改写形式)①。这一点对目前提
倡的"讲好中国故事,中国文化走出去"的国策有**诸多启迪**。对外译介中
国文化的形式可以更多样化,而不只是狭义的翻译,可以考虑采用**改写理
论所包含的形式**对外介绍文学作品、文学史、作家及其作品的评论、中国
文化等。另外,随着人们生活节奏的加快、传播方式与渠道的多样化,可
以节译、摘译后做成链接,做成 twitter(推特),或者改编成 TV series(电
视剧),以便取得更好的效果。

张艳波:哦,原来翻译中竟可以有多种形式的改写,那是不是可以说,
我们今后就不必跟学生过多地强调忠实于原文了?

赵文静:问得好! 这一点需要特别澄清。不是这样的! 给学生讲翻
译实践时,必须强调忠实于原作,因为这时候我们是在培训译者做翻译实
践,也就是说,我们主要是运用规定性翻译理论训练学生如何能够尽可能

① Lefevere,Andre. *Translation*,*Rewriting and the Manipulation of Literary
Fame*. London and New York:Routledge,1992:12.

准确地把原文内涵展现出来,而不是在做描述性翻译研究,对吧?

二、口笔译中的趣事

张艳波:您有多年的口笔译实践经历,有没有一些有趣的事儿与我们分享?

赵文静:我有出版记录的翻译实践开始于 1989 年。我参与翻译的《毛泽东和他的分歧者》刚好赶上毛泽东研究热,销量很好。后来又翻译出版了北大哲学系叶郎教授的美学著作。我还为外教做过一年口译。我在口笔译实践中还真经历了不少趣事儿。仔细想来对跨文化交际不无借鉴和启迪之处。我对影片《叶问》和《翻译风波》中的故事似曾相识。那是改革开放初期,高校刚开始聘请外教,学校还没有外事办这样的机构。所以,每年会选派青年教师给外教做口译。1983 至 1984 学年我被选派做口译。一次,我陪三个外教出差,中午在一家富丽堂皇的大饭店用餐。其中一位美国老太太点了"鱼香肉丝"。等菜端上来后,她很不高兴,指着菜单上的翻译"Delicious Fish with Sliced Pork"质问:"这个菜里边怎么没有鱼?"服务员过来跟她解释说这里面本身就没有鱼。但怎么解释都不行,她坚持说她要的是鱼。其实,多数饭店根本不重视翻译,菜单的英文翻译一般只是做个样子,望文生义的翻译比较常见,因此就引发了上面的问题。此外,还有很搞笑的翻译。

2009 年 4 月,我和一位美国学者去少林寺附近一家饭店用餐,进去之后照例先看菜单。这位美国学者是做翻译研究的,他一看菜单就发现问题了,指着其中一个问:"这个是什么?"我一看就笑了:中文是"糊涂面",被译成了"stupid face"(傻脸)。我跟他解释,这是一词多义引起的。"糊涂"可以作名词,意为"玉米面熬成的粥";还可以作形容词,指"脑子不清楚";用在郑板桥的"难得糊涂"里面,就成了"大智若愚"的意思。"面"这里是指面条,但却被译成了它的另一个意思"face"。他立刻拍照并诙谐地说:"我今天就点这个 stupid face。"这类趣事特别多,每次想起来都忍不住大笑。

三、翻译专业教学

张艳波:您多年从事本科和研究生翻译教学,在您看来,本科翻译专业的教学应该侧重什么? 学生应该注意什么?

赵文静: 这个问题我感觉几句话还说不好,似乎牵涉到培养方案的制定。国务院学位委员会已将外国语言文学一级学科下设的**十三个二级学科调整为五个学科方向**,翻译学就是其中之一,目前这个方面的具体要求还不是十分明确。咱们谈点实际的吧。本科翻译专业的教学,总的来讲就是夯实双语和双文化的基本功,训练学生双语之间转换的基本技能,也就是准确理解原文和地道表达译文的能力。说来容易做起难。高中阶段由于高考的压力,学生自由阅读的空间很小,双语底子普遍薄弱。翻译专业又必须有海量的阅读,所以应该帮助新生制定阅读计划,从易到难,还要具体到每周基本读什么。不仅仅是英语文学名著,还有政论文、历史、科技以及学术科普类,都要读。大量的阅读就是打基础,既增强语感又普及背景知识。当然,这个阅读计划需要落到实处,阅读之后要有反馈,需要督促检查。另外,英语语法通常都有相关课程,但汉语语法,或者对外汉语语法课却很少开设,其实咱们的学生在这方面很薄弱。还需要给学生开设双语写作课的讲座。难以想象,写不出逻辑层次清晰文章的人能够译得好。学生还需要搞清楚两种语言之间有什么差异。在转换时哪些词需要译出来,哪些不需要,因为有些词放在那儿只是语法的需要而不是意义的需要,这种情况下就不需要译出来。例如,英语的名词很少是"零修饰",前面一般需要有形容词、不定代词、代词所有格、定冠词和不定冠词等修饰语;而汉语名词"零修饰"的情况则很常见。举个简单的例子,英文句子"He put his hand into his pocket."译成中文时,只需要说"他把手伸进口袋",两个所有格都不需要译。同样,很多不定冠词也经常会误译为数量词。

学会如何使用词典也很重要。我总是告诫学生:做翻译时如果你不懂怎么用词典,它就会把你带到沟里。要知道词典的**编撰者永远都不可**

能穷尽每个词所能用的所有语境,换句话说,词典给你提供的只是词最基本的意思。这就是为什么很多时候译者会感觉词典帮不上忙,或者是用了词典上提供的意思反而出错了。所以,学生只有根据词的基本意思,再结合具体的语境才能想出合适的译文。例如,高考中"上线的人"如何翻译,很多学生译错正是因为他们紧扣字面意思,无论如何也想不出 those valid applicants 这种译法。

张艳波:刚才您提到翻译专业学生需要扎实的双语和双文化基本功,新生一入校就开始有计划的阅读。我感觉这个挺好。您能再具体说一下实际怎么操作吗?

赵文静:我在为新生做专业导论讲座时总是给他们列出一部分阅读和实践用的资料,除了文学名作名篇、简易版英文读物,还有一些语言学类的书籍。比如,由 H. G. 威多森(H. G. Widdowson)主编、外语教学与研究出版社影印出版的那套"**剑桥语言及语言学入门丛书**"(上海外语教育出版社出版了"**牛津语言学入门丛书**"),莫娜·贝克的 *In Other Words：A Coursebook on Translation*(《换言之:翻译教程》)(已经出第三版了),牛津大学出版社的 *Open to Language：A New College Rhetoric*(《大学英语修辞学》)等。这些书籍虽是专家所著,但因为预期读者是初学者,所以语言浅显易懂,篇幅也不太长,适合本科生。另外韩礼德(Michael Halliday)的 *Cohesion in English*(《英语的衔接》)也在推荐的书目内。我想让学生在课外阅读的同时了解语言学。好的译者需要双语、双文化。双语就涉及语言学知识,而双文化就需要了解作品所涉及的著名人物、事件、意识形态、价值观等。因此,他们需要做的事儿很多。这不是急功近利的事儿,需要沉下心来,广泛阅读。

仅仅读还不够。我还要求学生每读一篇材料,顺手写几句,不仅看作者写了什么(What),还要看这些内容是如何写出来的(How)。写作过程中他就需要关注文字表述的**逻辑**层次、句子以及语篇之间的**衔接与连贯**。正因如此,每次修改翻译专业的培养方案,我都极力推荐开设中英文写作课程或专题讲座,因为写作基本功是翻译最基本的保障,如果不能很清晰、有条理地表达,就很难说,你能做好翻译。

张艳波:读写不分家,对翻译而言,都很重要。据我了解,本科生翻译课一般是高年级阶段才开设,但如果在低年级阶段没有任何准备,开课的效果肯定会受影响。基于您的经验和每届学生的反馈,您对低年级学生的预备学习有什么建议吗?

赵文静:是的,目前本科翻译专业学生一般是到三年级才开始有翻译实践课。但一、二年级时,他们就应该注意打牢基本功,扩大词汇量,提高中英文写作能力。实现这个目标的最佳途径还是海量阅读。我们前面说过,为了给学生一个正确的导向,老师最好开个书单,让学生阅读各类文学名著,尤其是如果将来做汉英翻译,学生最好多读一些英文原著,这样不仅能增加词汇量,还有助于培养语感,从而使翻译更生动形象,表述更顺畅地道,避免像把"Home Office(内务部)"译成"家庭办公室"的笑话。翻译硕士专业学位(MTI)考试有一门百科知识,其实也是为了督促有志于翻译的学生广泛阅读,通过阅读获取广博的知识,减少或避免翻译中闹笑话。

要学好翻译,低年级学生不仅要学好英语语法,同时,也要高度重视并学好(对外)汉语语法。虽说汉语是学生的母语,但由于这是自然习得的,很多同学对汉语语法知之甚少,完全是用英语语法来套汉语。举个比较简单的例子,我问学生:"'今天星期二'这个句子有谓语吗?"全班异口同声且很肯定地回答:"没有!'今天是星期二'才有谓语。"他们之所以这样回答是因为他们不知道汉语中名词、形容词等都可以单独做谓语。显然,这个问题还牵涉到英汉两种语言的差异。如果对两者之间的差异缺乏了解,在翻译过程中,就难免会出现一些问题,比如语言表达不地道,出现翻译腔。针对这个问题,我通常会推荐学生提前研读刘宓庆先生的《新编汉英对比与翻译》,了解两种语言的差异,为将来的翻译课做好铺垫。

张艳波:能简要地谈谈您翻译课的具体情况吗?比如怎么批改和评讲作业等?

赵文静：翻译教学要以大量操练为基础，以批改和讲评为依托呈现和解释翻译思路。无论是本科生还是研究生，都要以大量实际操练为主。有了操练而缺乏到位的讲评，翻译能力提高还是空话。我每次课都给学生布置作业，一个学期安排他们做不同题材和专题的翻译。批改和讲评作业是翻译课极其重要的环节。我都用 Word 的修订功能来辅助批改作业，也就是在修订状态下批改，这样学生就会对批改中删除与增加的内容一目了然，理清老师批改的思路。对每次作业，我对学生的要求是：自己先做，然后 5 至 6 人一个小组进行讨论，形成一个以小组为单位的最终版提交给我。也就是说，我批改的是他们经过讨论的版本。这个讨论过程如果认真对待会很有收获，常见的语法错误可以得到更正，这样，批改作业时遇到的问题就有一定的难度和深度。仔细批改后我会选几篇有代表性的到课堂上讲评。仔细批改对教师的双语基本功也是一种挑战，教师可以从中学习，有更深刻的体会。很多时候，改动的虽然只是一两个词，但效果却差别很大，的确是小改大变化。同样的原文，但改出的译文版本却都不一样，因为都是在学生翻译的基础上顺势而改。有时两种说法都对，但在具体的上下文中，只有一个最合适。语法错误一般就给学生标出来，课上不讲解，除非很有代表性的错误。讲评的内容主要是译文语法没毛病，但在具体语境中要么不太地道，要么没能表现出原文的语气、衔接、暗含的意思等。比如，"It's the moment that made me realize…"和"It's at this moment that I realized…"似乎都可以，但当时的语境主要是凸显第一人称"我"的主动意识，因此后一个更好。老师不仅自己要具备这种能力，还要帮助学生领悟到这一点，这很关键。所以课堂上我会让学生讨论错译的性质或出错的原因以及更好的译法，然后再进行反馈和总结。如果是研究生，我还会让学生进一步总结翻译实践中所反映或隐含的理论知识。老师引导学生将所犯的错误进行归纳并且上升到理论层面，这样学生主动获取知识度比较高，收获比较大，才能够举一反三，避免再犯类似错误。我已经连续多年坚持这种批改和讲评模式，效果很好。

在评讲作业时，还有一点我比较重视，并反复跟学生强调。阅读的过程都是阅读者不断加入自身的背景知识帮助理解所读内容的过程。作者创作时潜意识里装的是预期读者的所知所想。比如,英美人的作品中涉及希腊罗马神话、圣经故事内的习语时,都不做任何铺垫,因为作者想当然地认为这些对于预期读者(英语读者)是不言而喻的,但译成中文时多数读者(中文读者)不一定知道,这就需要做特殊处理,比如文内添加内容或加注。我总是提醒学生,心中要同时装着原文读者和译文读者(我把他们称作读者1和读者2)。作者创作时心中只有读者1,但在翻译时变成了读者2,译者需要清楚读者2在已知信息方面与读者1有哪些差异,这样就知道什么地方应该添加或标注出背景信息,什么地方应该删除原作中的冗余信息。目前在使中国文化走出去的国策下,对外翻译量增大,尤其应该特别注意这些。例如,"这是《诗经·卫风》诞生的地方"这句话,95%的学生译成"This is where *Shijing weifeng* was created.",对于读者2(英语读者),这显然没有多少信息,需要在书名前加上"the ancient poetry"(古诗)来补足背景知识。中国学者的英文学术论文被译成中文时,原文中有些针对英文读者的解释性内容就会成为冗余信息,可以不译。此外,从语用学角度来看,语境变了,原文语篇中所关联的事物在另一语言中与新读者的关联度有时会减弱或增强。这样一来,译者的另一个任务就是**确定原文信息对新读者的关联度有没有变化**,如何处理。这也是学生容易出错的地方。比如,几乎每个高校都有英语版的简介,在译成英文时,多数都是将中文版内容忠实地翻译过来,但其实这里面有很多内容对英语国家的读者来说关联性并不大,这时就需要译者依据其关联度决定取舍。有些简介对学校所在地有比较详细的描述,但这些内容对于那些对学校周边地理情况不那么熟悉的新读者来说关联度就不那么大,所以,翻译时就可以适当简化,只将地理位置特征点出即可。此外,为了显示师资力量强,不少学校会罗列出比较有名的学者,但这些名字对读者2的关联度较弱,没必要一一译出。可以用文字描述来说明本校师资力量雄厚,或者是改译为对方知晓的学者,如某某省的爱迪生、巴甫洛夫,这样才会达到预期效果。同样,翻译论文摘要也不需要逐字逐句对应着翻译。

张艳波:嗯,这倒是值得注意。另外,作业批改和讲评会给教师提供不少讲解理论的机会,使学生能够举一反三,触类旁通,关键是能否充分利用,对吗?

赵文静:是的,教师讲解理论很多时候是借着作业中出现的问题临场发挥的。例如,翻译某大学的中文简介,副标题是"八十年辉煌历程"。所有同学都照直翻译。在国人看来,这个办学历史或许够悠久,然而,对于英美国家的读者来说,八十年不能算是值得炫耀的历史,所以,英文版中这个"八十年"是否还作副标题就有考虑的余地。我建议学生将副标题译为"A Brief Introduction to…"。也就是说,那个"八十年历史"的信息就没有在副标题中体现出来。我借这个机会跟学生讲,像这样在一处没有译出的内容,需要在更合适的地方补译出来,这种方法称为"compensation"(补偿)。针对这个例子,我建议学生在第一段结尾处补出信息:"[The university] witnessed a splendid history of eighty years."遇到这样的情况,如果是给研究生上课,我就会提醒他们多加关注,可以继续研究。

张艳波:关于翻译课是否应该全英授课的问题一直备受争议。您怎么看待这个问题?

赵文静:翻译课,像语法课一样,描述和解释性很强,需要学生从中"悟到"很多东西。所以,我一向不主张全英授课,除了讲术语时,其他时候我更倾向于用英汉双语或汉语讲解。老师给学生解析原文,然后告诉学生如何翻译,为什么这样译而不那样译,为什么选这个词而不用其他词,这样译有什么好处等的时候,如果用英语讲,学生课上就会因为一直在转码,而不一定真正完全消化所听的内容(老师也不一定真的能讲清楚)。如果用学生的母语来讲就有效避免了这个问题,接受效果最好。这是我从自己的亲身经历得出的结论。那还是我给外教做翻译的时候,有段时间每周六晚上央视都要播一集《霍元甲》,两位美国人很喜欢,就让我给她们做同传。这个过程中,我脑子高度集中,把演员的话全部都译出来,并且基本上同步。借助我的翻译,外教对剧情了解特别清楚,非常高兴。后来,每周六都让我给她们翻译电视剧。但每次翻完之后,我都没记住故事情节,她俩就非常积极地再给我讲一遍。这个经历使我意识到,整个过程我虽然听懂并准确地翻译了,但由于我主要是在转码(code-switching),真正意义上的理解效果其实不好。这个与学生听全英讲课的情况很类似,效果应该也差不多。所以,讲翻译课或语法课时,我都不主张用全英讲就是这个道理。

四、翻译专业教学的前景展望

张艳波:随着互联网的普及,人工智能和机器翻译发展比较迅速,您认为翻译专业的学生应该如何来适应社会和技术的发展?

赵文静:随着人工智能、机器翻译的快速发展,以后有些翻译任务可能由人工转为机器翻译完成,并且是由团队集体完成而非像以前那样由个人翻译。如果我们对机辅翻译这块了解不多,就会被这个快速发展的时代所淘汰。所以,翻译专业除了开设传统的翻译课程,很有必要开设翻译软件的应用、机器翻译的基本原理和项目管理等相关课程。有翻译专业的院校有责任和义务帮助学生实现这个目标:第一,聘请行业人士如翻译公司的专业译员给学生讲授翻译软件应用、机器翻译或者做专题讲座;第二,派自有教师进修,学习翻译技术,从而可以承担这方面的教学任务;第三,充分利用学生喜欢网上探索和学习的特点,介绍一些有关翻译技术的网站供学生自主学习。总之,翻译专业的学生要积极勇敢地拥抱人工智能和机器翻译的浪潮,努力适应社会的发展。但是,我想强调的是,一定要让学生明白:机器翻译只能辅助人工翻译,却不能完全取代它,因为目前机器毕竟还没有思想和情感,理解字里行间暗含的意思时还是与人有一定差距。翻译专业的学生,什么时候都不能忘了翻译的根本,要不断加强双语和双文化的基本功,以便使自己立于不败之地。

张艳波:您的阐释澄清了不少问题,谢谢您!

赵文静:谢谢!

"译者行为"拓译界,"求真""务实"①领前沿

——周领顺教授访谈录②

徐铫伟　　周领顺

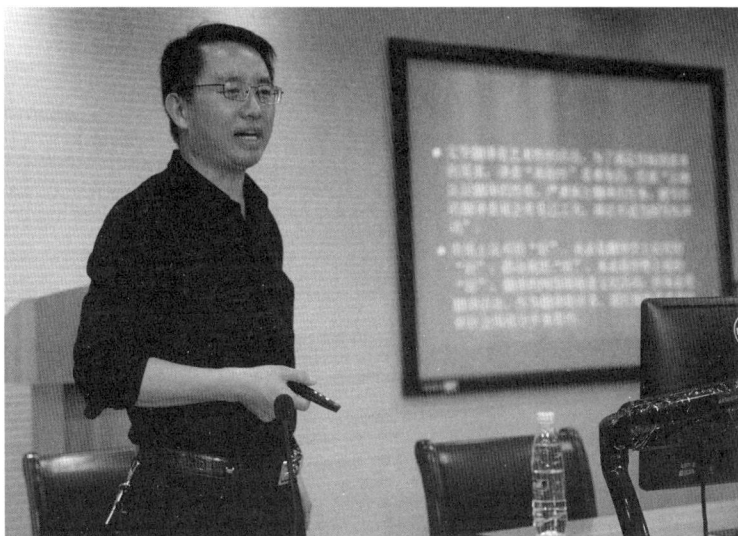

受访者简介:周领顺,博士、二级教授、博导和博士后合作导师,中国英汉语比较研究会常务理事、中国翻译协会翻译理论与翻译教学委员会委员、扬州大学学术委员会委员、扬州大学"杰出人才"和"领军人才";任广东外语外贸大学等高校客座教授和《上海翻译》《外语教学理论与实践》

---

① "求真"和"务实"是周领顺教授译者行为理论中的部分核心概念,借此命名,以表现周教授对于教学和研究的态度。

② 原载于《语言教育》2020 年第 3 期。

《外语学刊》《解放军外国语学院学报》《北京第二外国语学院学报》等学术期刊编委;主持并完成国家社科基金重点项目、国家社科基金后期资助项目、教育部人文社科基金项目和省社科基金项目等 10 余项;原创性构建"译者行为批评"理论;在重要学术期刊发表论文上百篇,出版专著、译著10 余部;获教育部"高等学校科学研究优秀成果奖"二等奖、三等奖,省人民政府"哲学社会科学优秀成果奖"一等奖(两次)、三等奖,省"优秀教学成果奖"一等奖、二等奖和扬州大学人文社会科学"突出贡献奖"等奖项。研究方向为译者行为研究。《中国社会科学报》对其作过人物专访。

访谈者简介:徐铫伟,上海外国语大学英语学院博士生,研究方向为语料库翻译学、翻译技术、数字人文。

本次访谈时间为 2019 年 11 月 28 日 20:00 至 21:20,在周领顺教授下榻的宾馆完成。访谈时长为 1 小时 20 分钟,主要围绕传道授业,教学、科研与实践的关系,翻译专业与面临的挑战这三大主题展开。

一、传道授业

徐铫伟:周老师,您能在百忙之中接受访谈让我们深感荣幸,也深受鼓舞。您著作等身,学术成就光彩照人。您不仅建构翻译理论,也坚持翻译实践,您开创的译者行为批评理论戛戛独造,自成一格;您多年来进行的翻译实践,思想深刻、译笔拔萃。您不仅研究语言学(外语和汉语),也研究翻译学;您不仅做翻译,也进行文学写作,真正融逻辑思维与形象思维于一身;您不仅研究做得好,教学做得也好,用您的理论术语说就是既"求真",也"务实"。今天,我有幸代表译界的广大读者请您谈谈您多年来的翻译研究、实践与心得。首先,请您用自己的语言给"翻译"下个定义。

周领顺:我无非比纯粹的"花拳绣腿"好一点,没有你说得这么好,你过奖了。

从宏观上讲,从翻译角度谈的翻译就是翻译,虽然不排除其中包含的非翻译成分。从微观上讲,"翻译"的定义有多个,但确保翻译是翻译的前提条件,一是语码(语言符号、方言)发生了转换,二是再现了原文的意义,至于是不是实现了原文甚至译文预定的效果,是更高层次的要求或者说是另外的问题。译文和原文该是如影随形的关系;译文和创作的分界线是译文改变或替换了原文的意义。在可见的译文背后是或显或隐的翻译活动,翻译活动是人类活动的一部分,所以是复杂的,既有主观因素的干扰,也有客观因素的不许,但活动的执行者是译者,所以基于译者行为的研究前景广阔。

徐铫伟:您以前是做汉语语言学研究的,后来转向了具体的翻译学研究领域,您怎么会转到翻译上来的呢?

周领顺:首先,语言学包括了应用语言学,应用语言学又包括了翻译学,宏观上讲还都是语言学自己家里的事,但微观上讲,各自的侧重是不同的。语言学是一门领先的学科,在传统上,语言学研究就很扎实,比如语法研究领域,严谨得很,它不靠经验,靠的是语言事实和规律,对翻译学的研究目前还不容易做到这一步,主要是由于过分重视交际意义的传译与囿于传统上的研究思路所致,与"经验"分不开,而经验就有主观的一面。翻译学上常见规定性的研究,但语法研究上几乎为无。研究方法不完善,会导致主观有余客观不足,科学性不够,结论难以令人信服。我的一个目标就是希望把语言学严谨的研究方法带进翻译研究之中,特别是翻译批评中,因为翻译批评最容易流于主观,在世界范围内都是这样。

目前我国的翻译批评比较超前,主要表现在探索的科学化过程上。翻译批评不能是说说而已,总不能总是以莎士比亚所说的"一千个观众眼中有一千个哈姆雷特"作为遁词,否则就不能称其为科学和科学的探索了。所以,我抓住译者这个"牛鼻子"而使之科学化,使之自成体系。

莎士比亚的话没错,但别忘了他是从观众角度出发的,也就是从审美消费者的角度出发的,观众看了一场戏可以哈哈大笑,哈哈大笑后可能说不出任何有说服力的理由,但对待科学却不能这样,科学的探索是一定要有科学的根据、科学的方法和科学的结论的。就像"鉴赏"这个词的内涵一样,会"鉴"的是专家层次,能"赏"的,是普通消费者的层次,前者要的是科学,后者只需要感受就可以了,而感受却充满了主观,主观就是缺乏科学精神的典型特征。主观和客观,就像语法学家所说的感觉上是不是发烧和体温计之间的关系一样。目前,翻译批评的最大桎梏仍然是操作性不强,操作性不强就说明理论不强,科学化的探索过程严格说来主要是对研究体系的构建而不是对翻译批评理论的构建。

徐铫伟:您不仅在科学研究上成果卓著,而且在教学上也成果斐然。您能否先谈谈您的翻译教学理念是什么?

周领顺:翻译教学要坚持两条线,一是"译",二是"评",或者说是两个点,两者融为一体。这是翻译的特殊性决定的。你不仅要会说(翻译道理),也要会做(翻译实践),因此对教师是有挑战的。学生听文学史课或文学欣赏课,并不期待教师会写小说,学生听写作课,也不一定期待教师一定要拿出自己的作文,但对于翻译课教师就不一样了,学生期待你不能只会把翻译落在口头上,要做到"是骡子是马牵出来遛遛"。翻译本身具有经验性的一面,我要求学生翻译的,我自己也要翻译出来,并且还要讲出来道理,比如我和露丝·葪(Lus Shih)合作的《散文自译与自评》(苏州大学出版社,2017)一书,全书都贯穿着"会说""会做",也就是"译"和"评"这样的道理。详细的讨论也可听听我最近在北京师范大学做的讲座,题目是"'实践出真知':翻译的不老传奇",网上有回放。

在考试卷上也要表现这两条线,题型分简答题、英译汉、汉译英和学术写作四个部分。第一部分简答题,学生除了写出翻译理论要点外,还需要用事实来证明。第二部分英译汉和第三部分汉译英题型,都是翻译实践加翻译报告,为什么要这样做呢?要说出道理,要能做到自圆其说,也不至于会让学生担心自己和老师的观点不同而被减分。对翻译硕士尤其要这样,不然怎么证明是"研究生"呢?要做到名副其实。写作时忌写流水账,要围绕几个自己认为可写点深度的要点而写。第四部分为学术写作,要求学生写一篇学术论文。准确地讲,是学术议论文,因为现场不具备查阅文献的条件。我出试卷,从来不愿意考死的知识点,死记硬背是看不出一个人的思路是否有条理和见解是否有深度的。死的知识点只是

"知识",知识不是力量,只有把以前的或者别人的知识转变为促发自己思考的能量时才是力量。或者说,知识就是燃料,毫无力量可言,只有转变为动能推动机器转动时才有了力量。我总是围绕"博"和"深"做文章。

徐铫伟:当前翻译教材存在编写体系封闭陈旧、重技轻能力培养、教材形态单一等问题。那您是如何选用翻译教材或材料的?

周领顺:翻译教材都用我自己写的,我的教材做到了本科生、硕士生和博士生所有课程全覆盖,而且从不"复制"别人的,从内容到风格,都做到了与众不同。在编写翻译教材时也同样体现"译"和"评"的理念,刘金龙在《西安外国语大学学报》评介我编著的《散文英译过程》(国防工业出版社,2012)一书时说,该书"吸收了当今翻译教学与研究成果的精髓,为翻译教学、翻译教材编写提供了一种新思路。该书以散文翻译教学与研究为切入点,采用了以翻译过程为取向的翻译教学模式,重在培养学生独立发现问题、解决问题的批判性思维能力,旨在培养学生形成正确的翻译理念。在书中,作者能化理论于无形之中,循循善诱,此法值得效仿,因此很值得加以评介"①。马明蓉在《翻译论坛》上是这样评价我主编的系列教材的:"一个可资借鉴的'赏—译—评—研'一体化的体验式翻译教学模式,突破了目前高校翻译教学的瓶颈";"集中体现了作者的翻译教学理论、翻译教材编写理念和翻译教学与研究相结合的科学理念:(1)翻译教学中要打破翻译实践和翻译理论'两张皮'的现象,主张以学生为中心的体验式翻译教学模式。(2)翻译教材是翻译教学的主要有形载体,应以学生为中心,切实培养翻译能力和翻译科研素养。(3)科研不是高不可攀的,我们要从身边的小事做起,慢慢积累,就会有所发现。"②

徐铫伟:那您在翻译课堂上是否会讲授翻译理论?该给学生们推荐

① 刘金龙.翻译教材编写新理念——周领顺编著《散文英译过程》评析.西安外国语大学学报,2013(1):125-128.
② 马明蓉."赏—译—评—研"体验式翻译教学模式的创新——以周领顺教授系列翻译教材为例.翻译论坛,2017(4):52-57.

什么样的阅读书目？

周领顺：翻译课堂上我以讲翻译道理为主,讲翻译深层的道理。注意,是讲道理,可不是讲理论,不能混为一谈。理论是要成系统的,而道理的前提是要摆事实,有了事实,特别是结合身边的、日常生活中的事实,把深刻的道理简单化,做到深入浅出,这样就容易被学生理解和接受。即使是理论,也不是高不可攀的,如果把理论讲得很"玄",有可能连教师自己也不很懂,只有懂了,才能讲透,这和讲哲学是一样的。道理是不会空洞的,不然会受到本科生的排斥。对学术型研究生,可多加些理论的成分。

对于研究生,我原本也像其他教授那样推荐,比如古代的看哪些,近代的看哪些,中国的看哪些,外国的看哪些。不过,实践证明,这样做,学生知识面虽然拓宽了,但不精通,在结合实际的研究中用不好。你只要不希望他们成为百科全书式的、知识型的读者,就不要那样做,要让他们成为"专家",就一定要精,能精读,能用好,所以我后来就"自负地"只推荐他们读我的书,以我的为中心,先把我这一家读透后再向外围辐射。我的书里不是也参考了别人的东西嘛。任何进步都是建立在前人的基础之上的,我不可能真是自负地认为能蒙蔽学生。做研究,就要读书,读书要会读,巧读,要把有限的精力用于能够形成"重拳出击"的拳头优势上。

徐铫伟：那您怎样给本科学生布置翻译作业,又是怎样考评硕士研究生的学习情况呢?

周领顺：关于翻译作业,我根据学生兴趣,让学生自主选择材料翻译,关键要翻,不管英译汉还是汉译英,一学期翻上个万把字。别管我有没有时间批阅,或者是不是真的批阅,对于学生来讲,只要他们动手了,就意味着进步了,我把这个想法在开学之初就明确告诉学生,反正学期末我是要收上来的,明摆着是吓唬,就是吓唬吓唬也好。另外,让学生每周交一份周记,像作文一样,汉语、英语不限,期末给我,作用相同。

你不要担心学生可能知道是吓唬,就不配合。学生就是考生,只要是考生,就总有各种"怕"的疑虑:万一老师不是吓唬呢? 就像你告诉硕士生、博士生论文答辩是"走过场",他们仍然会怕、会认真准备,这就是考生心理,且不管考生年龄是大是小。做翻译,文笔是基本功,它关系着翻译"理解—表达"中最重要的一环:表达。

如果是研究生的话,我也会以考试的方式来考评,但也会按常规让他们写学期论文,两种方式一并进行。只是考试放在期末进行,目的在于检验所学的东西和引发的思考,学期论文放在下学期交,学生可以自主选择上交的时间,这样既避开了学期末的忙碌,也让他们有更多的时间深化研究,不至于都放在学期末让他们穷应付而让忙不过来的理由挂在嘴边,那样就达不到提高甚至创新的目的了。两种形式合并只给一个分数,借吓唬而提高的意思还是有的。你就是说给个参考分或者印象分,也是会收到积极的效果。

二、教学、科研与实践的关系

徐铫伟:许钧教授在为您专著所写的序中称您"是我国翻译研究界最为活跃的中青学者之一""具有跨学科的学术背景""对翻译学有着独特的思考和新见"①,请您谈谈翻译理论、您的理论和国际接受的话题。

周领顺:许老师一向对后学鼓励有加,我明知是鼓励,有溢美之词,但还是能从许老师的话里得到真正的鼓励,受到真正的感动。比如,他以前在讲话中说我挖的是一座"金矿""富矿",这点连我自己都不清楚。他在不同的文章中都提到了我,比如他在《青年学者如何做好翻译研究——许钧教授访谈录》②中称我"学术面貌就非常清晰"。我明知我的学术面貌没那么清晰,离许老师要求的标准肯定差得很远,但见到这样的鼓励,我还是会进一步努力去"清晰"规划自己的学术路线的。

一个理论,要具有系统性、术语性和工具性等特点。这些话说起来会有很多,就稍微聊聊吧。罗新璋归纳的中国传统翻译理论系统是"案本—

---

① 周领顺.译者行为批评:路径探索.北京:商务印书馆,2014.

② 冯全功,许钧.青年学者如何做好翻译研究——许钧教授访谈录.中国外语,2018(4):104-111.

求信—神似—化境",但这是怎样的一个系统呢？这只是一个历史的脉络,不是一个理论应有的内部逻辑系统。最关键的是不能拿来使用,比如用于一篇译文的评析,尽管可以借用其中某个观点(比如"神似""化境")来鉴赏。我们有过"中国传统翻译理论""中国传统译论"等说法,本来"中国传统译论"是"中国传统翻译理论"的简略说法,而"中国传统翻译理论"是它的升华版。但实际这两种称呼却是争论的结果,它们经过了从"中国传统译论"到"中国传统翻译理论"再到"中国传统译论"的过程。有系统的叫"理论"(theory),没系统的叫"论"(viewpoint)。这是有共识的。但"论"也可以是"理论"的简略说法,也正是因为这样一个"骑墙"的特点,所以为各方所接受,沿用至今。这就是从"系统性"引出的争论。内部逻辑系统是由术语支撑的,比如我"译者行为批评"中的"语言人""社会人","语言性""社会性","译内行为""译外行为","译内效果""译外效果"等。

打个比方。粽子是不是好吃,主要决定于内部逻辑系统,比如肥肉和瘦肉的比例、蜜枣的数量和大小、红豆的量和其他什么吧。外部系统如同说粽子的主体部分是糯米,糯米产自土地,土地归农业农村部管,农业农村部归国务院管一样,虽然是实情,但对于粽子是不是好吃,很难起到决定性的作用。

"译者行为批评",也称作"译者行为理论"。原本的出发点也不是为了理论而理论,我的整本专著《译者行为批评:理论框架》(商务印书馆,2014)也没有把这个叫理论。进行理论探索,实际探索的是研究范式、新的研究路径、科学的方法和过程等,终究是为了解释现象、提升科学性的,等达到高度抽象了,符合理论应有的特点了,也就成了理论。鼓励理论探索,不鼓励盲目贴理论标签。

学术话语权突出表现在原创性上,并以提升普适性和解释力为旨归。该怎样看待是否被国外接受,原因是复杂的,这涉及"欧洲中心主义"及其他问题。外国人觉着自己的好用,就不会求助其他外国的。我是在洞察了西方的理论觉着不完善时才构建了我的。我国的翻译批评是领先的,我不需要外国承认。外国的翻译批评不很景气,他们重在构建翻译理论和解决翻译问题。外国有语言文字优势、学术优势。介绍渠道有限也是问题,至少认为被国际承认的都是西方语言主导的刊物。

暂时不用嘲笑中国的翻译理论在外国没有影响,别说我们的历史短暂了,就是时间比较长的其他文化推介活动究竟怎样了呢? 时至今日,还说外国对我国不够了解,那我们做了什么有价值的工作呢? 就学术上,你要是嘲笑中国翻译理论没有被国际接受,那就要首先问问自己有多少中国论文是有国际影响的,总不能止于国际发表拿奖金吧。

徐铫伟: 长期以来,高校职称评定、考核"唯论文"问题使高校教师重科研、轻教学,很少有教师将教学和研究两者兼顾,又做到双丰收的。您作为资深翻译教授,做翻译、教翻译与研究翻译,可谓"三位一体",成功实现了三者之间的平衡。请谈谈如何将教学和研究有机结合起来的?

周领顺: 总体来讲,科研做的是深度,教学做的是广度,但教学里面的材料可以做研究,叫研究型教学吧。你跟学生们讨论问题,也会激发自己的灵感。带着科研意识去教学,教学很有意思,教学就成了灵感火花迸发之所。深度能获得学生的佩服,即使所谓的差生,也服气有水平的教师,对此我深有体会。我的课堂上没人玩手机,但可以玩,我从来不武断地禁止玩手机。他们玩手机,只能说明教师教学没有吸引力,责任在自己。你随时检讨自己,随时调整教学策略,就会随时收了他们的心。

科研本来就是高校教师尤其是教授等高层次教师工作的一部分,教学人员就该是科研人员,此时,科研和教学融为了一体,这是因为高校教师本身就是同时具备这两种身份特征的人。我从来不为了做点研究而放弃教学或者为了研究而申请减少教学工作量,我知道,我不是专职的科研人员。当然,现在各个学校有不同的岗位划分,有的偏重教学,有的偏重科研,这是另外的问题。专做科研不教学的教师是不正常的,与"教师"名不副实;专做教学不研究的教师也是不正常的,因为大学和大学的不同是"大师"的不同,实际就是融教学与科研为一体的各自独特的知识体系的不同。季羡林说过,在德国的学校,只教学不研究的教师一辈子只配做"教员"而不配做"教授"。现在有一种论调说教师只需要把课教好就行了,这是一种极端的说法,高校教师不研究吗? 我能教的他能教吗? 我说是研究,但研究了并非一定要写成论文或著作发表,这是两码事。因为发表困难,有人抗拒发表,这我理解,但不能抗拒自我约束的研究,只会研究不会教学的情况也有,但不是深度有问题,而是教法有问题,比如教法不得体,生动性就可能欠缺,这也是值得研究的。"教授"是借教师的身份、通过教学兜售自己独特知识体系的人。

也有人因为抗拒发表而说些"有数量没质量""用数量代质量"之类的话,过去可能在一定程度上存在着,但现在不好发表是现实,你先有个论文的数量让大家瞧瞧? 这也是极其困难的事,刊物也要为自己的生存而讲究质量的,写作的队伍这么大,刊物不可能见文章就发。谁要真是能做到有上百篇论文的数量,自然也会经过磨炼而升华到质量的高度,起码能表现该教师是勤奋的,是善于思考的。即使学校评职称,也对刊物有不同级别的要求,高级别的刊物,论文的质量一般也会较高。不要有"酸葡萄"心理,不要给自己不研究找台阶。如果能聚焦一定的主题而发表上百篇的论文,则表明经过了长期的思考,即使刊物层次不够高,对于申报项目也是有益的,避免给审阅者留下"拍脑袋"、缺连续性前期成果的印象。

我坚持自己写教材,就是将这样两种身份和责任融为了一体,很有成就感。因此,我的教材不会轻易"汇编"别人的东西。如果把教材做成汇总别人知识的教参,那么教学也势必沉闷,教师就只会是别人知识的复读机。没有深入的研究和个性的结论,怎么会不照本念经、照本宣科呢? 教师和教材的关系,大概就是 teach between the lines,不停留在写出来的文字上,而是文字背后潜藏着更多的文字。或者说有点像做的 PPT,会做 PPT 的人,总是写出来得少讲出来得多,而不会做 PPT 的人,总是写出来得多讲出来得少,因为自己缺乏思考,不照本念经那还能怎样呢? 把 Word 文档全拷贝在 PPT 上的,基本上都有这样的通病。讲话的人还没读完,观众就已经看完了,除非演讲者是要时不时停下来对原文进行分析。

教学促发了我的科研灵感,科研灵感让我获得了成就感;科研深化了我的教学,吸引了学生,又让我没有负担感,而这又融入了我的生活,把工作的乐趣和生活融为一体,岂不快哉! 灵感稍纵即逝,所以我在课堂上随时记录着这些匆匆的"过客",待有一定的积累和深度思考后再专门整理。

徐铫伟:您不仅是一位善于理论思考的学者,也是一位孜孜不倦的译者。您的翻译实践代表作《散文英译过程》和《散文自译与自评》深受读者的追捧,被有些学校用作了教材和纳入考研的必备书目。近年来,您在《中国翻译》的《自学之友》栏目刊登的众多佳作,无一不是您高质量的理论与实践相结合的学术成果,为广大翻译爱好者译海导航、答疑解惑、指点迷津。请您谈谈您个人是怎样进行翻译实践的。

周领顺:翻译具有经验性的一面,作为翻译教授,我既做理论建设,又做翻译实践,不做以往人们讽刺的"空头理论家"。也不仅是为了这个,自己不做翻译实践,就不会把道理讲透,就不能服人,隔靴搔痒,或者说是"雾里看花,终隔一层"。从翻译实践进入而建设理论,也会有"有血有肉"之感。

我既做英译汉,也做汉译英。汉译英我还喜欢自写、自译、自评,将提高汉英文笔、实践和理论都融为一体,比如我们的《散文自译与自评》一书,就很热销,2017年出版后,出版社又在2019年加印了一批。我在很多高校讲学时大家喜欢问的一个问题是怎样提升文笔,我答道,"自写"和"自译"结合起来,是真切并快速提高写作能力的一个有效途径。对于研究者,就再加上一个"自评",三位一体。

三、翻译专业与面临的挑战

徐铫伟:目前国内高校开设的翻译硕士专业遍地开花。据统计,学生毕业后直接从事翻译行业的却比较少,但报考的热度似乎没有降低,您是如何看待这种现象的?

周领顺:要回答这个问题得分几个方面谈。第一,你这个思路仅仅限于说把翻译硕士培养成翻译人才,这样看问题有失偏颇。你得放在更宏大的背景上,翻译硕士也是文科学生,文科就在于积累,积累一点是一点,积累一种东西是一种东西。不是说翻译硕士一定要去做翻译人才,他可以做外贸、做秘书、做编辑等,真正去吃翻译的饭是很辛苦的。现在有个网络新词叫"斜杠青年",意思是说一个人可以同时拥有多种职业,多种技能的相加才走向一个比较全面的人才。第二,翻译硕士一般学制两年,比学术型的少一年,短、平、快,所以报考的热度不降反升。第三,就业如果能够对口当然更好,让所学的知识能最大限度地产生能量,但因为翻译这个职业"糊口"不易,所以往往成了其他职业的附庸,这也是就业难带来的。学术型研究生如果不进一步求学,也看不到明显的优势,但我更主张做学术型研究生,经过了学术训练再看问题会更有逻辑性、层次性和注重调查研究等方法的使用,思维、眼光好像更胜一筹。

徐铫伟:现在有很多开设翻译专业的高校,都把高校的特色都加进去了,出现了"语言 + 专业"人才培养模式;另外有些专家说英语专业会被取消,您是如何看待这些问题的?

周领顺:"语言 + 专业"是一种发展趋势,这既得看一个学校的特点,也得看教师的长处。比如,南京信息工程大学翻译硕士的培养把气象的内容加了进去,南京农业大学把农业的内容加了进去,上海对外经贸大学把经贸的内容加了进去。之所以有这样的趋势,主要也是求职难造成的,淡化语言工具的色彩而强化专业,增加技术的含量,这是内涵建设。

英语专业会不会取消这个话题有点大了。怎么可能会取消呢?只是有可能会改变称呼和内涵。社会有需求,就有开设的必要。只是社会一个阶段需求的程度,会影响该专业改革的程度罢了。现在一些专家的焦虑是就英语专业的现状说未来的,但别忘了,未来需求怎样不是按现在我们都看得见的英语专业现状说的,双方是互动的关系,市场那样动,我就这样调。从高校自身的运行规律来讲,未必要和市场那么紧密地挂钩。而英语作为一种研究对象,是永远不会过时的。谁要是把英语专业取消了,全国高校几十万的英语教师队伍怎么办?恐怕在短时期内,社会消化不了,而社会也做不好转型的准备,先不说学生是不是答应,社会是不是答应,你得先问高校几十万的英语教师队伍是不是答应,社会该怎样消化这个群体。出现动荡,也并非杞人忧天。

徐铫伟：随着人工智能的突飞猛进，机器翻译是否会取代人工翻译的争论喋喋不休，您是如何看待这个问题的？

周领顺：机器能不能取代人这个话题人们说得太多了。认为不能取代人的一方，主要是说并特别是说机器处理不好文学翻译，因为机器没有感情，再说到其他，似乎就理屈词穷了。

从分工上说，机器做机器的，人做人的，或者机器做主要的，人做辅助的，比如做一些译后编辑什么的。我们还拿生活中的事实来说明吧。

机器是部分人创造的，人能让机器取代自己吗？从供求关系上讲，人是要吃饭的，把人的饭碗夺走了，这部分人是不会接受的。比如，蒸汽机的出现，大型收割机的出现，装配线的出现，公交车上自动投币机的出现，都曾经引起过骚动，最后不都证明是多虑的吗？甚至是复印机、打印机的出现，人因此清闲下来了吗？我们谈的是人和机器的关系，实际是这部分人和那部分人的关系，一部分人要剥夺另一部分人的饭碗，社会是要付出革命的代价的。如果说机器和机器的关系，则另当别论，比如手机取代了电报机，但终究是由需要吃饭和怎样吃饭的人控制的。新的东西的出现，一开始，总会在社会上引起一些骚动，但终究屈从于社会运行的大规律，终究习以为常，终究复归自然，终究还是要让吃饭的人继续吃饭的，只是吃饭的方式会发生一些变化。

就别说从不同的角度谈了，比如简体字的出现节省了人们大量的劳动，但繁体字并没有淡出我们的视野，书法家就愿意使用繁体字，这追求的是艺术，追求的不是省力，艺术是没有止境的；人们常说"言以简为贵"，这是从交际省力的角度说的，文学家可不这么做，不把一句变10句说，就是没水平，描写就不会细致入微，不然"冗言"修辞格就没有立身之地了；大型捕捞船出现了，按理说一般捕鱼的渔网和钓鱼的工具就该消失了，但没有，狭窄的水面或者旅游景点里一般捕鱼的渔网还频频出现，而钓鱼者表面钓的是鱼，实际钓的是乐趣；"血浓于水"这个表达，偏颇是明显的，你是从"浓"的角度和水相比的，当然水比不过血，如果从清澈的角度相比，血一定比不过水，那就是"水清于血"了；"一鸟在手胜过百鸟在林"，这是从占有的心理上说的，小鸟在林子里、在自己的家园，不比被人攥到手里好吗？如此等等，还用往下说吗？

钱锺书有个观点，说翻译就是要翻给那些不懂得原文的人看的，这话只对了一半，可懂得原文的人还在不断地翻，又是为了什么？就像傅雷，翻了一遍又一遍，他是作为艺术来琢磨的。多少电影、电视人们早就看过，早就知道了故事情节（就好像说的"原文"），可还不断有新的版本出现，比如电影《南征北战》《许茂和他的女儿们》，电视剧《红楼梦》，更不用说耳熟能详的戏剧被一遍一遍地表演了。这既是艺术，也是市场需求。

我们要反问自己的是，翻译机器出现了，我是学翻译的，我的角色该怎样定位？你要吃饭，可你看到翻译机器出现了就摸不着自己的饭碗了，这不是机器的错，这是你的错。不过话说回来，恐慌只是一时的，人活着总要找饭吃，这是本能的需求，有需求就会有自己的角色定位，哪怕是讨饭者的角色呢。

徐铫伟：周教授洋洋洒洒，侃侃而谈，您深邃的翻译智慧和独特的视角，为译界开疆拓土。您的翻译教材包含着您扎实的翻译教学与翻译实践智慧，您的译者行为批评理论更是为翻译实践亮起了一盏明灯，您的翻译教学之乐与为人之道更是让我们看到了一个为师者的光芒灵魂。

问题就此打住吧，耽误了您很多时间，需要向您请教的问题还有很多，我相信，我的问题，也是很多读者的问题，以后继续向您请教，让大家从中受益。谢谢您！

周领顺：不客气，我们互相学习，互相启发。我习惯了教学和科研的生活，在教学和科研中经常有发现的喜悦，也从来没有觉得有过什么科研压力，所以才能数十年如一日地构建理论，进行翻译实践和创作，不斤斤计较于论文发表的层次。我听说现在的青年教师科研压力很大，因为单位年年算账，所以要追求发表的层次，这样的环境实在不利于理论的建设和文科"十年磨一剑"的发展规律，但急功近利的大环境如此，作为个体，又如之奈何？

以译为乐，寓教于乐

——祝朝伟教授访谈录

张　欣　祝朝伟

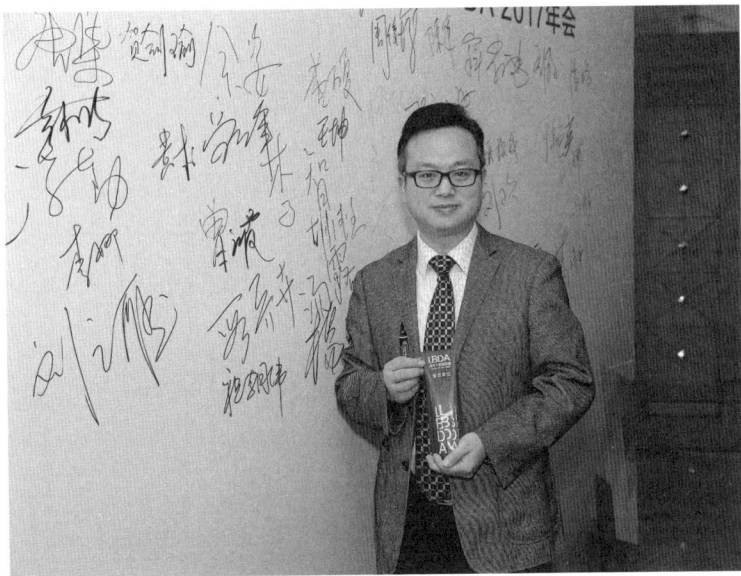

受访者简介：祝朝伟，教授、博士生导师，四川外国语大学副校长，兼任中国翻译协会对外话语体系研究委员会副主任、全国翻译专业资格（水平）考试（CATTI）翻译人才评价与高校教学促进专家委员会副主任委员、中国翻译协会理事、中国比较文学学会翻译研究会常务理事、中国英汉语比较研究会英语教学研究分会常务理事、重庆翻译学会常务副会长，《外国语文》及《英语研究》等刊物编委，《解放军外国语学院学报》《重庆大学

学报（社会科学版）》等刊物特约审稿专家，研究领域为当代西方译论及翻译教学。在《外国语》《中国翻译》等核心刊物上发表学术论文 40 余篇，出版学术专著 2 部，教材 1 部，编（译）著 13 部，主持国家社科基金等省部级以上项目 6 项。

访谈者简介：张欣，香港中文大学翻译系博士生，研究方向为翻译文学史。

本次访谈时间为 2018 年 12 月 13 日，访谈者在访谈前半个月整理出访谈题目，之后前往四川外国语大学（简称"川外"），按照约定与祝朝伟教授展开 1 小时 30 分钟的访谈。祝教授投身翻译实践近 30 年，从事翻译教学 20 年，积累了宝贵的翻译实践与教学经验。他不仅在翻译研究领域颇有建树，还密切关注翻译行业动向。祝教授旁征博引、深入浅出的讲解让访谈者在钦佩其学术才华与专业素养之余，深感其平易近人的学者风度与提携后辈的无私精神。

与祝教授商榷后，本次访谈内容经过调整形成三大议题：译者生涯、传道授业、教学与行业。相信通过阅读上述议题下祝教授的真知灼见，读者不仅能够了解其翻译实践经历与翻译教学经验，更能直观感知翻译实践、翻译教学与翻译研究的相互交织，整体透视翻译教学、翻译行业与技术发展的交互融通。

一、译者生涯

张欣：请问是什么契机促使您开始进行翻译实践的？截至目前您有哪些译著？

祝朝伟：我一直非常热爱翻译，自本科便开始接触翻译实践，当时教授我翻译的是笔译经验丰富的李龙泉老师。1992 年左右，李老师争取到国家体制改革委员会组织的一个翻译项目，项目内容为翻译国内首本《中国股份制企业资质概况》，完成后由电子科技大学出版社出版。李老师随后对学生展开了严格的遴选工作，最终选出十来名学生参与项目。所以我最初的翻译实践是在李老师的指导下进行的,方向为汉译英。

之后,我在硕士在读期间参与翻译了犯罪心理学著作《闯入黑社会》(*A Journey into Darkness*)(北京昆仑出版社,1998),在读博期间合作翻译了科普作品《第五项奇迹》(*The Fifth Miracle*)(译林出版社,2004),后又为中国电力出版社翻译了四本面向中学生的双语读物,包括《太空之旅》(*A Space Odyssey*)和《黑死病》(*The Black Death*)等,于2005年出版。在四川外国语大学翻译学院任教期间,我参与翻译了《光荣与梦想》(*The Glory and the Dream*)和《互联网冲击:互联网思维与我们的未来》(*Who Owns the Future?*)等著作。除了著作翻译,我还参与过由四川外国语大学翻译学院承接的各类翻译项目,这些项目多由重庆市政府设立,以服务地方经济发展、助力重庆外事活动为目标,其中包括重庆及周边景点的文旅资料翻译项目、红岩联线的多语种翻译项目、中国共产党与世界对话会翻译项目、市政府新闻宣传片翻译项目以及最近的中国(重庆)智慧物业博览会翻译项目。我们还长期与重庆市政府外事侨务办公室合作,负责其刊物《重庆与世界》的英文翻译工作。总之,我的确很喜欢翻译,在工作之余会尽量挤出休息时间从事翻译活动,收获了不少乐趣。

张欣:您是否有印象深刻的翻译实践经历,可否予以分享?

祝朝伟:我想先接着谈谈刚才提到的《中国股份制企业资质概况》翻译项目,之所以说这次翻译实践经历给我留下了深刻印象,有三方面原因。第一,参与的方式非常特别,即通过试译选聘的方式加入项目。带稿酬的翻译项目有助于学生提升实践能力与改善经济状况,充分调动了学生的积极性,因而试译竞争相当激烈。第二,整个项目的运作折射出当今翻译行业中蔚为时潮的"分包"的影子,通过将待译稿件分发给通过试译的学生,让不同学生负责翻译稿件的各部分。具体说来,李老师首先将原文分配给三名翻译水平和组织能力出众的学生,这三名学生结合稿件难度与成员能力考虑进一步分配的方式,或平均分配,或按表现分配。第三,翻译工具是传统的纸笔。负责组织的三名学生收回白纸黑字的译稿后,李老师进行审校,之后再联系打字员录入。这便要求手写译稿字迹清楚,如果有所涂改,必须确保涂改的内容易于辨识,这是一种综合性较强的锻炼。那个年代,我们学习翻译热情高涨,但苦于翻译实践机会匮乏,因而这次翻译经历对每个成员都弥足珍贵。此后,类似的翻译实践贯穿了三年时间,我们的团队累计出版了超过300万字的译著。

近年来完成的另一个极具挑战性的项目也让我印象深刻,即翻译史学著作《光荣与梦想》。《光荣与梦想》由美国著名历史学家威廉·曼彻斯特(William Manchester)撰写,涉及20世纪30年代至70年代间的美国史,出版后产生了广泛影响。本书最初由广东外语外贸大学的董乐山先生牵头翻译,译著于1978年经商务印书馆出版发行,之后又陆续出现一些译本,但大多并非全译本。2013年,中信出版社找到我们川外翻译学院,说明了《光荣与梦想》巨大的影响力以及随时代流转而变化的读者需求,希望我们能进行重译。我们当时非常为难。董乐山先生是国内知名翻译专家与美国文化研究学者,其团队翻译的译本体现了卓越的翻译素养与深厚的文化积淀,我们的重译或多或少带有挑战业界权威的意味,再加上当时川外翻译学院刚成立两年,因而此事须得慎重考虑。我们仔细分析了董先生的译本,经过反复商榷后决定冒险一试。我们不求重译本能超越已有译本,但求它具备自身生存与立足的价值。第一,我们发现董先生团队的译本由于是分工完成,在风格上或有不尽一致之处,倘若我们能实现风格统一,重译本就有了存在的意义。第二,《光荣与梦想》作为一部历史著作,兼具学术性和文学性,重译本须得协调好原文本的这两重属性。因此,我们特别重视在忠实的前提下兼顾原作的文学性与历史文献价值。第三,我们致力于修正前人在理解原文上出现的一些偏差。第四,我们考虑到译本面对的当代读者群体以历史学者和对美国历史感兴趣的普通读者为主,在翻译时对原书中的许多内容增加了注释,这样既方便历史学者进行研读,又可以提供必要的背景知识,帮助普通读者消除阅读障碍。在项目的实际操作中,我们先组织翻译学院的教师团队分译全书,之后由李老师和我进行通读通校,以统一译本的整体风格,最后才形成了这一套体现集体智慧的译本。令人欣慰的是,重译本出版后反响不错,这使我们原本忐忑不安的心得以释怀,同时也备受鼓舞。

张欣：可以看出，您在翻译实践上经验颇丰。请问您既作为译者，又作为研究者，如何看待翻译实践与翻译理论的关系呢？

祝朝伟：20 世纪末，国内翻译研究逐渐发展为一门独立的学科，学界就翻译实践和翻译理论的关系有过讨论。我个人认为，翻译理论与实践是辩证统一的关系。一方面，翻译理论来源于实践，同时又指导实践。这种观点几乎是学界的共识，无须过多阐发。但另一方面，翻译理论研究可以脱离翻译实践，作为一种自足的存在。换言之，理论来源于实践，可以指导实践，但并非必须指导实践。

张欣：为什么这样说呢？

祝朝伟：一方面，指导实践只是翻译理论的一个功能。理论是指人们对某一事物、现象或活动领域通过观察、经过大脑思维总结而形成的系统性认识或知识体系，除了指导翻译实践以外，还具有解释、认知、纠偏、预测、批判等方面的功能。第一，翻译理论是关于翻译现象与翻译问题的系统性认识，具有解释翻译现象的功能。第二，理论具有认知功能：翻译研究者总是怀揣着对真知的探寻与追求，着眼于翻译现象，探索翻译的内在规律，这种诉求决定了翻译理论的认知功能。第三，翻译理论具有纠偏的功能。例如，我们常常借用翻译理论透视译者行为与译语文本，进行优劣划分与价值判断。第四，翻译理论具有预测的功能。翻译理论是对翻译规律的总结，我们可以借助这些规律，对某些翻译现象进行预测，这就是翻译理论的预测功能。最后，翻译理论还具有批评的功能。这种批评一方面体现在我们对翻译理论的认识，另一方面体现在当下某些理论流派的批评属性。我们对翻译理论的认识是不断变化的，典型地体现在我国翻译学科的发展历程上。我国翻译学的构建，首先要追溯到 20 世纪 50 年代的董秋斯，他首次提出了构建中国翻译学的观点。20 世纪八九十年代，张柏然、谭载喜、张经浩等一大批学者围绕"翻译学是不是一个可圆而不能圆的梦""我们应该建立怎样的翻译学"等问题进行了深入的讨论。时至今日，翻译学从无到有，从比较文学的分支发展成为独立的二级学科，期间走过了几十年风雨，在探索研究领域、构建自身体系和确定研究对象等方面硕果累累。这一期间的翻译理论研究大都不着眼于翻译实践,但体现了人们对翻译学认识的不断变化,具有很强的批评特性。

另一方面,具备跨学科特征的翻译学本身涉及文学、语言学、哲学、美学、艺术学、文化研究与社会学等众多学科,其中一些重要的翻译理论流派是在西方文艺批评思潮影响下发展起来的,带有强烈的批评指向,如作为批评话语工具的女性主义翻译理论。女性主义翻译理论从男女两性关系出发,认为我们生活其中的社会是一个男权社会,女性处于从属的地位;在文本关系中,译文是原文的复制品,处于从属地位。女性主义批评家将女性的从属地位与译文的从属地位相结合,提出了一系列的翻译主张,其目标是使女性在社会中获取与男性同等的地位。因此,女性主义翻译理论本质上是女性进行文化政治批判的话语工具。

综上所述,翻译理论来源于翻译实践,可以指导实践,但并非必须指导实践。翻译理论可以是一种自足的存在,重在解释、认知、纠偏、预测与批评,其实质是对翻译学科中真知的探寻与追求。

二、传道授业

张欣:您是何时开始教授翻译实践的? 是教授文学翻译还是非文学翻译?

祝朝伟:我开始教授翻译的时间可以追溯到 1999 年。本科毕业以后,我离开了重庆,在江苏省淮海工学院从事英语专业教学工作。作为青年教师,我负责精读、泛读、听力和英语国家社会与文化等基础课程的教学,当然也教授翻译。尽管课程名称并未具体区分文学与非文学翻译,但教授的内容以文学翻译为主,涵盖了主要的文学类别,包括小说、散文以及少量的戏剧与诗歌。

张欣:在您看来,非文学翻译教学与文学翻译教学的侧重点有何不同?

祝朝伟:两者差异很大。倘若以日常语言作为判断的原点,那么文学语言与科学语言是日常语言发展的两个变体。科学语言是日常语言向明晰化发展的结果，它排除歧义，追求精确。因此，实用类文本重基本信息的传递，语言表达相对精确明晰，非文学翻译课程重点应培养学生把握特定文本的格式规范、忠实于源语文本的信息并做到语言通顺流畅。但文学语言朝另一个方向发展，它排斥单义性与精确性，走向意义的多样化与模糊化。文学是一种虚构的真实，其目的是激发读者的审美感知与情感共鸣，因此文学作品的审美特性尤其突出，具体体现于文学形象的塑造、真情实感的传达、意象意境的建构和偏离日常语言的表达等诸多方面。由于文学语言本身具有情感性、意象性、模糊性、多义性与节奏韵律等特征，因而文学翻译课程的核心是培养学生的文学审美鉴赏能力与文学语言驾驭能力。简言之，文学翻译课程不止于教会学生践行忠实通顺的翻译原则，更要鼓励学生追求把握以"美"为特征的文学语言。

张欣：您可否从开设过的翻译实践课程中举一例谈谈整个学期的教学设计？

祝朝伟：我负责的翻译课程较多，其中教授本科生"英汉笔译"的时间最长。大体说来，我的教学设计相对传统，可概括为"讲—练—评"三段式教学。先谈谈"讲"的内容，其中包括两大模块。首先，"英汉笔译"作为一门基础翻译课程，应让学生了解有关翻译的各类知识，包括行业与职业知识、中西翻译简史以及翻译分类与标准。其次，翻译表面上看是一种技巧性活动，核心却涉及语言与文化知识，因此英汉语言差异与中西文化思维差异的讲授也是该课程的重点。同时，"讲"的方式也很有讲究。举个例子，定语从句的翻译是多数"英汉笔译"及类似课程无法绕开的主题。如果老师仅仅灌输关于定语从句的翻译方法，学生就会感到枯燥乏味，在课后练习及以后的翻译实践中也未必能够合理运用。我教授"英汉笔译"时，会让学生主动搜集汉语和英语中带有定语成分的语料，进行观察对照，形成主观认识，继而归纳出翻译定语从句的方法。在学生主动探索、总结规律的基础上，我再进行讲解，学生便更能直观地感知中西语言与思维习惯的差异。

"讲"过之后,"练"必不可少。"练"的材料分两类。第一,我会精选自己曾翻译过的材料作为学生的课后练习素材,学生完成后交由我批改。第二,我也会挑选教材中适合的文本作为学生的课后练习材料,学生完成后自行核对参考译文。其实,翻译素材的选用在翻译课堂上至关重要。譬如,我在课上常常强调译者对"得意忘形"的追求,即译者在"得原文之意,忘原文之形"后应按照汉语习惯再现原文之意。但学生听过相对抽象的翻译原则后未必能够落实,这时老师必得在材料择取上用心。我讲授定语从句的翻译时,就选用了丘吉尔在诺贝尔文学奖颁奖典礼上的讲稿,定语从句便是讲稿中的一大特色。理论讲授与实践练习配套结合,才能实现满意的教学效果。

最后的"评"包括教师讲评与学生互评两种形式,先谈教师讲评。改过学生的翻译练习后,我会选择三篇具有代表性的译文进行课堂展示,这三篇译文分别对应优良、中等、较差三个等级。讲评时,我先让学生自主反思与评价译文中的处理,再通过重点讲评的方式让他们对照学习常规的译法和巧妙的译法。学生互评每学期开展两至三次,重在培养学生的批评鉴赏能力。具体来讲,我要求学生在批改同学译文时标注出其中的佳译与错译,再依据其整体翻译质量评定译文等级,最后给出评语,指出译文的优缺点。这就是我的"讲—练—评"三段式教学模式,或许相对传统,但教学核心并不过时,即让学生了解翻译知识、把握翻译技巧、提升翻译能力。

张欣:您刚才提到学生练习的材料来源之一是教材,请问您是否有自己的一套标准来甄选教材呢?

祝朝伟:我甄选教材有三大标准,即教材的权威性、系统性与趣味性。首要标准是教材的权威性。权威性体现在三个方面:第一,教材作者须是翻译实践与研究领域的权威人士;第二,教材出版社须是外语界公认的权威出版社,如高等教育出版社、外研社和外教社等;第三,教材最好经过全国英语专业或翻译专业教学指导委员会推荐,或属于国家规划教材。择取教材的第二标准是教材内容的系统性,这种系统性与翻译课程的教学目标相对应。以我的"英汉笔译"课程为例,理想的教材应当在翻译知识讲授、翻译技巧讲解与配套练习设计三方面具备优质内容,且这三方面的组合具备连贯性与系统性。选用教材的第三标准在于教材内容的趣味性。我一直认为翻译充满乐趣,并希望将翻译的乐趣传递给学生。

张欣:就刚才讨论的"英汉笔译"课程而言,您通常怎样设计翻译测试,以评估修读该课程的学生的学习情况呢?

祝朝伟:整个课程所涉翻译测试包括平时评价与期末考核两大部分,前者占比三至四成,后者占比六至七成。平时评价中的一项重要内容是考查学生合译的能力。我会将一个小班分为四个小组,由组长带领组员商讨执笔,完成翻译。译文既可由每个组员单独翻译之后协商定稿,也可直接在集体讨论下形成译文,最后我只需批阅四份经过小组讨论的最优译文。这种模式是对学生译者翻译水平与协作能力的综合评价,契合当今翻译活动强调团队协作的趋势,是我尤为推荐的。但期末测试仍处于课程考核的中心地位,其设计离不开对课程目标的考量。"英汉笔译"的教学目标在于帮助学生掌握翻译知识、把握英汉翻译技巧、培养英汉翻译能力,期末试卷会相应地展开针对性考查。首先是以客观题的形式考查学生对翻译行业与职业知识、英汉语言文化知识与英汉翻译技巧的掌握情况,然后在词语、句子和语篇三个层面直接地、综合地考查学生的英汉语转换能力。总体而言,"英汉笔译"课程的测试设计趋于传统,但仍致力于尽可能全面科学地评价学生的学习情况。

张欣:在您看来,通过学习这门课程,学生最大的收获是什么?

祝朝伟:从课程目标的角度来看,通过学习"英汉笔译"课程,学生不仅要掌握中西翻译简史、名家名译思想、翻译行业与职业概况、英汉语言与文化差异等知识,还要提升英汉翻译实践能力。但培养学生的审美能力并激发学生对翻译的热爱才是"英汉笔译"的灵魂。我精选不同体裁的文本作为练习素材,希望学生不仅在赏析源语文本过程中获取美的感知,还在翻译过程中完成美的创造,最终爱上翻译这项极富创造性的事业。

通过课堂教学与个人感染唤起学生对一个行业的热爱是我作为教师的最高目标,我也非常欣慰地看到,一批又一批的学生经我引导,走上了翻译实践或翻译研究的道路。

张欣:回首过去,在您初学翻译的年代,老师如何教授翻译? 自身又怎样学习翻译呢?

祝朝伟:我刚才提到自己"英汉笔译"课程的教学模式主要是"讲—练—评"三段式,而当年教授我翻译的老师则是把课堂重心放在"练"和"评"上。那时教授笔译的李龙泉老师和教授口译的李芳琴老师都特别注重翻译能力的培养,在课内与课外安排了大量翻译任务,并在学生完成练习后给出针对性的能力提升建议。倘若说过去的翻译教学有一些局限,我认为是知识和技巧上的点拨稍有欠缺。

就自身的学习经验而言,我读书时就已对翻译情有独钟,因而一直认真地完成老师布置的翻译练习。此外,我也明显感受到翻译水平的提升离不开大量的翻译实践,会自主地向图书馆借阅名家翻译过的短文,动笔翻译后将自己的译文与名家名译对比,思考个中差异。长此以往,感性积累逐渐提升为对英汉语言差异的认识,辅以老师的建议与点拨,这种"学徒式"的翻译学习模式使我获益匪浅。

张欣:作为翻译研究者,您对庞德的诗歌翻译颇有见地。庞德对中国古诗的翻译多被视作"创译"甚至"改写",请问这是否会影响您对学生译者在翻译任务中"创译"行为的态度?

祝朝伟:不会影响。庞德的诗歌翻译是我博士论文的选题,我曾将庞德的"创译"或"改写"界定为"庞德/林纾"现象。庞德与林纾的共同点在于,两人均是在不通外语的情况下进行翻译,且他们的翻译都显著地影响了自身民族语言与文化的发展。具体而言,林纾的翻译对中国小说发展、中国诗学演变乃至社会观念进步的影响可谓大矣,而庞德以意象并置手法翻译中国古典诗歌,引发英美意象主义运动,后又结合漩涡主义运动革新维多利亚诗风,催生出英美自由诗体。不懂中文的庞德借助日本东方学者费诺罗萨的笔记窥见了中国诗的诗性特质,希望以翻译为手段实现革新英美诗学与西方文明的终极目标,因此庞德的翻译无可避免地背离了传统的忠实观,是一种特殊的翻译现象。由此可知,庞德的翻译实践和翻译教学的关联微乎其微,自然不能够推广到翻译实践与翻译教学当中。作为翻译教师,我必须引导学生掌握文学翻译与非文学翻译的差异,端正学生对翻译的认识与态度。将学生译者的乱译、胡译上升到所谓创译不是翻译教学的应有之义,必须予以纠正。

三、教学与行业

张欣:当今许多高校将翻译专业同自身优势领域结合,开设法律翻译、医学翻译、海事翻译等课程与方向,在您看来,翻译教学应当如何处理专业领域与通用领域的关联与冲突?

祝朝伟:翻译专业由历史悠久的英语专业派生而来,自 2006 年和 2007 起才分别招收第一批本科生和硕士生。刚刚提到的趋势并不局限于翻译专业,还出现在英语专业,甚至其他外语专业。20 个世纪八九十年代,外语类院校独享外语资源,外语类专业毕业生只需学好外语便可具备良好的竞争力。但如今,互联网技术的发展使外语资源随处可见,任何有心的外语学习者都有条件学好外语。这种剧变触及了一个根本问题:当前外语专业、翻译专业学生的核心竞争力到底在何处? 最近"英语专业是否是良心专业"的问题引发学界热议,有专家发出取缔英语专业的声音。在某种意义上,这种呼声反映了外语专业教学与人才培养所面临的挑战。在大数据、云计算以及人工智能等技术高速发展的今天,外语专业培养的毕业生如何才能满足国家对外战略与人才市场的需求?

我认为,"外语 + 专业"的复合融通是一种回答,亦是大势所趋。很多高校将翻译专业与其他优势学科结合,这种结合或是以辅修/双学位的形式实现,或是以设置专业课程的方式实现,旨在培养既通翻译又了解其他专业领域知识与技能的人才,这便是复合融通的具化。以翻译能力培养为基础的翻译专业教育应适当融入其他专业课程,但不宜局限于培养单一方向的翻译人才即专才。我们与许多企业有过沟通,发现市场不仅要求翻译专业毕业生具备较高的翻译能力,还要了解多种行业知识,完成行政管理等各类工作。因此,从高校人才培养的角度来看,翻译专业人才培养的口径要宽,以翻译技能培养为基础努力往其他专业拓展,但不宜仅仅培养单一领域的翻译专才。

张欣:在人工智能时代的技术冲击下,翻译行业发生剧变,在您看来,翻译专业的人才教育与培养应当在哪些方面有所调整?

祝朝伟:人工智能连同互联网、大数据、云计算等技术对外语行业产生了巨大冲击,翻译从业者是否会被机器翻译所取代,这是当下人们关注的热点问题之一。2016年1月,百度机器翻译获得国家科学技术进步奖二等奖(一等奖空缺);2016年年底,搜狗首席执行官王小川首秀实时机器翻译;2018年4月,博鳌亚洲论坛采用机器同传……凡此种种,机器是否取代人先姑且不论,但人机耦合、人机合作将是未来翻译行业发展的趋势。

在这样的背景下,以一本教材、一支粉笔教授翻译的传统教学模式已无法顺应时代发展,翻译专业教育与人才培养应该进行适时的调整。第一,机辅翻译必须纳入课堂教学,唯有熟练使用翻译软件的毕业生才可能融入翻译市场。第二,翻译教学必须重视编辑能力、审校能力、项目管理能力、组织协调能力、心理抗压能力等职业素质的培养。第三,在市场对非文学翻译的需求占比超过95%的前提下,翻译教学须更多选用实用类文本。在高校层面,不仅要加强对翻译专业教师的行业培训,还要让行业参与到教学中来,通过共建实习基地、担任行业导师、联合开发校本课程、共建实验室等方式,共同培养能够服务国家对外开放战略、满足市场需求的高素质翻译人才。总之,人工智能等技术的发展对翻译专业教育和人才培养的冲击具有革命性,我们必须积极调整,主动适应,力求在汹涌而至的"革命浪潮"中站稳脚跟。

后 记

访谈者特此表达对祝朝伟教授与肖维青教授的感激。祝教授不仅费心费时地接受此次访谈,还在翻译研究上予访谈者以支持和点拨,从最初联系,经面对面访谈,到访后多次请教,访谈者无不收获祝教授的精辟建议与悉心帮助。肖教授不仅提供了难得的访谈平台,时刻关心与指导访谈者的访谈进展,还在访谈后多次协助校阅访谈稿,提出宝贵的修改建议以深化内容。两位教授严谨求实的治学态度与扶助后学的学者风度使访谈者受益匪浅。

后　记

　　本访谈录缘起于上海外国语大学肖维青教授在"翻译研究论文写作"课程上的一次提议,老师和同学们积极响应,由此开启了一场与 24 位从事翻译教学和研究的名师们的心灵交流之旅。我有幸受邀参与访谈录的编写,成为本书的第一批读者之一,受到熏陶,产生感悟。

　　新时代需要新人才,新人才需要新教育。由于全球语言服务行业的快速发展以及国内对翻译人才的大量需求,翻译专业在国内大学虽是一个新生专业,但发展势头迅猛,目前全国已有 300 多家翻译本科专业学位培养单位和 300 多家翻译硕士专业学位培养单位,翻译学已发展成为外国语言文学一级学科的支柱学科之一。在这种背景下,进行翻译教育的深入探讨具有特殊的意义。其方式除了召开学术会议、撰写学术论文或专著之外,还可以通过访谈求教于资深翻译教育家,分享他们丰富的治学经验和睿智的思考。访谈形式,轻松活泼,亲切自然,在双方的互动之间,受访者会时不时迸发出智慧的火花,使访谈者产生醍醐灌顶的顿悟,获得启发和勉励。

　　接受访谈的 24 位教授长期从事翻译教学、翻译人才培养与翻译研究,他们以立德树人为己任,翻译实践、翻译教学和翻译研究并重,努力拓展精神疆域,驱动思想创新,积极推动中国翻译学科的建设。在他们身上,你能看到人文学者的丰富学识、人文情怀和责任担当。他们严谨的治学精神、开阔的学术视野、敏锐的问题意识、从容的处世之道让他们独具魅力,足以担当学生和青年学者精神世界的引路人。

　　为本书担任采访工作的 20 位青年学者来自内地和港澳地区,访谈大多采用面对面的半结构性形式,经过前期调研、确定提纲、落实访谈、整理录音材料和修改、校对等多个环节,最终成文。在接受访谈的过程中,教授们就译者生涯、教学方法、教学理念、教材编写、人工智能时代下的教学改革等各个方面娓娓道来,一个个鲜活的故事意味隽永,引人入胜。它将引领读者追寻教授们求学问道的足迹,走进他们丰富的精神世界,看他们如何同翻译结缘,并且一生为伴,从而踏上他们开创的翻译之路。访谈中彰显的翻译精神与强烈的翻译使命感是本书最动人的地方,教授们的"译心"和"译道"对青年学者的全面发展多有启迪,对推动国内翻译教育的发展具有重大意义。

感谢肖维青教授为本书出版付出的巨大努力!她教学经验丰富,对翻译教育充满热情,在该领域颇有心得,为本书取得高质量的访谈成果奠定了基础。也感谢她给我参与书稿编写的机会,让我受益于名师的智慧,获得教诲。

感谢 24 位教授在繁忙的工作之际,腾出宝贵的时间分享他们的译艺与译道,他们提携后辈的努力让人感动。感谢 20 位访谈者不厌其烦地修改,精益求精,共同完成了一次愉快的心灵交流和成长之旅。

感谢浙江大学许钧教授和郭国良教授的悉心指导和全力支持,感谢浙江大学中华译学馆为本访谈录出版提供经费资助。

最后,感谢浙江大学出版社各位领导和编辑为本书的出版提供的帮助与指导。特别感谢本书的责任编辑徐旸女士,她认真负责的工作态度和一丝不苟的专业精神让本书的质量得到了根本性的保障。

《译艺与译道——翻译名师访谈录》是一本温暖的书,也是一本能让人沉思静悟、如沐春风的书。愿教授们的译艺与译道能让青年学子向学之心和乐教之愿多有裨益,砥砺前行,甘为译事负韶华,担负起时代赋予的历史使命,在翻译教育之路上再创佳绩。

卢巧丹

2021 年 7 月 20 日

于浙江大学紫金港校区

中華譯學館·中华翻译研究文库

许　钧◎总主编

第一辑

第二辑

图书在版编目(CIP)数据

译艺与译道:翻译名师访谈录 / 肖维青,卢巧丹
主编. — 杭州:浙江大学出版社,2021.12
(中华翻译研究文库 / 许钧总主编)
ISBN 978-7-308-21661-6

Ⅰ.①译… Ⅱ.①肖…②卢… Ⅲ.①翻译家—访问
记—中国—现代 Ⅳ.①K825.5

中国版本图书馆 CIP 数据核字(2021)第 159971 号

真言题 中華譯學館

译艺与译道
——翻译名师访谈录

肖维青　卢巧丹　主编

出 品 人	褚超孚
丛书策划	张　琛　包灵灵
责任编辑	徐　旸
责任校对	黄静芬
封面设计	程　晨
出版发行	浙江大学出版社
	(杭州市天目山路 148 号　邮政编码 310007)
	(网址:http://www.zjupress.com)
排　版	浙江时代出版服务有限公司
印　刷	杭州高腾印务有限公司
开　本	710mm×1000mm　1/16
印　张	23.25
字　数	368 千
版 印 次	2021 年 12 月第 1 版　2021 年 12 月第 1 次印刷
书　号	ISBN 978-7-308-21661-6
定　价	78.00 元